*Dieses Buch gehört:*

................................................
*Vorname*

................................................
*Name*

*Peter Meyer Reiseführer*
**ODENWALD MIT KINDERN**

## Über die Autorin

Seit vielen Jahren erkundet Alice Selinger, Kunsthistorikerin und passionierte Wanderin, den Odenwald, meist in Begleitung von Freunden. Neben Kunst und Geschichte, die sie in diesem Ausflugsführer in kleinen Anekdoten und hilfreichen Erklärungen lebendig werden läßt, gilt ihre besondere Vorliebe dabei der Flora und Fauna. Viele sachkundige Tips steuerte ihr Mann Norbert, Förster und Sozialpädagoge und erfahren in der Kinder- und Jugendarbeit, bei.

## Peter Meyer Reiseführer

bieten mit ihren Sachbüchern wertvolle Anregungen zu Themen rund ums Reisen: gezielte Überlegungen zur Reiseplanung und unverzichtbare reisepraktische Informationen mit aktuellen Adressen, konkreten Preisen und hilfreichen Tips. Dank der übersichtlichen Gestaltung eignen sie sich zum Schmökern und zum schnellen Nachschlagen gleichermaßen. Sie werden ebenso sorgfältig recherchiert wie die als zuverlässig und informativ bekannten Länder- und Städteführer. Peter Meyer Reiseführer möchten durch die Vermittlung von gründlichem Hintergrundwissen beitragen zu einem toleranten und sanften Reisen in *einer* Welt.

**ALICE SELINGER**

# ODENWALD
## mit Kindern

*Freizeit, Natur & Abenteuer*
*für die ganze Familie*

**PETER MEYER REISEFÜHRER**

*Frankfurt am Main 1999*

# INHALT

**AN DER BUNDES-
STRASSE 38
VON MESSEL NACH
WALD-MICHELBACH**

**DAS MÜMLINGTAL
VON GROSS-UMSTADT
BIS BEERFELDEN**

ZUR WINTERSZEIT

SERVICE &
UNTERKÜNFTE

Weniger als eine Stunde dauert die Fahrt von Frankfurt, nur eine halbe Stunde von Darmstadt, Mannheim oder Heidelberg: plötzlich findet man sich unter Kühen, Schafen und Pferden, wandert durch lichten Buchenwald oder dustere Fichtenhaine, picknickt auf einer Wiese an einem plätschernden Bach. Doch nicht nur Natur pur, auch zum Angucken bietet die Region zwischen Main, Rhein und Neckar sehr viel – Burgen und Schlösser, Reste von Römersiedlungen, Parks und Wildgehege, Sternwarten und Museen laden zum Besuch.

Auch für einen längeren Urlaub ist der Odenwald ein lohnendes Ziel. Gerade mit Kindern ist es entspannend, wenn die Anfahrt nicht so weit ist und die Unterkunft familienfreundlich. Auf einem Bauernhof gibt es für ein Kind oft viel Aufregenderes zu entdecken als im tollsten Hotel. Mein Mann und ich haben, zum Verblüffen unserer Freunde, mit Wonne unseren Sommerurlaub im Odenwald verbracht. Vom Fenster unseres Schlafzimmers auf einem Bauernhof konnten wir Rehe und Hasen beobachten, die in der Dämmerung auf die Wiesen kamen. Kühe weckten uns morgens mit ihrem Muhen. Eine der Hofkatzen wohnte auf unserem Wohnzimmersessel. Wir kauften im Bauernlädchen ein, grillten auf einer blumenübersäten Wiese und plantschten im hauseigenen Badeteich.

Für dieses Buch habe ich das hessische Ried, die sonnenverwöhnte Bergstraße, das liebliche Neckartal und den vielgestaltigen Odenwald durchkämmt. Bei glühender Hitze sprang ich in Seen, bei Regen stapfte ich durch triefende Wälder, auf dem Schlitten sauste ich weiße Hänge

**tip** Wer den Kinderwagen auch Mal auf einem Feld- oder Waldweg entlangschieben möchte, sollte beim Kauf unbedingt darauf achten, keines der weit verbreiteten Modelle mit kleinen Doppelreifen an jedem Rad zu nehmen. Einzelne, möglichst große Reifen eignen sich wesentlich besser für Fahrten in etwas unebenem Gelände.

hinab, ich fuhr mit Dampfern und mit einer schnaubenden Dampflok – immer auf der Suche nach guten Tips für euch. Bei jedem Ausflugsort habe ich neben den großen Attraktionen auch angegeben, was ihr dort alles unternehmen könnt, vom Spielplatz bis zur Minigolfrunde, vom Freibad bis zur Kutschfahrt. Ich war mit Kindern aller Altersgruppen unterwegs, vom Baby im Kinderwagen bis zum Teenager. Und so unterschiedlich wie ihr Alter und ihre Persönlichkeiten waren auch ihre Interessen: Während manche gerne stundenlang querfeldein durch den Wald wanderten, mochten andere kaum zehn Meter weit laufen. Mit einigen konnte ich einen ganzen Nachmittag im Museum verbringen, andere langweilten sich dort bereits nach fünf Minuten. Burgen und Tiere kamen fast bei allen Kindern gut an. Auch Picknicken im Freien war äußerst beliebt, und Lagerfeuer, und Ponyreiten …

Je nach Interesse könnt ihr euch aus diesem Buch 'raussuchen, worauf ihr Lust habt. Ich habe keine festen Touren vorgegeben, sondern viele verschiedene Vorschläge zusammengetragen. So ist für jeden Geschmack etwas dabei. Nicht nur im Wald und an den Flüssen, auch in den Städten Darmstadt, Mannheim und Heidelberg gibt es mit und für Kinder viel zu entdecken. Und das sowohl im Sommer draußen im Freien, als auch in Herbst und Frühjahr in Museen oder Schlössern und im Winter auf Rodelstrecken oder Weihnachtsmärkten.

Die von mir getesteten Touren sind oft Rundwege und alle familienfreundlich: Sie dauern eine halbe bis eineinhalb Stunden, sind also fast Spaziergänge. Außerdem habe ich fast immer ange-

## Hunger & Durst

Ich habe vor allem solche Lokale ausgewählt, in denen der Service familienfreundlich und das Essen gut sind und die im Sommer über einen großen Garten oder eine Terrasse verfügen. Im Odenwald sind die Gaststätten in der Regel preiswert, Hauptgerichte kosten meist zwischen 15 und 20 DM, Kinderteller zwischen 7 und 10 DM. Bei den wenigen Restaurants, die teurer sind, habe ich extra darauf hingewiesen. Die meisten Lokale sind sehr schön gelegen, so daß Spaziergänge vor oder nach dem Essen möglich sind.

geben, ob die Strecke mit einem Kinderwagen zu bewältigen ist, damit schiebende Eltern nicht erst auf halbem Wege feststellen, daß sie nicht mehr weiterkommen. Unterwegs oder am Ende der Tour gibt es immer etwas zu sehen oder zu tun, wobei auch euer Einfallsreichtum gefordert ist.

Ich habe beim Schreiben dieses Buches sehr viel Spaß gehabt und wünsche euch ebensoviel Freude bei euren Ausflügen!

Ganz herzlich danken möchte ich meinem Mann Norbert, der unermüdlich mit mir durch Wälder zog und Burgen erstürmte, und dessen Erfahrungen als Forstwirt und Sozialpädagoge an vielen Stellen in dieses Buch eingeflossen sind.

**Verlagsadresse**
Peter Meyer Reiseführer
– Odenwald –
Schopenhauerstraße 11
D-60316 Frankfurt a.M.

Wenn ihr weitere Tips, Ausflugsziele oder schöne Wege im Odenwald entdeckt, freuen der Verlag und ich uns über einen Brief von euch. Auch wenn sich etwas geändert hat, was immer wieder vorkommen kann, schreibt mir bitte an die Verlagsadresse. Nennt mir bitte euer Alter und das Datum, wann ihr unterwegs wart, und vergeßt euren Absender nicht!

*Viel, viel Spaß im Odenwald wünscht euch*

*Alice Selinger*
*im Mai 1999*

## Zur Gliederung dieses Buches

Dieses Buch ist in neun Kapitel oder »Griffmarken« unterteilt. Die ersten fünf Griffmarken sind insgesamt von West nach Ost, innerhalb eines jeden Kapitels von Nord nach Süd gegliedert: Es beginnt mit **Darmstadt & das Ried,** dann folgt **die Bergstraße** von Darmstadt Richtung Heidelberg. Hierzu findet ihr hinten im Buch eine bunte Karte, in der alle Ausflugsziele und Aktivitäten mit Symbolen eingetragen sind.

In den nächsten drei Griffmarken wird das Herz des Odenwalds vorgestellt. Es beginnt parallel zur Bergstraße ungefähr entlang der **Bundesstraße 38** von Messel im Norden bis Wald-Michelbach im Süden. Die nächste, wieder von Nord nach Süd verlaufende Strecke, führt in etwa an der B 45 und im **Tal der Mümling** entlang: von Groß-Umstadt über Bad König, Michelstadt und Erbach bis nach Beerfelden. Eine Ausflugskarte hierzu zeigt euch alles im Überblick. Die dritte Linie schließlich, **An Main, Mud & Elz,** beginnt am *Main* im Norden mit den Städten Obernburg, Wörth und Miltenberg, dann folgt sie den Tälern der kleinen Flüsse *Mud* (Mudau) und *Elz* über Amorbach, Walldürn und Buchen, und endet schließlich im Süden bei Seckach. Auf unserer Karte findet ihr sogar den Limes verzeichnet.

In der sechsten Griffmarke werden **Mannheim & Heidelberg** vorgestellt: Vom Mitmach-Museum über Erlebnisparks und Kindertheater bis Jugendtreffs sind dort jeweils interessante Adressen und Aktivitäten zusammengetragen.

Als nächstes geht es dann in der siebten Griffmarke von Heidelberg aus am **Neckar** entlang nach Osten, bis zu den Burgen Hornberg und Guttenberg bei Neckarzimmern. Im zweiten Teil

*Ihr werdet im Buch immer wieder auf grau unterlegte Lesekästchen stoßen, die euch ganz schön schlau machen: über Tiere und Vögel oder die Blumen im Odenwald, über die Römer oder das Leben auf den Burgen im Mittelalter. Mit so viel Wissen ausgerüstet, macht der Ausflug doppelt Spaß.*

Achtung: Bei den Freibädern ändern sich die Preise zu jeder Saison, weshalb die Angaben im Buch nicht immer stimmen.

**tip** Links und rechts der Ausflugsziele und Aktivitäten findet ihr in den Randspalten viele weitere Tips und Anregungen, Adressen zum Einkehren oder Einkaufen. Immer wieder gibt es Tips für unterwegs, zum Rucksackpacken, Spielen, Basteln oder Lesen. Lustige Symbole weisen euch schnell darauf hin.

*Die kursive Schrift zeigt euch, daß es an dieser Stelle noch mehr Hintergrundinfos zu dem Ausflugsziel zu lesen gibt. Also 'ran an den Speck!*

dieser Griffmarke wird die Region südlich des Neckars behandelt, den sogenannten **Kleinen Odenwald.** Zu diesen beiden Griffmarken haben wir euch natürlich auch eine bunte Karte mit allen Aktivitäten und Burgen an Rhein und Neckar gemacht!

Die Griffmarke **Zur Winterszeit** gibt euch Tips zu Aktivitäten, die bei Schnee und auch noch bei Schneematsch besonders toll sind. Sie beziehen sich auf den ganzen Odenwald: Besonders schöne Weihnachtsmärkte, tolle Fastnachtsumzüge, Ski- und Rodelgebiete und noch einiges mehr habe ich für euch getestet.

Unter **Service & Unterkünfte** findet ihr zunächst Infos zu den öffentlichen Verkehrsmitteln. Dann folgen Adressen und Beschreibungen von familienfreundlichen Unterkünften auf Bauernhöfen und in Pensionen, Wanderheimen und Naturfreundehäusern, auf Zeltplätzen und in Jugendherbergen. Auch für Jugendgruppen und Vereinsausflüge sind viele dieser Unterkünfte interessant. Als besonderes Bonbon erfahrt ihr dann noch, wo ihr auf Bauernhöfen einkaufen könnt – meistens gibt es hier auch Tiere zum Angucken oder Streicheln – und wo es schöne Grillplätze gibt!

Am Ende des Serviceteils steht der **Veranstaltungskalender,** er zeigt euch, was, wann und wo gefeiert wird. Das **Register** nennt alle Orte und Ausflugsziele in alphabetischer Reihenfolge, hier könnt ihr immer schnell etwas finden.

Die **Farbkarten** haben wir extra für euch gemalt und mit vielen Symbolen (bei Karten heißen sie *Signaturen*) versehen, damit ihr mit einem Blick sehen könnt, was wo los ist. Da freut sich unser Odenwaldferkel!

# DARMSTADT & DAS RIED

D armstadt bietet einige spannende Ausflugsziele für Kinder, vom Zoo über die
interessanten Museen bis zu den Parks.

**Anfahrt:** B 3 von Frankfurt nach Heidelberg, A 5 und
A 67 Ausfahrt Darmstadt.
Bahn von Frankfurt, Groß-Gerau, Heidelberg, Mann-
heim täglich etwa alle fünfzehn bis dreißig Minuten.
**Infos:** *Tour Congress Darmstadt,* Luisenplatz, Luisen-
center, 64283 Darmstadt, ℰ 7094169, hier auch
Auskünfte zu Bussen und Bahnen. Stadtinformation
vor dem Luisencenter ℰ 132781. Mo – Fr 9 – 18 Uhr,
Sa 10 – 13 Uhr. Pavillon am Hbf, ℰ 132782,
Fax 132783. Mo – Fr 9 – 18 Uhr, Sa 9 – 12 Uhr.
**Telefonvorwahl:** 06151.

## Tiere aus aller Welt: Das Vivarium

**Anfahrt:** in Darmstadt überall gut ausgeschildert.
Parkplatz vor dem Gelände.
Vom Hbf Straßenbahnlinien 3, D und F zum Luisen-
platz, dann Bus Nr. 11.
**Info & Eintritt:** Schnampelweg 4, ℰ 133391.
April – September 9 – 19 Uhr, Oktober – März 9 – 18
Uhr. Erw. 6, Kinder 2 DM.

▶ Das weiße Kamel liegt auf dem Rücken und
sonnt sich genüßlich, die Stachelschweine machen sich grunzend über ihr Gemüse her – wenn
ihr gerne Tiere beobachtet, ist das Vivarium ein
tolles Ausflugsziel für euch. Der Name ist ungewöhnlich, aber das lateinische Wort Vivarium bezeichnet einfach eine Anlage zur Haltung leben-
der Tiere. Es ist also nichts anderes als ein Zoo.
Es gibt Yaks aus Tibet, Känguruhs aus Australien, Zebras und Wildesel, vorlaute Papageien
und glatzköpfige Geier zu sehen. Die kleinen
Ziegen dürft ihr in einem Streichelgehege anfassen. Ein großes neues *Affenhaus* und das *Exota-*

**Hunger & Durst**
Die preiswerte Imbiß-
**Gaststätte Eulenpick** mit
kleinen Gerichten ist
gleich beim Eingang,
Toiletten ebenfalls.
Neben dem Vivarium
befindet sich das teurere
**Ristorante Vivarium,**
Gerichte ab 20 DM.
Bei beiden könnt ihr im
Freien sitzen.

*rium* mit Schlangen, Echsen und Fischen sind weitere Höhepunkte, die auch im Winter Spaß machen, denn hier drin ist es immer warm. Im *Vogelhaus* befindet sich ein großer, wettergeschützter Sandspielkasten.

Das Gelände ist recht groß, zwei bis drei Stunden solltet ihr mindestens Zeit haben. Wer Lust hat, kann vom Vivarium noch zum Botanischen Garten laufen, es sind nur wenige Minuten Fußweg.

### Botanischer Garten

In der Schnittspahnstraße, in der Nähe des Vivariums, direkt hinter der Technischen Hochschule. Eingang am Altbau des Botanischen Instituts. Von April bis September 9 – 19.30 Uhr, von Oktober bis März 8 – 17 Uhr, So/Fei 8 – 12 Uhr. Eintritt frei.
▶ Pflanzenliebhaber können sich zu jeder Jahreszeit an üppigem Grün erfreuen. In den Gewächshäusern seht ihr viele Pflanzen, die bei uns nicht wachsen, sondern nur in weit entfernten Ländern.

## Attraktionen auf der Mathildenhöhe

**Anfahrt:** im Osten von Darmstadt, ausgeschildert. Buslinie F, Haltestelle Mathildenhöhe/Lukasweg.
**Ausstellungsgebäude:** Sabaisplatz 1, ✆ 133350. Di – So 10 – 18 Uhr, Mi 10 – 21 Uhr.
Erw. Di 5 DM, sonst 8 DM, Sa, So, Fei 10 DM. Kinder bis 12 Jahre frei, über 12jährige zahlen die Hälfte. Wechselnde Ausstellungen, spezielle Angebote für Schulklassen nach Absprache.
**Museum Künstlerkolonie:** Alexandraweg 26, 64287 Darmstadt, ✆ 133385. Di – So 10 – 17 Uhr, Erw. 5 DM, Kinder 3 DM, Führungen nach Vereinbarung.
**Künstlerhäuser:** nur im Rahmen von Führungen zu besichtigen. Infos bei der Tour Congress Darmstadt.

**tip** Die Broschüre »**Kultursommer Südhessen**« informiert über unterschiedlichste Veranstaltungen von Konzerten über Theater bis zu Kunstausstellungen. Auch für Kinder sind einige Veranstaltungen dabei. Erhältlich ist das Programm unter ✆ 06151/124396.

DARMSTADT & DAS RIED

Die Mathildenhöhe ist vor allem etwas für Jugendliche oder ältere Kinder, die sich vielleicht schon für Kunst interessieren. Sie ist viel mehr als nur ein Museum: eine tolle Gesamtanlage, zu der neben zwei großen Ausstellungsgebäuden auch der Hochzeitsturm, die goldglitzernde russische Kapelle und mehrere Jugendstil-Häuser in den angrenzenden Straßen zählen. Auch ein Wasserbecken, ein Platanenhain und viele Blumenbeete gehören dazu. In dem **Café** sitzt ihr bei gutem Wetter in wunderschöner Umgebung. Kleinere Kinder können ungestört herumrennen, mit ihnen macht ein Bummel über das Gelände Spaß, auch ohne die Ausstellungen zu besuchen.

Um die Jahrhundertwende gründete der *Großherzog Ernst Ludwig von Hessen* eine **Künstlerkolonie.** Er wollte damit das Image der Stadt heben und das Gewerbe ankurbeln. Er holte bekannte Künstler von überall her nach Darmstadt, und diese durften sich an der Mathildenhöhe Häuser nach ihren eigenen Plänen bauen. Damals war der *Jugendstil* modern, und daher könnt ihr heute bei einem Rundgang noch mehrere guterhaltene Gebäude in diesem Baustil sehen: Ecken werden vermieden, alles ist ein bißchen geschwungen. Die Darmstädter Künstler entwarfen auch die Einrichtungen, Möbel und Geschirr, Tapeten und Teppiche.

Viele dieser Sachen sind in einer Dauerausstellung im **Museum Künstlerkolonie** zu bewundern. Früher hatten die Künstler in diesem Gebäude ihre Ateliers, sie wollten gemeinsam an der Verschönerung der Welt arbeiten. Natürlich entwarfen sie auch das **Atelierhaus** selbst, die beiden riesigen Skulpturen vor dem Eingang stellen Adam und Eva dar. In dem großen Ausstellungsbau, zu dem ihr über mächtige Freitreppen hinaufsteigt, finden wechselnde Ausstellungen moderner Künstler statt.

### Der Hochzeitsturm

März bis Oktober Di – So 10 – 18 Uhr. ℰ 701929.

▶ Dieser ungewöhnlich aussehende Turm hat zwei Namen. Als Hochzeitsgeschenk von den Darmstädtern bekam der Großherzog ihn 1908 von einem Jugendstil-Künstler gebaut, deshalb heißt er auch Hochzeitsturm. Da die Spitze des Turmes fünf Finger bilden, ist aber auch die Bezeichnung *Fünffingerturm* üblich. Ihr könnt ihn besteigen und Darmstadt von oben betrachten.

### Die Russische Kapelle

April bis September 9 – 18 Uhr, Oktober bis März nur bis 17 Uhr. ℰ 424235. Eintritt 1 DM.

▶ Die farbenfrohe Kirche mit den blattgoldbelegten Zwiebeltürmen steht hier, weil die Darmstädter Prinzessin Alexandra einen russischen Zaren, Nikolaus II, heiratete. Dieser wollte gerne eine eigene Kapelle, wenn er in Darmstadt zu Besuch war. Im Inneren herrscht eine ganz seltsame Stimmung – alles etwas duster und geheimnisvoll.

### Institut für neue technische Form – Braun Design Sammlung

Im Alfred-Messel-Haus auf der Mathildenhöhe, Eugen-Bracht-Weg 6, 64287 Darmstadt, ℰ 48008. Di – Sa 10 – 18 Uhr, So 10 – 13 Uhr. Eintritt frei.

▶ Jeder Gegenstand, vom Bügeleisen bis zum Rasierapparat, wird von einem Designer entworfen. Lange wird überlegt, wie ein Produkt gleichzeitig schick aussieht und leicht zu bedienen ist. Viele Zeichnungen und Entwürfe sind nötig, bis die endgültige Form gefunden ist. Wenn ihr euch

**Etikette**

*»Großherzog« ist ein Fürstentitel, im Rang steht er zwischen König und Herzog. Falls ihr einen Leibhaftigen seht, müßt ihr ihn mit »Königliche Hoheit« anreden.*

dafür interessiert, wie sich die Formen im Laufe der Jahre verändert haben, solltet ihr Mal einen Blick in das Alfred-Messel-Haus werfen. In diesem Gebäude hat seit kurzem das Design-Zentrum Hessen seinen Sitz. Neben wechselnden Ausstellungen wird die *Braun-Sammlung* gezeigt. Haushaltsgeräte, Uhren, Fotoapparate und viele andere Dinge wurden von der Firma Braun entworfen. Zeigt euch gegenseitig, welche Produkte euch gefallen!

### Park Rosenhöhe

**Anfahrt:** Richtung Mathildenhöhe, von dort zehn Minuten Fußweg, ausgeschildert.

▶ In diesem großen schönen Park verbrachten Prinzessinnen und Prinzen aus dem Hause Hessen-Darmstadt ihre Ferien. Ihr könnt spazierengehen oder picknicken, auch mit Kinderwagen gut geeignet. Das eigentliche *Rosarium* besteht aus Beeten mit (besonders im Sommer) phantastisch blühenden Pflanzen, natürlich vielen Rosen, aber auch *Rizinus* wächst hier. Für Kinder hat der Park keine besonderen Einrichtungen.

*Auf Deutsch wird das aus dem tropischen Afrika stammende Wolfsmilchgewächs Christpalme genannt. Aus seinen Samen gewinnt man das Rizinus-Öl, ein scharf schmeckendes starkes Abführmittel.*

## In der Orangerie

**Anfahrt:** im Süden Darmstadts, Stadtteil Bessungen. Straßenbahn Linie 3, Haltestelle Orangerie.

▶ Zitronen- und Orangenbäume, Bananenstauden und Palmen könnt ihr im Sommer auch in Darmstadt sehen. Die Gartenanlage entstand zur Zeit des *Barock,* in den Jahren 1719 – 1721. Damals mochten die Adligen Gärten, die gerade, geometrische Formen hatten. Alle Beete waren Vierecke, oft wurden auch die Pflanzen in Formen geschnitten. Der Name *Orangerie* kommt von den Orangenbäumen. Schon vor zweihundert Jahren begeisterten sich die Fürsten und

Grafen für diese Gewächse. Sogar von Sizilien wurden Orangenbäume nach Darmstadt gebracht. Für diese kälteempfindlichen Pflanzen, die im Winter in Deutschland erfrieren würden, wurden eigene Häuser errichtet, in denen sie überwintern können. Auch in der Darmstädter Orangerie gibt es noch so ein Haus, in das im Winter die Pflanzen verfrachtet werden. Es hat sehr große Fenster, durch die das notwendige Sonnenlicht fällt. Früher wurde das große schloßartige Gebäude im Park dafür benutzt, in dem heute Konzerte und andere Veranstaltungen stattfinden. Im Frühling werden dann die Palmen und Bananenstauden, die Orangen- und Zitronenbäume aus ihrem Winterquartier geholt und in dem kleinen Park aufgestellt.

**tip** Für Minis von 3 bis 6 Jahren gibt es einen kleinen **Spielplatz** auf dem Gelände der Orangerie.

## Museen in Darmstadt
### *Hessisches Landesmuseum*
Im Zentrum von Darmstadt, nahe an der Fußgängerzone und beim Schloß. Vom Hbf Straßenbahnlinien 3, D und F bis Luisenplatz.
**Info & Eintritt:** Friedensplatz 1, 64283 Darmstadt, ℰ 165703, Sa/So auch -165732. Fax 28942. Di – Sa 10 – 17 Uhr, Mi auch 19 – 21 Uhr, So 11 – 17 Uhr. Erw. 5 DM, Kinder 2,50 DM. Mittwochabend Eintritt frei. Cafeteria und Museumsshop in der Eingangshalle.
▶ Dieses Museum ist etwas ganz Besonderes, denn es sind mehrere völlig **verschiedene Sammlungen** zu sehen. Früher war es nämlich so, daß die Sammler nicht nur Kunst oder ausgestopfte Tiere oder Mineralien sammelten, sondern sie bemühten sich, von allem etwas zu haben. Deshalb ist es in diesem riesigen Museum heute noch so, daß ihr euch ganz unterschiedliche Dinge unter einem Dach anschauen könnt.

Es gibt für jeden etwas: die meisten Kinder begeistert vor allem die **naturkundliche Sammlung** im Erdgeschoß, mit vielen ausgestopften Tieren aus allen Ländern der Erde. Allein die unzähligen bunten Schmetterlinge oder die vielen verschiedenen Vögel sind beeindruckend. Findet doch mal die Tiere heraus, die bei uns im Wald leben! Auch Fossilienfunde aus der *Grube Messel* sind zu sehen, wie das legendäre versteinerte Urpferdchen (siehe Seite 76).

Kunstfreunde kommen im Landesmuseum ebenfalls auf ihre Kosten, die bedeutende Sammlung umfaßt **Skulpturen und Gemälde** von der Renaissance bis zur Moderne (Ein Raum ist *Joseph Beuys* gewidmet). In der eindrucksvollen *Mittelalter-Abteilung* mit vielen Altarbildern, Schnitzarbeiten und Plastiken könnt ihr nicht nur ablesen, wie sehr die Religion damals das Leben der Menschen bestimmte, sondern auch wie sie sich die Welt vorstellten. Außerdem gibt es eine Ausstellung mit Funden aus der römischen und griechischen *Antike*. Sie kann euch zudem auf den Besuch der römischen Siedlungen im Odenwaldgebiet vorbereiten. Einmalig ist die Sammlung von bunten *Glasfenstern* im Keller, die von hinten beleuchtet sind, so daß die Farben besonders gut zur Geltung kommen.

**tip** Hinter dem Museum befindet sich der Herrenpark mit einem schönen **Spielplatz.**

### Schloßmuseum

**Anfahrt:** Im Glockenbau des Schlosses im Zentrum, Anfahrt siehe Hessisches Landesmuseum.

**Info & Eintritt:** 64283 Darmstadt, ℘ 24035. Mo – Do 10 – 13 und 14 – 17 Uhr. Sa, So, Fei nur 10 – 13 Uhr, Fr geschlossen. Erw. 3,50 DM, Schüler 2 DM.

▶ Das Schloß ist nicht weit vom Hessischen Landesmuseum entfernt, mitten im Zentrum von Darmstadt, an den Einkaufs- und Fußgängerzonen. Ihr könnt es nur im Rahmen einer Führung besichtigen. In über 20 Schauräumen sind Möbel, Bilder, Kleidung, Kutschen und Sänften zu sehen. Ihr bekommt eine Vorstellung, wie die Grafenfamilien früher lebten. Der angrenzende Schloßpark lohnt auch mit kleinen Kindern einen Besuch, denn dort gibt es einen schön gelegenen **Spielplatz.**

### Volkssternwarte
**Anfahrt:** Auf der Ludwigshöhe, im Süden von Darmstadt, ✆ 61108. Straßenbahnlinie 3 ab Hbf.

**Info & Eintritt:** Geöffnet So 10 – 12.30 Uhr. Führungen für Schulen und Kindergärten nach Absprache.

▶ Jeden Sonntagvormittag ist die Sternwarte zu besichtigen, wenn ihr euch dafür interessiert, solltet ihr zwischen 10 und 12.30 Uhr hierher kommen. Dann ist auch immer jemand da, der die Instrumente erklären kann. Verschiedenes Infomaterial liegt aus. Die Sternwarte bietet auch etwa einmal im Monat Führungen an, die aber nur für ältere Kinder geeignet sind. Ob dann auch ein Blick in den Himmel durchs Teleskop möglich ist, hängt von der Wetterlage ab. Im Anschluß an die Führungen gibt es immer noch einen Vortrag zu einem astronomischen Thema. Die Termine und das Programm erfahrt ihr bei der oben angegebenen Telefonnummer oder vor Ort Sonntagsvormittags. Nach Absprache sind für Gruppen auch spezielle Kinderführungen möglich.

## Badeseen
### Woog
Familienbad Landgraf-Georg-Str. 121, Insel Heinrich-Fuhr-Str. 20, beide Bäder 64287 Darmstadt, ✆ 132393, -2394. Buslinie D, Haltestelle Woog.

Achtet schon beim Packen darauf, so wenig Müll wie möglich mitzunehmen, dann braucht er später auch nicht entsorgt zu werden. Kinder tragen in ihrem Mini-Rucksack ihre Wasserflasche selbst.

▷ haltbares Obst wie Äpfel und Birnen

▷ abwechslungsreich belegte Butterbrote in verschließbaren Plastikboxen (macht Papier oder gar Alufolie überflüssig)

▷ für jeden eine wiederverschließbare Plastikflasche mit Saft oder kaltem Tee

▷ in der kühleren Jahreszeit immer eine Thermoskanne mit einem heißen Getränk mitnehmen, das hebt gleich die Laune

▷ Kekse, Süßigkeiten, saure Drops etc. zur Belohnung erreichter Etappenziele oder bei Spielen für die Kinder

▷ in den leeren Plastikbehältern können Fundstücke aufbewahrt werden

**Eintritt:** Erw. 3,50, erm. 2 DM, Familienkarten 7 – 8 DM. Zehner- und Saisonkarten. Di – Fr 8 – 20 Uhr, Sa – Mo 9 – 20 Uhr. Kiosk in beiden Bädern.

▶ Der Woog, ein mitten in der Stadt gelegener See, ist das bekannteste Schwimmbad Darmstadts. Am Woog gibt es zwei Bäder, das **Familienbad** am westlichen Ufer und die sogenannte **Insel** gegenüber am Ostufer. Trotz seines Namens ist das Familienbad für kleine Kinder nicht geeignet, es bietet mehr für ältere. Es gibt Sprungtürme, eine große Liegewiese, ein Kinderplanschbecken sowie einen Ruder- und Tretbootverleih. Das Familienbad sieht eher wie ein normales Freibad aus, nicht wie ein Natursee. Die Insel ist hingegen kleiner und ruhiger, sie wirkt wie ein naturbelassener Teich. Sie ist außerdem für kleinere Kinder besser geeignet, weil es hier flach ins Wasser geht.

### Prinz-von-Hessen-Grube

**Anfahrt:** A 661 und B 3 bis Darmstadt, dort an der Kreuzung Rhönring Richtung Dieburg. An der Straße zwischen Darmstadt und Dieburg, der Dieburger Straße, etwa 4 km nach dem letzten Haus rechts im Wald gelegen. Da parken, wo im Sommer bereits viele Autos am Straßenrand stehen.

▶ Der kleine See liegt schön im Wald, die Wasserqualität soll gut sein, obwohl es ziemlich schlammig aussieht. Baden ist zwar geduldet, aber nicht ganz offiziell. Es gibt Toiletten und einen Kiosk, sonst aber nichts. Viele baden hier nackt. Das Ufer ist nur an wenigen Stellen sandig, ansonsten liegt man auf der Wiese zwischen Bäumen.

### Naturfreibad Arheilger Mühlchen

**Anfahrt:** A 661 und B 3 bis Darmstadt-Arheilgen nördlich von Darmstadt. Ausgeschildert.

Buslinie A, Haltestelle Lerchenweg, und Buslinie H, Haltestelle Jägertorstraße.

**Info & Eintritt:** Auf der Hardt 105, 64291 Darmstadt, ✆ 371605. Eintritt frei. Mitte Mai bis Mitte September Di – Fr 8 – 20 Uhr, Sa – Mo 9 – 20 Uhr.

▶ Kleiner See mit naturtrübem Wasser, idyllische Lage. Bäume spenden Schatten, Ruderboote werden vermietet, es gibt ein Kinderplansch-becken und Spielgeräte. Nichtschwimmer sollten sich langsam über die Treppen ins kühle Naß be-geben. Am Kiosk bekommt ihr Getränke und Snacks.

## Frei- und Hallenbäder
### *Mühltalbad in Darmstadt-Eberstadt*
Mühltalstr. 72 – 80, 64297 Darmstadt, ✆ 54605. Busse M und NB, Haltestelle Schwimmbad.

**Info & Eintritt:** Mitte Mai bis Mitte September Di – Fr 8 – 20 Uhr, Sa, So, Mo 9 – 20 Uhr. Erw. 4 DM, bis 17 Jahre 2,50 DM, Familienkarte 8 – 10 DM.

▶ Dieses große Freibad wird mit Solarzellen auf etwa 21 Grad beheizt. Besonderes Vergnügen versprechen die 61 m lange Rutsche und die Sprungtürme, von dem höchsten können sich Mutige 10 m in die Tiefe stürzen. Es gibt ein gro-ßes Kinderplanschbecken und viel Platz auf dem Rasen.

### *DSW-Freibad*
Straßenbahnlinie 7 oder 8 (Haltestelle Rhönring). Busse Linie L (Haltestelle Heinheimer Straße) oder Linie H (Haltestelle Schwarzer Weg).

**Info & Eintritt:** Alsfelder Straße, 64289 Darmstadt, ✆ 132851. Mitte Mai bis Mitte September nur bei schönem Wetter geöffnet. Di – Fr 8 – 20 Uhr, Sa, So, Mo 9 – 20 Uhr. Eintritt Erw. 4 DM, Kinder 2,50 DM, Familienkarten 8 – 10 DM.

▸ Beheiztes Freibad des Darmstädter Schwimm-
und Wassersportclubs (DSW). 50- und 25-m-
Becken, Planschbecken.

### Darmstädter Zentral-Hallenbad

**Anfahrt:** In der Nähe vom Schloß in der Innenstadt.
Buslinie D, Teichhausstraße. Parkplätze vorm Bad.
**Info & Eintritt:** Mercksplatz 1, 64287 Darmstadt,
✆ 132390, -2391. Erw. 4 DM, Kinder 2,50 DM, Famili-
enkarten 8 – 10 DM.
**Öffnungszeiten:** Mo/So geschlossen. Im Winter
Di/Mi 7 – 21 Uhr, Do/Fr 7 – 19, Sa 7 – 18 Uhr. Im
Sommer Di/Mi 8 – 19 Uhr, Do/Fr 10 – 18 Uhr,
Sa 10 – 17 Uhr. Di/Mi Warmbadetag.
**Russisch-Römisches Dampfbad:** Di 9 – 15 und 15 –
20 Uhr, Mi, Do, Fr 9 – 20, Sa bis 18 Uhr. Im Sommer
eine Stunde früher geschlossen. Do nur für Frauen.
Mi nur für Männer. Dampfbad 20 DM. Günstige
Fünferkarten.
**Bistro »Batschnaß«:** ✆ 295407.

*Nebel wallen, feuchte Tropfen klatschen müde von der Decke, es ist heiß und dumpf – fehlen nur noch Urwaldgeräusche und das Dampfbad wäre auch akustisch ein Erlebnis. Beim Russisch-Römischen Dampfbad steigert man langsam die Körpertemperatur (warmes Luftbad, heißes Luftbad, Dusche, Dampfbad) und kühlt sich nach 15 – 20 Minuten mit einer kalten Dusche rasch wieder ab.*

▸ Dies ist alles andere als ein modernes Fun-Bad,
und gerade das macht seinen Reiz aus. Das Zentralbad wurde 1909 eröffnet. Statt Action findet
der Besucher hier stillvolles Ambiente, mit vielen
original Jugendstil-Details. Selbst das Portal ist
ein Werk des Künstlers *Heinrich Jobst*, der 1907
in die Künstlerkolonie Mathildenhöhe aufgenommen wurde. Ein Besuch der großen Schwimm-
halle und der kleinen Lehrschwimmhalle gleicht
einer Zeitreise. Sogar Wannen- und Brausebäder
sind im Zentralbad möglich. Lohnend ist der Besuch des Dampfbades. Im Winter gibt es
Schwimmkurse für Kinder und Erwachsene.

### Nordbad

Alsfelder Str. 33, 64289 Darmstadt, ✆ 132851. Im
Winter und bei schlechtem Wetter auch im Sommer

Mo 10 – 21 Uhr, Di, Mi, Fr 8 – 21 Uhr, Do 6.30 – 21
Uhr, Sa 8 – 18 und So 8.30 – 14 Uhr.
**Eintritt:** Erw. 4 DM, Kinder 2,50 DM, Familienkarten
8 – 10 DM. Anfahrt siehe DSW-Freibad. 50-m-Becken,
Planschbecken.

## Bezirksbad Bessungen
Ludwigshöhstr. 10, 64285 Darmstadt, ℰ 132392. Im
Winter Mo 7 – 19, Di 14 – 18 Uhr, Mi 14 – 19, Do/Fr
7 – 21 Uhr, Sa 8 – 18 Uhr. So geschlossen, Fr/Sa
Warmbadetag.
**Eintritt:** Erw. 4 DM, Kinder 2,50 DM, günstige Familienkarten. Straßenbahnlinie 3, Haltestelle Orangerie.
▶ 25-m-Becken, Planschbecken. Schwimmkurse
für Kinder. Freitags ab 9.30 Uhr Wassergymna-
stik, Teilnahme kostenlos.

# Andere Aktivitäten im Freien
## Bürgerpark
**Anfahrt:** im Norden der Stadt, in der Nähe des
Messegeländes. Großer Parkplatz, ausgeschildert.
▶ Dieser Park ist etwas für sportlich Aktive: Tennis, Volleyball, Badminton, Basketball … hier
gibt es jede Menge Sportplätze, die jeder kostenlos benutzen darf. In einem anderen Teil des
Parks gibt es auch große Wiesen, einen Teich und
für kleine Kinder einen Spielplatz.

## Inline-Skating und Skateboardfahren
▶ An der Lindenhofstraße, zwischen der Bibliothek und dem Zentral-Hallenbad, sind mehrere
Halfpipes aufgebaut – Inline-Skater und Skate-
board-Fans kommen voll auf ihre Kosten!

## Mit dem Datterich-Expreß durch Darmstadt
▶ Jedes Jahr fährt an festen Terminen der Datte-
rich-Expreß, eine alte Nostalgie-Straßenbahn,

**Tips für den
Rucksack**
In den Rucksack gehört
auf jeden Fall ein Ball.
Er sorgt, egal ob im
Schwimmbad oder unter-
wegs im Wald, für Ab-
wechslung. Es muß ja
nicht unbedingt ein Fuß-
oder Handball sein. Als
platzsparende Variante
tut es auch ein Wasser-
oder Tennisball.

DARMSTADT & DAS RIED

durch Darmstadt. Informationen bekommt ihr bei der *Tour Congress* Darmstadt, Luisenplatz, Luisencenter, siehe Seite 16.

### Radtouren mit dem ADFC Darmstadt

ADFC-Kreisverband Darmstadt, Werkhof (2. Stock), Rundeturmstraße 16, 64283 Darmstadt, ✆ 292368, Fax 20285. Offener Treff: Di 17.30 – 22 Uhr.

▶ Der ADFC bietet regelmäßig geführte Radtouren verschiedener Schwierigkeitsstufen an, darunter auch einfachere Strecken für Familien mit Kindern. Die Mitfahrt ist kostenlos, um eine Spende wird jedoch gebeten. Viele Touren führen in den Odenwald. Es gibt Fahrten zu Museen, Burgen, zu Badeseen oder Steinbrüchen, mit Anhängern oder bei Vollmond. Auch witzige Themen wie die »Eisdielentour« oder »Radeln und Tanzen« gehören zu dem umfangreichen und phantasievollen Programm, das jedes Jahr neu gestaltet wird.

## Theater für Kinder

### Kikeriki-Theater

Bessunger Straße 88, 64285 Darmstadt, ✆ 65593, Fax 661748.

▶ Im Ortsteil Bessungen spielt das beliebte Kikeriki-Theater mit Handpuppen Stücke für Kinder, vom Märchen über Kasperlgeschichten bis zu pädagogisch Anspruchsvollem. Die Preise variieren je nach gebotenem Stück. Hier müßt ihr frühzeitig Karten bestellen, als ich mit meiner Nichte eine Vorstellung ansehen wollte, war das Kikeriki auf Wochen ausverkauft.

### Die Komödie TAP

Bessunger Str. 125, 64295 Darmstadt, ✆ 33555, 33556. Für spezielle Auskünfte auch Frau Rummel,

**tip** Infos zu **Freizeiten, Ferienspielen und den Kinder- und Jugendtreffs** gibt es beim Magistrat der Stadt Darmstadt, Sozialverwaltung/Jugendamt, Frankfurter Str. 71, ✆ 132485. Sprechzeiten Mo, Mi, Fr 8 – 11 Uhr oder nach Vereinbarung.
In der dicken Broschüre **»Da mach ich mit«**, die das Jugendamt jedes Jahr herausgibt, sind alle Freizeitangebote verzeichnet, vom Programm der Jugentreffs über Ferienfreizeiten im In- und Ausland, Seminare, Kurse und Tagesveranstaltungen.

✆ 71967. Telefonische Kartenreservierung Mo – Fr 11 – 15 Uhr, Sa 12 – 14 Uhr, außerdem täglich 18.30 – 20 Uhr.

▶ Zwischen April und Oktober wird jeden Monat ein anderes Stück aufgeführt, die Bandbreite reicht von »Meister Eder und sein Pumuckl« bis zu den beliebten Geschichten von »Pettersson und Findus«. Vorstellungen immer Sa 15.30 Uhr und So 11 Uhr. Eintritt für alle 14 DM. Von Di bis Fr um 9.15 und um 11 Uhr finden Aufführungen für Kindergärten und Schulklassen nach Absprache statt.

### Kinderoper

Konzertsaal Akademie für Tonkunst, Ludwigshöhe 120, Darmstadt, ✆ 96640.

▶ 1998 wurde hier für Kinder die Oper »Die kleine Meerjungfrau« aufgeführt. Falls ihr euch das gesungene Theater anhören wollt, erkundigt euch nach dem aktuellen Programm.

## Kinder- und Jugendtreffs

### Aktivspielplatz Herrngarten

Im Park hinter dem Hessischen Landesmuseum, ✆ 712022. Von April bis September Mo – Fr 14 – 18 Uhr, März und Oktober 13 – 17 Uhr.

▶ Sportgeräteausleihe, BMX Bahn, Tischtennis, Skateboard, Kochen, Holzwerkstatt, Seilbahn, Video, Disco, Ferienspiele.

### Jugend- & Kulturzentrum Oetinger Villa e.V.

Kranichsteiner Str. 81, 64289 Darmstadt, ✆ 711036. Akrobatik, Umweltgruppe, Techno-, Reggae- und Dark-Wave-Disco, Tanzgruppe. Außerdem jeden Monat Konzerte, Theater, Filme, Kunstgruppe. Bandproberäume vorhanden.

**Spiel-Tip**

*Spielt doch selbst einmal Theater: entweder nach einem euch bekannten Märchen oder ihr denkt euch eine kurze Geschichte aus. Alle müssen die Story gut kennen, jeder bekommt eine Rolle oder Aufgabe, denn beim Theater gibt es noch mehr Berufe als nur Schauspieler: Kulissenbauer, Kostümschneider und natürlich jemand, der Regie führt, also immer sagt wie es weitergehen soll. Der Theaterdirektor muß für »volles Haus« sorgen, also für genügend Publikum. Kulissen könnt ihr aus beklebten und bemalten großen Pappkartons bauen, zum Verkleiden genügen oft schon ein paar alte Gardinen oder Hemden.*

DARMSTADT & DAS RIED

### Go in Eberstadt Süd

Kirnberger Str. 12, 64297 Darmstadt, ✆ 56050.
▶ Offener Treff, außerdem feste Termine für die Fotogruppe, Fitness, Video, Kochen, Fußball. Hausaufgabenhilfe, einmal im Monat Party.

### HEAG-Häuschen Arheilgen

Frankfurter Landstr. 147, 64291 Darmstadt, ✆ 376280.
▶ Offene Jugendarbeit: Billard, Tischtennis, Kicker, Holzwerkstatt, Schweißen, Kart-Projekt, Kochen, Fotolabor, Fußball, Ausflüge, Workshops, Discos, Mädchentag.

### Kinderhaus Paradies Eberstadt Süd

Stresemannstr. 5, 64297 Darmstadt, ✆ 598006, 591074.
▶ Angebote für Kinder zwischen 6 und 12 Jahre. Mädchencafé, offene Kinderarbeit, einmal im Monat Kinderkino, Hausaufgabenhilfe.

### Lern- und Spielstube

Martinsviertel, Lichtenbergstr. 32 – 34, 64289 Darmstadt, ✆ 77797.
▶ Hausaufgabengruppe, Freizeitgestaltung mit Musik, Billard, Kicker, Werkraum, Fußball und mehr, an manchen Tagen für 6- bis 12jährige, an anderen für 12 bis 19 Jahre.

### Jugendhaus am Pelz

Matthäusgemeinde, Am Pelz 74, 64295 Darmstadt, ✆ 314865.
▶ Viele Angebote für unterschiedliche Altersgruppen, unter anderem Gitarrenkurs, Seidenmalen, Volley- und Basketball, Fotogruppe, Videotechnik, Chor, Mädchengruppe, Töpfern.

### Max-Rieger-Heim

Heinheimerstr. 56, 64289 Darmstadt, ℰ 714727.
▶ Offener Jugendtreff mit Billard, Kicker, Dart. Kindernachmittag, Mädchencafé, Filmabend, Spieletreff. Verschiedene Werkstattangebote, Freizeiten, Disco, Ausflüge, Turniere.

### Jugendhaus Messeler Straße

Arheilgen, Messeler Str. 114, 64291 Darmstadt, ℰ 375468.
▶ Kochgruppe, Hausaufgabenhilfe, Fotolabor, Computer, Video, Fußball, Mädchentag, Ausflüge und Freizeiten, Holz- und Fahrradwerkstatt, Discos.

### Nachbarschaftsheim Jugendtreff

Schlößchen im Prinz-Emil-Garten, 64285 Darmstadt, ℰ 63278.
▶ Alter 12 bis 20 Jahre, offener Treff, Spiele, Musik, Video, Kicker, Billard, Kochen, Disco, Mädchentreff, Fahrradwerkstatt, Ausflüge und Freizeiten, Workshops.

### BUND-Jugend

*BUND für Umwelt und Naturschutz,* Lauteschlägerstr. 24, 64289 Darmstadt, ℰ 37931, Fax 37934.
▶ Für Jugendliche ab 14 Jahre. Umweltschutzarbeit, Aktionen, Bildungsarbeit.

### Waldjugend Darmstadt

*Kinder und Jugendgruppe des Freundeskreises Eberstädter Streuobstwiesen e.V.,* Saalbaustr. 13, 64283 Darmstadt, ℰ 25953. Gruppenraum: Steckenbornweg 65, ℰ 53289, Fax 784991.
▶ Naturerfahrung, praktischer Naturschutz, Basteln, Kochen mit Lebensmitteln aus der Natur, Spiele im Freien, Zeltlager, Ausflüge, Freizeiten.

**Lese-Tip**

Wer sich für sanftes Reisen und **umweltbewußte Freizeitgestaltung** interessiert, kann beim Verlag Peter Meyer Reiseführer kostenlos ein Merkheft anfordern. Da sind viele Tips und Informationen übersichtlich und kompakt zusammengestellt. Das Faltblatt heißt »Urlaub? Natürlich! Umwelt- und Naturschutztips für Urlaub & Freizeit« und ist, wie jedes Buch der Reihe, (natürlich) auf 100 % Recyclingpapier gedruckt.

## Zum Jagdschloß Kranichstein

**Anfahrt:** Kranichstein ist ein Stadtteil nordöstlich von Darmstadt, an der Straße Richtung Messel. Ab Darmstadt ausgeschildert.

Von Darmstadt Hbf nach Bahnhof Kranichstein mit dem Zug, oder vom Mathildenplatz in Darmstadt mit der Buslinie U an Werktagen. Sonntags Bus 5507, etwa alle zwei Stunden, vom Darmstädter Hbf.

**Info & Eintritt Jagdmuseum:** 64289 Darmstadt, ✆ 06151/718613. Führungen können unter dieser Rufnummer vereinbart werden. Mi – Fr 10 – 12 und 14.30 – 18 Uhr, Sa/So 14.30 – 18 Uhr, Mo/Di geschlossen. Erw. 5 DM, Kinder 3 DM.

▶ Die Landgrafen von Hessen-Darmstadt jagten häufig in den dichten Wäldern um Darmstadt, in denen es viel Wild gab. Sie übernachteten im **Jagdschloß Kranichstein** vor den Toren der Stadt, wenn sie auf die Jagd gingen. Ihr könnt sehen, wie sie gewohnt haben und wie bedeutend die Jagd damals war. Für dieses Vergnügen wurde sehr viel Aufwand betrieben, es kostete Unmengen. Mehrere Angestellte kümmerten sich zum Beispiel nur um die Hundemeute, die das Wild hetzte. Schicke Uniformen wurden für die Jagd genäht, teure Waffen angefertigt, Pferde abgerichtet. Viele Adlige waren im 18. Jahrhundert geradezu jagdbesessen, manche machten wegen ihres teuren Hobbies sogar Pleite.

*Besonders vom Jagdfieber gepackt war Ludwig VIII von Hessen, er wurde deshalb auch der » Jagdlandgraf« genannt: 1753 erlegte er in nur 19 Tagen 61 große Hirsche. Er ließ auch Hirschkälber einfangen und abrichten, so daß er sie vor seine Kutsche spannen konnte.*

Im **Museum** sind Waffen und Trophäen zu sehen, dazu Schautafeln mit viel Text. Doch nicht nur um die Jagdlust der Adligen, die das Töten der Tiere als sportliche Beschäftigung sahen, geht es hier. Auch über die Jagd der armen Leute, die das Fleisch zum Überleben brauchten, und über die Jagd in unseren Tagen erfahrt ihr einiges.

Im Jagdschloß gibt es ein luxuriöses **Hotel** und ein **Restaurant/Café,** doch zum Einkehren empfehle ich euch den Lieblings-Biergarten von mir und meinem Mann, die **Reiterschänke Kranichstein**. Hinter dem Jagdschloß gelangt ihr an den idyllischen Backhaus-Teich, an dem Enten, Gänse und Reiher leben. Auch dieser Teich wurde nur für die Jagd angelegt. Heute ist das ein hübscher Ort für einen Spaziergang.

### Jagdkundlicher Lehrpfad

8 km, Beginn am Jagdschloß oder am Jagdzeughaus, ausgeschildert.

▶ Mit etwas Glück werden euch Hirsche, Wildschweine oder Rehe über den Weg laufen, denn das Gebiet ist sehr wildreich. Etwa zwei Stunden braucht ihr zu Fuß für den jagdkundlichen Lehrpfad, der gut mit Kinderwagen begangen werden kann, da er ganz eben ist. Es ist auch eine schöne Strecke mit dem Rad. Auf vielen Infotafeln erfahrt ihr alles rund um die Jagd: welche Methoden es früher gab, um die armen Hirsche und Wildschweine zu erlegen, wieviele Menschen an einer Jagd teilnahmen, was sie zu tun hatten und vieles mehr.

**tip** Es gibt an diesem Lehrpfad die **Wildbeobachtungsstation Rottwiese,** Ecke Speierhügelschneise/Dörrwiesenschneise. In der Morgen- oder Abenddämmerung solltet ihr Mal hierher kommen. Ihr müßt ganz leise sein, wenn ihr zu der hölzernen Aussichtsplattform lauft, die wie ein riesiger Hochsitz aussieht. Wenn ihr eine Weile ruhig sein und ganz still sitzen könnt, seht ihr vielleicht Wildschweine oder sogar das imposante Rotwild, das größte Wild in dieser Region. Ein Fernglas bringt euch ganz nahe ran. Aber etwas Ausdauer und Geduld müßt ihr haben, und bringt euch am besten eine Thermoskanne mit heißem Pfefferminztee mit.

**Hunger & Durst**
**Reiterschänke Kranichstein, gegenüber** vom Jagdschloß Kranichstein auf der anderen Seite der Landstraße. In einem großen Biergarten im Innenhof sitzt ihr hier unter riesigen Kastanien, es gibt leckeres und preisgünstiges Essen in großer Auswahl. Die Reiterschänke gehört zu einem großen Reiterhof, während des Essens könnt ihr vom Biergarten aus zusehen, wie Pferde gestriegelt, geputzt oder gar beschlagen werden. Überall wiehert es, und im Vorbeigehen könnt ihr in manchen Stall hineinblicken. Kinder können hier ungestört herumtollen.

DARMSTADT & DAS RIED

### Eisenbahnmuseum Darmstadt-Kranichstein

**Anfahrt:** mit dem Auto siehe Jagdmuseum.

Ab Luisenplatz Darmstadt Buslinie H bis Parkstraße.

**Info:** Steinstr. 7, 64291 Darmstadt, ✆ 376401,
Fax 377600. home.t-online.de/home/museumsbahn

**Eintritt:** So 10 – 16 Uhr, von April bis September
auch Mi 10 – 16 Uhr. Erw. 5, Kinder bis 14 Jahre
2,50 DM.

▶ Wenn ihr euch für Lokomotiven und Züge begeistert, seid ihr hier genau richtig. 25 historische Loks und über 100 Waggons sind zu bewundern. Die stehen teils in einem echten alten Lokschuppen, teils auf den Gleisanlagen drumherum. Das Gelände ist ein Bahnbetriebswerk aus dem Jahr 1898. Selbst die Kräne, mit denen vor hundert Jahren die Kohlen für die Dampfkessel auf die Loks geladen wurden, stehen noch. Zusätzlich gibt es alles Mögliche zu sehen, was das Herz eines Eisenbahn-Liebhabers höher schlagen läßt: alte Fahrpläne, Signalanlagen, Uniformen und vieles mehr. Das Museum wird seit über 20 Jahren ehrenamtlich von einer Gruppe Eisenbahn-Fans betrieben. Deren Begeisterung wird auch bei den Führungen spürbar.

Es gibt mehrere große **Dampflokfeste** jedes Jahr, dann wird es besonders aufregend, ihr könnt nämlich mit einer der alten Dampfloks fahren. Außerdem werden jedes Jahr mehrere **Nostalgie-Fahrten** mit Dampfloks durchgeführt. Die Termine könnt ihr im Museum erfragen.

## Ein Sommertag am Oberwaldhaus

**Anfahrt:** östlich von Darmstadt, an der Straße nach Dieburg, ungefähr 4 km vom Ortsende Darmstadt. Parkplatz direkt am Erholungsgebiet. Toiletten gleich rechter Hand vom Parkplatz kommend, vor dem Oberwaldhaus.

Buslinie F ab Darmstädter Hbf, Endhaltestelle Oberwaldhaus.

**Restaurant Oberwaldhaus,** Dieburger Straße 257,
64287 Darmstadt, ✆ 06151/712266, kein Ruhetag,
durchgehend geöffnet.

**Ponyreiten:** In den Ferien sowie an So und Fei 10 –
19 Uhr, Mo – Sa ab 14 Uhr. Auch vom Wetter abhängig. Eine knappe halbe Stunde kostet 5 DM.

**Bootsverleih:** ein Ruderboot kostet für eine halbe
Stunde 4 DM, ein Tretboot 5 DM.

▶ Reiten, Rudern, Indianerspielen auf dem Wild-
West-Spielplatz, eine Runde Minigolf oder Federball – eurem Bewegungsdrang sind keine
Grenzen gesetzt. In diesem beliebten Freizeit-
gebiet läßt sich ein sonniger Tag auf äußerst an-
genehme Weise verbringen. Es gibt einen großen,
gut ausgestatteten Spielplatz, Tischtennisplatten
(bringt eure Schläger und Bälle mit!) und eine
Minigolfanlage, außerdem viel Platz zum Toben,
Ballspielen oder Picknicken auf den großen Liegewiesen. Bei gutem Wetter könnt ihr auf Ponies
reiten. In dem *Steinbrücker Teich* ist zwar
Schwimmen verboten, zum Trost gibt es aber einen Bootsverleih, ihr habt die Auswahl zwischen
treten und rudern.

Bei Sommerwetter kommt ein Eiswagen zum
Spielplatz, zudem ist dann der **Imbiß-Kiosk**
vorm Oberwaldhaus geöffnet. Das **Oberwaldhaus** bietet jugoslawische und deutsche Küche
zu familienfreundlichen Preisen, auch Eis oder
Kuchen. Man sitzt sehr schön auf einer großen
Terrasse, Kinder können herumhüpfen und große Bäume spenden Schatten. Wer sich nach dem
Essen die Füße vertreten möchte, kann in das angrenzende Waldgebiet oder auch nur einmal um
den kleinen See laufen, das ist auch mit Kinderwagen möglich.

**Basteln mit
Naturmaterialien**
**Igel aus Kastanien**
*Was ihr braucht:* Kasta-
nien, Zahnstocher oder
kleine Holzspieße, eine
Schere oder ein Messer,
wenn ihr habt, einen kleinen Handspiralbohrer.
*So geht's:* In eine große,
dicke Kastanie stecht ihr
mit der Spitze eines
Zahnstochers Löcher,
und zwar in die braune
Oberseite. Dann brecht
ihr so viele Zahnstocher
etwa 3 cm unterhalb der
Spitze ab, wie ihr Löcher
gebohrt habt. In jedes
Loch steckt ihr ein Stück
Zahnstocher, mit der
Spitze nach oben. Jetzt
sieht es schon ganz wie
ein Igel aus! Für das Ge-
sicht stecht ihr zwei
Löcher als Augen, darun-
ter eines als Nase. In
das Nasenloch steckt ihr
ein ganz kurzes, stump-
fes Stückchen Holz.

**DARMSTADT & DAS RIED**

## Frankenstein

*Bestimmt kennt ihr die berühmte Franken-stein-Geschichte der englischen Schriftstellerin **Mary Wollstonecraft Shelley** (1797 – 1851). Mary Shelley war erst 18 Jahre alt, als sie bei einer Reise die Bergstraße und auch die Burg Frankenstein besuchte. Wahrscheinlich war wirklich ein Mann, der einst auf der Burg Frankenstein lebte, Vorbild für ihre legendäre Romanfigur. Der Alchimist Johann Konrad Dippel versuchte in der zweiten Hälfte des 17. Jahrhunderts, ein künstliches Lebewesen zu erschaffen. Laut Bericht eines Burgschreibers soll Dippel auch auf dem Friedhof im nahegelegenen Nieder-Beerbach Leichen ausgegraben haben, um an ihnen anatomische Studien zu betreiben. Es ist nachgewiesen, daß Mary Shelley von ihm gehört hatte.*

## Gruseln auf der Burg Frankenstein

**Anfahrt:** A 5, Ausfahrt Pfungstadt. Die Burg liegt südlich von Darmstadt-Eberstadt an der B 3, ausgeschildert.

Vom Darmstädter Luisenplatz mit den Straßenbahnen 6, 7 und 8 nach Darmstadt-Eberstadt, an der Kirche aussteigen. Von dort zu Fuß, ausgeschildert.

**Halloween:** Eintritt je nach Veranstaltung zwischen 15 und 30 DM, Kartenservice unter ✆ 06102/77665. Die Burg ist während des Festes nur mit Shuttle-Bussen zu erreichen.

**Restaurant und Café Burg Frankenstein,** 64367 Mühltal/Nieder-Beerbach, ✆ 06151/ 54618, Fax 54985. Di – So 10 – 24 Uhr.

▶ Die Ruine der Burg Frankenstein ist vor allem für das **Halloween-Fest** bekannt, das alljährlich stattfindet. Tausende von Horror-Fans pilgern an den Wochenenden Ende Oktober und Anfang November hierher. Hobby- und Profischauspieler lehren den Gästen das Gruseln, auf mehreren Bühnen finden unterschiedlichste Spektakel statt. Es wimmelt von Werwölfen, Vampiren und Hexen. Nachmittags gibt es ein *Kinder-Halloween* – eßt vorher vorsichtshalber tüchtig Knoblauch gegen die Vampire.

Doch auch wenn es nicht so unheimlich hergeht, lohnt ein Besuch der Ruine. Ein Wohnturm der Burg ist noch gut erhalten und kann bestiegen werden. Das **Restaurant** in der Burg hat eine Aussichtsterrasse, die praktisch über dem Abgrund schwebt und bei klarem Wetter einen tollen Ausblick auf die Rhein-Main-Ebene gewährt. Schöne Spaziergänge in der Umgebung sind möglich, am Parkplatz unterhalb der Burg sind mehrere **Rundwege** angegeben. Einer von ihnen, gekennzeichnet mit einer roten Raute (nicht mit Kinderwagen möglich), führt euch zu *Magnet-*

*steinen.* Falls ihr einen Kompaß dabei habt, werdet ihr feststellen, daß er hier verrückt spielt.

D*as Gebiet zwischen Rhein und Bergstraße ist flach wie ein Pfannkuchen, denn das Ried ist der nördliche Teil der Oberrheinebene. Früher wurde in dieser Region viel Kies gebaggert, daher gibt es im Ried einige inzwischen schön umwachsene Badeseen.*

## ZIELE IM RIED

### Für Tierfans: Fasanerie Groß-Gerau

**Anfahrt:** im Süden von Groß-Gerau, B 44 Richtung Dornheim. Achtung: an einer Mauer aus Natursteinen kommt recht plötzlich die Einfahrt zur Fasanerie, man fährt schnell daran vorbei. Großer Parkplatz. Ganzjährig 9 – 18 Uhr, letzter Einlaß 17.30 Uhr. Erw. 4, Kinder 1,50 DM. Kiosk, Toiletten. Hunde verboten.

▶ Bei schönem Wetter sonnen sich die Waschbären auf dem Klettergerüst, die frechen Papageien schreien, australische Emus stolzieren durch ihr geräumiges Gehege und schauen sehr eingebildet drein. Stolze Pfauen und scharrende Hühner laufen frei herum. Die Ponies und Esel lassen sich streicheln, wenn sie gute Laune haben. Die Fasanerie ist das netteste Ausflugsziel im Ried für Kinder und Tierfans. Hier leben unter anderem dicke Wasserratten und Erdhörnchen, Hängebauch- und Wildschweine, Rehe und Steinböcke.

Die Fasanerie liegt in einem parkartigen Gelände, in dem man auch mit Kinderwagen auf breiten Wegen bequem gehen kann. In der Nähe befindet sich ein **Spielplatz** mit einer großen Wiese, hölzernen Indianerzelten, Fußballtoren und Tischtennisplatten. Ballspielen, Picknicken, Wilder-Westen – alles ist drin.

**tip** Wer mit **öffentlichen Verkehrsmitteln** anreisen möchte, sollte sich vorher nach Busverbindungen erkundigen, manchmal gibt es bei gutem Wetter Pendelbusse. Infos bei den Gemeinden. Allgemeine Verkehrsinformationen findet ihr ab Seite 278.

**Achtung:** an sonnigen Wochenenden herrscht am Riedsee oft Hochbetrieb. Aus sicherheits- und verkehrstechnischen Gründen wird der See dann gelegentlich gesperrt, kein Besucher wird mehr eingelassen, auch nicht, wenn er im Besitz einer Dauerkarte ist.

# Badeseen im Ried

## Riedsee bei Riedstadt-Leeheim

**Anfahrt:** A 3 oder A 67 bis Groß-Gerau, B 44 bis Groß-Gerau Dornheim, von dort nach Riedstadt-Leeheim. An der Straße Richtung Geinsheim ausgeschildert.

**Infos:** Platzwart ✆ 06158/73310, Gemeinde Riedstadt ✆ 06158/1810.

**Eintritt:** Mitte Mai bis Mitte Sept. täglich 8 – 20 Uhr. Tageskarte Erw. 5 DM, Kinder 2,50 DM (ab 17 Uhr 2 bzw. 1 DM). Dauerkarte Erw. 60, Kinder 25 DM (ab 17 Uhr 25 bzw. 10 DM). Parkgebühr Pkw 5 DM (ab 17 Uhr 2 DM), Zweiräder 2 DM (ab 17 Uhr 1 DM).

▶ Unter Bäumen könnt ihr euch im Schatten aalen, für Sonnenhungrige und Burgenbauer gibt es viel Sandstrand. Für kleine Kinder ist der Riedsee sehr gut geeignet, denn es geht flach ins Wasser. Viel Platz ist auf den Wiesen für Ballspiele. Ein Spielplatz, Kiosk, Grillstellen, Duschen und Toiletten sowie ein Zeltplatz sind vorhanden.

## See bei Geinsheim

**Anfahrt:** von Groß-Gerau Richtung Geinsheim, an der Straße von Trebur nach Geinsheim. Infos Gemeindeverwaltung Trebur, ✆ 06147/2080.

**Eintritt:** Schwimmbad 9 – 19 Uhr, wenn Kasse geschlossen, am Kiosk zahlen. Erw. 3 DM, So/Fei 4 DM, Kinder bis 14 Jahre 2 DM, Schlauchboot 2 DM. Campingplatz Schneider siehe Seite 289.

▶ Kleiner See mitten im Ried, von Wochenendhäuschen umstanden. Es gibt eine Wiese und ein Stück Sandstrand, ein kleiner Bereich für Nichtschwimmer ist mit einem Gitter abgetrennt. Kiosk und kleiner Spielplatz sind vorhanden. In den größeren Seen, die dicht daneben liegen, dürfen sich leider nur die Bewohner der Wochenendsiedlung im kühlen Naß tummeln.

### Kärchersee und Gemeindebadesee Biblis

A 5 oder A 67 Richtung Mannheim, Ausfahrt Gerns-
heim. Dann B 44 bis Abfahrt Biblis.
**Kärchersee:** Richtung Wattenheim, ausgeschildert.
**Gemeindebadesee:** Den Ort durchfahren bis hinter
die Gleise.
**Infos:** Gemeinde Biblis, ℰ 06245/280.

▶ Beide Seen gehören zu einer Kiesgrubenland-
schaft. Der Kärchersee ist sehr groß, der Ge-
meindesee klein und recht lauschig.

Am **Kärchersee** wurde lange wild gebadet.
Seit 1999 ist er jedoch offiziell für Schwimmer
zugelassen, ein Versorgungsgebäude mit Kiosk,
Duschen und Toiletten wurde nagelneu gebaut,
eine Wochenendkolonie entsteht gerade. Ein langer Badestrand und eigene Zonen für Boote und
Surfer bieten viel Raum für sportliche Aktivitäten. Eintritt frei, aber Parkgebühren werden erhoben, auch Räder kosten 1 DM.

Der **Gemeindebadesee** kostet keinen Eintritt
und ist frei zugänglich. Bäume spenden Schatten,
eine Liegewiese verlockt zum Faulenzen. Es gibt
einen Kiosk sowie Toiletten und Duschen. Ein
Nichtschwimmerbereich ist abgegrenzt, der See
ist DLRG-überwacht.

### Freibad und Badesee Lampertheim

**Anfahrt:** A 5 oder A 67 Richtung Mannheim Abfahrt
Lorsch, B 47 bis Bürstadt, B 44 Richtung Mannheim.
Am Ortsende von Lampertheim ausgeschildert.
**Infos & Eintritt:** Stadtverwaltung Lampertheim,
ℰ 06206/9350. Mitte Mai bis Mitte Sept. 9 – 20
Uhr, am Wochenende ab 8 Uhr. Erw. 5, Kinder 3 DM.

▶ Dieses Freibad, zu dem auch ein kleiner Natur-
Badesee gehört, wird von vielen Wasserratten aus
Mannheim oder Worms besucht. Es hat nämlich
einiges zu bieten. Kleine Kinder können sich im

**Spieltip**
*Ochs am Berg könnt
ihr fast überall und mit
beliebig viel Leuten
spielen: Ihr braucht
zwei maximal 30 m
auseinanderliegende
Grundlinien. An der
einen steht mit dem
Rücken zum Spielfeld
der Ochs, hinter der
anderen alle übrigen
Mitspieler. Die setzen
nun mehr oder weni-
ger schnell und vor-
sichtig einen Fuß vor
den anderen, Hacke an
Zehe! In dem Moment
aber, in dem der Ochs
sich plötzlich umdreht,
müssen alle wie die
Salzsäulen stehen blei-
ben. Wer sich noch
bewegt, wird vom
Ochsen zurück zur
Linie geschickt. Also
laßt den Ochsen nicht
aus den Augen! Wer
zuerst den Ochs unbe-
merkt erreicht hat und
ihn abschlägt, hat ge-
wonnen und wird der
nächste Ochs am Berg.*

Nichtschwimmer- oder im Planschbecken vergnügen, die Größeren werden sich wahrscheinlich in den Badesee stürzen. Eine große Rutsche, Sprungtürme, Tischtennisplatten und ein Ballspielplatz sind etwas für Sportliche. Trotz des Besucherandrangs sind die Liegewiesen nicht überfüllt, die Menge verteilt sich.

### Der Urwald im Kühkopf

**Anfahrt:** B 44 nach Goddelau und Stockstadt. Bahnhof Goddelau-Erfelden, an der Strecke Frankfurt – Groß-Gerau – Biblis – Mannheim, viele Verbindungen. Auch Stockstadt ist an dieser Strecke Bahnstation, hier halten Züge aber etwas seltener.

▶ Der Kühkopf ist eigentlich eine Insel im Rhein, ein großes Gebiet, das von vielen Wasserarmen durch- und umflossen wird. Wie im Urwald sieht es im Kühkopf aus – undurchdringliches Dickicht, Lianen und Efeu, wohin das Auge blickt, und viele seltene Tiere, die im Schutz des üppig wuchernden Gestrüpps leben. Sogar eine Schlange haben meine »Testkinder« und ich hier einmal gesichtet. Der Kühkopf ist Naturschutzgebiet, ihr dürft ihn nur zu Fuß oder mit dem Fahrrad erkunden. Es gibt mehrere **Zugänge:** von *Erfelden*, einem Ortsteil von Riedstadt, gelangt ihr über eine Fußgängerbrücke zur Insel, von *Stockstadt* aus über die Stockstädter Brücke. Außerdem gibt es in *Guntersblum* eine Personenfähre, die fährt aber nur an Sonn- und Feiertagen.

An allen Zugängen gibt es große Parkplätze, der Weg zum Kühkopf ist in der Umgebung gut ausgeschildert. Große Tafeln an den Parkplätzen informieren über die verschiedenen Rad- und Wanderwege im Naturschutzgebiet. Am sandigen Rheinufer könnt ihr rasten. An der Stockstädter Brücke gibt es einen Spielplatz.

**Hunger & Durst**
**Forsthaus Kühkopf,** auf der Rheininsel, ✆ 06158/3068. Mo Ruhetag, Di ab 14 Uhr, sonst ab 11 Uhr offen. Im Hof oder auf der Terrasse sitzt man herrlich unter großen Bäumen. In *Guntersblum* an der Fähre ist die **Gaststätte Zum Rheinhof,** Am Rheindamm 4, 67583 Guntersblum, ✆ 06249/2381. Mo Ruhetag, sonst 11 – 22 Uhr. Im riesigen Biergarten sitzt ihr unter einer 170 Jahre alten Kastanie, mit Blick auf den Rhein.

tip Für **Radler** eignet sich das Gebiet sehr gut, es ist ganz flach, es gibt keine Autos und ihr könnt per Drahtesel mehr davon sehen als zu Fuß.

# DIE BERGSTRASSE

# DER WEST-HANG DES ODENWALDS

Die Bergstraße bildet den Übergang von der flachen Rheinebene zu den Höhen des Odenwaldes. In dieser sonnenverwöhnten Region bedecken Weinreben die Hänge. Im Frühjahr zeigen die blühenden Obstbäume wie weit der Frühling schon ins Land gezogen ist. Viele Burgen gilt es zu erobern, wie Perlen an einer Schnur sind sie von Nord nach Süd aufgereiht. Die Fachwerkstädte laden zum Bummel ein, und in der Ebene locken einige Seen zum Badespaß.

**Kartentip**

**Wanderkarte Vordere Bergstraße,** 1:10.000. Umfaßt das Gebiet Frankenstein und Melibokus. Erhältlich beim *Verkehrs- und Verschönerungsverein,* Postfach 2141, 64336 Seeheim-Jugenheim, 3 DM. Dort gibt es auch die Karte **Burgenweg Bergstraße – Blütenweg Bergstraße,** die das Gebiet von Darmstadt bis Heidelberg zeigt, für 6 DM.

## Schloß Heiligenberg bei Seeheim-Jugenheim

**Anfahrt:** B 3 oder A 5 Ausfahrt Seeheim-Jugenheim. In Seeheim-Jugenheim Richtung Backenhausen, linker Hand auf dem Parkplatz Nonnenbrunnen parken.

▶ Der romantische **Rundweg** Nr. 1 führt euch in etwa einer dreiviertel Stunde um das Schloß, auch mit Kinderwagen begehbar, doch der Anfang ist steil. Zwei längere Rundwege (1,5/1 Stunde) beginnen ebenfalls am Parkplatz.

Auch von Jugenheim ist das Schloß durch den terrassenförmig aufsteigenden Park zu Fuß erreichbar, mit Kinderwagen möglich, aber steil.

Wer an einem sonnigen Tag die herrliche Anlage um das **Schloß** bei Seeheim-Jugenheim besucht, wird an Italien oder Südfrankreich erinnert. Das Schloß selbst ist nicht zu besichtigen. Alleeartiger, alter Baumbestand schmückt bereits den Hinweg. Exotische Baumriesen und ein Springbrunnen vor dem Schloß, ein kleiner vorgelagerter Teich und eine natürliche Terrasse mit weitem Ausblick in die Rheinebene sind Blickfänge. Das schlichte weiße Gebäude mit den grünen Klappläden entstand 1831, es war das Lieblingsschloß von *Wilhelmine*, einer Prinzessin aus dem Haus Hessen-Darmstadt. Ab 1870 verbrachten die hessischen Großherzöge hier den Sommer. Das Schloß beherbergte berühmte Gäste: Wilhelmines Tochter Marie heiratete nämlich den späteren russischen Zar Alexander II., und das Paar besuchte Schloß Heiligenberg häufig. Extra für sie stattete die Main-Neckar-Eisenbahngesellschaft damals den Bickenbacher Bahnhof mit einer eigenen Empfangshalle aus, die nur die Zarenfamilie betreten durfte!

Vor dem Schloß auf einem Hügel, dem **Heiligenberg,** stehen die malerischen Reste einer kleinen gotischen *Kapelle*, die als hübscher Blickfang aufgebaut wurden. Einst befand sich an dieser Stelle ein Nonnenkloster, von dem jedoch nichts mehr zu sehen ist. Nah bei der Ruine steht eine 1000jährige *Linde*, von einem Stahlband zusammengehalten und abgestützt durch Pfähle. In ihrem Schatten lag über Jahrhunderte der Versammlungsort eines *Haingerichts*. Im Mittelalter und auch noch später war es üblich, daß unter einer Linde zu Gericht gesessen wurde. Unter diesen mächtigen Bäumen wurde verhandelt und Urteile gefällt. Diese Sitte stammte wahrscheinlich noch von den Germanen.

An der Linde vorbei führt ein Pfad zu dem kleinen *Mausoleum* an der Spitze des Heiligenberges. In dem Mausoleum wurden Wilhelmines Sohn *Prinz Alexander* und seine Frau *Julie* beigesetzt. Neben der Grabstätte steht ein mannshohes goldenes Kreuz, das von weitem sichtbar ins Tal hinab glänzt. Es wurde zum Andenken an Wilhelmine aufgestellt.

Unterhalb des Hügels befindet sich eine große **Wiese,** die sich zum Picknick, Sonnen und Spielen eignet.

## Hunger & Durst

**Restaurant Zum Löwen**
in Seeheim, Bergstr. 7, 64342 Seeheim-Jugenheim, ℗ & Fax 06251/ 8807. Mo im Winter Ruhetag. Im Sommer bei gutem Wetter 11 – 24 Uhr durchgehend geöffnet, bei schlechtem Wetter 11 – 15 und 17 – 24 Uhr, wie im Winter. Schöner Biergarten mit Kastanien. Kinderstühle, Sandkasten, Spielecke. Regionale Spezialitäten.

## Eselei

*Einst lag auf dem Heiligenberg ein Klarissenkloster. Der Name des Parkplatzes, Nonnenbrunnen, kommt daher, daß ein Esel früher täglich das Wasser von hier unten zum Kloster hinauftrug.*

**DIE BERGSTRASSE**

**Führungen zur Kloster-ruine** und zum Goldenen Kreuz könnt ihr nach Absprache mit Herrn Basich, ✆ 06257/2146, unternehmen.

### Hunger & Durst

Eines der nettesten Restaurants im ganzen Gebiet: **Die Schöne Aussicht** in Stettbach. Der Name ist Programm: von der Terrasse hat man sie wirklich, die Aussicht. Und innen herrscht eine gemütliche Atmosphäre mit Oma's Sofa und alten Holztischen. Die Speisekarte ist klein aber fein. Leider alles etwas eng, kleine Kinder haben nicht viel Platz zum Toben. Schöne Aussicht, Am Berg 9, 64342 Seeheim-Jugenheim (Stettbach), ✆ 06257/61965. Mo bis Fr 18 – 24 Uhr, Sa 14 – 24 Uhr, So 11 – 24 Uhr. Vom 1. Oktober bis 30. April Mo und Di Ruhetag. Anfahrt: In Stettbach Richtung Ober-Beerbach, das gelb-grüne Haus am Ortsende.

Hinter dem Schloß, Richtung Osten, gelangt ihr an eine **Obstbaumwiese,** die im Frühling besonders schön aussieht.

## Erlensee bei Bickenbach

**Anfahrt:** A 5 Abfahrt Bickenbach, in Bickenbach Richtung Bahnhof, hinter den Gleisen ausgeschildert. Bickenbach ist Bahnstation, Strecke Darmstadt – Heidelberg, ungefähr halbstündlich.

**Infos:** ✆ 06257/3443 am See. Gemeindeverwaltung Bickenbach, ✆ 06257/93300. Frei zugänglich.

▶ Ein ehemaliger Baggersee lädt zum Baden, Bäume am Ufer spenden Schatten. Es gibt einen Spielplatz, Kiosk mit Getränken und kleinen Gerichten, Duschen und Toiletten.

## Alsbacher Schloß mit Waldspielplatz

**Anfahrt:** B 3 oder A 5 Ausfahrt Zwingenberg, ab Alsbach ausgeschildert. Am Parkplatz Alsbacher Schloß direkt bei der Burg oder weiter unten am Parkplatz Herzog Ulrich Ruhe den Wagen abstellen. Bahnstation Alsbach, Strecke Darmstadt – Heidelberg, ungefähr halbstündlich.

**Infos & Eintritt:** Familie Siragusa-Haagen, Mi Ruhetag, sonst meist 10 – 20 Uhr, abhängig vom Wetter. 64665 Alsbach, ✆ 06257/2795.

**Turmbesteigung:** 20 Pfennig Erw., 10 Pfennig Kinder.

▶ Vom unteren Parkplatz bergauf zum Schloß sind es etwa 20 Minuten Fußweg, hier beginnen auch vier längere Rundwege für Wanderfreudige.

Massiv und wehrhaft, mit gewaltig dicken Mauern präsentiert sich das Alsbacher Schloß, das eigentlich eine Burg ist. Es sieht aus, als hätte es niemals erobert werden können. Im Vergleich zu anderen Burgruinen könnt ihr noch viel von der mächtigen Ringmauer und den Türmen sehen. Der Erbauer hieß *Gottfried von Bickenbach.*

Zuerst gab es nur die Kernburg, sie war von einem stellenweise 7 m breiten Graben umgeben. 1280 wurde noch eine Mauer um den Graben gebaut, der sogenannte *Zwinger*.

Im Jahr 1463 gab es eine Fehde zwischen der Stadt Frankfurt und dem damaligen Burgherren *Hartmann Ulner.* Und tatsächlich gelang es den Frankfurtern, die Burg einzunehmen: Sie brannten sie einfach nieder. Zwei Jahre später wurde sie wieder aufgebaut. Im 30jährigen Krieg diente sie den Alsbacher Bürgern als Zufluchtsort, sie brachten sich hinter ihren Mauern vor den plün-

## WIE BURGEN GEBAUT WURDEN

Burgen wurden im Mittelalter so gebaut, daß Angreifer es schwer hatten: Der breite Burggraben und die mächtigen Mauern waren kaum zu überwinden. Eine **Zugbrücke** und oft auch schwere **Fallgitter** in den Toren, die von oben auf die Feinde runtersausten, dienten der Verteidigung. Von den hohen Burgmauern herab wurden Angreifer beschossen, mit Pech oder kochendem Wasser übergossen. Wichtig für die Burgbewohner war der **Brunnen,** denn wenn sie belagert wurden, brauchten sie unbedingt Wasser. Auch Lebensmittel mußten immer in großen Mengen gelagert werden, damit Feinde die Burg nicht aushungern konnten. Den **Wohnbau** in einer Burg nennt man Palas, oft gab es hier auch einen großen Saal, in dem gefeiert, musiziert oder gespielt wurde. Im Inneren der Burg stand außerdem der **Bergfried,** ein mächtiger Turm, in den sich die Bewohner bei Angriffen flüchteten. Der Zugang war nur über eine Leiter zu erreichen, die dann hochgezogen wurde. Der Bergfried war meist auch Wachturm, denn von seiner Spitze hatte man einen weiten Ausblick. Besucht ihr heute Burgruinen, könnt ihr oft noch den Bergfried im Hof oder einen der Türme in der Ringmauer besteigen. Früher standen um die Burganlagen herum übrigens keine hohen Bäume, damit die Feinde früh gesehen wurden und keine Deckung fanden.

dernden und mordenden schwedischen Soldaten in Sicherheit.

Den *Turm* im **Innenhof** dürft ihr besteigen, außerdem bietet eine *Gaststätte* Snacks sowie Kaffee und Kuchen an. Bei schönem Wetter sitzt ihr an einfachen Plastiktischen im Burghof. Unterhalb der Burg am Parkplatz liegt ein schattiger **Spielplatz** mit Sitzgruppen und einem kleinem Bolzplatz im Wald. Zwei kurze **Rundwege** (30 und 45 Minuten) sind an der Tafel vor der Burg angegeben.

## Der Hinkelstein von Alsbach

**Anfahrt:** von Alsbach nach Westen Richtung Alsbach-Hähnlein und Autobahn, kurz vor der Autobahnauffahrt rechter Hand Schild »Hinkelstein Fußweg 200 m«. Am Schild findet ihr auch gleich einen Parkplatz vor einer Schule. Ein breiter Feldweg führt zu dem Stein.

▶ Sicher kennt ihr die unförmigen, länglichen Felsbrocken, die Obelix auf dem Rücken trägt und hin und wieder – locker aus dem Handgelenk – seinen Gegnern auf den Kopf haut. Wer einmal einen echten Hinkelstein sehen möchte, hat dazu in Alsbach Gelegenheit. Zwar mag der Anblick des Steines euch etwas enttäuschen, er ist eher unscheinbar, aber er ist trotzdem etwas ganz Besonderes: Es ist der einzige noch vollkommen beobachtbare **Kalenderstein** in Hessen. In der Steinzeit wurde er zur Einteilung des Jahres benutzt. Dazu wurde jeder Sonnenaufgang über die Spitze des Menhirs hinweg beobachtet. An der Wintersonnenwende geht die Sonne am *Melibokus* auf, bei Tag- und Nachtgleiche erscheint sie am *Darsberg,* an der Sommersonnenwende an der *Alexanderhöhe.* An einer Tafel hinter dem Stein ist alles genau erklärt.

**Aha**

*Winter-Sonnwende ist am 21./22. Dezember (Winteranfang), die Sommer-Sonnwende am 21./22. Juni (Sommeranfang). Der Tag der Sommer-Sonnwende ist auf der Nordhalbkugel der längste Tag des Jahres, die Sonne scheint dann mehr als 16 Stunden und 30 Minuten. Zur Zeit der Winter-Sonnwende ist er am kürzesten, nämlich weniger als 8 Stunden.*
*Auf der Südhalbkugel der Erde ist es genau umgekehrt.*

**B**ensheim hat eine große *Fußgängerzone mit einigen schönen Fachwerkhäusern, etlichen Läden und Einkehrmöglichkeiten. Die beiden großen Attraktionen der Stadt findet ihr aber im Stadtteil **Auerbach:** das Auerbacher Schloß und den Staatspark Fürstenlager.*

**Anfahrt:** B 3 oder A 5, Abfahrt Bensheim, A 67 Abfahrt Lorsch.

Bahnstation Strecke Darmstadt – Heidelberg, außerdem von Worms zu erreichen. Viele Verbindungen, auch Intercity-Haltestelle.

**Infos:** *Tourist Information,* Rodensteinstr. 19, am Bahnhof, 64625 Bensheim, ✆ 06251/14117, Fax 14123. Führungen durch Bensheim, das Auerbacher Schloß, den Staatspark Fürstenlager oder das Museum der Stadt werden hier vermittelt.

## Zwei tolle Ausflugslokale
### Rasten auf dem Kirchberg

Kirchberghäuschen, Außerhalb 2, 64625 Bensheim, ✆ & Fax 06251/3267. Mo Ruhetag. Deftige Küche.

▶ Das Restaurant befindet sich in einem ehemaligen Lustschloß von 1852, auf einer Anhöhe über Bensheim. Man sitzt an einfachen Holztischen im Freien, genießt das Essen und den weiten Blick in die Ebene hinunter. Es gibt auch einen kleinen Spielplatz. Schon von weitem seht ihr das weiß leuchtende Häuschen, es ist nicht zu verfehlen. Am besten lauft ihr vom Ortszentrum hinauf, der Weg führt euch zunächst durch den Stadtpark und dann durch die Weinhänge über Bensheim.

### Vetters Mühle

Gronauer Str. 73, Stadtteil Zell, ✆ 06251/2404. Von der B 3 ausgeschildert. Großer Parkplatz etwa 50 m hinter dem Lokal, rechter Hand.

**tip** Bereits dreimal fand in Bensheim die »**Woche junger Schauspieler**« statt. Hier wird dem Nachwuchs eine Chance gegeben, junge Akteure aus dem ganzen Land führen die unterschiedlichsten Stücke auf. Von Shakespeare bis zu Trainspotting reichte das Programm 1998. Infos beim Kulturamt unter ✆ 06251/177817.

**DIE BERGSTRASSE**

## Kochtip

**Odenwälder Kochkäse,** den es hier in vielen Gasthäusern und Bauernlädchen gibt, könnt ihr auch ganz einfach selbst herstellen. Dazu müßt ihr 2 Pfund Schichtkäse oder Quark an einem warmen Ort 1 bis 2 Tage auf einem Sieb abtropfen lassen. Dann verrührt ihr die Masse mit 2 Teelöffeln Natron. Das Ganze laßt ihr dann im Wasserbad kurz aufwallen und fügt Butter und Salz, je nach Geschmack auch Kümmel hinzu. Abkühlen lassen, genießen!

## Hunger & Durst

**Restaurant Ritterschenke** mit Balkon-Terrasse, 64625 Bensheim-Auerbach, ✆ 06251/ 72923, Fax 78410. Anfang März bis Ende Sept. täglich 11 – 24 Uhr, Spezialität Rittermahle. Gerichte ab 20 DM aufwärts. Wenn die Kinder unten im Burghof spielen, sind sie vom Restaurant aus nicht zu sehen.

▶ Wollt ihr mal ein richtiges Mühlrad sich drehen sehen? Das könnt ihr in diesem Biergarten haben – und außerdem leckeren hausgemachten Kuchen oder, wenn ihr eher auf etwas Deftiges Lust habt, Odenwälder Kochkäse genießen.

## Burgruine Schloß Auerbach

**Anfahrt:** an der B 3 ausgeschildert, A 5 Ausfahrt Zwingenberg.
Bahnhof Bensheim-Auerbach, von dort aber keine Busverbindung, mindestens 1,5 Stunden Fußmarsch zum Schloß.

**Führungen:** auf Anfrage bei der Touristeninformation Bensheim.

▶ Das Auerbacher Schloß ist eigentlich eine **Burg.** Es war einmal die größte und wichtigste Burg an der Bergstraße, und zwar vor über 700 Jahren. Was ihr heute seht, wurde allerdings zum größten Teil in den letzten zweihundert Jahren an- und aufgebaut. Doch mit den mächtigen Außenmauern seht ihr noch echte Teile aus dem Mittelalter. Wenn ihr auf den *Turm* klettert, habt ihr wie die Wachleute einst einen phantastischen Blick in die Rheinebene.

In dieser Burg sind grausame Dinge geschehen: Im Jahr 1674 zog der französische *Marschall Turenne* – ein ganz großer Feldherr – mit seinem Heer gegen die Niederlande, auf dem Weg dorthin verwüsteten seine Söldner die Gegend an der Bergstraße. Die entsetzten Bewohner von Auerbach und aus zwei weiteren Dörfern flüchteten sich in das Schloß. Doch trotz der starken Mauern gelang es den Söldnern schließlich, in den Schloßhof einzudringen. Sie richteten ein Blutbad an, ermordeten Männer, Frauen und Kinder. Danach verfiel das Schloß langsam, nur ein Förster hauste hier noch eine Weile ganz allein.

Heute ist das Schloß restauriert und einige tolle Veranstaltungen finden jedes Jahr statt. Für Kinder besonders faszinierend sind die **Ritterspiele,** die an Pfingsten veranstaltet werden. Schaukämpfe und Turniere, Gaukler und allerlei fahrendes Volk bieten Unterhaltung. In bunten Zelten wird altes Handwerk vorgeführt, es gibt deftige Speisen wie im Mittelalter. Die grausamen Waffen, mit denen man sich im Mittelalter die Köpfe einschlug, sind heute aus Sperrholz oder Pappe zu haben: Streitäxte, Schwerter, Morgensterne und Hellebarden – eine Art Stangenaxt, wie sie die Schweizergarde des Papstes in Rom noch zur Zierde benutzt.

In der Nacht zum 1. Mai wird auf dem Auerbacher Schloß die **Walpurgisnacht** gefeiert. In dieser Nacht fliegen die Hexen auf ihren Besen zu Plätzen, an denen sie gemeinsam tanzen. Berühmt ist der Blocksberg im Harz, wo sich besonders viele Hexen treffen.

## Im Staatspark Fürstenlager

**Anfahrt:** mit dem Auto siehe Auerbacher Schloß. Bahnhof Bensheim-Auerbach, von dort eine halbe Stunde zu Fuß.

**Info:** Staatspark Fürstenlager, Bachgasse, 64625 Bensheim-Auerbach, ℰ 06251/93460. Park frei zugänglich.

**Kasse:** im Weißzeughäuschen, hier gibt es Broschüren und Führer. Verkauf Di – Fr 14 – 17 Uhr, Sa 10 – 12 und 13 – 17 Uhr, So/Fei 10 – 17 Uhr.

**Porzellanmuseum:** Di – Sa 14 – 17 Uhr, So 10 – 16 Uhr. Erw 4, Schüler 2 DM. Führungen im Sommer einmal monatlich an einem Samstag um 14 Uhr. Infos unter ℰ 06251/93460 oder 934615, Fax 934646. Erw. 6 DM, Kinder 4 DM, Familienkarte bis zu 3 Kinder 16 DM, Schulklassen 70 DM.

**tip** Wer Lust auf eine Runde **Minigolf** hat: In Bensheim-Auerbach, am Kurpark, gibt es einen Platz. Frühjahr – Herbst täglich 14 – 22 Uhr, So ab 10 Uhr. Erw 4,50, Kinder 3,50.

**Hunger & Durst**
**Parkhotel Herrenhaus,** im Staatspark Fürstenlager, 64625 Bensheim-Auerbach, ℰ 06251/72274, Fax 78473. Täglich 11 – 19 Uhr.

▸ Dieser Landschaftspark ist im Sommer ein herrliches **Ausflugsziel.** Durch die schöne Anlage führen breite Wege, auch für Kinderwagen geeignet. Im Park liegt ein Teich und ein *Restaurant-Hotel* mit einer schönen Terrasse. Exotische Baumriesen sind zu bewundern. Außerdem befindet sich im Staatspark ein *Porzellanmuseum.*

**tip** In diesem Park steht Deutschlands ältester **Mammutbaum,** er soll über 50 m hoch sein und ist über 100 Jahre alt.

Die *Landgrafen von Darmstadt* ließen diesen Landschaftspark anlegen, hier lustwandelten sie, um sich von ihren anstrengenden Pflichten als Grafen zu erholen. Eine Quelle, deren Wasser gesund und hilfreich gegen verschiedene Krankheiten sein sollte, bildete mit dem »Guten Brunnen« den Mittelpunkt. Außer dem **Schloß,** in dem die Grafen wohnten, seht ihr noch mehrere, aufwendig renovierte Gebäude, die früher verschiedensten Zwecken dienten: es gab *Ställe* für die vielen Pferde und Kutschen, *Wirtschaftsgebäude,* in denen gebacken und gekocht wurde, sowie ein *Gästehaus* für die Besucher. Auch der Verwalter, der sich um alles kümmerte, hatte ein eigenes Wohnhaus. Und schließlich gab es sogar ein sogenanntes *Weißzeughäuschen,* in dem die Wäsche gewaschen wurde.

## Baden und weitere Aktivitäten
### Badesee Bensheim
**Anfahrt:** A 5 Abfahrt Bensheim, Richtung Stadtmitte, abbiegen in den Berliner Ring, an diesem befindet sich das Bad. Parkplatz vor dem Gelände. Vom Bahnhof Bensheim mit dem Stadtbus oder zu Fuß.
**Eintritt:** Im Sommer täglich 9 – 21 Uhr, Kassenschluß 20 Uhr. Bei schlechtem Wetter geschlossen. Erw. 4 DM, Kinder 2 DM.
**Vogelpark Bensheim:** Am Berliner Ring, nicht weit vom Badesee. Im Sommer So 9 – 18 Uhr offen, im Winter nur 9.30 – 12 Uhr. Eintritt frei.

▶ Ein schöner Badesee und zugleich ein überwachtes Freibad, mit Sandstrand, riesiger Liegewiese und Spielplatz. Der Nichtschwimmerbereich ist gekennzeichnet. Es gibt einen Kiosk mit Eis, Getränken und kleinen Gerichten. Luftmatratzen und Schlauchboote sind verboten.

## Freibad Bensheim

Spessartstraße, ✆ 06251/14256. Nur 5 Minuten vom Bahnhof. Mo, Sa, So 8 – 21 Uhr, Di – Fr 6.30 – 21 Uhr. Erw. 5 DM, Kinder unter 4 Jahre frei, bis 16 Jahre 2,50 DM. 50-m-Becken, 2 Kinderbecken, unbeheizt.

## Hallenbad

Adresse und Eintritt wie Freibad. Di 6.30 – 22 Uhr, Mi/Fr 6.30 – 8 und 13 – 20, im Sommer bis 21 Uhr. Do 6.30 – 8 und 13 – 22 Uhr. Sa/So 8 – 18, im Sommer bis 21 Uhr. Erw. 5 DM, Kinder unter 4 Jahre frei, bis 16 Jahre 2,50 DM. 50-m-Becken, 1 Kinderbecken.

## Kindertheater

Ein eigenes Kinder- und Jugendtheater gibt es in Bensheim nicht, aber spezielle Kindervorstellungen haben das *Parktheater Bensheim* und das *Pipapo-Kellertheater* im Programm. Die Termine und weitere Auskünfte erhaltet ihr beim Kulturamt der Stadt Bensheim, ✆ 06251/14266.

## Veranstaltungen & Aktionen

**Stadtführungen:** Von März bis Oktober finden kostenlose Führungen durch die Bensheimer Altstadt statt, immer am 1. Samstag im Monat. Treffpunkt um 11 Uhr am Marktplatz.
**Fastnachtsmarkt** *(Krammarkt)* Mitte Februar in der Bensheimer Altstadt.

### Orientierungstip

In so großen und überfüllten Strandbädern können sich Kinder, etwa im Alter von ein bis fünf Jahren, sehr leicht verlaufen. Zwar gibt es Kinder mit einem angeborenen guten Orientierungssinn, aber bei den meisten muß dieser erst trainiert werden. Deshalb sollten Erwachsene und ältere Geschwister den Kleinen Orientierungshilfen anbieten und diese viele Male abfragen. Orientierungshilfen können sein: Eine besonders farbige Decke, der Sonnenschirm oder ein mitgebrachtes Fähnchen, in unmittelbarer Nähe zur Uhr, zu einem einzeln stehenden Baum oder Busch, zum Spielplatz und so weiter.

DIE BERGSTRASSE

**Autofreie Bergstraße:** Am dritten Sonntag im Mai wird die B 3 jedes Jahr für Autos gesperrt. Dann tummeln sich Radler, Skater und Fußgänger auf der landschaftlich schönen Strecke entlang der Bergstraße.

**Großer Flohmarkt:** 1. Samstag im Juli in der Altstadt.

**Tag der offenen Tür im Museum Bensheim** mit vielen Aktionen und Kinderprogramm. Letzter Samstag im September.

## Das Felsenmeer bei Reichenbach-Lautertal

**Anfahrt:** A 5 Ausfahrt Bensheim, dann B 47 Richtung Lautertal und Lindenfels, ausgeschildert.

Bahnstation Bensheim, dann BRN Bus 665 Richtung Reichenbach, etwa jede Stunde.

▶ Klettermaxe sollten vom Parkplatz Felsenmeer am Fuße des Hanges, an dem sich dieses Naturdenkmal befindet, starten. Neben dem Parkplatz ist nicht nur das *Gasthaus Siegfriedsquelle*, sondern auch die **Siegfriedsquelle** selbst, eine der Stellen, von denen behauptet wird, hier habe der finstere Hagen den Held Siegfried erschlagen (siehe Seite 93). Fahrt ihr auf der Straße nach Reichenbach noch ein Stück weiter, kommt ihr zu dem höher gelegenen **Parkplatz Römersteine**, an dem ein *geologischer Lehrpfad* mit vielen interessanten Infos zur Steinmetzkunst der Römer beginnt.

Das **Felsenmeer** ist sicherlich eines der bekanntesten Ausflugsziele in der Region. Hier liegen Hunderte riesiger Felsbrocken übereinander getürmt, wie ein mächtiger Wasserfall aus gigantischen Steinen ergießen sie sich einen Hang hinab ins Tal. Auf den gewaltigen Boldern könnt ihr ausgiebig klettern. Die Brocken bestehen aus Granit. Natürliche Verwitterungsprozesse führten dazu, daß die großen Blöcke freigelegt wurden. Die Römer nutzten das Felsenmeer im 3. Jahrhundert n. Chr. als Steinbruch. Es ist kaum zu glauben, daß es ihnen gelang, die gewaltigen Brocken zu zersägen und zu bearbeiten. Ebenso erstaunlich ist es, daß sie diese dann zu Tal transportierten und weiter zum Fluß, wo die schweren Steine auf Schiffe verladen wurden. Überall am Felsenmeer sind von den Römern bearbeitete Steine zu sehen, die nicht mehr fertiggestellt wurden. Manche Felsen gingen auch beim Bearbeiten kaputt, sie wurden dann einfach liegen gelassen. Laßt euch Zeit und erkundet die Umgebung, ihr werdet auf viele interessante Felsen stoßen, die aufgrund ihrer Formen zum Beispiel als Sarg, Altar, Krokodil oder Schiff bekannt sind.

Vom Parkplatz am Fuße des Felsenmeers führen zu beiden Seiten des Gesteinfeldes Wege den Hang hinauf. Am meisten Spaß macht es aber, direkt über die Felsen hoch zu kraxeln. Weiter oben überspannt eine Holzbrücke das Felsenmeer. Ganz oben, am Ende des Felsenmeeres, steht eine **Holzhütte**, bei schönem Wetter ist sie an Wochenenden bewirtschaftet. Ansonsten könnt ihr euer mitgebrachtes Picknick an Holzbänken und unter einem Dach vor Regen geschützt verzehren. Bei der Hütte liegt die legendäre *Riesensäule*, fast 30 Tonnen schwer, auch ein Überrest der römischen Steinmetzen und sicher einst für einen Prunkbau gedacht.

**tip** Wenn euer Wissensdurst noch nicht gestillt ist – in dem kleinen Ort Lautertal, im **Felsberg-Museum Beedenkirchen,** erfahrt ihr wirklich alles über das Felsenmeer. Geöffnet jeden 1. Sonntag im Monat 15 – 17 Uhr. Reichen-

## Die Schlacht der Riesen

*Eine Sage berichtet, daß vor langer, langer Zeit im Odenwald zwei Riesen wohnten. Der eine lebte auf dem **Felsberg**, der andere auf dem **Hohenstein**. Sie gerieten miteinander in Streit, und in ihrem Zorn bewarfen sie sich mit Felsbrocken. Da der Riese auf dem Hohenstein mehr Munition, sprich mehr Felsen zum Werfen hatte, gewann er die Schlacht. Der arme Riese vom Felsberg wurde unter den Brocken seines Gegners begraben. So entstand das Felsenmeer und es heißt, wenn jemand hier feste mit dem Fuß aufstampft, stöhnt der alte Riese unter den Steinen.*

**DIE BERGSTRASSE**

bacher Str. 40, 64686 Lautertal. Eintritt frei. Für Schulklassen und Gruppen ist die Besichtigung jederzeit nach Absprache möglich.

## HEPPENHEIM AN DER BERGSTRASSE

*Das interessanteste Ausflugsziel in Heppenheim ist die* **Starkenburg**, *die über der Stadt thront. Unterhalb der Burg befindet sich die Starkenburg-Sternwarte. Am* **Bruchsee** *(Schwimmen verboten) lohnt zumindest ein Spaziergang. Neben dem Bruchsee befindet sich ein Vogelpark.*

*Außerdem besitzt Heppenheim eine sehenswerte* **Altstadt.** *Vielleicht habt ihr ja Lust, nach oder vor dem Burgbesuch zu bummeln und in einem der Cafés und Gasthäuser einzukehren. Schmale Gäßchen mit Fachwerkhäusern, die schon mehre hundert Jahre hier stehen, führen euch zum Marktplatz mit dem* **Rathaus.** *Dessen Steingeschoß ist über 400 Jahre alt. Mittelpunkt des Marktplatzes ist ein Brunnen mit einer Marienstatue. Wenige Meter vom Rathaus entfernt ragen die Türme der St.-Peter-Kirche gen Himmel. Auch das* **Stadtmuseum** *ist einen Abstecher wert.*

**Anfahrt:** B 3, A 5 Ausfahrt Heppenheim, A 67 Ausfahrt Lorsch.

Station an der Bahnstrecke Frankfurt – Darmstadt – Heidelberg, viele Verbindungen.

**Infos:** Verkehrsamt Heppenheim, Großer Markt 1, 64646 Heppenheim, ✆ 06252/13171, -72, Fax 13123. Mo – Do 9 – 12 und 13.30 – 16 Uhr, Fr 9 – 13 Uhr. Stadtführungen nach Absprache.

### Museum für Stadtgeschichte und Volkskunde

Kurmainzer Amtshof, 64636 Heppenheim. ✆ 06252/69112, Fax 69162. Mi, Do und Sa 14 – 18 Uhr sowie nach Vereinbarung. Ausgeschildert, neben

## Hunger & Durst

**Restaurant A – Z,** Kirchengasse 16, ✆ 06252/3916. Gemütliche, rustikale Einrichtung, Terrasse mit Blick auf die Starkenburg.

**Gasthaus Zum Schwanen,** Kirchengasse 1, ✆ 06252/3688. Gutbürgerlich.

dem Restaurant Winzerkeller. Führungen nach Voranmeldung. Für Schulklassen und andere Kindergruppen sind besondere Veranstaltungen und Projekte nach Absprache möglich.

tip Samstags ist **Wochenmarkt** in der Fußgängerzone.

▶ In einem der ältesten Gebäude der Altstadt, dem Kurmainzer Amtshof, befindet sich das Museum zur Stadtgeschichte und Volkskunde. Einige Räume dieses liebevoll betreuten Museums sind allerdings hauptsächlich für Heppenheimer interessant, die etwas über die Geschichte ihrer Stadt erfahren möchten. Doch die volkskundliche Abteilung im zweiten Stock hingegen kann auch Kindern Spaß machen. Hier erfahrt ihr etwas über *Feste* an der Bergstraße und im Odenwald, zum Beispiel wie die Fastnacht oder Weihnachten gefeiert wurden und woher diese Bräuche kommen. Ein besonderer Gag sind zudem *Werbefilme* aus den 50er Jahren, die im unteren Schauraum laufen. Wenn nicht, legt die nette Aufsicht sie für euch auf Wunsch ein. Das Museum organisiert auch mehrmals im Jahr Veranstaltungen für Kinder, erkundigt euch an der Kasse nach den Terminen.

## Die Starkenburg & ihre Sternwarte

**Anfahrt:** in Heppenheim ausgeschildert und nicht zu übersehen, Parkplatz unterhalb der Burg, dort sind auch ein kleiner Spielplatz und Rundwanderwege.

**Burgschenke:** April – Oktober Di – Fr 14 – 22, Sa 13 – 22, So 11 – 22 Uhr. Nov – März Sa 14 – 18, So 11 – 18 Uhr oder nach Voranmeldung.

**Turmbesichtigung:** Erw. 1 DM, erm. 50 Pfennig, von Karfreitag bis 1. September, bei gutem Wetter auch im Winter am Wochenende geöffnet.

▶ Die Ruine der Starkenburg liegt malerisch auf einem Bergkegel über der Stadt, der Hang ist mit Weinreben bewachsen. Durch die Weinberge

DIE BERGSTRASSE

führen viele Wege, die in der Sonne liegen und auch im Winter an sonnigen Tagen zum Spaziergang einladen. Ihr könnt von Heppenheim zur Burg hoch laufen, der Weg ist ausgeschildert, es dauert eine knappe halbe Stunde und ist recht steil.

Die Starkenburg wurde 1065 vom nahegelegenen mächtigen Kloster Lorsch als Paßsperre gegründet und um 1680 von den Mainzer Erzbischöfen zur Festung ausgebaut. Leider ist von der ältesten Burganlage an der Bergstraße nicht mehr viel übrig. Der heutige Burgturm wurde erst 1930 erbaut, nachdem der alte Bergfried wegen Baufälligkeit 1924 in die Luft gejagt worden war. Aus den späten 5oer Jahren stammt das Gebäude der *Jugendherberge,* die zur Zeit geschlossen ist. Direkt unterhalb der Burg liegt die *Burgschenke,* von deren Terrasse ihr einen eindrucksvollen Rundblick habt.

**tip** Am Marktplatz gibt es ein Geschäft mit hochwertigem **Holzspielzeug.**

Ein sehr schöner **Spaziergang** von zwanzig Minuten führt vom Parkplatz unter der Burg auf ebener Strecke durch die Weinberge am Hang entlang, mit herrlichem Ausblick auf Heppenheim. Auch mit Kinderwagen möglich. Nach etwa 15 Minuten gelangt ihr an die kleine *Helenen-Hütte,* in der ihr picknicken könnt. Wer will, kann noch weiter laufen, verschiedene Wege sind markiert.

### Starkenburg-Sternwarte

Unterhalb der Starkenburg gelegen. Öffnungszeiten je nach Witterung, vorher anrufen. Infos bei dem Leiter der Sternwarte, Alfred Sturm, Kleine Bach 3, 64646 Heppenheim, ✆ 06252/4247. Eintritt frei.
▶ Mit etwas Glück erhascht ihr einen Blick in die Sterne oder lernt, wie Sterne entstehen oder was Kometen sind. Nach Absprache sind in der

Sternwarte Führungen, Vorträge und natürlich Himmelsbeobachtungen möglich. Auch für Schulklassen und Einzelpersonen. Etwa 40 Leute passen in den Vortragsraum der Warte.

## Bruchsee bei Heppenheim

**Anfahrt:** im Süden von Heppenheim und westlich der Bahnschienen. Bus 669.

▶ Zwar ist an diesem See schwimmen verboten, doch läßt sich durchaus ein erholsamer Sonnentag an ihm verbringen. Große Wiesen und schattenspendende Bäume laden zu Ballspiel, Picknick oder Faulenzen ein. Sogar einen kleinen Sandstrand gibt es. Auch mit Kinderwagen kann man in etwa 45 Minuten auf einem breiten Weg gemütlich den See umrunden. Infotafeln am See geben Auskunft zur Ökologie des Gewässers, ein Teil des Sees ist Vogelschutzgebiet. Es gibt auch ein Hotel mit Restaurant am Bruchsee, mit schön gelegenen Freisitzen, aber üppigen Preisen, ab 30 DM aufwärts.

Der **Vogelpark** am Bruchsee ist bei gutem Wetter von Ostern bis November geöffnet.

## Baden und weitere Aktivitäten
### Freibad

Walther-Rathenau-Str. 36, ☎ 06252/5642. Geöffnet je nach Wetterlage von Mitte Mai bis Mitte September täglich 8 – 20 Uhr. Erw. 4 DM, Kinder 2 DM.

### Wiesensee bei Hemsbach

**Anfahrt:** A 5 Ausfahrt Hemsbach. Nach dem Ortseingang ausgeschildert, oder den Schildern zum Campingplatz folgen, dieser liegt am See. Parkplatz vor dem Eingang zum Strandbad.
Hemsbach ist Bahnstation, Infos zu Bussen unter ☎ 06201/1060.

**Tips für den Rucksack**

»Es gibt kein falsches Wetter, nur falsche Kleidung.«

▶ Regenschutz immer einpacken
▶ Sonnenhut, Schirmmütze
▶ Sonnencreme
▶ ein Paar Socken, um nasse wechseln zu können
▶ festsitzende, bequeme Schuhe
▶ bequeme Kleidung, die nirgends scheuert oder einengt
▶ Lasten auf mehrere verteilen, Rucksäcke sind am besten geeignet
▶ spezieller Radlertip: mit einem Kopftuch oder Stirnband läßt sich die Kapuze der Regenjacke festhalten

DIE BERGSTRASSE

**Eintritt:** Tageskarte bis 16 Jahre und ermäßigt 1,50 DM, über 16 Jahre 4,50 DM. Saisonkarte 25 bzw. 50 DM, Familienkarte 70 DM. Geöffnet 9 – 20 Uhr, Kasse bis 19 Uhr. Warmwasserduschen 1 DM.

**tip** Ein **Spaziergang** auf dem breiten, ebenen Weg, der um den Wiesensee führt, ist auch mit Kinderwagen erholsam. Es dauert etwa vierzig Minuten, den See zu umrunden.

▶ Der Wiesensee ist sehr groß. Viele Campingfreunde haben ihre Dauerplätze an seinem Ufer, auch eine Kolonie von Wochenendhäusern steht hier. Im Strandbad gibt es einen Sandstrand, großflächige Liegewiesen, einen Spielplatz und ein Volleyballnetz sowie ein Restaurant. Aber ihr müßt aufpassen: Wer nicht schwimmen kann, darf auf keinen Fall über die Bojen hinaus geraten, denn dahinter wird das Wasser sofort sehr tief. Für Nichtschwimmer gibt es ein eigenes Becken auf dem Gelände. Einziger Wermutstropfen: der Lärm der in der Nähe vorbeiführenden Autobahn.

In der Nähe des Parkplatzes vor dem Strandbad, rechter Hand, wenn ihr mit dem Gesicht zum Haupteingang steht, befindet sich ein **Spielplatz.** Er ist sehr ungewöhnlich gestaltet, ein großes Schiff aus Holz lädt zum Piratenspiel ein.

### Jugendtreffs
**Soziokulturelles Zentrum,** Werlestr. 19, ✆ 06252/2365, offener Treff für Jugendliche im »B 3«, Mo und Do 17 – 21 Uhr.
**Jugendbegegnungsstätte Oase,** Weiherhausstr. 14, ✆ 06252/74258. Treff der internationalen Mädchengruppe in der Weiherhausstr. 5, Mo 15 – 17 Uhr.

## LORSCH

In Lorsch gibt es zwei Attraktionen, die einen Ausflug lohnen. Zum einen steht hier die berühmte, von der UNESCO zum Weltkulturerbe erklärte **Klosterhalle** aus der Zeit Karl des Großen, bei der sich ein neues und auch für Kinder sehenswertes Museumszentrum befindet. Zum *anderen könnt ihr in Lorsch bei gutem Wetter die **Freizeitanlage Birkengarten** besuchen, einen gut ausgestatteten Spielplatz mit Vogelpark, neben dem großen Waldschwimmbad.*

**Anfahrt:** A 67 Ausfahrt Lorsch.

Bahnstation zwischen Bensheim und Bürstadt.

**Infos:** Stadtverwaltung, Kaiser-Wilhelm-Platz 1, 64653 Lorsch, ✆ 06251/59670.

## Die berühmte Klosterhalle

**Anfahrt:** bereits an der Autobahn ausgeschildert. In der Stadtmitte, Nibelungenstr. 32. Infos ✆ 06251/51446, geöffnet 10 – 17 Uhr, Erw. 4 DM, Kinder 2 DM.

▶ In Klöstern wurde im Mittelalter nicht nur fromm gebetet, manche waren sehr reich und hatten großen politischen Einfluß. Ihnen gehörten Wälder und Dörfer, Ländereien, Weinberge, Fischereirechte und riesige Gutshöfe. Im Osten des Odenwaldes herrschte das Kloster Amorbach, im Westen das Kloster Lorsch. Das Kloster Lorsch war eines der mächtigsten im ganzen Reich. Viele der Burgen, die ihr vielleicht im Odenwald und an der Bergstraße besucht, gehörten diesem Kloster. Die Klosterhalle ist eines der bedeutendsten Baudenkmäler Deutschlands, weil sie so alt ist, nämlich über 1000 Jahre. Sie wurde zur Zeit Karls des Großen nach Vorbildern aus Rom gebaut. Mit dem Bau des Klosters wollte er zeigen, daß er als Kaiser so mächtig sei wie einst die römischen Cäsaren.

## Museumszentrum Lorsch

Nibelungenstr. 32, 64653 Lorsch, ✆ 06251/51446, 596773, 596775, Fax 587140. Ganzjährig Di – So 10 – 17 Uhr. Kinder unter 6 Jahre frei, Studenten 4 DM, Jugendliche bis 18 Jahre 2 DM, Erw. 6 DM.

**Hunger & Durst**

Es gibt mehrere Cafés und Restaurants in der Nähe der Klosterhalle, im Sommer auch mit Freisitzen. Zum Beispiel das **Café am Kloster,** Nibelungenstr. 37, ✆ 06251/55411. Täglich 10 – 1 Uhr, große Sommerterrasse. Kleine Snacks, Kuchen.

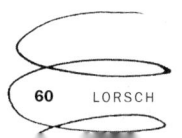
▶ Auf mehreren Stockwerken sind in diesem gro-
ßen Museumsbau beeindruckende Ausstellungen
zu sehen, es ist sicherlich eines der sehenswerte-
sten Museen der Region. Neben einer informati-
ven *Schau zur Klostergeschichte* ist im Zentrum
ein *Tabakmuseum* und eine **Volkskundesammlung** untergebracht. Während die Klostergeschichte für Kinder ohne besondere Vermittlung
wohl nicht so aufregend ist, könnt ihr mit der
Volkskundesammlung bestimmt schon mehr an-
fangen, dort gibt es unter anderem Ausstellungsstücke zur *Geschichte der Hygiene,* darunter einige der frühesten Toiletten, zu sehen.

Auch zu Haus und Herd in Uromas Zeiten
gibt es viel zu sehen: Was gegessen wurde, wie
man die Lebensmittel konservierte und wie man
sie zubereitete. Es ist interessant, wie die Menschen vor der Erfindung des Kühlschranks, der
Tiefkühltruhe und der Mikrowelle zurechtka-
men. Aus der jüngeren Vergangenheit ist sogar
ein Exemplar der berühmten *»Frankfurter Küche«* ausgestellt, die erste Einbauküche. Sie galt
als supermodern und sollte der Hausfrau die Arbeit erleichtern – ersonnen hat sie 1928 eine Frau,
die Architektin *Margarete Schütte-Lihotzky.*

Die **Sammlung rund um den Tabak** umfaßt
nicht nur unzählige Pfeifen und Tabaksdosen, ihr
könnt lernen, wie die Tabakpflanze angebaut, geerntet, getrocknet und zu Tabak verarbeitet wird.
Die Gegend um Lorsch ist nämlich traditionell
ein Zentrum des Tabakanbaus. Achtet einmal auf
Äcker mit Pflanzen mit länglichen, dunkelgrünen
Blättern und hübschen Blüten, wenn ihr in dieser
Gegend seid. Die Tabakpflanze stammt aus Amerika und wurde bei uns erst zu Beginn des 16.
Jahrhunderts eingeführt. Zunächst hielt man Tabak für eine Medizin! Lange wurde er nur ge-

## Scheißen ist schön

*Wußtet ihr, daß die
Besitzer der ersten
»Leibstühle«, wie man
die Toiletten früher
nannte, so stolz auf ihr
feines Möbelstück wa-
ren, daß sie ihre Ange-
stellten auf dem Klo
sitzend empfingen?*

schnupft, erst im 19. Jahrhundert kam das Rauchen auf.

## Der Super-Kombi-Sommer-Ausflug

**Anfahrt:** der Ausschilderung Waldschwimmbad folgen, es befindet sich im Westen von Lorsch. Viele Parkplätze vor dem Bad.

Bus BRN 641 und 642, Schwimmbad.

**Waldschwimmbad:** Mitte Mai bis Mitte September, je nach Wetterlage 7 – 20 Uhr oder 8 – 20 Uhr geöffnet. Erw. 4,50 DM, Kinder 2,50 DM.

**Vogelschutz- und Lehrpark,** Am Birkengarten, Infos bei Familie Nitsche, Tassilostr. 3, ℘ 06251/588263 oder 587131. Di – Sa ab 14 Uhr, So/Fei ab 10 Uhr geöffnet. Eintritt frei, Imbiß-Gaststätte.

**Abenteuerspielplatz Birkengarten,** Infos unter ℘ 06251/596751 (Verkehrsamt). Jederzeit zugänglich, Eintritt frei, Toiletten vorhanden.

▶ Eine Tour zum Birkengarten ergibt einen vollen **Tagesausflug,** denn der Besuch des Vogelparks kann mit einem Aufenthalt auf dem tollen Spielplatz und einer Abkühlung in dem schön gelegenen Schwimmbad kombiniert werden. Zwischen dem Vogelpark und dem Spielplatz gibt es auch noch eine Boule-Bahn, wo ihr wie die Franzosen Kugeln werfen könnt.

Der **Vogelpark** ist nur im Sommerhalbjahr geöffnet, die genauen Zeiten hängen auch vom Wetter ab. In vielen *Volieren* (Vogelhäusern) und auf einem Teich leben Hunderte von Vögeln. Auf dem Gelände befindet sich eine kleine Gaststätte.

Wenige Meter vom Vogelpark entfernt befindet sich der **Waldparkplatz Birkengrund,** an dem drei Rundwege (30, 45 und 90 Minuten) beginnen. Ein Waldlehr- und ein Waldsportpfad sind ebenfalls am Parkplatz auf einer Tafel angegeben.

**tip** Die Museumspädagogen der klostergeschichtlichen Abteilung bieten für Schulklassen, Vereinsjugend, Ferienspiele oder Kindergeburtstage vielfältige Angebote zu ausgefallenen Themen, wie zum Beispiel »**Kochen und Backen im Kloster**«, »Mittelalterliches Korbflechten« oder »Kräutergarten und Medizin im Kloster Lorsch«. Die **Veranstaltungen** sind kostenlos!

DIE BERGSTRASSE

Die Anlage *Birkengarten* neben dem Waldschwimmbad ist gut ausgestattet. Ein großer **Abenteuerspielplatz** mit tollen Geräten bietet sowohl für die Kleinsten als auch für ältere Kids viel. Die Wiese am Spielplatz eignet sich zum Picknicken. Für Sportfans gibt es ein kleines Fußballfeld mit Toren. Ein Teich mit Springbrunnen sorgt für eine nette Atmosphäre.

Das beheizte **Waldschwimmbad** bietet ebenfalls einiges, viel Bewegung könnt ihr euch mit Rutsche, Sprungturm, Volleyballnetzen und auf einem kleinen Fußballfeld verschaffen. Genug Platz gibt es auf den großen Liegewiesen immer, ein Kiosk verkauft Erfrischungen.

## WEINHEIM

*Im Zentrum von Weinheim findet ihr viele Einkehrmöglichkeiten in der Fußgängerzone am Marktplatz in der* **Altstadt.** *Vom Bahnhof ausgeschildert. Von hier aus sind es nur wenige Minuten zu Fuß in den berühmten* **Schloßpark.** *Auch zu den* **Burgruinen** *Windeck und Wachenburg startet ihr am Marktplatz.*

**Anfahrt:** B 3 oder A 5 Autobahnkreuz Weinheim, A 67 Autobahnkreuz Viernheim.

Große Bahnstation, viele Verbindungen täglich von Darmstadt, Mannheim, Heidelberg.

**Infos:** Verkehrsverein, Bahnhofstr. 15, 69469 Weinheim, ℂ 06201/991117, Fax 991135.

### Mammuts im Wald und im Museum

In Weinheim ausgeschildert, im Osten der Stadt.

Viele Parkplätze direkt am Park.

Zu Fuß etwa zehn Minuten von der Stadtmitte.

**Infos & Eintritt:** Schloßpark ℂ 06201/12400. Eintritt frei, jederzeit frei zugänglich. Kioske am Mini-Golf und an der Voliere. Führungen durch Exotenwald und Schloßpark von April bis September samstags um 16

Uhr, durch den Heilpflanzengarten jeden 1. Sonntag im Monat 11 Uhr. Einen Plan des Parks bekommt ihr kostenlos an den Kiosken.

**Restaurant Schloßpark:** Di geschlossen, © 06201/ 12324.

▶ Zunächst gelangt ihr sowohl von der Innenstadt als auch vom Parkplatz in den **Schloßpark.** In dieser schönen Anlage gibt es viel zu sehen und zu tun. Ein Minigolfplatz, eine Voliere mit Vögeln, ein Kneippbecken, Springbrunnen und mehrere Spielplätze bieten jede Menge Abwechslung. Rundwege führen durch die Anlage, sehr gut auch für Spaziergänge mit Kinderwagen geeignet. Sehr interessant ist der **Heilpflanzengarten,** der euch zeigt, wogegen alles ein Kraut gewachsen ist. Ihr könnt mit Picknickkorb und Spielen bewaffnet einen ganzen sonnigen Tag im Schloßpark verbringen, an den im Nordosten der **Exotenwald** grenzt (in der Nähe des Mausoleums). Er wurde im 19. Jahrhundert mit vielen Bäumen, die normalerweise nicht in Deutschland, sondern in Amerika oder Asien wachsen, angelegt. Sie sind alle beschildert. Fast 100 verschiedene Arten gedeihen hier, darunter der Zuckerahorn, aus dem in Amerika der beliebte Ahornsirup gewonnen wird, den nicht nur Kinder dort so gerne mit Pfannkuchen essen. Faszinierend sind die riesigen Mammutbäume. In Amerika werden sie bis zu 100 m hoch und erreichen einen Umfang von mehreren Metern. Es gibt dort welche, durch deren ausgehöhlten Stamm Autos fahren können! Die hiesigen sind nicht ganz so gigantisch, aber auch noch groß. Immerhin steht ihr im kleinen Weinheim im größten Mammutbaumwald von Europa!

Gepflanzt wurde der Exotenwald von einem *Freiherrn von Berckheim.* Dieser sammelte be-

**Buchtip**

*Radtouren mit Kindern im Odenwald und an der Bergstraße.* Kristiane Müller-Urban und Eberhard Urban, Augsburg 1996, 29,80 DM. Auf 30 familienfreundlichen Radtouren werden auch für Kinder interessante Ziele angesteuert, die Routen sind für verschiedene Altersgruppen geeignet, ab 5 Jahre.

**DIE BERGSTRASSE**

geistert Pflanzen, er brachte sie von ausgedehnten Reisen aus der ganzen Welt mit.

### Mammuts im Museum

Amtsgasse 2, ✆ 06201/82334, Fax 962044. Eintritt frei. Di – Sa 14 – 17 Uhr, So 10 – 17 Uhr. Mittwochs 15 Uhr kostenlose Führungen, außer an Feiertagen.
▶ Echte Schädel und Stoßzähne eines Mammuts runden den »Riesen-Ausflug« ab. Mammuts waren große Säugetiere, sahen so ähnlich wie Elefanten aus, nur waren sie noch größer und hatten ein dichtes, rotbraunes Fell. Sie lebten während der Eiszeit in Europa, ganz Nordasien und Nordamerika. In Sibirien fand man jede Menge Knochen, Zähne und sogar ganze eingefrorene Tiere. Aus den bis zu 5 m langen Stoßzähnen, mit denen das Mammut den Schnee wegschaufelte, um an das Steppengras heranzukommen, fertigen die Elfenbein-Schnitzer bei *Erbach* Schmuck an, siehe Seite 126.

## Zu den Burgruinen Windeck und Wachenburg

**Burgschenke Windeck,** 69469 Weinheim, ✆ 06201/12481. Mi – So 11.30 – 14.30, Di 17 – 23 Uhr, Mo Ruhetag. Hauptrestaurant etwas teurer, ab 25 DM. Im Biergarten mit Selbstbedienung gibt es kleine günstige Gerichte, bei gutem Wetter von 10 Uhr bis Einbruch der Dunkelheit.
**Turmbesichtigung:** April bis Oktober täglich ab 10 Uhr, November bis März nur Sa/So. Erw. 0,50 DM, Kinder 0,30 DM.
▶ Vom Marktplatz in Weinheim führen euch einige Treppenstufen hinab in das alte *Gerberauviertel*, durch das der gut ausgeschilderte Weg zur Ruine der Burg Windeck führt. Ihr müßt etwa 20 Minuten bergauf laufen, teilweise über Treppen,

*Wegen der im Boden gefundenen Kadaver glaubten die Altsteinzeit-Sibirier, das Mammut habe in unterirdischen Gängen gelebt. Sie verehrten es daher als vermeintlichen Helfer ihrer Erdgötter. In ihrer Sprache bedeutete »maa« Erde und »mutt« Maulwurf.*

**Hunger & Durst**
**Burgschenke Wachenburg,** 69469 Weinheim, ✆ 06201/12173. November bis März Mi – So 11 – 23 Uhr, im Sommer auch Mo 17 – 23 Uhr. Di ganzjährig Ruhetag. Saisonale Spezialitäten, Freisitze. Im Osten von Weinheim.

also nichts für Kinderwagen. Wer nicht laufen will oder kann, fährt mit dem Auto zur Windeck, ein Parkplatz ist direkt an der Burg. Von der Windeck könnt ihr ganz weit in die Rheinebene und bis in die Pfalz gucken. Die Tische des Biergartens stehen malerisch zwischen den Mauerresten der Ruine. Die Burg wurde um 1100 erbaut und im 17. Jahrhundert zerstört. Es lohnt sich, den Turm zu besteigen. Die Treppe wurde ungewöhnlicherweise in die meterdicke Mauer des Turms eingebaut.

Wer noch weiter bergauf will, kann zur **Burgruine Wachenburg** weiterlaufen, auch dieser Weg ist gut markiert. Es dauert ungefähr eine halbe Stunde. Die Wachenburg ist nicht echt – deshalb sieht sie auch noch so ganz aus. Sie wurde nämlich erst zu Beginn unseres Jahrhunderts von Corpsstudenten erbaut. *Corps* sind Vereinigungen, um uralte studentische Traditionen aufrechtzuerhalten; es geht viel um Männerehre, um Mutproben und Saufen, aber nicht um Politik oder Religion. Noch heute treffen sich auf Wachenburg jedes Jahr Mitglieder der Studentenverbindungen.

## Baden und weitere Aktivitäten
### Strandbad Waidsee
**Anfahrt:** neben der A 5, südwestlich von Weinheim. Richtung Miramar, das ist ausgeschildert. OEG Busse zum Ortsteil Waid, Infos ✆ 0621/33940.
**Infos & Eintritt:** Hammerweg 61, ✆ 53270. Mai 10 – 19 Uhr, Juni bis August Mo – Fr 10 – 20 Uhr, Sa/So ab 9 Uhr. September 10 – 20 Uhr. Erw. 5 DM, Kinder 2,50 DM.
▶ Im Sommer ist der riesige Waidsee ein schöneres Ausflugsziel als das benachbarte Superbad Miramar, dessen Besuch ihr euch für einen trü-

**tip** In den Sommerferien organisiert der Stadtjugendring Weinheims im Rahmen der **Ferienspiele** verschiedene Veranstaltungen wie Kindertheater oder Mitmachprogramm beim Windeck-Fest. Den Veranstaltungskalender der Stadt gibt's beim Verkehrsverein und unter www.weinheim.de/kultur.

ben Wintertag aufheben solltet (siehe »Zur Winterszeit«, Seite 269).

Am Waidsee kommen alle auf ihre Kosten – Segler und Surfer, Taucher, Angler und Schwimmer. Das Strandbad hat eine Gaststätte, einen Spielplatz, endlose Liegewiesen und Plätze zum Ballspielen. Das einzige, was am Waidsee manchmal etwas knapp ist: der Schatten.

### Freibad-Turnerbad

Gorxheimer Talstraße 40, ☎ 06201/68550. Von Mitte Mai bis Mitte September bei gutem Wetter täglich 10 – 20 Uhr geöffnet. Erw. 4,50 DM, Kinder 2,50 DM.

**tip** Der Kinderschutzbund hat in Zusammenarbeit mit dem Umweltamt einen **Stadtplan von Weinheim für Kinder und Jugendliche** entwickelt. Ihr bekommt ihn beim Verkehrsverein.

### Veranstaltungen & Feste

**Stadtführungen:** Der Verkehrsverein bietet jeden Montag um 16.30 Uhr Führungen an, Treffpunkt am Marktplatzbrunnen.

**Altstadtfest Weinheim** am 2. Wochenende im August. Viel Spaß macht dabei die *Gerberbach-Regatta* für Kinder, die montags um 15 Uhr beginnt.

## Besucherbergwerk Grube Anna-Elisabeth in Schriesheim

**Anfahrt:** B 3, A 5 Ausfahrt Schriesheim. Im Osten von Schriesheim. Parken in der Ortsmitte am Festplatz, von dort eine knappe Viertelstunde zu Fuß, ausgeschildert.

Schriesheim ist Bahnstation an der Strecke Darmstadt – Heidelberg. OEG Bus 628, Haltestelle Edelstein, Infos ☎ 0621/33940.

**Infos & Eintritt:** Talstr. 157, 69198 Schriesheim, ☎ 06203/69198, von April bis Oktober So 11 – 17 Uhr geöffnet, letzter Einlaß 16 Uhr. Kinder bis 14 Jahre 4 DM, Erw 6 DM  Gruppen günstiger.

▶ Mit Helm und wasserdichtem Umhang ausgerüstet, könnt ihr wie ein Bergmann in die

Grube »einfahren«, allerdings zu Fuß. Silber und Eisenvitriol wurden abgebaut, und zwar mit Unterbrechungen schon seit dem Mittelalter. Ein halbes Jahrtausend soll dieses Bergwerk alt sein. *Eisenvitriol* ist eine Art Salz, das die Menschen früher brauchten, um Leder zu gerben. Während der Führung geht's durch schmale Gänge und über einige Leitern rauf und runter. Dabei erfahrt ihr viel über die anstrengende und manchmal auch gefährliche Arbeit, die die Bergleute früher in den dunklen Stollen verrichteten. Auch die *Außenanlagen* sind zum Teil noch erhalten und zu besichtigen, dort gibt es auch eine *Gaststätte.*

### Hunger & Durst

**Gaststätte auf der Ruine Strahlenburg** in Schriesheim, ✆ 06202/61232. Mo, Mi – Fr ab 14 Uhr, Sa, So ab 10 Uhr. Di Ruhetag, Januar und Februar geschlossen. Freisitze in der Burg.

### Volkssternwarte Schriesheim

**Anfahrt:** B 3, A 5 Abfahrt Ladenburg/Schriesheim. Die Sternwarte liegt zwischen der B 3 und der Autobahn. OEG Bus 628, Infos ✆ 0621/33940.

**Infos:** Christian-Mayer-Volkssternwarte, Ladenburger Fußweg 4, 69198 Schriesheim, ✆ 06203/68487. Postanschrift: *Arbeitsgemeinschaft Volkssternwarte Schriesheim e.V.,* Postfach 1149, 69191 Schriesheim. Fragen beantwortet auch der *Sternwartenleiter Herr Janz,* ✆ 06203/65218.

**Eintritt:** Erw. 5 DM, erm. 4, Kinder bis 12 Jahre 3 DM, Familien mit zwei Kindern unter 12 Jahren 10 DM, Gruppen pro Person 4 DM.

▶ Jeden Freitagabend **Sternenführung,** bei geeignetem Wetter sind Beobachtungen durch die Teleskope möglich. Juni & Juli Sommerpause. Die Führungen beginnen manchmal um 20 Uhr, an anderen Tagen erst um 21 Uhr. Ruft vorher an oder laßt euch das Programm mit den aktuellen Terminen schicken, da steht auch drin, zu welchen Themen Vorträge gehalten werden. An *Pfingsten* veranstaltet die Sternwarte **Tage der offenen Tür,** eine gute Gelegenheit für Interessierte, sich zu informieren. Außerdem werden von den Sternenfreunden häufig Filme zu astronomischen Themen vorgeführt. Ein sehr engagierter Verein betreut die Sternwarte. Er hat sogar eine eigene **Jugendgruppe:** Montag abends trifft sie sich, und unter fachkundiger Anleitung geht die Reise ins All. Die Gruppe ist für jeden zwischen 12 und 17 Jahren offen, Vorkenntnisse sind nicht notwendig.

## DOSSENHEIM

*Dossenheim hat keine sehenswerte Altstadt wie Bensheim, Heppenheim oder Weinheim. Aber ihr könnt eine kleine Wanderung zu einem sehr ungewöhnlichen Ort unternehmen: Zu der* **Höhle eines Einsiedlers,** *der einst ganz allein mitten im Wald hauste. Auch die Ruine* **Schauenburg** *über Dossenheim ist ein lohnendes Ziel, und dann gibt es da noch die* **Höhengaststätte »Weißer Stein«** *im Wald, die bei Familien sehr beliebt ist.*

**Anfahrt:** B 3, A 5 Abfahrt Dossenheim. Bahnstation, aber keine Busse zu den hier beschriebenen Zielen, nur per Fußmarsch zu erreichen.

## Wanderung zur Höhle des Eremiten

**Anfahrt:** in Dossenheim Richtung Osten auf die Kuppen des Odenwaldes zufahren. Am Tennisplatz mit Gaststätte und Parkplatz noch weiter, die Straße rechts den Berg hoch. Dann am ersten Parkplatz im Wald auf der linken Seite parken.

▶ Der Weg beginnt linker Hand des Parkplatzes. Überhaupt gilt für diese Rundtour: immer links halten. Die Wanderung verläuft auf einem breiten Weg, es gibt kaum Steigungen. Auch mit Kinderwagen zu schaffen. Im Oktober solltet ihr ein Säckchen mitnehmen, es sind dann Unmengen der leckeren Maronen reif. Nach etwa 45 Minuten Fußmarsch läßt es sich in der Zimmerholzhütte oder auf den Zimmerholzwiesen, durch die der Mühlbach fließt, herrlich picknicken. Haltet euch von der Picknickhütte aus weiter links auf dem breiten Weg, dann gelangt ihr zur **Klause:** hier hauste im 18. Jahrhundert der *Eremit von Dossenheim* – ein gewisser Johann Georg Kernstock – mutterseelenallein mitten im finsteren Wald unter einem Felsbrocken. Kinder haben keine Probleme, unter dem großen Bolder in die Erdhöhle zu klettern, die nur durch zwei schmale Eingänge zu erkrabbeln ist. Sportliche Erwachsene passen gerade so durch. Der Raum, in dem der Einsiedler lebte, ist etwa 2 m breit und 3 m lang. Hinten baute er eine Mauer, vorne ist das Erdloch nur knapp 60 cm hoch. Unglaublich, daß da drin wirklich jemand wohnte!

Um die Klause herum stehen mächtige Eichen, die als Naturdenkmäler gekennzeichnet sind. Der **Rundweg** folgt nun ein Stück dem *Waldlehrpfad Mühltal-Kirchberg.* Jetzt geht es stetig bergab, bis zum Tennisplatz im Tal, an dem ihr auf dem Hinweg vorbeifuhrt. Nach etwa 25 Minuten ist die *Gaststätte Waldfrieden* erreicht; draußen stehen bei schönem Wetter Tische. Von dem Gasthaus aus müßt ihr dann das letzte Stück auf der asphaltierten Straße eine Viertelstunde bergauf zum Parkplatz keuchen. Wer einen Kinderwagen schiebt, sollte sich beim Tennisplatz abholen lassen, das letzte Stück ist eine kurze, aber harte Qual.

**Alternative:** Der **Waldlehrpfad Mühltal-Kirchberg** beginnt beim Parkplatz hinter dem Tennisplatz und führt 3 km den Mühlbach, der durch die Zimmerholzwiesen fließt, entlang. Schöne Strecke, aber nicht mit Kinderwagen zu begehen.

**Hunger & Durst**
**Gaststätte Waldfrieden** am Tennisplatz: Mo Ruhetag, Di – Sa 16 – 24, So und Fei 10 – 14 und 17 – 24 Uhr. Warme Küche bis 22 Uhr, gutbürgerliche Speisen, preiswert.

**DIE BERGSTRASSE**

**tip** Etwas oberhalb des hier genannten Start-Parkplatzes liegt der **Waldparkplatz 7 »Drei Eichen«,** an dem ein Brunnen, eine kleine Hütte, ein Sandkasten und zwei Schaukeln sowie Sitzgruppen stehen. Von hier kann man auch zur Höhengaststätte »Weißer Stein« (siehe nächste Tour) wandern, 8 km.

# DER NATURPARK ODENWALD-BERGSTRASSE

Die Landschaft im Naturpark Bergstraße-Odenwald wird von Geologen, die sich mit der Entstehung der Erde beschäftigen, in zwei Regionen unterteilt. Westlich der Linie Aschaffenburg – Heidelberg wird die Gegend *Vorderer Odenwald* genannt, im Osten davon befindet sich der *Hintere Odenwald.*

Im **Vorderen Odenwald** wurde die Schicht aus rotem Buntsandstein, die einst das gesamte Mittelgebirge bedeckte, im Laufe der Zeit abgetragen. Die darunter liegende härtere Schicht kam an die Oberfläche. Daher wird der Vordere Odenwald auch »Kristalliner Odenwald« genannt. Viele enge Täler sind charakteristisch für diese Region.

Im **Hinteren Odenwald** ist hingegen der rote Buntsandstein noch überall zu sehen, daher wird das Gebiet auch »Buntsandstein-Odenwald« genannt. Hier verlaufen langgestreckte Bergrücken und Täler von Norden nach Süden zum Neckar hin.

Während an der Bergstraße schon die Obstbäume blühen, liegt auf den kühleren und rauhen Höhen des Odenwaldes manchmal noch Schnee. An der sonnenverwöhnten Bergstraße können sogar Mandeln, Aprikosen und Pfirsiche geerntet werden und Weinreben gedeihen hier besonders üppig. Der Vordere oder Kristalline Odenwald ist bekannt für seine Buchenwälder – 52 m maß hier ein Prachtexemplar. Laubwald mit mächtigen Eichen, Ahorn und Eschen bestimmt das Bild. Zum Sammeln und Basteln im Herbst eigenen sich vor allem die Früchte der vielen Kastanien. Auch Kirschbäume wachsen mitten im Wald, ihre weißen Blüten leuchten im Frühling aus dem frischen Grün. Besonders farbenfroh zeigt sich der Ahorn im Herbst, mit seinen gezackten, in den prächtigsten Farbtönen strahlenden Blättern könnt ihr tolle Bilder basteln.

Der Hintere oder Buntsandstein Odenwald ist weniger fruchtbar. Hier wachsen überwiegend Nadelhölzer, die die Menschen für die Holzindustrie anpflanzten. Fichten, Kiefern, Lärchen und Douglasien stehen hier, dazwischen auch vereinzelt Buchen und Eichen. Die Lärche ist übrigens der einzige Nadelbaum, der im Winter seine Nadeln abwirft.

## Höhengaststätte Weißer Stein

Deftige Gerichte, auch Vesperkarte. Täglich ab 10 Uhr geöffnet, Mo Ruhetag, durchgehend warme Küche. ℂ 06220/1787.

▶ Oberhalb von Dossenheim auf 552 m Höhe im Wald befindet sich dieses **Ausflugslokal,** von Dossenheim führt eine Straße dorthin, ausgeschildert. Im Sommer könnt ihr entweder auf der Terrasse des Restaurants sitzen oder im großen Biergarten mit Selbstbedienung (kleine Karte). Bei der Gaststätte gibt es einen Spielplatz und einen Aussichtsturm, erbaut 1906, allerdings ist der Turm seit langem geschlossen, weil die Stufen defekt sind.

Nicht weit entfernt gibt es ein **Wildscheingehege.** Der Weg dorthin ist befestigt, auch mit Kinderwagen eine schöne Strecke. Steht ihr mit dem Rücken zum Gasthaus, müßt ihr nach rechts gehen, auf dem breiten Waldweg. Es dauert etwa eine halbe Stunde, bis ihr das Gehege erreicht, wenn ihr Glück habt, stürzen sich die Wutzen gerade auf ihr Futter.

Hinter dem Gehege befindet sich der *Parkplatz Langer Kirschbaum,* der auch von Ziegelhausen am Neckar per Auto zu erreichen ist. Von diesem Parkplatz aus führt ein Weg in Richtung Osten in etwa 20 Minuten zu einem **Damwildgehege.** Eine Tafel zeigt euch diesen und außerdem noch zwei längere Rundwanderwege (7,1 und 10,7 km).

## Ruine Schauenburg

**Anfahrt:** durch Dossenheim Richtung Osten bis Ortsende, letzte Möglichkeit zwischen Waldrand und Ort links Richtung Norden abbiegen, am Ende dieser Straße ist ein Parkplatz. Vom Parkplatz sind es etwa 25 Minuten auf dem zunächst asphaltierten und

## Basteln mit Naturmaterialien
### Pferde aus Eicheln

*Was ihr braucht:* Eicheln, Zahnstocher oder kleine Holzspieße, eine Schere oder ein Messer, wenn ihr habt, einen kleinen Handspiralbohrer.

*So geht's:* Ihr braucht eine große Eichel als Rumpf, eine kleinere als Kopf. Beide Eicheln werden waagrecht gelegt, die spitzen Enden bilden jeweils das hintere Ende von Bauch und Kopf. Kopf und Rumpf verbindet ihr mit einem Holzstäbchen. Damit es hält, bohrt ihr ein Loch in die obere Seite der Eichel, die als Körper dient, und eines in die untere Seite der Eichel, die ihr als Kopf nehmt. Für die Beine bohrt ihr vier Löcher an der unteren Seite des Rumpfes, und steckt vier gleichlange Hölzchen hinein. Dann könnt ihr noch zwei Augen in den Kopf stechen, und zwei Löcher für die Ohren. In diese steckt ihr kurze Hölzchen.

dann befestigten Weg R (bis man die Ruine sieht) bergauf, anstrengend. Trotzdem haben wir oben Leute mit einem geländegängigen Kinderwagen getroffen.

**Zweite Möglichkeit:** vom Parkplatz aus parallel zum Hang Richtung Norden laufen, zunächst asphaltiert, dann schmaler Feldweg. Linkerhand wachsen Weinreben. An einer Schranke aus Metall müßt ihr dann rechts bergauf zur Ruine kraxeln, die schon zu sehen ist. Nichts für Kinderwagen.

▶ Eine Eiche wächst malerisch mitten in der Ruine, Kinder können ausgiebig auf den Mauerresten klettern. Der Blick in die Rheinebene ist toll.

Die **Schauenburg** wurde um 1100 vom Kloster Lorsch zur Absicherung und Verwaltung seines Besitzes erbaut, ehemals war es eine große Anlage. 1130 wohnte hier ein Herr *Gerhard von Schauenburg,* er war ein Lehensmann des Klosters, das heißt, er kümmerte sich für das Kloster um dessen Besitz. Seine Familie herrschte über Dossen-, Handschuhs- und Seckenheim. All diese Dörfer gehörten nämlich dem Kloster Lorsch. Es ist heute eine merkwürdige Vorstellung, daß Orte früher einfach zum Besitz von jemandem gehörten, so wie ihr heute ein Fahrrad oder euer Spielzeug besitzt. Um 1280 starb der letzte aus der Familie Schauenburg, ohne Kinder zu hinterlassen. 1320 erwarb das Bistum Mainz die Burg. Kurfürst Friedrich I. zerstörte Mitte des 15. Jahrhunderts die Dörfer Dossen- und Handschuhsheim und belagerte auch die Schauenburg. Deren Besatzung, 18 Ritter und 30 Schützen, verteidigte sich tapfer. Doch schließlich mußte sie sich der feindlichen Übermacht ergeben. Die Burg wurde daraufhin innerhalb von sechs Wochen niedergerissen. Seitdem dienten die

Überreste der Ruine als Baumaterial, wer Steine brauchte, holte sich hier einfach welche. Die Evangelische Kirche in Dossenheim soll aus Steinen der Schauenburg erstanden sein.

## Von Schwabenheimer Hof nach Ladenburg

**Anfahrt:** A 5 Abfahrt Dossenheim, Schwabenheimer Hof liegt zwischen der B 3 und der A 5 auf der Höhe von Dossenheim.

**Automuseum Carl Benz,** Am Sägewerk 6 – 8, 68526 Ladenburg, ☎ 06203/13507, Fax 2503. Anfahrt für Besucher, die direkt zum Museum möchten: A 5 Abfahrt Ladenburg, Abzweig Ladenburg-West, Benzstraße, dort rechts und nach 60 m wieder rechts. Sa/So von 14 – 18 Uhr. Erw. 5 DM, Kinder 2,50 DM, Familienkarte 10 DM.

▶ Ein asphaltierter Weg führt in der Ebene am Neckar entlang bis Ladenburg, einfache Strecke etwa 4 km. Für Kinderwagen, Buggies, Inline-Skater oder kleine Kinder zum Radeln ist diese Strecke gut geeignet. Ihr könnt in Ladenburg einkehren, es gibt dort viele Cafés und Gasthäuser, oder euch dort das Automuseum Carl Benz ansehen. In Schwabenheimer Hof bietet sich das **Gasthaus Zum Anker,** ein kleiner Biergarten direkt am Uferweg, zum Einkehren an.

Die Römer nannten **Ladenburg** *Lopodunum.* Da die Römer den Ort schon kannten, könnt ihr euch denken, daß er sehr alt ist. Viele mittelalterliche Fachwerkhäuser sind noch erhalten.

Wenn ihr wissen wollt, wie die Anfänge einer heute weltberühmten Automarke aussahen, seid ihr im **Automuseum** richtig. Oder wenn ihr euch einfach für Autos und Motorräder begeistert. Als Herr Benz 1886 seinen ersten Motorwagen baute, lebte er noch in Mannheim. Doch

### Hunger & Durst

**Zum Anker,** Schwabenheimer Hof, am Neckarufer. ☎ 06221/85031, Fax 85056, geöffnet werktags 11 – 14 Uhr, Di – Sa 17 – 23, So 11 – 23 Uhr. Thailändische und deutsche Spezialitäten.

*Carl Friedrich Benz (1844 Karlsruhe – 1929 Ladenburg) war Ingenieur und konstruierte 1885 einen Einzylinder-Viertakt-Benzinmotor (1 PS), mit diesem wurde erstmals ein Wagen angetrieben.*

1905 erwarb er ein Anwesen in Ladenburg, am heutigen Carl-Benz-Platz, und zog in diese Stadt, in der er auch 1929 starb. 1906 gründete er mit seinen Söhnen seine Automobilfirma. In dem nach ihm benannten Museum wird natürlich viel zur Firmengeschichte gezeigt. Darüber hinaus sind Rennwagen, Oldtimer – der erste Benz von 1886, ein Wagen mit nur drei Rädern – und Motorräder ausgestellt. Außerdem wird die Geschichte des Fahrrades erzählt.

## TANNENZAPFEN

Wißt ihr eigentlich, wie ein Tannenzapfen aussieht? Meint ihr, ihr habt schon mal einen Tannenzapfen gefunden? Kann gar nicht sein! Die Zapfen der Tanne stehen nach oben, wenn sie im Herbst ihre Samen verlieren, lösen sie sich langsam auf, nur die *Spindel* bleibt stehen. Das sieht aus, als würden kleine Pilze mit Stiel und Hütchen auf den Ästen sitzen. Auf dem Boden sind also nie vollständige Zapfen zu finden. Falls ihr schon einmal Zapfen als Weihnachtsdekoration oder zum Basteln gesammelt habt, waren das bestimmt Fichten- oder Kieferzapfen.

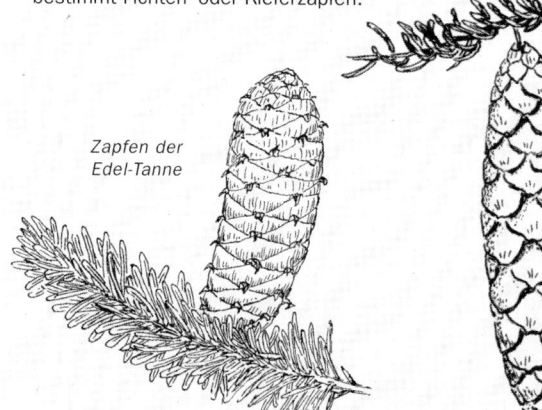

*Zapfen der Edel-Tanne*

*Fichtenzapfen*

# AN DER BUNDESSTRASSE 38

# VON MESSEL NACH WALD-MICHELBACH

Die Orte in diesem Kapitel sind zum größten Teil nur sehr umständlich mit öffentlichen Verkehrsmitteln zu erreichen, denn hier gibt es keine Bahnlinie.

Östlich der Bergstraße beginnen die Höhen des Odenwalds. Im Norden bei Messel ist die Gegend noch flach, doch hinter Dieburg wird es nach Süden immer bergiger. Im Fischbachtal und um Fränkisch-Crumbach sind wir schon in einer herrlichen Urlaubsgegend mit bewaldeten Hügeln, kleine Bäche schlängeln sich durch die Wiesen, auf denen Kühe und Pferde grasen. Über Lindenfels und Grasellenbach, wo der Höhenzug der Tromm an ein Gebirge erinnert, geht es nach Wald-Michelbach, dem südlichsten Ort in diesem Kapitel.

## Grube Messel und Museum Messel

**Anfahrt Grube:** die Landesstraße 3317 führt von Messel über Bahnhof Messel Richtung Dieburg und Darmstadt. Abzweigung zur Grube kurz bevor die L 3317 in die Straße von Darmstadt nach Dieburg (L 3094) mündet. Ausgeschildert. Vom Parkplatz noch etwa 400 m zu Fuß an den Zäunen des Werkgeländes einiger Firmen entlang. Messel ist von Darmstadt mit dem Zug zu erreichen, die Grube liegt aber ein Stück außerhalb des Ortes.

**Führungen in der Grube:** Anmeldungen beim Museumsverein Messel, ℡ 06159/5119.

**Museum Messel:** Langgasse 2, 64409 Messel, ℡ 06159/5119. Di – So 14 – 17 Uhr, So/Fei auch 10 – 12 Uhr. Eintritt frei.

▶ Die Grube Messel hat eine lange und spannende Geschichte. Fast hundert Jahre, von 1888 bis 1971, wurde hier Ölschiefer abgebaut. Dieser Schiefer ist bis zu 20 Millionen Jahre alt. Heizöl und Paraffin, Dieselöl und andere Kraftstoffe wurden daraus gewonnen. Und etwas ganz Aufregendes kam beim Abbau in der Grube Messel zutage: Pflanzen und Tiere, die vor vielen Millionen Jahren auf der Erde lebten, waren im Ölschiefer als Fossilien erhalten, ihre Umrisse oder Skelette waren ganz deutlich im Schiefer abgedrückt und zu erkennen. Als diese Pflanzen und Tiere hier einst wuchsen und lebten, herrschte ein tropisches Klima, wie in einem Urwald. Sogar Alligatoren waren in Messel heimisch. Die Schicht, in der sie konserviert sind, enthielt keinen Sauerstoff, daher verwesten die Skelette nicht, sondern blieben luftdicht abgeschlossen erhalten. Einer der berühmtesten Funde ist das guterhaltene Abbild eines *Urpferdchens*. Dieses Tier war nur so groß wie ein Dackel und war doch ein Vorläufer unserer heutigen Pferde. Bewundern könnt ihr es heute im *Hessischen Landesmuseum* in Darmstadt (siehe Seite 21). Für die Wissenschaftler, die sich mit der Geschichte der Erde und der Entwicklung von Lebewesen befassen, waren die Funde aus Messel etwas sehr Seltenes und Wertvolles. Trotzdem gab es Pläne, die Grube als Mülldeponie zu benutzen, sie sollte mit Abfall zugekippt werden. Weltweite Proteste verhinderten das zum Glück. Schließlich wurde die Grube sogar zum Weltkulturerbe erklärt. Und seit kurzem gibt es nun endlich eine **Aussichtsplattform,** von der Interessierte diese Fundstelle betrachten können. Tafeln informieren über die Grube.

Für den Laien ist der Blick von der Besucherplattform allerdings nicht allzu aufregend, es sieht aus wie eine Art Kiesgrube ohne Wasser. Deshalb solltet ihr unbedingt eine **Führung** mitmachen, bei der die Besonderheiten dieser einmaligen Fundstelle erklärt werden. Informationen bekommt ihr auch im Museum des kleinen Ortes Messel, dort werden preiswerte Broschüren verkauft.

## Tips für die Wanderung Teil 1

▶ Das gemeinsame Erleben steht im Vordergrund.

▶ Tempo und Entfernung werden vom schwächsten Mitglied der Gruppe bestimmt.

▶ Ziele setzen: das Picknick auf einer großen Wiese, die Burg, ein Bach, ein Wildgehege ...

▶ Zum Warmwerden, erst einmal ein weites Stück laufen, nicht zu schnell, sondern ganz locker, sonst gibt's Muskelkater.

▶ Zwischendurch kleine Stops einlegen, um auf Besonderheiten am Wegesrand aufmerksam zu machen oder etwas zu beobachten: Fische in einem Teich, einen Ameisenhaufen, Pilze ...

▶ Den Ausflug unter ein Thema stellen: heute gucken wir nach Vögeln, suchen den kleinsten Baum, einen geheimnisvollen Gegenstand (leeres Schneckenhaus, wundersame Blume...), Geräusche erraten (Vogelstimmen, Bienensummen ...).

# Ausflug zum Gasthaus Thomashütte

**Anfahrt:** zwischen Messel und Eppertshausen an der
Kreisstraße 180.

**Thomashütte:** Fam. Gruber, 64859 Eppertshausen,
✆ 06071/31850. Mi – Mo 11 – 23 Uhr, Di Ruhetag.

▶ Dieses Gasthaus ist ein beliebtes und im Sommer gut besuchtes Ausflugslokal. Die Thomashütte liegt einsam in einem Tal, im großen Biergarten sitzt ihr unter großen Bäumen im
Schatten. Es gibt Schaukeln und eine Wippe, auch
kleine Kinder können herumtoben, die Straße ist
ein Stück weg. Ziegen und Kühe sind in Gehegen
am Gasthaus zu bewundern. Besonders viele Besucher ziehen auch die **Veranstaltungen** an, die
hier über das Jahr verteilt stattfinden, von
*Köhlervorführungen* reicht das Angebot über das
*Apfelkeltern* bis zum *Schlachtfest*. Der kleine
*Weihnachtsmarkt*, der in der Regel an allen vier
Adventwochenenden nachmittags abgehalten
wird, bietet Odenwälder Spezialitäten und Land-
produkte. Für Kinder gibt es dann ein Spiel- und
Streichelzelt, in dem auf Heuballen getobt und
Schafe, Ponies und Ziegen angefaßt werden dür-
fen.

Auf der anderen Seite der Kreisstraße liegt der
*Parkplatz Thomashütte*. Von dort sind 3 **Rundwege** möglich, ideal für einen Verdauungsspaziergang (45 Minuten, 1,5 und 2 Stunden). Der
Weg Nr. 1 führt auf schattigen Waldwegen entlang. Mit Kinderwagen möglich, nur nach Regen
zu matschig. Gut ausgeschildert. Einmal muß dabei auch die Straße überquert werden, dabei
müßt ihr aufpassen, die Autofahrer rasen hier oft.

## Auf dem Mainzer Berg bei Dieburg

**Anfahrt:** an der Straße von Darmstadt nach Dieburg
ausgeschildert. Achtung, das Schild ist klein und

leicht zu übersehen. Von Darmstadt kommend, geht es rechts ab, das Schild steht aber links der Straße. Sa 14 – 22 Uhr, So 10 – 18 Uhr, Mi 14 – 18 Uhr.

▶ Der Mainzer Berg ist ein kleiner Hügel vor Dieburg. Auf seinem Gipfel steht ein großer Sendemast. Im Winter läßt es sich am Mainzer Berg herrlich rodeln. Das **Naturfreundehaus Moret** hat einen großen Garten mit Spielgeräten und viel Platz sowie Biertischgarnituren. Auf der Karte stehen kleine Speisen.

**tip** Zwischen Groß-Umstadt und Dieburg an der B 45 könnt ihr beim *Erdbeerhof Münch* in der Saison auf riesigen Feldern selbst **Erdbeeren pflücken.** Ab Ende Mai täglich 8 – 19 Uhr geöffnet, ℡ 06078/2308.

### Fußtour vom Naturfreundehaus zur Freizeitanlage Spießfeld

Dem Holzschild »Freizeitanlage 40 Minuten« beim Parkplatz Naturfreundehaus folgen. Der breite Weg ist mit Kinderwagen machbar, auf dem Rückweg geht's aber ganz schön bergauf, da der Mainzer Berg 227 m hoch ist. Nur für Leute mit kräftigen Oberarmen zu empfehlen.

▶ Die **Freizeitanlage Spießfeld** besteht aus einem Teich, einem Kiosk, Spielgeräten und Sitzgruppen. Ein witziges Spielgerät ist die Riesenraupe, auf der Kinder reiten können. Es gibt außerdem viel Platz zum Ballspielen oder Picknicken.

Für den *Rückweg zum Naturfreundehaus* geht ihr am Teich etwa 150 m Richtung Süden, dann nehmt ihr den ersten sehr breiten Weg rechts, Markierung D 4, er verläuft genau parallel zu dem Weg, auf dem ihr kamt. Irgendwann seht ihr dann schon den hohen Sendemast, am Ende des Weges geht es die letzten Meter ganz steil rechts hoch zur Moret, mit Kinderwagen nicht machbar. Mit Kinderwagen entweder denselben Weg zurück oder gleich bis zur Erholungsanlage fahren.

Wollt ihr direkt zur Freizeitanlage Spießfeld, fahrt die Straße von Darmstadt Richtung Dieburg ein Stück weiter, noch vor Dieburg geht es rechts zur Erholungsanlage, ihr fahrt ein Stück durch Felder, Parkplätze sind direkt vor der Anlage.

AN DER BUNDESSTRASSE 38

## Schloß Lichtenberg

**Anfahrt:** von Norden B 38 über Groß Bieberau, von Westen B 47. Parkplatz unterhalb des Ortes, von dort sind es zehn Minuten Fußweg zum Schloß.
BRN Bus 666 von Fürth oder Bus 665 von Reichelsheim, alle ein bis zwei Stunden.

**Museum Schloß Lichtenberg**, 64405 Fischbachtal-Lichtenberg, ℗ 06166/404.

Mitte März bis Anfang November Mi/Fr 14 – 17 Uhr, Sa, So, Fei 10 – 17 Uhr. Für Gruppen nach Absprache auch andere Termine. Erw. 3 DM, Kinder 1 DM.

▶ Das weiße, gut erhaltene Schloß seht ihr schon von weitem. Es thront hoch oben über dem schönen *Fischbachtal.* Vor über 400 Jahren baute einer der Grafen von Hessen-Darmstadt dieses Schloß als Feriensitz. Auf einem schmalen Pfad könnt ihr es einmal umrunden und dabei die Landschaft unten im Tal bewundern.

In dem geräumigen **Museum** begeistert altes Spielzeug, vor allem Puppenküchen und -häuser, auch kleinere Kinder. In einem Raum könnt ihr die gesamte Weltgeschichte anhand von kleinen Zinnfiguren nachvollziehen. Bedeutende Ereignisse von der Antike bis heute sind in Miniaturszenen dargestellt. Ein Ausstellungsraum mit alten landwirtschaftlichen Geräten zeigt, wie sich die Bauern früher abmühen mußten … Vorstellungen vom idyllischen Landleben verblassen angesichts der schweren Geräte rasch. Doch nicht nur das Arbeitswerkzeug, auch die Möbel und andere Haushaltsgegenstände aus Uromas Zeiten sind zu sehen. Die Funde aus der Steinzeit und der Römerzeit sind für die meisten Kinder wohl nicht so fesselnd, die Ritterrüstungen und das Modell einer Burg aus dem Mittelalter schon eher. Außerdem wurde eine komplette alte Apotheke wiederaufgebaut.

### Hunger & Durst

Das letzte Haus vor dem Schloß ist die **Gaststätte Alt Lichtenberg,** Landgraf-Georg-Str. 9, ℗ 06166/8432. Mo – Fr 17 – 1 Uhr, Sa, So 11.30 – 1 Uhr. Mi Ruhetag. Kleine Terrasse.

Nur wenige Meter davor ist das **Restaurant-Café Schloß Lichtenberg,** Landgraf-Georg-Str. 3, ℗ 06166/221. Di Ruhetag, große Gartenterrasse.

Dieser Ort bietet außer dem kleinen Heimatmuseum nichts besonderes zum Anschauen. Aber ihr könnt in mehreren Gaststätten einkehren, im Bauernlädchen (siehe Seite 299) einkaufen oder im **Freibad** eine Runde schwimmen. Außerdem liegt Fränkisch-Crumbach in einer sehr schönen Gegend, in der es viele schöne Wanderwege gibt. Ganz in der Nähe befindet sich die **Ruine Rodenstein,** zu der ein Ausflug lohnt. Rund um die Ruine läßt es sich herrlich spazierengehen. Und ebenfalls nicht weit weg von Fränkisch-Crumbach könnt ihr um das **Wildgehege Schnellerts** laufen oder die Ruine auf dem Schnellerts-Berg erklimmen.

**Anfahrt:** B 38, zwischen Reinheim und Reichelsheim.

**Infos:** Tourist-Info, Rodensteiner Str. 8, 64407 Fränkisch-Crumbach, ℘ 06164/93030, Fax 930393. Mo – Fr 7.30 – 12 Uhr, Di auch 13 – 16.30 Uhr, Do 13 – 18 Uhr.

### Heimatmuseum

Darmstädter Str. 3, 64407 Fränkisch-Crumbach, ℘ 06164/718. So 10 – 14 Uhr oder nach Absprache. Erw. 2 DM, Kinder frei.

▶ Originelle Sonderausstellungen ziehen Besucher in dieses kleine Museum. »Wäsche aus Omas Zeiten« war hier einmal Thema sowie »Sagenfiguren aus dem Odenwald«. In der Dauerausstellung ist ein kompletter Tante-Emma-Laden der Höhepunkt. Viele alte Werkzeuge und landwirtschaftliche Geräte sind ebenfalls zu sehen sowie eine Vitrine mit hölzernen Spielzeugpferden vom Odenwälder *Gäulchesmacher Adam Krämer* (siehe Seite 264, »Zur Winterszeit«) aus Reichelsheim. Ein seltenes Handwerk ist außerdem zu entdecken, das des *Simmerma-*

**tip** für Wasserratten: **Freibad, Saroltastraße,** Sportzentrum, 64407 Fränkisch-Crumbach, ℘ 06164/1590. Täglich 9 – 20 Uhr. Nichtschwimmer- und Planschbecken, Liegewiese. Erw. 4 DM, Kinder 2 DM.

AN DER BUNDESSTRASSE 38

**Tips für die Wanderung Teil 3**

▶ Während die anderen noch picknicken, kann ein Teil der Gruppe eine Schnitzeljagd in der Umgebung vorbereiten: aus Steinchen und rumliegenden Ästen werden Pfeile auf dem Boden ausgelegt, die anderen müssen 10 Minuten später den Weg finden.

▶ 9 – 13jährige sind oft von Sammelleidenschaft befallen, die Basteltips in diesem Buch geben Anregung, was man mit den Blättern, Steinchen, Hölzchen und Nüssen machen kann.

▶ Selbst ausgedachte Namen für die Pflanzen und schöne Geschichten zu den Burgen regen die Phantasie an und können im Laufen gemeinsam ausgesponnen werden. So verkürzt sich für Ungeduldige der Weg und Müde werden wieder munter.

*chers,* der Hohlmaße anfertigte. Ein Hohlmaß ist ein Gefäß, mit dem früher Flüssigkeiten oder auch bestimmte Mengen an Getreide abgemessen wurden. In Fränkisch-Crumbach soll der letzte Simmermacher Deutschlands praktiziert haben.

Das Museum lohnt nicht als eigenes Ausflugsziel, aber wenn ihr an einem Sonntag die Ruine Rodenstein besucht oder das Wildgehege Schnellerts, solltet ihr dort vorbeischauen.

## Rundweg um das Wildgehege Schnellerts

**Anfahrt:** B 38, von Reinheim Richtung Fränkisch-Crumbach, im Brensbacher Ortsteil Nieder-Kainsbach links abbiegen, ausgeschildert »Wildgehege und Ruine Schnellerts«. Durch den Ortsteil Stierbach, die letzte Möglichkeit links, auch dort steht ein Schild. An der Ferienhaussiedlung vorbei sind es noch etwa 650 m bis zum Parkplatz.

▶ Direkt am Parkplatz beginnt rechts bereits das Wildgehege. Außerdem sind an einem Baum die **Rundwege** 4, 5, 6 gekennzeichnet. Die **Nr. 4,** ein breiter Rundweg, führt euch um das große Gehege mit Rot- und Damwild. Auch für Kinderwagen geeignet, etwa eine Stunde Gehzeit.

Mächtige Hirsche mit ihrem gewaltigen Geweih sind aus nächster Nähe in aller Ruhe zu beobachten. Sehr gut ist der Unterschied zwischen Dam- und Rotwild zu erkennen, weil die Tiere ausnahmsweise zusammen in einem Gehege gehalten werden. Die mit dem schaufelartigen Geweih, die insgesamt kleiner sind, sind Damhirsche. Die größeren Tiere mit dem Geweih, das spitze Enden hat, sind Rothirsche (siehe Seite 181). Die Weibchen haben gar keine Geweihe.

## Fußtour zur Ruine Schnellerts

**Anfahrt:** siehe Wildgehege Schnellerts.

Nichts für Kinderwagen.

▶ Etwas verwirrend ist die Ausschilderung zur Ruine. Die Ruine Schnellerts liegt über beziehungsweise hinter der Ferienhaus-Siedlung, südlich vom Wildgehege und dem Parkplatz, auf der höchsten Erhebung. Am kürzesten ist der Weg, wenn ihr an den Ferienhäusern dem schönen Rundweg **Nr. 6** durch die Siedlung bergauf folgt, allerdings ist die 6 hier sehr versteckt angebracht, die 4 (Rundweg um das Wildgehege) führt aber auch durch die Siedlung, später müßt ihr dann der 6 folgen. Auf diesem steilen und direkten Weg erreicht ihr die Ruine in 20 bis 30 Minuten.

Oder ihr folgt der Nr. 6 vom Parkplatz aus in die entgegengesetzte Richtung und wandert über Felder, dann wieder in den Wald und an einem Friedhof vorbei. Dieser landschaftlich sehr abwechslungsreiche Rundweg dauert mindestens 1 Stunde.

Auf dem **Gelände der Ruine** steht eine kleine Hütte und einige Holzbänke, ihr könnt also regensicher picknicken. Hohe Bäume umstehen die Ruine, daher gibt es keinen weiten Ausblick.

Die Burg am Schnellerts existierte anscheinend nicht sehr lange: Anfang des 13. Jahrhunderts erbaut, wurde sie bereits um 1400 zerstört. Über ihre Bewohner ist sehr wenig bekannt.

**tip** Die Funde, die bei der Ruine ausgegraben wurden, sind im **Schnellertsmuseum** in *Brensbach* zu sehen, jeden 1. Sonntag im Monat 14 – 16 Uhr, für Gruppen auch nach Absprache unter ✆ 06151/555.

**Hunger & Durst**
**Gasthof Zur Linde,**
Darmstädter Str. 2,
64407 Fränkisch-Crumbach, ✆ 06164/1589.
Sa, So durchgehend geöffnet, Mo Ruhetag.
Im Sommer mit großem Biergarten. Knackige Salate, Fleisch- und Fischspezialitäten, auch Vegetarisches. In der Ortsmitte direkt bei der Kirche.

AN DER BUNDESSTRASSE 38

## Zur Ruine Rodenstein

**Anfahrt:** durch Fränkisch-Crumbach Richtung Westen fahren, ausgeschildert. Am Ende des Fahrweges am Parkplatz Rodenstein halten. Zutritt zur Ruine frei. Zu Fuß von Fränkisch-Crumbach etwa eine halbe Stunde.

**Hunger & Durst**
**Gasthaus Rodenstein:** direkt unterhalb der Ruine, idyllisch im Tal gelegen, im Sommer mit einer großen Terrasse. Nur an Wochenenden und Feiertagen geöffnet.

▶ Der Weg zum Parkplatz Rodenstein führt bereits durch ein sehr hübsches Tal mit Obstwiesen, Kühen und vereinzelten Bauernhöfen. Am *Parkplatz Rodenstein* steht eine Tafel, auf der 3 Rundwege (1/1/1,5 Stunden) angegeben sind. Vom Parkplatz zur Ruine sind es etwa 800 m auf einem asphaltierten Sträßchen, das durch ein weiteres Tal führt und links von dem Weg abbiegt, auf dem ihr gekommen seid. Das ist der kürzeste Weg und auch für Kinderwagen geeignet. Wer nicht laufen möchte, kann mit dem Wagen bis zum *Gasthaus Rodenstein* fahren, dort gibt es ebenfalls Parkplätze. Die Ruine selbst ist von hier nur über einige Stufen zu erreichen, mit Kinderwagen nicht möglich.

Wer Lust auf Bewegung hat, sollte jedoch einen der Wanderwege vom Parkplatz aus laufen, auch diese führen zum Teil zur Ruine. Der **Rodensteinrundweg** (keine Kinderwagen) führt euch außerdem an einem kleinen Wasserfall vorbei, der besonders im Winter, wenn das Wasser gefroren ist, faszinierend aussieht.

Um die Ruine Rodenstein ranken sich viele Sagen. Sie wurde im 13. Jahrhundert von den Rodensteiner Rittern in einem Wald erbaut. Bis vor etwa 300 Jahren war sie noch bewohnt. Dann starben die letzten Bewohner an der Pest und die Burg zerfiel.

Der *Rodensteiner* ist eine der bekanntesten Sagenfiguren im Odenwald. Wenn ein Krieg drohte, flog er mit seinem Geisterheer nachts

durch die Luft, viele berichten, sie hätten das Geräusch der Pferdehufe und das Säbelrasseln um Mitternacht gehört. Es wird erzählt, daß sein wildes Heer auch vor Beginn des Zweiten Weltkrieges vom Schnellerts, einer nahen Anhöhe, zur Ruine Rodenstein raste.

## Aktionen in Reichelsheim

**Anfahrt:** von Norden A 5, Ausfahrt Bensheim, dann B 47 über Lindenfels nach Reichelsheim. Von Süden A 5 Ausfahrt Weinheim, dann B 38 über Fürth. Mit der Bahn von Norden bis Darmstadt Hbf, von Süden bis Bensheim. Von dort jeweils mit dem Bus.

**Infos:** Verkehrsamt, Bismarckstr. 43, 64385 Reichelsheim, ✆ 06164/50838, 50829 und 50826, Fax 50833. Mo – Fr 8 – 12, Mo/Di auch 13.30 – 17 Uhr, Do 13.30 – 18 Uhr.

▶ Einen Ausflug nach Reichelsheim solltet ihr mit einer der großen Veranstaltungen verbinden, die jedes Jahr in der Stadt stattfinden.

### Café auf dem Schloß Reichenberg

Täglich 14 – 18 Uhr, Di Ruhetag.

▶ Das Schloß Reichenberg über Reichelsheim wird als Tagungsstätte genutzt und ist für Besucher nicht zugänglich. Doch ein Spaziergang hinauf, für den ihr euch mit einem Eis oder einem Stück Kuchen in dem netten Café belohnen könnt, macht Spaß. Das Café ist kinderfreundlich, es herrscht Rauchverbot und es gibt eine Spielecke. Bei schönem Wetter sitzt ihr auf der Terrasse am Schloßhof und schaut auf die Stadt herunter. Werft ruhig einen Blick in die kleine und schlichte Kapelle. Ein asphaltierter Weg führt vom Ort nach oben, vorbei an Wiesen, einem Gelände mit Schafen und Kleingärten. Für Kinderwagen ist der Weg sehr steil. Im Ort ist

**tip** Beheiztes **Freibad in Rei-chelsheim,** Konrad-Ade-nauer-Allee, ✆ 06164/ 50828, täglich 9 – 20 Uhr bei gutem Wetter.

## Hunger & Durst

Im Zentrum von Reichels-heim und entlang der Bundesstraße befinden sich einige Gaststätten. Empfehlenswert zum Mit-tagessen oder Kaffeetrin-ken ist der **Gasthof Lärm-feuer**. Ortsteil Rohrbach, Im Oberdorf 40, ✆ 06164/1254, Fax 5846. Mo/Di Ruhetag, sonst nur bis 18 Uhr. Lauffreudige können die Rundwanderung auf Seite 136 damit verbinden.

das Café bereits gut ausgeschildert. Die Tour dauert vom Fuße des Hügels, auf dem das Schloß liegt, etwa zwanzig Minuten.

### Heimatmuseum

Rathausplatz 7, 64385 Reichelsheim. Mai – Septem-ber jeweils am 2. und 4. Sonntag im Monat 15 – 17 Uhr. Oktober – April nur am 2 Sonntag. An Dienstag abenden, immer vor den Öffnungs-Sonntagen, 19.30 – 20.30 Uhr. Eintritt frei. Führungen nach telefoni-scher Anmeldung bei Wolfgang Schwinn, Sudetenstr. 31, ✆ 06164/2369.

▶ Wenn es euch interessiert, wie die Menschen um die Jahrhundertwende gelebt haben, schaut euch dieses Museum an. Küche, Wohnzimmer und Schlafkammer eines ländlichen Haushaltes sind hier nachempfunden. Auch Spielzeug, das die Kinder sich damals selbst bastelten, ist zu se-hen. Daneben viel Werkzeug, mit dem die Hand-werker alles herstellten, was so gebraucht wurde.

Das Museum befindet sich im ehemaligen Rathaus, das vor über 400 Jahren gebaut wurde.

### Veranstaltungen & Aktionen

In Reichelsheim finden jedes Jahr drei interessante Veranstaltungen statt, die einen Besuch lohnen. Infos dazu erhaltet ihr beim Verkehrsamt, ✆ 06154/ 5080.

Die »**Reichelsheimer Märchen- und Sagentage**« sind schon zu einer Tradition geworden und sehr beliebt. Sie erinnern auf phantasievolle Weise daran, daß der Odenwald eine Region der Sagen und Mythen ist. Jedes Jahr wird der *Wildwasserweibchen-Preis* an einen bekannten Schriftsteller vergeben, 1998 erhielt ihn der bekannte Kinderbuchautor Ottfried Preußler, der Autor von »Räuber Hotzenplotz« und der »Kleinen Hexe«. Das dreitägige Programm Anfang Oktober bietet neben Vorträgen für Erwachsene auch immer viel Interessantes für Kinder, Mitmachaktionen, Kindertheater oder Märchenmarkt.

Die **Reichelsheimer Pony- und Reiterspiele** des *Reit- und Fahrvereins* locken ebenfalls von Jahr zu Jahr mehr Besucher an. Pferdefans kommen hier voll auf ihre Kosten. Sie finden am ersten Wochenende im Juli statt. An einem Abend gibt es immer auch ein großes Feuerwerk.

**Reichelsheimer Michelsmarkt:** Am vierten Wochenende im August. Mittlerweile ein großes, ziemlich trubeliges Volksfest. Auf dem Festplatz an der Reichenbergschule stehen dann ein Festzelt und viele Stände, auch ein Umzug gehört zum Programm.

## Zum Kaiserturm bei Neunkirchen

**Anfahrt:** A 5 Abfahrt Jugenheim, über Balkhausen – Brandau. Oder A 5 Abfahrt Bensheim, B 47 Gadernheim, Brandau, Neunkirchen.

**Kaiserturm, Turm und Gaststätte:** Sa, So, Fei 10 – 17 Uhr. Für Schulen und Vereine auch werktags nach Absprache unter ✆ 06254/7145. Kaffee und Kuchen, Würstchen.

▶ Auf einer der höchsten Kuppen des Odenwaldes, der *Neunkirchner Höhe*, ragt dieser Turm empor, den ihr besteigen könnt. Gemütlich ist die kleine Gaststube in dem steinernen Bau, zu der eine Treppe hochführt. Dicht gedrängt sitzen die Gäste im holzgetäfelten Zimmer, besonders auch im Winter ein uriger Platz zum Aufwärmen nach dem Rodeln.

Entweder ihr lauft vom Parkplatz direkt am Ort Neunkirchen hierher oder ihr fahrt am Ort vorbei weiter durch den Wald, bis zum Waldparkplatz rechter Hand, und startet von dort. Der Weg zum Kaiserturm ist von beiden Park-

*Die Wildwasserweibchen lebten in einem Teich mitten im Wald. Sie hatten keine Beine sondern Fischschwänze wie eine Nixe. Viele Sagen im Odenwald handeln von ihnen.*

**Einkaufstip**

Im Reichelsheimer Ortsteil Beerfurth entstehen in Handarbeit bei **Holzspielwaren A. Krämer** noch heute die »Odenwälder Gäulsche«, Schaukelpferde, die nach alter Tradition hergestellt werden. Daneben gibt es aber auch andere Spielsachen aus Holz, Leiterwagen und vieles mehr. Siegfriedstr. 60, 64385 Reichelsheim-Beerfurth, ✆ 06164/1511, Fax 5887.

**AN DER BUNDESSTRASSE 38**

plätzen aus gut ausgeschildert. Vom Waldparkplatz sind es nur etwa 20 Minuten bis zum Turm, der Weg ist für Kinderwagen geeignet. Hat der Turm geschlossen, könnt ihr im Sommer an einer überdachten Sitzgruppe picknicken. Im Winter ist die Neunkirchner Höh ein beliebtes Rodelgebiet, siehe Griffmarke »Zur Winterszeit«, Seite 275. Vom Parkplatz am Ort geht es zudem zu einem *Wald-* sowie einem *Vogellehrpfad*, beide sind ausgeschildert.

## LINDENFELS

Bereits vor der Jahrhundertwende kam Lindenfels als **Erholungsort** in Mode. Dieser heilklimatische Kurort lohnt auch heute noch einen Besuch. Neben dem mittelalterlichen Stadtbild mit der herrlich gelegenen Burgruine gibt es ein interessantes Heimatmuseum, einen Waldlehrpfad, einen Minigolfplatz, viele beschilderte Wanderwege und ein beheiztes Freibad.

**Anfahrt:** A 5 Ausfahrt Bensheim, A 67 Ausfahrt Lorsch. Dann auf der B 47 nach Osten bis Lindenfels.

Ab Bensheim mit dem Bus, 20 Verbindungen täglich. Bensheim liegt an der Bahnstrecke Darmstadt – Heidelberg.

**Infos:** Touristinfo, Burgstr. 37 – 39 (am Kurgarten), 64678 Lindenfels, ✆ 06255/2425, 30611, Fax 2780. Mo, Di, Mi 8.30 – 12 und 13.30 – 16.30 Uhr. Do 8 – 12 und 13.30 – 18 Uhr, Fr 8.30 – 12 und 14 – 16 Uhr, Sa 10 – 12 Uhr, von November bis März samstags geschlossen.

### Kartentip

Für etwa 3 DM erhaltet ihr beim Verkehrsamt die Wanderkarte Lindenfels im Maßstab 1:30.000. Die um den Ort markierten Wanderwege sind hier verzeichnet.

### Burg Lindenfels

Eintritt 0,80 DM, bis 16 Jahre frei. Kiosk am Eingang, Eis, Souvenirs. Toilettenschlüssel gegen 30 Pfennig Gebühr am Kiosk.

▶ Auch Lindenfels gehörte einst dem mächtigen Kloster Lorsch. *Kaiser Karl der Große* verschenkte die Stadt 773 an das Kloster. Die Burg entstand im 11. Jahrhundert. Einer der Burgherren war der Bruder des berühmten Kaisers Barbarossa, was nichts anderes als Kaiser »Rotbart« heißt. Die Burg war bis ins 18. Jahrhundert bewohnt, doch ab 1779 wurde sie als Steinbruch genutzt. Jeder konnte sich für ein paar Kreuzer dort eine Ladung Steine holen. Erst 1880 begannen die ersten Erhaltungsarbeiten an der Ruine.

Der **Weg zur Burg** führt euch durch eine kleine *Fußgängerzone* mit vielen Geschäften. Einkehren kann dort jeder nach seinem Geschmack, vom Eiscafé über die Pizzeria bis zur gutbürgerlichen Gaststätte mit Terrasse gibt es alles. Kinder können im Fußgängerbereich relativ ungefährdet herumspringen. Am Fuße des Burgberges liegt der hübsch angelegte kleine *Kurpark*, ihm gegenüber befindet sich das *Heimatmuseum* in der ehemaligen Zehntscheuer aus dem 17. Jahrhundert. Hinter diesem Gebäude führt ein Weg um den Burgberg herum hinauf zur Ruine. Geht ihr hier entlang, statt dem breiten Weg am Kurpark vorbei direkt zum Burgeingang zu folgen, gelangt ihr zur *Minigolfanlage,* einem kleinen *Spielplatz* und einem *Bolzplatz.*

Die **Burgruine** ist romantisch von Efeu überwuchert, der Burgberg mit hohen alten Bäumen bewachsen. Über eine Treppe erklimmt ihr die Burgmauer und habt von dort eine prächtige Aussicht. In den Überresten der Burg läßt es sich prima klettern und picknicken.

### Lindenfelser Museum
Unterhalb der Burg, gegenüber vom Kurpark. Infos bei der Kurverwaltung. April – Oktober So/Fei 14.30

– 17 Uhr. Gruppen auch werktags nach Vereinbarung, eine Woche im voraus anmelden.
Bis 14 Jahre frei, Erw. 2 DM, Führung für Gruppen bis 25 Personen 40 DM.

▸ Eine Bauernstube zeigt, wie die Menschen früher lebten, Trachten, wie die Leute angezogen waren. Interessant ist die **funktionstüchtige alte Schmiede,** in der bei besonderen Veranstaltungen gearbeitet wird. Fotos zeigen, wie es früher in dem Ferienort Lindenfels zuging. Das erste Fremdenzimmer aus dem Jahr 1887 ist zu bewundern. Im Museum finden jedes Jahr mehrere tolle Veranstaltungen statt, siehe Seite 306.

*tip* An jedem ersten Sonntag im Monat wird ein Handwerk vorgeführt: Wagner und Schreiner, Schmied, Schindelschnitzer und Schuhmacher wechseln sich ab.

## Baden und weitere Aktivitäten

**Turmbesteigung:** Lohnend ist ein Abstecher zum *Bürgerturm* aus dem 14. Jahrhundert, er steht hinter der evangelischen Kirche an der Fußgängerzone. Von 9 bis 19 Uhr ist die Treppe zugänglich und man kann von oben auf Lindenfels hinabsehen. Der Turm ist knapp zwanzig Meter hoch, doch das beeindruckendste sind seine zwei Meter dicken Mauern.

**Waldlehrpfad:** Am Schenkenberg, Beginn am Wannweg.

**Kutschfahrten:** Maximal 4 Personen, 50 DM pro Stunde. Gasams-Hof, Hans Hoffmann, Hauptstr. 69, 64678 Lindenfels, ☏ 06255/2504.

**Freibad Lindenfels:** Außerhalb 8, ☏ 06255/564. Mai – September 9 – 20 Uhr, Di/Do bis 21 Uhr. Erw. 4,50, erm. 2,50 DM.
50-m-, Nichtschwimmer- sowie Planschbecken mit Rutsche und Wipp-Tieren für die Kleinen. Sprungtürme, 1, 3 und 5 m hoch. Bistro.

### Spaziergang mit Kinderwagen am Philosophenweg

Am Ortsausgang Richtung Winterkasten oder Reichelsheim führt linker Hand der Weg Nr. 3, der Philosophenweg, in den Schenkenberg. Er ist breit und hat keine große Steigungen. Ihr kommt zu einer Schutzhütte, wo ihr eine Verschnaufpause einlegen könnt. Denselben Weg wieder zurückgehen, etwa 1 Stunde.

### Spaziergang mit Kinderwagen am Bismarckturm

Auf der *Lützelröder Höhe* im Norden von Lindenfels steht der 1907 errichtete Bismarckturm. Hierher führen asphaltierte Wege durch Felder und Wiesen, gut für eine Runde mit dem Kinderwagen geeignet.

### Veranstaltungen & Feste

**Traditioneller Ostermarkt:** Zwei Wochen vor Ostern öffnet das *Lindenfelser Museum* nach der Winterpause wieder mit diesem Markt, der am Samstag 12 – 18 Uhr und am Sonntag 10 – 18 Uhr besucht werden kann. Kunst rund um das Ei.

**Trachtenfest:** Am 1. Augustwochenende wird das älteste Trachtenfest des Odenwaldes auf der Burg Lindenfels gefeiert, Samstag abends gibt es ein großes Feuerwerk, sonntags könnt ihr den Festzug mit Odenwälder Trachten bestaunen.

**Open-Air-Rockkonzert:** Am 2. Samstag im August auf der Burg, ab 15 Uhr. Dazu wird ein Kinderprogramm mit Kleinkünstlern und Gauklern organisiert.

**Ökomarkt:** Am 1. Sonntag im September in der Burgstraße, der Fußgängerzone. Landwirtschaftliche Erzeugnisse und Vollwertprodukte stehen zum Verkauf, es gibt Infos zu ökologischen Lebensmitteln aus der Region.

▶ Cremt euch nie in der prallen Sonne ein, sonst bratet ihr wie ein Steak in der Pfanne.

▶ Bewegt euch bei Sport und Spiel und sucht zwischendurch auch mal schattige Plätze auf.

▶ Bei Kindern sind besonders Gesicht, Schultern und Rücken anfällig für Sonnenbrand. Vorbeugend helfen Sonnenhut und T-Shirt.

▶ Wasser reflektiert die Sonnenstrahlen: beim Schnorcheln und Luftmatratzentoben das T-Shirt auch im Wasser tragen.

▶ Sonnenstrahlen wirken auf der Haut noch zwei bis drei Stunden nach. Deshalb solltet ihr, zu Hause angekommen, die Haut mit einer Fettcreme gründlich eincremen.

**Brauchtumstage:** Besonders interessant wird es dann noch einmal am 1. Oktoberwochenende, bei den Brauchtumstagen im *Lindenfelser Museum*, Sa 12 – 18, So 10 – 18 Uhr. Altes Handwerk wird vorgeführt, ihr könnt Kerzenziehern und Schindelmachern, Uhrmachern und Holzschnitzern, Trachtenschneiderinnen und Perlenstickerinnen bei der Arbeit zusehen. Außerdem wird im Steinofen Brot gebacken und aus Äpfeln Most gewonnen. Kunsthandwerk und Odenwälder Spezialitäten sind im Angebot.

## GRASELLENBACH

Grasellenbach ist ein **Kurort,** in dem sehr viele ältere Leute Urlaub machen. Entsprechend ruhig ist die Atmosphäre. Tobende und schreiende Kinder werden manchmal schief angesehen. Aber mit Kindern, die das Tobe-Alter noch vor oder bereits hinter sich haben, ist der beschriebene Spaziergang durchaus empfehlenswert. Im Winter ist der nahegelegene Höhenzug **Tromm** das attraktivste Ski- und Rodelgebiet im ganzen Odenwald, siehe Seite 271.

**Anfahrt:** A 5 Abfahrt Heppenheim, dann über Fürth auf der B 460. Oder von Erbach und Beerfelden nach Westen auf die B 460.
Bahnstation Weinheim, von dort BRN Bus 683, etwa jede Stunde.

**Infos:** Kurverwaltung in der Nibelungenhalle, 64689 Grasellenbach, ✆ 06207/2554, Fax 82333. Mo – Sa 10 – 12 Uhr, Mo, Mi, Fr auch 15 – 17 Uhr.

### Waldlehrpfad im Gaßbachtal

Weg für Kinderwagen geeignet. Vom Parkplatz am südlichen Ortsende von Grasellenbach beim Hotel Waldeck der Markierung G 4 folgen, in etwa 25 Minuten ist das Café Bauer erreicht.

▶ Dieser Spaziergang führt auf ebenen Wegen parallel zu dem kleinen *Gaßbach*, der sich im Tal

**tip** Beim »**Trommer Sommer**«, im Juli oder August, wird vier Tage lang Theater, Kunst, Spiel und Spaß für die ganze Familie geboten. Infos bei der Kurverwaltung.

# DIE SAGE VON SIEGFRIED

**M**ehrere Orte im Odenwald behaupten, die legendäre Siegfriedsquelle läge auf ihrem Gebiet. Am bekanntesten ist wohl die **Quelle bei Grasellenbach.** Doch auch am **Felsenmeer** gibt es eine Siegfriedsquelle. Siegfried ist eine Gestalt aus der berühmten Nibelungensage. Er war der Sohn eines Königs. Schon als Junge war er ungewöhnlich stark und besiegte sogar einen feuerspeienden Drachen. Nach seinem Sieg badete er im Blut des Drachens, und das machte ihn unverwundbar. Doch zwischen seinen Schultern lag ein Blatt von einer Linde – es bedeckte an dieser Stelle seine Haut, und so kam es, daß er an dieser kleinen Stelle verletzbar blieb. Siegfried bestand noch viele Abenteuer und machte sich auch manchen Feind. Eines Tages ging er im Odenwald auf Bärenjagd. Als er sich an einer Quelle niederkniete, um zu trinken, ermordete ihn sein vermeintlicher Freund Hagen von Tronje, indem er sein Schwert in die einzig verwundbare Stelle an Siegfrieds Körper stieß.

durch grüne Wiesen und Wald schlängelt, und zugleich ein Waldlehrpfad ist. Die Tafeln, auf denen ihr allerhand über Bäume und Wald erfahren könnt, sind ganz neu und bieten mehr Informationen als die meisten Lehrpfade. Auch an einer funktionstüchtigen Kneipptretstelle kommt ihr vorbei, barfuß durch das Becken zu stapfen, ist sehr lustig und bei Hitze für alle angenehm.

Das **Café Bauer** liegt sehr schön mitten in einem Tal, im Sommer könnt ihr auf der großen Terrasse im Freien sitzen.

## Baden und andere Aktivitäten
### *Beheiztes Meerwasser-Schwimmbad*
Am Kurhotel Siegfriedsbrunnen, ℗ 06207/6080. Tageskarte Erw. 14 DM, Kinder 7 DM, Verzehrbon 2 DM inklusive.

**Hunger & Durst**
**Café Bauer,** 64689 Gras-Ellenbach, ℗ 06253/ 5560. 10 – 18 Uhr, Mo geschlossen. Leckere Kuchen aus eigener Konditorei und Eis, 11.45 – 13 Uhr auch kleine warme Gerichte. Zufahrt mit dem Auto über Hammelbach auf einem Waldweg möglich.

▶ Dieses Schwimmbad ist nicht sehr groß, und für kleine Kinder kein geeigneter Ort zum Herumtollen, da hier viele Kurgäste strampeln und auch keine Kinderausrüstung vorhanden ist. Das Freibad im Ortsteil Hammelbach ist für Familien wesentlich attraktiver. Wer jedoch nur ein paar Runden schwimmen und sich anschließend in die Sonne legen möchte, findet sein Eldorado. Ein Terrassen-Café befindet sich direkt am Pool.

**Minigolf:** Gegenüber vom Kurhotel Siegfriedsbrunnen, neben dem Schwimmbad. Schläger und Bälle bekommt ihr im Hotel.

### Freibad im Ortsteil Hammelbach

✆ 06253/4847. Je nach Wetterlage ungefähr von Ende Mai bis Ende September täglich 9 – 18 Uhr geöffnet. Erw. 4 DM, Kinder 2 DM.

▶ Von einer Quelle gespeist. Große Liegewiese, Rutsche, Planschbecken, Kiosk, Bolzplatz.

### Reiten & Kutschfahrten

**Reiten:** Barbara Kunkel, Gasse 5, 64689 Hammelbach, ✆ 06253/21130. Termine nach Absprache. Ponyreiten, Reitstunden für Anfänger und Fortgeschrittene, Einreiten von Ponies und Pferden.

**Kutschfahrten:** Infos beim Verkehrsbüro, Anmeldung bei Familie Kumpf, Siegfriedstr. 17, ✆ 06207/5881. Pro Person 1 Stunde 15 DM.

### Freizeitschule Villa Kunterbunt

Auf der Hard 22, 64689 Hammelbach, ✆ 06253/4607.

▶ Sprachkurse und kreative Angebote wie Seidenmalerei oder Modellieren mit Ton für Kinder oder Erwachsene.

**Hunger & Durst**

Im Ortsteil Hammelbach: **Zum Schardhof,** 64689 Hammelbach, ✆ 06253/932166, Fax 932167. Do Ruhetag, sonst 11 – 22 Uhr durchgehend warme Küche. Kinderfreundliche Gaststätte im Wald.

## Tour zum Ireneturm auf der Tromm

**Anfahrt:** Ortsteil Scharbach, südwestlich von Grasel-lenbach. Der Höhenzug »Tromm« ist ausgeschildert. Parkplatz Auf der Tromm.

**Gasthaus Schöne Aussicht,** Auf der Tromm 2, 64689 Grasellenbach, ℂ 06207/3310. Mo Ruhetag, sonst 8 – 20 Uhr.

**Landgasthaus Trommer Hof,** Pension, Café, große Terrasse.

▶ Die *Tromm* ist 577 m hoch, und im Winter verwandelt sie sich in ein Skigebiet, siehe Seite 271. Doch auch im Sommer ist sie eine der schönsten Gegenden des Odenwaldes. Vom Parkplatz Auf der Tromm ist der **Rundweg zum Ireneturm** ausgeschildert, ihr braucht hin und zurück etwa eine Stunde. Der Turm ist nach einer Prinzessin von Hessen-Darmstadt benannt, von der Aussichtsplattform aus ist fast der gesamte Odenwald zu überblicken.

Der Weg zum Turm führt an Kühen und weidenden Pferden vorbei, mit weiten Ausblicken über die Hügel des Odenwaldes. Hier sieht der Odenwald wie ein richtiges Gebirge aus, es stellen sich unwillkürlich Urlaubsgefühle ein. Nach wenigen Metern bereits kommt ihr an zwei *Gaststätten* vorbei, beide haben Sitzplätze im Freien und bieten gutbürgerliche Küche. Der Hinweg ist auch mit Kinderwagen möglich, aber dann müßt ihr vom Turm aus denselben Weg wieder zurückgehen, der zweite Teil des Rundweges ab Ireneturm ist nicht mit Kinderwagen machbar. Das macht aber nichts, denn die erste Hälfte des Weges ist viel schöner. Wer gerne länger wandern möchte, kann noch einen der anderen angegebenen Rundwege vom Parkplatz aus nehmen. .

**tip** Der *Odenwaldclub Hammelbach* entzündet am Ostersonntagmorgen bei Sonnenaufgang ein großes **Osterfeuer**. Wenn ihr Frühaufsteher seid, eine tolle Veranstaltung.

## Bergtierpark Fürth-Erlenbach

**Anfahrt:** von Norden kommend A 5, Ausfahrt Heppenheim, über die B 460 Richtung Fürth, ausgeschildert. Aus Süden kommend A 5 Ausfahrt Weinheim, über die B 38 Richtung Fürth. Parkmöglichkeit in Erlenbach, es geht dann noch ein Stück recht steil die Straße hoch zum Eingang des Tierparks. Auch einige wenige Parkplätze direkt vor dem Eingang. Bahn von Weinheim nach Fürth, denn BRN Bus 684 nach Erlenbach.

**Info & Eintritt:** Tierparkstraße 20, 64658 Erlenbach, ℂ 06253/-3389, -932363. Fax 21904. Das ganze Jahr geöffnet von 10 Uhr bis zum Einbruch der Dunkelheit. Erw. 5, Kinder 2 DM, erm. 3 DM. Futter für 2 DM. Kiosk am Eingang, dort auch Toiletten. Für Kinderwagen ist das Gelände ziemlich steil, der Park liegt an einem Hang.

▶ Am Eingang begrüßen euch arg zerrupft aussehende Papageien, und als erstes gelangt ihr an Käfige mit kleinen frechen Affen. In diesem thematischen Tierpark werden aber hauptsächlich Tiere gehalten, die in ihren Heimatländern im Gebirge leben. Die meisten können sehr gut klettern, weil sie es gewohnt sind, auf Felsen herumzuspringen. Viele haben ein sehr dickes Fell, denn in den Bergen wird es im Winter in fast allen Ländern eisig kalt. Ihr lernt Lamas, Guanakos und Alpakas aus Südamerika kennen. Aus deren Wolle werden kuschelweiche und sehr warme Pullover und Ponchos hergestellt. Guanakos sind die Wildform der gezähmten Lamas (paßt auf, die können weit spucken!). Auch Gemsen und Steinböcke aus Europa und sogar Yaks aus Tibet leben hier. Aber auch noch mehr Tiere, die nicht aus dem Gebirge kommen, unter anderem vietnamesische Hängebauchschweine, Känguruhs und Emus. Die vorwitzigen Ziegen sind anscheinend die

**Hunger & Durst**
**Waldgaststätte Alt-Lechtern,** Georg Regner, 64658 Fürth, ℂ 06253/ 3150. Mo und Di Ruhetag. Einsam und ruhig gelegener Bauernhof mit Gasthaus, Odenwälder Spezialitäten aus eigener Herstellung.

meiste Zeit damit beschäftigt, den Zaun ihres Geheges zu demolieren. Dabei stellen sie sich ziemlich geschickt und clever an.

Der Tierpark ist groß, es dauert eine Weile, bis ihr die weitläufigen Gehege umrundet habt. An Holztischen läßt es sich bequem picknicken.

## Baden und Kutschfahrten
### *Freibad Fürth*

Krumbacher Straße, ✆ 06253/5759. Mai bis September täglich 9 – 19 Uhr. Große Liegewiese, Kiosk. Minigolf neben dem Bad, Schläger und Bälle an der Schwimmbadkasse. Wurde 1998 renoviert, soll aber im Sommer 1999 wieder offen sein.

### *Kutschfahrten*

Informationen beim Verkehrsamt Fürth, Hauptstraße 19, 64658 Fürth, ✆ 06253/20010, oder bei Ewald Eisenhauer, Im Ort 22, 64658 Fürth, ✆ 06253/22102.

## WALD-MICHELBACH

D*as Ziel unserer Nord-Süd-Fahrt entlang der Bundesstraße 38 besitzt ein **Heimatmuseum** mit einer witzigen Sammlung sowie eine gemütliche **Fußgängerzone,** in der das Museum und einige Cafés und Restaurants liegen.*
**Anfahrt:** Wald-Michelbach liegt südlich von Grasellenbach. B 460 von Oberostern Richtung Süden. B 38 von Mörlenbach nach Osten. Mehrmals täglich Bus von Mörlenbach, das ist Bahnstation an der Strecke Weinheim – Fürth.

## Im Überwälder Heimatmuseum

In der Gass 9, 69483 Wald-Michelbach, ✆ 06207/9470. Ende März bis Ende Oktober Do 15 – 18 Uhr und So 14 – 17 Uhr. Führungen für Gruppen nach Vereinbarung.

▶ Das hübsche Fachwerkgebäude, in dem heute das Museum ist, war früher das Rathaus. Eine ungewöhnliche Besonderheit könnt ihr bewundern: eine *Kleiderbügelsammlung*. Es ist verblüffend, wie viele verschiedene Kleiderbügel hier ausgestellt sind, über 500 Exemplare. Es gibt Bügel aus China, Bügel aus Afrika, aus Amerika ... Bügel aus der ganzen Welt und aus allen erdenklichen Materialien.

In einer anderen Abteilung werden alte Berufe vorgestellt, oder wißt ihr schon, was ein Steinhauer, ein Küfer, ein Sattler oder ein Köhler machte? Außerdem gibt's in diesem Museum eine sehr interessante Ausstellung zum Thema Wald. Und einige Gegenstände einer alten Dorfschule werden hier gezeigt: an solchen Tischen saßen eure Großeltern, als sie die Schulbank drückten. Etwas Besonderes ist die *Bergbauabteilung*, in der die Erzgewinnung, wie sie in der Grube Ludwig bei Wald-Michelbach betrieben wurde, dargestellt ist.

## Besucherbergwerk Grube Ludwig

**Anfahrt:** Wald-Michelbach durchfahren, in Richtung Schönmattenwag. Gegenüber der Ihrig-Mühle geht es links zum Ortsteil Wetzel. Hier parken und dem ausgeschilderten Fußweg zur Bergwerksanlage folgen, etwa 3 Minuten.

**Infos:** Dr. Peter W. Sattler, ✆ 06207/9470. Mit ihm müssen Führungen abgesprochen werden, im Winterhalbjahr ist der Stollen geschlossen. Ansonsten ist das Bergwerk an Besuchertagen im Mai und August zu besichtigen, die Termine sind bei Herrn Sattler zu erfahren. Eintritt frei.

▶ Die Gegend um Wald-Michelbach soll einmal eine Art Ruhrgebiet gewesen sein. Seit dem 8. Jahrhundert wurde hier bereits Eisen abgebaut. In späteren Jahrhunderten wurden die mächtigen Eisenhämmer zum Zerschlagen des Gesteins mit Wasserkraft betrieben. Die ausgedehnten Buchen- und Eichenwälder um Wald-Michelbach lieferten das notwendige Holz zur Verhüttung. Um die Jahrhundertwende schließlich arbeiteten Hunderte von Bergleuten in den Stollen und Gruben. Damals suchte man vor allem nach Mangan und Schwerspat. Eine mit Dampfkraft betriebene Drahtseilbahn beförderte die Erze ans Tageslicht. Der Stollen der ehemaligen Manganerzgrube Ludwig ist vor einigen Jahren freigelegt worden und Besucher können ungefährdet hindurchgehen.

## Baden und weitere Aktivitäten

**Waldspielplatz:** im Ortsteil Siedelsbrunn, ganz in der Nähe, beim Naturparkplatz Am Hardberg, ist eine Minigolfanlage,

**Planwagen-Fahrten:** Klaus Dörsam, Rudi-Wünzer-Str. 32, 69483 Wald-Michelbach. ✆ 06207/6979.

**Beheiztes Waldschwimmbad:** im Ortsteil Spechtbach, ✆ 06207/2360. Öffnungszeiten vom Wetter abhängig, ungefähr Mai bis September. Schöne Lage im Tal. 3-m-Brett, Nichtschwimmerbecken, große Liegewiesen. Erw. 4,50, Kinder 2,50 DM.

**Heinrich-Schlerf-Erholungsanlage:** im Westen von Wald-Michelbach, mit Teich, Spielplatz, Kneippbecken.

**Hunger & Durst**

Falls ihr das Waldschwimmbad besucht und hinterher so richtig Hunger habt, könnt ihr im **Restaurant-Café Birkenhof** in Spechtbach einkehren, ✆ 06207/2297. Nur etwa 5 Minuten vom Freibad entfernt. Im Sommer sitzen die Gäste hier an rustikalen Holztischen im Garten.

# KLEINE ODENWÄLDER PFLANZENKUNDE

## Rainfarn

Häufig wird euch der gelb blühende Rainfarn begegnen. Er wächst an Wegrändern und auf baumfreien Ödflächen, meist in großen Gruppen. Seine Blütenköpfe sehen aus, als hätte man einer Margerite alle weißen Blätter ausgezupft. Sie erinnern an Knöpfe, deshalb heißt er im Odenwald auch *Hemden-* oder *Kragenknöpfchen*. Früher war der Rainfarn ein Abwehrmittel gegen Hexen: Kindern wurden mit dem Rauch der getrockneten und dann verbrannten Pflanze eingeräuchert, damit eine Hexe ihnen nicht schaden konnte.

*(Wie dumm! Glaubt ihr etwa an Hexen?)*

Außerdem galt die Pflanze als heilsam bei Würmern, daher nannte man sie auch *Wurmkraut*. Im Weschnitztal war sie als *Gäulskamille* bekannt, weil Pferde zur Wurmbekämpfung damit behandelt wurden. Der Rainfarn ist leicht giftig, trotzdem würzte man in England den Osterkuchen damit. Getrocknet und als Bündel im Kleiderschrank aufgehängt, hilft der Rainfarn gegen Motten und andere Insekten.

## Schafgarbe

Sie wächst sehr häufig an Wegrändern und auf Wiesen. Die Schafgarbe ist eine vielbenutzte Heilpflanze, früher nahm man sie zur Wundheilung, heute gilt sie als beruhigend, krampflösend und hilfreich bei Magen- und Darmbeschwerden. Ihren Namen hat sie von den Schafen, die die Blätter gerne fressen, den Blütenstengel aber übrig lassen. Im östlichen Odenwald heißt sie auch *Barbarakraut*.

## Königskerze

Diese schöne Pflanze mit ihren Dolden meist gelber Blüten ist sehr auffällig. Sie wächst an Wegrändern oder auf Ödland und kann bis zu 1 m hoch werden. Weil sie so prächtig aussieht wird sie oft in Bauerngärten gepflanzt. Sie wird auch *Wollblume* genannt, weil bei manchen Arten die Blätter dicht behaart sind. Im nordöstlichen Odenwald wurde daraus *Willestengel* oder *Willekerze*. Aus der Königskerze wird ein Sirup hergestellt, der bei Husten hilft. Sie galt früher außerdem als Schutz gegen Blitzeinschlag, wenn man sie weihen ließ und im Haus aufhing. Daher hieß sie im Odenwald auch *Donnerkerze*. Im hessischen Ried wurde sie wegen ihres dicken und kräftigen Blütenstandes *Hergottskolben* genannt.

## Wegwarte

Sehr schöne blaue Blüten hat diese Pflanze, die an Wegrändern wächst, daher auch ihr Name. Eine Art dieser Pflanze wurde früher gezüchtet, um aus den Wurzeln einen Ersatz für Kaffee zu gewinnen, den *Zichorien-Kaffee*. In der Odenwälder Mundart heißt sie daher auch *Zigori*. Als es in Kriegszeiten keinen Bohnenkaffee zu kaufen gab, dienten auch die Wurzeln der wild wachsenden Wegwarte als Ersatz. Die Pflanze ist mit dem Chicorée verwandt, den ihr vielleicht schon als Salat gegessen habt. Die Wegwarte stand im Ruf, Zauberkräfte zu haben, sie wurde für alle möglichen Rituale verwendet. Als besonders zauberwirksam galt die seltene, weißblühende Art.

*Übrigens soll die Wegwarte ein verwunschenes Mädchen sein: Als ihr Geliebter einst in den Krieg zog und nicht zurückkehrte, trauerte das Mädchen 7 Jahre lang. Alle, die sie kannten, redeten ihr zu, den Mann doch endlich zu vergessen. Doch sie erklärte, lieber wolle sie sich in eine Blume verwandeln und am Wegrand ewig auf ihren Freund warten, als ihn jemals zu vergessen. So geschah es, und bis heute leuchten die blauen Blüten an den Wegen.*

## Ackerschachtelhalm

Wie eine Pflanze aus der Urzeit sieht dieses auch *Zinnkraut* genannte Gewächs aus. Die harten Triebe wurden nämlich früher zum Putzen des Zinngeschirrs benutzt. Die Pflanze enthält Kieselsäure, dieser Stoff reinigt. Im Odenwald wurden angeblich noch vor 50 Jahren in den Gasthäusern die Biergläser mit dem Kraut gespült, daher hieß es auch *Gläser-schwenke.*

## Johanniskraut

Auf Ödland und an Wegrändern seht ihr diese gelb blühende Heilpflanze häufig. Sie wurde nach der Zeit benannt, an der sie zu blühen beginnt, nämlich um Johanni, den 24 Juni. Vorsicht, es gibt mehrere Arten, nur das echte Heilkraut ist wirksam. Johannisöl hilft gegen Prellungen und Haut-abschürfungen, es soll außerdem die Stimmung heben. Bei Amorbach wird es *Hexenkräuti* genannt. Auch bei Buchen galt es als Mittel, um eine Mutter und ihr neugeborenes Kind vor Hexen zu schützen. Ein getrockneter Strauß davon wurde über das Bett gehängt. Im Volksglauben galt das Kraut auch als Symbol für Blut, denn wenn man die Blüten zerquetscht, verfärben sie sich rot. Eine Legende erzählt, die Pflanze bewahre das Blut eines Heiligen, von Johannes dem Täufer.

## Haselstrauch

De Germanen hielten die Haselnuß für einen Zauberstrauch und bauten magische Wünschelruten aus seinen Ästen. Noch heute nehmen Wün-schelrutengänger gerne Haseläste. Wenn ihr euch einen Bogen bauen wollt, liefert die Hasel hierfür das ideale Holz. Im Odenwald galt die Hasel als guter Schutz gegen Blitze, weil angeblich die Muttergottes einmal bei einem Gewitter unter einem einsam stehenden Haselbusch Schutz gesucht hatte, und der Blitz dort nicht einschlug. Aber das war wohl nur Zufall. Außerdem glaubte man im Odenwald lange, daß in einem Jahr, in dem viele Haselnüsse reifen, auch viele Buben geboren werden.

# DAS MÜMLINGTAL

# VON GROSS-UMSTADT BIS BEER-FELDEN

**D**ie attraktivsten und bekanntesten Orte im Odenwald liegen an der Mümling: Bad König, Michelstadt und Erbach. Bequem lassen sie sich per Bahn erreichen. Hier gibt es Museen und Gaststätten, Schwimmbäder und Wanderwege, Fachwerkhäuser, Schlösser und Wildgehege. Doch auch das schöne Mossautal westlich der Mümling lockt – mit Natur pur, ebenso wie die Region um Beerfelden. Jede Menge Wald, Kühe und Pferde, Wiesen und Bauernhöfe laden zum Naturerlebnis ein. Echte Wasserratten freuen sich auf den einzigen großen Badesee des Odenwalds: den Marbach-Stausee im Mossautal.

## Tips für Groß-Umstadt

**Anfahrt:** B 45, zwischen Dieburg und Höchst.
Bahn: Frankfurt – Hanau – Babenhausen – Groß-Umstadt, etwa jede Stunde.
**Infos:** Stadtverwaltung im Rathaus, 6114 Groß-Umstadt, ℂ 06078/78131.

▶ Groß-Umstadt hat einen schönen alten Marktplatz rund um das historische Rathaus. Ansonsten sind vor allem zwei Dinge für einen Ausflug zu empfehlen: die Weinberge rund um den Hainrichsberg und das Museum Gruberhof.

## *Zu Fuß durch die Weinberge (mit Lehrpfad)*

**Anfahrt:** In Groß-Umstadt von der Innenstadt aus den Schildern zum Restaurant »Farmer-Haus« folgen. An diesem Restaurant vorbei noch etwa 400 m weiter fahren, am Parkplatz Auf dem Hainrichsberg (264 m) parken.
Zu Fuß von der Innenstadt nach Anreise mit der Bahn mindestens 45 Minuten.

▶ Der Hainrichsberg thront über Groß-Umstadt, sein Südhang ist mit Weinreben bepflanzt.

### Hunger & Durst

**Bistro Du Chateau,** in der Schloßpassage, die vom historischen Marktplatz vor dem Rathaus zum Schloß führt. Mo – Sa 9.30 – 24 Uhr, So, Fei 11 – 24 Uhr. Kein Ruhetag. Leckere, etwas ausgefallenere Gerichte. Die Gartenterrasse des Bistros befindet sich im Schloßpark, hier sitzt man im Sommer sehr schön, außerdem können Kinder ungefährdet herumlaufen.

Groß-Umstadt trägt daher auch den Namen »Odenwälder Weininsel«. Hier wachsen überwiegend grüne Trauben, aus denen Weißwein gemacht wird. Drei verschiedene **Rundwege** sind am Parkplatz angegeben (30, 45 und 60 Minuten). Der halbstündige Rundweg führt über einen *Weinlehrpfad.* Von allen Wegen könnt ihr die schöne Aussicht zur Veste Otzberg (siehe unten) genießen. Mit Kinderwagen kann man einen angenehmen Spaziergang auf dem breiten Weg machen, der am Parkplatz vorbeiführt, allerdings sollte man dann denselben Weg auch wieder zurückgehen.

### Action im Museum Gruberhof

Am Stadtausgang in Richtung Raibach/Dorndiel. Raibacher Tal 22, 64823 Groß-Umstadt, ℗ 06078/ 4358 oder Herr Staudt, 06078/3562. Ostermontag bis Ende Oktober So 13 – 18 Uhr. Eintritt frei.

▶ Der Gruberhof war einst von Schafen bevölkert, denn er war eine Schaf-Farm. Heute sind im Gruberhof Sammlungen zur Archäologie und Stadtgeschichte, zu alten Handwerken und zum Weinbau ausgestellt. Sehr hübsch ist der *Bauerngarten.* Das Museum nennt sich **Aktionsmuseum** – es gibt über das Jahr verteilt mehrere Veranstaltungen, bei denen altes Handwerk und Brauchtum wieder lebendig werden. Besonders zu diesen Festen lohnt sich ein Besuch, es gibt immer auch originelle Aktionen für Kinder. Zu allen Veranstaltungen gibt es deftige Speisen.

- An Ostern wird mit Handwerksvorführungen die Saison eröffnet.
- An Pfingsten gibt es Aktionen und Live-Musik.
- Im Juni oder Juli wird ein internationales Sommerfest gefeiert.

**tip** Bei der Familie Wolff in Groß-Umstadt-Heubach, Im Darmbruch 20, ℗ 06078/8489, gibt es alles vom **Lamm und Schaf.** Wollt ihr mal eine Salami oder Schinken mit Schaffleisch probieren? Auch frisches Fleisch, Felle und Bettdecken, Hausschuhe und Westen sind hier zu haben.

DAS MÜMLINGTAL

- Am 2. Wochenende im Oktober findet im Gruber-hof das traditionelle Trauben- und Äpfelkeltern statt.
- Im Herbst gibt's spezielle Veranstaltungen, zum Beispiel ein Getreide- oder ein Kartoffelfest.

### Weitere Aktivitäten & Veranstaltungen

**Spielplatz:** Neben dem Gruberhof befindet sich die sogenannte »Bleiche«, ein kleines Freizeitgelände mit Spielplatz und Boule-Bahn.

**Freibad:** Höchster Straße, ℐ 06078/3525. Ende April bis Mitte September 8 – 20 Uhr. Erw. 4,50, Kinder 2,50 DM. Sprungturm, Rutsche, Kinderplansch-becken, Tischtennis, Spielplatz, Imbiß.

**Winzerfest:** Anfang September wird in Groß-Umstadt im Rahmen des Winzerfestes ein großer *Bauern-markt* abgehalten, der auch Kindern Spaß macht. Ein Streichelzoo und verschiedene Mitmachaktionen sorgen für Abwechslung. An einer Pappkuh dürft ihr

## BASTELN MIT NATURMATERIALIEN

### Mäuse aus Walnüssen

**Was ihr braucht:** halbe Walnußschalen, dünne Pappe, Bleistift und Filzstift, Schere, Kleber, Wolle.

**So geht's:** Legt eine halbe Nußschale auf Pappe und zeichnet ihren Umriß mit einem Bleistift nach. Schneidet den Umriß aus. An das breite Ende der Nußschale klebt ihr dann mit einem Tropfen Kleber einen etwa 10 cm langen Wollfaden. Das ist der Schwanz der Maus. Dann bestreicht ihr den Rand der Nußschale ebenfalls mit Kleber und klebt die ausgeschnittene Pappe darauf. Der Schwanz hängt nun zwischen Schale und Pappe. Auf das spitze Ende der Nußschale könnt ihr nun für das Gesicht der Maus zwei Augen mit schwarzem Filzstift malen. Den Schnurrbart bastelt ihr aus einem kurzen Wollfaden. In der Mitte klebt ihr den Faden an der Schnauze fest, zu beiden Seiten zwirbelt ihr dann den Faden etwas, so daß er wie mehrere Haare aussieht.

zeigen, wie gut ihr melken könnt. Außerdem werden landwirtschaftliche Produkte von Odenwälder Bauern verkauft.

**Adventsmarkt:** auf dem Rathausplatz, 2. Adventswochenende.

## Rundwanderung bei Mosbach

**Anfahrt:** der Ort liegt ungefähr in der Mitte zwischen Groß-Umstadt und Großostheim. B 45 nach Klein-Umstadt, dann Richtung Großostheim.

▶ Dieser kleine Ort bietet gar nichts Aufregendes, aber im nahegelegenen Wald sind schöne Spaziergänge möglich. In Mosbach dem Schild *Parkplatz Naturpark* folgen, die Straße dorthin führt hinter dem Ort genau in südlicher Richtung durch Felder in Richtung Waldrand. Der **Parkplatz Sterzbach** ist Ausgangs- und Endpunkt. Auf einer großen Wiese dürft ihr picknicken oder ballspielen, nehmt euch also entsprechende Ausrüstung mit. Von den an der Tafel am Parkplatz genannten **Rundwegen** sind nur noch die Wege 2 und 3 problemlos zu finden, die anderen sind nicht mehr markiert. Weg 2 ist nichts für Kinderwagen. Rundweg 3 ist mit Kinderwagen machbar, aber teilweise steil und anstrengend. Etwa zwei Stunden seid ihr auf diesem Weg unterwegs. Er führt an einer riesigen alten Buche und einem Bildstock vorbei durch den Wald, bei Hitze ist er angenehm schattig.

## Rundweg zum Römerkastell bei Heubach

**Anfahrt:** B 45 von Groß-Umstadt Richtung Höchst, ausgeschildert.

▶ Durch Heubach in Richtung Osten fahren, nach Ortsende geht es ein Stück durch Wiesen und Felder, am Ende des asphaltierten Fahrweges

**Tips für den Rucksack**

Für Spiele und Naturerkundungen sollten immer dabei sein:

▶ einfarbiges Tuch, auf dem Funde ausgebreitet und rumgezeigt werden können
▶ Tücher oder rotes Wollknäul für Renn-, Such- und Tobespiele
▶ eine Lupe
▶ ein leichtes Fernglas zur Vogel- und Tierbeobachtung
▶ Plastiktüte, um den Müll wieder mitzunehmen
▶ Wasserzerstäuber zum Abspülen gesammelter Beeren und zur spaßigen Abkühlung erhitzter Kinder
▶ ein kleines Handtuch
▶ Bestimmungsbuch für Tiere, Blumen, Pilze …
▶ aktuelle (!) Wanderkarte im Maßstab 1:50.000 oder sogar 1:25.000
▶ Kompaß
▶ leichte Taschenlampe, wenn's zu Ruinen geht

liegt der Parkplatz Kellergrund. Der **Rundweg
Nr. 9** führt zur Ausgrabungsstelle eines römischen Wachturmes mit Kastell. Gehzeit etwa 1,5
Stunden. Der Weg ist breit und befestigt, geht
aber teilweise steil bergauf, so daß ein Kinderwa-
gen-Schieber eiserne Muskeln haben muß. Der
Weg ist gut ausgeschildert. An der Ausgrabungsstätte informieren euch mehrere Info-Tafeln über
die Römer und ihre Bauten im Odenwald.

## Hexen auf der Veste Otzberg

**Anfahrt:** B 45 von Groß-Umstadt Richtung Höchst,
ausgeschildert.
Lengfeld beim Otzberg ist Zugstation auf der Strecke
Darmstadt – Erbach, von dort zu Fuß oder mit dem
Sammeltaxi.
**Sammlung zur Volkskunde in Hessen,** Veste Otzberg
und Bismarckstraße 2, ✆ & Fax 06162/71114.
Mi/Sa 14 – 17 Uhr, So 10 – 17 Uhr. Erw. 3 DM,
Kinder bis 12 Jahre frei. Zutritt zur Burganlage
kostenlos.
**Burgschenke:** Mo Ruhetag, sonst ab 18 Uhr, am
Wochenende ab 11 Uhr, bei schlechtem Wetter oft
zu. ✆ 06162/72274. Biergarten im Burghof.

▶ Die Veste Otzberg erhebt sich schon weithin
sichtbar auf der einzigen Anhöhe in der weiten
Ebene hinter Dieburg. Hier beginnt der Odenwald. Der *Otzberg*, von dem die Ruine ihren Namen hat, war einmal ein Vulkan, so wie der *Katzenbuckel* auch, der höchste Berg des
Odenwaldes (siehe Seite 236). Die Veste wurde
im 12. Jahrhundert erbaut und im 30jährigen
Krieg belagert und zerstört. Im 18. Jahrhundert
wurde sie eine Zeitlang als Gefängnis benutzt, es
muß für die Gefangenen ziemlich gruselig gewesen sein, in dieser schon damals halb verfallenen
mittelalterlichen Ruine eingekerkert zu sein.

Heute ist sie ein äußerst beliebtes Ausflugsziel. Von der Veste habt ihr einen herrlichen Panoramablick. Besonders eindrucksvoll ist die Aussicht von dem 17 m hohen *Bergfried,* bei gutem Wetter seht ihr die Frankfurter Hochhäuser am Horizont. Die Mauern dieses Turms sind stellenweise drei Meter dick! Er wird im Volksmund »Weiße Rübe« genannt.

Neben der sehenswerten Burgruine tragen aber auch vor allem die **Veranstaltungen** wie *Ostereier-, Töpfer-, Handwerks-* und *Weihnachtsmärkte* zu der Popularität der Burgruine bei. Witzig ist auch das **Hexenfest** in der Walpurgisnacht vom 30. April auf den 1. Mai. Kräutersuppe und Hexenwein sind im Angebot, und ein wenig verhext scheint schon alles zu sein, wenn nachts das Walpurgisfeuer entzündet wird.

Zu verdanken sind diese Ereignisse den Betreibern des liebevoll betreuten und eindrucksvoll gestalteten **Volkskundemuseums** auf der Veste. Gerd Grein und sein Partner Hubert Alles besitzen eine der größten Privatsammlungen hessischer Volkskultur, für die sie auf der Veste die passenden Ausstellungsräume fanden. Hessische Trachten und Keramik, Handwerkszeug, eine alte Apotheke, ein Kaufladen und vieles mehr sind in den ansprechend hergerichteten Schauräumen ausgestellt. Interessante Sonderausstellungen, auch zu so ausgefallenen Themen wie der Geschichte der Toilette, ziehen ebenfalls viele Besucher an. In der Adventszeit lohnt ein Besuch der alljährlichen *Weihnachtsausstellung* im Museum, dann werden auch alte Handwerkstechniken rund um Weihnachten vorgeführt, siehe Seite 265. Zur Volkskundesammlung gehört auch das *Spielzeugmuseum* in Lengfeld, das ihr euch unbedingt auch einmal ansehen solltet.

**tip** Auf der Veste Otzberg werden über das ganze Jahr verteilt alle möglichen **kreativen Kurse** angeboten. Einige sind speziell für Kinder gedacht, zum Beispiel werden Laternen aus dicken Rüben gebastelt oder ein Faltbuch selbst hergestellt. Vor Weihnachten werden Krippen aus Naturmaterialien gebaut. Erwachsene können auch teilnehmen. Das aktuelle Programm erhaltet ihr bei der Veste Otzberg. Originelle **Kinderaktionen** sind im Museum nach Absprache möglich.

**DAS MÜMLINGTAL**

Wenn die Burgschenke geschlossen ist, lohnt sich die Fahrt zur **Schmelzmühle** in 64853 Oberklingen, Bachstr. 43, ✆ 06162/72913, Fax 73519. Di Ruhetag. Hier könnt ihr sehr gutes Essen im Freien unter großen Sonnenschirmen genießen.

Die **Burgschenke** auf der Veste bietet neben einer gemütlichen Atmosphäre leckeres Essen. Im Sommer kleiner Biergarten im Burghof.

## Spielzeugmuseum in Otzberg-Lengfeld

**Anfahrt:** Bahnstation an der Strecke Darmstadt – Erbach, stündliche Verbindungen.
Fußweg von der Veste Otzberg etwa 40 Minuten.
**Eintritt:** Geöffnet jeden 1. Sonntag im Monat 14 – 17 Uhr.

▶ Im alten Rathaus von Otzberg-Lengfeld sind Spielsachen ausgestellt, mit denen die Kinder früher im Odenwald, im Spessart oder im Vogelsberg spielten. Die Sammlung ist auf hessisches Spielzeug spezialisiert und beinhaltet eine reichhaltige Kollektion hessischer Trachtenpuppen von 1910 bis heute. Puppenhäuser, Kaufläden und Puppenküchen und sogar ein historischer Jahrmarkt sind aufgebaut. Seht ihr die Unterschiede zu heutigen Küchen und Läden? Versucht aufzuzählen, was alles anders ist!

Das Museum veranstaltet nach Absprache auch besondere Kinderaktionen.

## Die Bilderbuchburg Breuberg

**Anfahrt:** Anfahrt B 45 bis Höchst im Odenwald, die Burg ist ausgeschildert.
Bahn Frankfurt – Darmstadt – Reinheim – Höchst oder Hanau – Seligenstadt – Groß-Umstadt – Höchst. Von Höchst nach Neustadt stündlich Busverbindung, von dort eine gute halbe Stunde zu Fuß zur Burg. OREG Busauskunft ✆ 06062/94330.
Parkplatz oben direkt an der Burg oder etwas unterhalb am Burgberg der Parkplatz Burg Breuberg mit Rundwanderwegen (2/3,5 km), von dort geht es in etwa 15 Minuten recht steil zur Burg hoch.

**Museum in der Burg:** März – Oktober täglich 9 – 12 und 13 – 17 Uhr, Führungen durch Museum und Burg in der Saison mehrmals täglich, in der Regel zu jeder vollen Stunde. Genaue Zeiten bitte vorher beim Verkehrsamt erfragen, unter ✆ 06163/70901 oder Fax 70955. Im Winter nur für Gruppen nach Absprache mit dem Burgwart, Herrn Eisenhauer, ✆ 06165/1309. Erw. 2 DM, erm. 1 DM. Gruppen über 15 Personen 1 DM. Turmbesteigung 1 DM.

▶ Die Burg Breuberg ist vielleicht die prächtigste Burg des Odenwaldes, wie aus einem Bilderbuch. Sie hat wirklich alles, was eine Burg so braucht: eine Brücke über den breiten Burggraben, mächtige Außenmauern, im Hof einen Bergfried und einen tiefen Brunnen. Es ist übrigens eine der größten Burganlagen Süddeutschlands. Noch heute bewacht eine alte Kanone den Eingang.

Auf einem schmalen Pfad könnt ihr die Burganlage einmal umrunden und von allen Seiten bewundern, aber nicht mit Kinderwagen. In der Burg ist heute eine *Jugendherberge* untergebracht (siehe Serviceteil), die Gebäude dürfen bis auf das **Burgmuseum** nur von den Gästen der JH betreten werden. Das Museum kann nur zu jeder vollen Stunde im Rahmen einer Führung mit dem Burgwart besucht werden. Es lohnt sich, auf die nächste Führung zu warten. Über die steinerne Wendeltreppe kommt ihr zunächst in die heimatkundliche Abteilung, wo ihr seht, mit welchen Werkzeugen die Handwerker früher Fässer, Wagenräder oder Seile anfertigten. Auch an die Arbeit von Strumpfstickern und Schneidern, Sattlern und Webern wird erinnert.

Außerdem werden Funde aus der Römerzeit und natürlich zur Burggeschichte im Museum gezeigt, die Burg wurde übrigens schon 1150 ge-

**Hunger & Durst**

Im Sommer öffnet an der Burg Breuberg ein **Kiosk** (am Parkplatz) für Getränke und Snacks, die an Holztischen verzehrt werden können.

In der Burg gibt es eine **Burgschenke,** auch kleine Gerichte, Di geschlossen, sonst 9 – 12 und 13 – 17 Uhr. ✆ 06163/7090.

DAS MÜMLINGTAL

**Hotel und Restaurant Burgterrasse,** Außerhalb 2, 64747 Breuberg. Unterhalb der Burg gelegen, eigener Parkplatz, oder vom Wanderparkplatz »Burg Breuberg« in wenigen Minuten Fußweg. Terrasse mit herrlichem Blick ins Tal, das durch zwei riesige Reifenfabriken verschandelt wird. Kleiner Spielplatz. Gutbürgerlich, preiswert, Mo Ruhetag. ℂ 06165/ 2066, Fax 6440.

**tip** für Kletter-Fans: in Breuberg-Hainstadt kann am »**Starkenburger Klettersteig**« bis zum Schwierigkeitsgrad 9 geklettert werden. Infos ℂ 06165/ 1523. Von Hainstadt in Richtung Waldamorbach fahren, rechter Hand ragt hinter einem Parkplatz der rote Sandsteinfelsen empor.

gründet. Das Prunkstück des Museums ist der **Rittersaal.** Auf der Stuckdecke sind Szenen aus antiken Mythen und zudem 32 Wappen dargestellt. Viele Waffen sind in diesem Saal ausgestellt. Nach dem Rittersaal geht es in die ehemaligen Pferdeställe, und von dort in das frühere Zeughaus, in dem heute ein kleines Feuerwehrmuseum untergebracht ist. Hier seht ihr, welche Kleider die Feuerwehrleute früher trugen, wie ihre Ausrüstung aussah, und wie eine Pumpe im Jahr 1897 funktionierte, die noch per Hand betrieben wurde. Zum Abschluß des Rundgangs wird noch der 85 m tiefe Brunnen bewundert.

## Die römische Villa Haselburg

**Anfahrt:** an der Straße von Höchst Richtung Brensbach (L 3106) auf der Höhe von Hummetroth, 5 km von Höchst. Parkplatz bei der Villa.

**Info & Eintritt:** Täglich zugänglich, Eintritt frei. Führungen an den Wochenenden um 10 Uhr. Voranmeldung bei Dieter Lemke, Hohlstraße 24, 64747 Breuberg, ℂ 06163/ 3132.

▶ Die Ausgrabungsstätte liegt einsam mit herrlicher Rundsicht auf einer Anhöhe, von Feldern umgeben. Sie kostet keinen Eintritt, doch eine Spende in den kleinen stählernen Kasten an der Holzhütte ist erwünscht.

Das Areal von 182,5 auf 190 m ist von Mauerresten eingefaßt, die einst zu dem römischen Gutshof aus dem 2. Jahrhundert n. Chr. gehörten. Dieser wurde erst 1979 beim Bau der Erdgas-Pipeline Rußland – Frankreich entdeckt, und ist vielleicht die beeindruckendste römische Ausgrabung im Odenwald. Zum einen, weil es sich bei der Villa nicht um eine militärische Anlage, sondern um ein privates Wohnhaus handelt. Zum anderen, weil es ein bißchen mehr als nur Spuren der Fundamente zu sehen gibt, was ja sonst oft der Fall ist. Mit etwas Phantasie könnt ihr mit Hilfe der Schautafeln und der teilweise aufgestockten Mauerreste eine sehr anschauliche Vorstellung bekommen, wie das luxuriöse Anwesen einer reichen Römerfamilie aussah. Besonders lohnend ist es, an einer Führung teilzunehmen, dabei erwachen die steinernen Reste wieder zum Leben. Ein Modell des Gutshofes ist übrigens im *Odenwaldmuseum* in Michelstadt zu sehen (siehe Seite 117), wer sich dafür interessiert, kann also dort noch genauere Eindrücke erhalten.

In der Villa Haselburg wurde früher ein recht **angenehmes Leben geführt:** es gab verglaste Fenster und Wandmalereien, in dem Herrenhaus wurden Räume mittels *Fußboden-Heizung* erwärmt. Daneben stand ein Badehaus. Hier gab es ein Heiß- und ein Warmwasserbecken, zudem ein Kalt- und ein Schwitzbad. Besonders anschaulich ist die ansatzweise Nachbildung von Toilettensitz, Abwasserkanal und riesiger Badewanne in diesem Gebäudeteil. Neben dem Wohnhaus standen einst Ställe und Scheunen, die Unterkünfte der Diener sowie Küchen- und Vorratshäuser.

Ihr müßt bedenken, daß zur gleichen Zeit, als die Römer es sich gut gehen ließen, unsere germanischen Vorfahren noch in ganz einfachen Hütten hausten. An eine Toilette, Bäder oder gar eine Fußbodenheizung war bei ihnen noch lange nicht zu denken.

### Spaziergang mit Kinderwagen

Auf asphaltierten oder befestigten Wegen gibt es viele Möglichkeiten, durch die umliegenden Felder zu spazieren, auch mit Kinderwagen gut möglich.

**tip** Bei heißem Wetter könnt ihr nach der Burgbesichtigung im **Freibad Höchst** ins kalte Naß flutschen. Jahnstr. 8, 64739 Höchst, ✆ 06163/2540. Mitte Mai bis Mitte Sept. bei gutem Wetter 9 – 20 Uhr, Erw. 4 DM, Kinder 2 DM. 10-m-Sprungturm, 60 m lange Rutsche.

*Die Fußboden-Heizungen der Römer heißen **Hypocausten.** Der Fußboden der Räume ruhte auf Ziegeln. Unter dem Boden wurde erhitzte Luft durch den Hohlraum geleitet. So wurde der Boden angenehm warm.*

DAS MÜMLINGTAL

**Buchtip**
*Odenwälder Apfelwein-wirtschaften,* von Denis und Sven Duhme, im Selbstverlag erschienen, 14, 80 DM.

Unser Vorschlag dauert etwa 40 Minuten: Vor der Haselburg an dem einzigen Baum geht ihr links hinunter bis zu einem kleinen, im Schilf versteckten Teich. Wer sich dort auf der Bank in der Sonne niederläßt, wird vielleicht bald von gierigen Enten bedrängt. Wollt ihr nicht pausieren, geht vor dem See gleich rechts weiter, und vor Beginn des Waldes wieder rechts die Kuppe hinauf. Ein letztes Mal geht es dann auf der Anhöhe nach rechts; der Weg führt euch direkt zur Haselburg zurück.

**tip** Wer möchte, kann an den Besuch der Römervilla noch einen Abstecher zur **Erholungsanlage Annelsbacher Tal** anschließen. Fährt man von der Haselburg nach Höchst zurück, kommt bereits nach wenigen hundert Metern linker Hand der kleine Ort Annelsbach. Hier abbiegen, den Ort nach links bis zum Ende durchfahren. Besser: vor dem Ort parken und ein Stück laufen. Am Ortsende in einem hübschen, aber schattigen Tal liegt ein Teich, dabei befindet sich ein kleiner Spiel- und ein Bolzplatz sowie eine Tischtennisplatte.

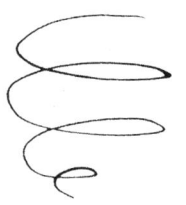

## Im Kurpark von Bad König

**Anfahrt:** B 45, zwischen Höchst und Michelstadt. Bahnstation an der Zugstrecke Hanau – Erbach und Darmstadt – Heubach – Erbach.
**Infos:** Kurverwaltung, Elisabethenstr. 13, 67432 Bad König, ✆ 06063/58182, Fax 5517. Mo – Fr 7 – 21.30 Uhr, Sa, So 9 – 20 Uhr.
**Freizeitanlage im Kurpark:** täglich 9 – 20 Uhr, T06063/4557.
**Freibad:** Schwimmbadstr. 21, ✆ 06063/2607, beim Kurpark. Bei gutem Wetter täglich 8 – 20 Uhr, Erw. 4,50 DM, Kinder 2,50 DM.

▶ Bad König ist ein Kurort, es ist das einzige Thermalbad im südhessischen Raum. Das Thermalbad wird im Herbst 1999 geschlossen, im Winter des Jahres 2000 soll es dann als Familienbad seine Pforten wieder öffnen. Obwohl überwiegend ältere Leute in dem schönen Kurpark an den Mümlingauen spazierengehen, ist die Anlage bei gutem Wetter auch für einen Ausflug mit Kindern geeignet. Es gibt einen **Minigolfplatz** (mit Imbiß-Gaststätte), **Teiche** mit Enten und einer Menge Gänse, die schnatternd über die grünen Wiesen watscheln. **Tischtennisplatten** laden zum Match ein. Ganz in der Nähe des Kurparks liegt das **Freibad.** Am besten verbindet ihr einen Schwimmbadbesuch mit einem Spaziergang oder einer Runde Minigolf im Kurpark. Außerdem ist das *Heimatmuseum* in Bad König einen Besuch wert, es wurde 1993 neu gestaltet und befindet sich im ehemaligen Schloß.

**tip** Die ehemalige **Schäferin** *Helga Strahler* verkauft in ihrem kleinen Lädchen alles rund ums Schaf: naturbelassene Felle, selbstgenähte Westen, Hausschuhe und Decken aller Art. Sie sucht die Felle selbst aus und stellt alle Produkte mit viel Sorgfalt selbst her. Dabei legt sie großen Wert darauf, die Wolle absolut natur belassen zu verarbeiten. Interessant ist es, sich von ihr beraten oder so allerlei von Schafen erzählen zu lassen. Auch Sonderanfertigungen nach individuellem Wunsch sind möglich.

### Mausefallensammlung des Heimatmuseums

Schloßplatz 3, 64732 Bad König, ☎ 06063/50090. Ganzjährig So 10.30 – 12 Uhr. Führungen von Gruppen auch außerhalb der Öffnungszeiten nach Absprache. Eintritt frei.

**Einkaufstips**

**Schafladen,** Bahnhofstr. 27, 64732 Bad König. Mo – Fr 14.40 – 17.30 Uhr. Mi/Sa ist Helga Strahler 10 – 12 Uhr in der Langfeldmühle in 64832 Hergershausen zu erreichen, ☎ 06073/ 4346.

**Die Wollkarde,** Jeannette Rucktäschel, Brückenweg 4, 64732 Bad König/Ober Kinzig, ☎ 06163/5825. Frau Rucktäschel gibt Seminare zum Erlernen des Filzens. Auch Workshops mit Kindern in Schulen oder Kindergärten oder in den Räumen der Wollkarde sind möglich. Anfertigungen nach individuellen Wünschen.

Ein **Wochenmarkt** für landwirtschaftliche Produkte findet in Bad König immer mittwochs 8 – 13 Uhr auf dem Parkplatz an der Schulstraße statt.

**DAS MÜMLINGTAL**

▶ Bevor es Kurort wurde, war Bad König ein Zentrum der **Zigarrenproduktion.** Im Museum ist der Arbeitsplatz des letzten Bad Königer Zigarrendrehers zu sehen, der 1948 aufhörte. Besonders originell ist außerdem die Sammlung von Mausefallen aus aller Herren Länder und den unterschiedlichsten Epochen. Es ist erstaunlich, wie viele Gedanken sich Menschen im Laufe der Jahrhunderte darüber gemacht haben, wie Mäuse am besten zu fangen sind.

Wenn es euch interessiert, wie die Leute früher lebten und arbeiteten, schaut euch im Museum das **Werkzeug** von Schuhmachern, Besenbindern, Imkern, Korbflechtern, Webern, Töpfern und anderen nahezu ausgestorbenen Berufen an.

## MICHELSTADT

*Michelstadt ist einer der attraktivsten Orte im Odenwald und bei schönem Wetter entsprechend überlaufen. Doch da es hier gleich mehrere interessante Museen gibt, lohnt sich auch bei schlechterem Wetter ein Ausflug. Die **Altstadt** besticht mit vielen Fachwerkhäusern, malerischen Winkeln und Resten der mittelalterlichen Stadtmauer. Das berühmte **Michelstädter Rathaus** von 1484 ist einer der bedeutendsten Fachwerkbauten Deutschlands. In der offenen Halle des Erdgeschosses tagte einst das Gericht, im Obergeschoß beriet sich der Rat der Stadt. Auf dem Speicher wurde der Zehnte gelagert, die Abgabe der Bauern in Form von Getreide. Heute gibt es auf dem Marktplatz davor rund um den Brunnen viele Freisitze.*

*Sehr hübsch angelegt ist der **Stadtgarten**, der zwischen der alten Stadtmauer und kleinen, terrassierten Schrebergärten liegt. In dieser Grünanlage gibt es einen Spielplatz, einen Mini-Teich und einen kleinen Bach zum planschen. Mit* kleinen Kindern ein netter Platz zum Verweilen. Zum Einkehren bietet Michelstadt zahlreiche Möglichkeiten. Außerdem ist Michelstadt ein Paradies für **Bernstein- und Elfenbeinliebhaber**, sehr viele Läden bieten Elfenbein- und Bernsteinprodukte an.

**Anfahrt:** B 45 zwischen Bad König und Erbach. A 5 Abfahrt Bensheim, dann B 47.

Bahnstrecke Darmstadt – Heubach – Eberbach, Frankfurt – Hanau – Erbach.

**Infos:** Verkehrsamt, Marktplatz 1, 64720 Michelstadt, ✆ 06061/74146, Fax 74130. April bis Oktober Mo – Do 9 – 12 und 14.30 – 16.30 Uhr, Fr nur bis 16 Uhr, Sa/So 10.30 – 12.30 Uhr. Im Winter Mo – Fr 9 – 12 und 14.30 – 16 Uhr.

## Ausgesuchte Museen

### Odenwaldmuseum

Kellerei, 64720 Michelstadt, ✆ 06061/74-139, -133 (Stadtverwaltung). Vom 2. Samstag vor Ostern bis 1. November außer Mo 10 – 12.30 und 14 – 17 Uhr. Außerdem zur Zeit des Weihnachtsmarkts und vom 27. – 30. Dezember. Von Nov. bis zum 2. Sa vor Ostern nur Sa/So 10.30 – 12.30 und 14 – 17 Uhr. Eintritt 2, erm. 1 DM.

▶ Dieses interessante Heimat- und volkskundliche Museum ist an einem historisch bedeutenden Ort untergebracht: an gleicher Stelle befand sich einmal die Michelstädter Burg, die der Wohnsitz *Einhards* (siehe Seite 122) war. Nach der Zerstörung der Burg hatte ab 1532 die gräflichen Verwaltung hier ihren Sitz. Den gesamten Gebäudekomplex nennt man noch heute *Kellerei*, so hieß er schon im Mittelalter, denn der gräfliche Verwaltungsbeamte wurde einst als Keller bezeichnet. Das Haus, in dem sich das Museum heute befindet, diente früher als **Zehntscheuer**, es

*Tränen der Sonne*

*Bernstein ist kein Stein, sondern das Harz von Nadelbäumen, die vor sehr langer Zeit wuchsen. Nachdem diese Bäume längst im Meer versunken sind, spülen die Wellen immer noch ihre versteinerten Harzbrocken an die Küste. Aber das Aufregendste daran ist, daß häufig kleine Fliegen oder Mücken, die vor vielen Tausend Jahren lebten, in dem Harz eingeschlossen sind. An den Stränden von Ostsee und Baltischem Meer findet man sehr viel Bernstein. Die Balten nannten das goldfarbene Harz »Tränen der Sonne«.*

DAS MÜMLINGTAL

**Hunger & Durst**

Leckeren Kuchen gibt es
im **Café Liebert** im Zentrum, Braunstraße 17,
✆ 06061/3068,
Fax 12118.

war also der Speicherbau der Kellerei. Dort wurden die Nahrungsmittel gelagert, die die Bauern
an die Verwaltung abgeben mußten. Statt ihre
Steuern in Geld zu bezahlen, wie es heute üblich
ist, lieferten sie im Mittelalter Naturalien ab.

Das Odenwaldmuseum wurde 1984 nach um-
fangreicher Sanierung neu eröffnet, auf drei
Stockwerken wird unter mächtigem Balkenwerk
**traditionelles Handwerk** vorgestellt. Außerdem
gibt es Odenwälder **Wohnräume** aus verschiedenen Zeiten zu bewundern und es wird gezeigt,
wie die Leute früher Stoffe aus Flachs webten
oder wie Ziegel gebrannt wurden. Dazu findet
ihr noch viele Infos über **Wald- und Landwirtschaft,** Imkerei, Odenwälder Kunsthandwerk,
Stadtgeschichte und zu den Römern im Odenwald. Modelle der *Villa Haselburg* (siehe Seite
112) und der Wachttürme am Limes lassen die
**Römerzeit** lebendig werden.

### Spielzeugmuseum

Neben dem Odenwaldmuseum. Amtshaus in der
Kellerei, 64720 Michelstadt, ✆ siehe Odenwaldmuseum oder H. Anthes, ✆ 06151/374358. Geöffnet
wie Odenwaldmuseum, aber von November bis zum
2. Sa vor Ostern geschlossen, außer wenn Weihnachtsmarkt ist und vom 27. bis 30. Dezember sowie
nach Absprache. Erw. 2 DM, ermäßigt 1 DM.

▶ Puppenküchen, Kaufläden, Spielzeug aus Papier oder Holz – alles, was Kinderherzen zu
Omas und Opas Zeiten höher schlagen ließ. Die
ältesten Puppen sind fast zweihundert Jahre alt,
die jüngsten stammen aus den 50er Jahren. Die
**Miniatur-Häuser** mit ihren Einrichtungen geben
oft ein getreues Abbild der früheren Wohnkultur.
Professor *Helmut Anthes* hat diese Sammlung
privat zusammengetragen, vieles fand er im Aus-

land. So brachte er zum Beispiel aus Mexiko einen ganzen Waggon mit Spielzeug und Volkskunst mit. Und die Holzburg, mit der der Darmstädter als Kind selbst spielte, steht nun ebenfalls in seinem Museum.

### Elfenbeinmuseum Michelstadt

Am Kirchplatz 7, im Haus des Elfenbein, © 06061/3157. Mo – Fr 10 – 12 und 14.30 – 17 Uhr, Sa 10 – 12.30 (langer Sa bis 16 Uhr), So 11 – 12 und 14.15 – 16 Uhr. Eintritt 3, unter 12 Jahre 2 DM.

▶ Dieses kleine Privatmuseum gründete der Elfenbeinschnitzermeister *Ulrich Seidenberg* 1976. Er zeigt seine eigenen Werke, aber auch viele Stücke aus Europa, Afrika und Asien. In einem extra Raum sind zudem 300 erotische Kleinplastiken ausgestellt.

### Landesrabbiner Dr. I. E. Lichtigfeld-Museum

Mauerstr. 19, 64720 Michelstadt. Geöffnet 2. Sa vor Ostern bis 1. November Do 14.30 – 16 Uhr, 1. und 2. So im Monat 14 – 16 Uhr. Führungen nach Vereinbarung mit dem Verkehrsamt © 06061/74146, 74133. Eintritt frei.

▶ In der Mauerstraße, an der früheren Altstadtmauer, steht noch die **Synagoge** von 1791, eines der wenigen jüdischen Gotteshäuser in Südhessen, das die Judenverfolgung der Nazis überstand. Zwar wurde der Innenraum in der *Reichskristallnacht* verwüstet, doch der Bau selbst blieb stehen. Wahrscheinlich wagten die gewalttätigen Nationalsozialisten nicht, das Haus anzuzünden, da es mitten in der dicht bebauten Altstadt stand und ein Feuer sicher auch die Nachbarhäuser vernichtet hätte.

Heute sind im **Innenraum,** der bereits seit Kriegsende nicht mehr für Gottesdienste genutzt

**Einkaufstips**
Freitagvormittags ist **Wochenmarkt** auf dem Festplatzgelände.

In der Oberen Pfarrgasse in der Altstadt ist ein Laden, der **Bienenerzeugnisse** verkauft, einige Meter weiter ein **Naturkostgeschäft.**

*In der Nacht vom 9. zum 10. November 1938 brannten Synagogen, Geschäfte und Wohnhäuser jüdischer Bürger in ganz Deutschland. Die Nationalsozialisten hatten unter einem Vorwand dieses Pogrom angestiftet, um ihre antisemitische Hetzkampagne mit noch größerer Grausamkeit fortführen zu können.*

**DAS MÜMLINGTAL**

wird, Kultgegenstände, Fotos und andere Erinnerungsstücke an die ehemalige jüdische Gemeinde in Michelstadt ausgestellt. Es gibt jedoch wenig Erklärungen zu den Gegenständen, so daß es schwer ist, Kindern zu vermitteln, was sie da überhaupt sehen. Es ist daher sinnvoll, an einer Führung teilzunehmen. Im Odenwald gibt es heute keine jüdische Gemeinde mehr, die nächste befindet sich in Darmstadt.

### Motorradmuseum

**Anfahrt:** dieses Museum liegt nicht in der Innenstadt, ihr findet es, wenn ihr den Schildern Richtung Einhardsbasilika und Schloß Fürstenau (Ortsteil Steinbach) folgt.
Kommt ihr mit dem Auto aus der Richtung Bad König, geht es rechts ab, während die Innenstadt links von der B 45 ist. Zu Fuß braucht ihr von der Ortsmitte eine halbe Stunde. Das Motorradmuseum befindet sich auf dem Weg zum Schloß und zur Basilika linker Hand in einem roten Backsteinbau.
**Postanschrift:** Hans-Jürgen Künzel, Walther-Rathenau-Allee 17, 64720 Michelstadt, ✆ 06061/73707.
**Eintritt:** Geöffnet von Anfang März bis Ende Oktober Sa, So, Fei 10 – 18 Uhr. Eintritt 5 DM, erm. 3, Gruppen über 10 Personen 4 DM, Behinderte frei.

▶ Im Motorradmuseum, das aus privater Sammelleidenschaft entstanden ist und betrieben wird, kommen Liebhaber alter Zweiräder auf ihre Kosten. Für Motorrad- und 50er-Jahre-Fans ist es ein Genuß, die alten Moto-Guzzi, BMW, NSU und Zündapp-Modelle zu besichtigen. Roller und Mopeds von den ersten motorisierten Anfängen bis in die 60er Jahre sind ausgestellt. Die ältesten Stücke stammen aus den 20er Jahren. Sie sehen noch eher wie Fahrräder aus, mit kleinen Motoren und winzigen Tanks.

## Schloß Fürstenau und Schloßpark

Schloßplatz 1 – 2, 64720 Michelstadt. Vom Schloß sind es wenige Minuten Fußweg zur Basilika und zum Schloßpark, der vom Parkplatz bei der Basilika aus zu erreichen ist.

▶ Das Schloß Fürstenau war einmal eine **Wasserburg**, rundherum von Wasser umgeben und nur über eine Brücke zu betreten. Das könnt ihr heute noch sehen, wenn ihr um das Schloß herumgeht. Noch immer wird die Anlage von der Mümling umflossen. Vom Schloß dürft ihr nur den **Innenhof** besichtigen, das Gebäude selbst wird nämlich noch bewohnt. Den Hof anzusehen, lohnt sich aber, das Schloß wirkt leicht heruntergekommen und alles ist wildromantisch verwuchert, ein bißchen wie bei Dornröschen. Man kann sich vorstellen, wie schön es früher gewesen sein muß.

Der **Schloßpark** ist vor allem im Frühjahr toll anzuschauen. Er ist nicht durch den Schloßhof zu erreichen, sondern vom Parkplatz gegenüber der Einhards-Basilika. In diesem Park stehen prächtige alte Bäume, kleine Bäche fließen neben den Wegen. Im April blühen Tausende von Buschwindröschen. *Skulpturen* aus Holz und Metall sind wirkungsvoll in der Anlage aufgestellt. Gebt den Skulpturen eigene Namen! Der Park ist *Naturschutzgebiet.*

## Die Einhardtsbasilika

Familie Walter Stahl, Schloßstraße 23, ℂ 06061/ 2447, -73967. Vom 1. März bis 31. Okt. 10 – 12 und 13 – 17 Uhr. Letzte Führung eine Stunde vor Schließung. Vom 1. Nov. bis 28. Feb. 11 – 15 Uhr durchgehend. Mo geschlossen, außerdem 24. – 26.12., 31.12 und 1.1. Erwachsene 2 DM, mit Führung 4 DM, Ermäßigungen.

### Basteln mit Naturmaterialien

**Eine Landschaft aus Fundstücken**

Sammelt ihr im Wald Federn, ungewöhnliche Steinchen, Ästchen, ein Stück interessant gemusterte Rinde oder andere besonders hübsche Dinge, so könnt ihr damit eine künstliche Landschaft herstellen. Das sieht sehr schön aus, und eure Fundstücke sind gut aufgehoben.

*Was ihr braucht:* den Deckel von einem großen Schuhkarton oder ein altes Tablett, buntes Transparentpapier, Sand, Kleber.

*So geht's:* Den Deckel des Schuhkartons oder das alte Tablett beklebt ihr innen mit dem Papier. Dann füllt ihr Sand darauf. In diesem Sand könnt ihr nun eure Funde hübsch anordnen, Federn oder Ästchen könnt ihr auch senkrecht hineinstecken. Fertig ist das Kunstwerk!

*Mit sogenannten **den-dronologischen Untersuchung**en läßt sich feststellen, wie alt ein Balken oder Holzstück ist. Das ist wichtig, um bestimmen zu können, wie alt ein Gebäude ist. Ihr wißt ja sicher, daß Bäume Jahresringe haben. An jedem Querschnitt durch den Stamm läßt sich abzählen, **wieviele Jahre ein Baum alt** ist. Außerdem kann man feststellen, ob er in einem Jahr viel oder wenig wuchs. Dadurch sind Rückschlüsse auf das Klima möglich – regnete es viel, ist der Ring breit, herrschte Dürre, ist er schmal. Auf diesem Prinzip beruhen Klimatabellen, die viele Jahrhunderte zurückreichen und von Wissenschaftlern erstellt wurden. Anhand dieser Tabellen läßt sich das Alter von Holz bestimmen.*

▶ Die Einhardsbasilika ist eines der bedeutendsten, weil ältesten Baudenkmäler Deutschlands. Sie ist nach dem Schreiber Karls des Großen benannt, der *Einhard* hieß. Er schrieb auch die Lebensgeschichte Karls des Großen auf, ein wichtiges Dokument für Historiker. Einhard baute die Basilika um das Jahr 825 herum. Das ist bekannt, weil ein Eichenbalken untersucht wurde, der zum Bau der Mauer benutzt wurde. Und ungefähr so, wie ihr sie heute seht, sah die kleine Kirche auch vor über 1100 Jahren schon aus. Für die damalige Zeit war sie übrigens gar nicht klein, denn die meisten Menschen lebten nicht in Häusern aus Stein, sondern in ganz engen, schlichten Hütten.

Im Jahr 815, als Einhard die Mark Michelstadt geschenkt bekam, hieß der Ort **Michilunstat**. Er lag auf einer Lichtung mitten in einem dichten, finsteren Wald. Nur etwa 150 Menschen lebten hier, sie wohnten in halb in die Erde eingegrabenen Holzhäusern. Im Frühling bauten sie um ihre Gemüsebeete und kleinen Getreidefelder Zäune aus Dornenzweigen, um die wilden Tiere fernzuhalten. Die Schweine wurden in den Wald getrieben, Ziegen und Schafe weideten auf einer Lichtung. Nachts wurden die Tiere in umzäunte Pferche getrieben. Ihr könnt euch also vorstellen, daß für diese Menschen die steinerne Basilika von Einhard etwas ganz Besonderes war, und daß sie ihnen im Vergleich zu ihren kümmerlichen Wohnhöhlen sehr prächtig und riesig erschien.

Um seine Basilika aufzuwerten, ließ Einhard sogar in Rom die Reste von Heiligen, sogenannte *Reliquien*, stehlen – eine durchaus gängige Praxis. Eine Reliquie kann ein Stück Knochen, ein Zahn oder ein Stoffrest von dem Gewand eines Heiligen sein. Solche Reliquien waren bzw. sind sehr wertvoll und locken oft noch heute viele Besucher an den Ort, wo sie aufbewahrt werden.

Charakteristisch für eine **Basilika** sind ein hoher Mittelteil, das sogenannte *Mittelschiff,* und zwei niedrigere *Seitenschiffe* links und rechts davon. Die Basilika war innen bemalt, Reste der karolingischen Malerei sind noch zu erkennen. Das ist sehr selten, weil die direkt auf die Wand aufgetragenen Bilder sich meist nicht über so viele Jahrhunderte erhalten. Wahrscheinlich hatte die Basilika eine flache Holzdecke. Unter der Basilika lag eine *Krypta,* in der wohl die geklauten Reste der Heiligen aufbewahrt werden sollten. Doch dazu kam es nicht. Einhard beschloß, die Reliquien nach Seligenstadt zu bringen, wo er eine noch größere Basilika für sie errichtet hatte. Er befürchtete, die Michelstädter Basilika könne den Heiligen zu klein und unbedeutend erscheinen und dann hätten die Heiligen vielleicht nicht gut genug für sein Seelenheil gesorgt. Einhardt kümmerte sich nicht mehr um die Kirche, sie blieb unbedeutend und wurde kaum verändert. Das war vermutlich ihr Glück, denn deshalb konnte sie über ein Jahrtausend fast unverändert überstehen.

## Baden und weitere Aktivitäten

**Fahrradverleih:** Anmeldungen und Auskunft beim Verkehrsamt, Marktplatz 1, ✆ 06061/74146.
**Kutschfahrten:** *Berghof Willi Hofmann,* ✆ 06066/1380, 64720 Michelstadt-Vielbrunn. Bis 14 Personen, 12 DM pro Person, etwa 2 Stunden.

### Schwimmbäder
**Beheiztes Waldschwimmbad,** Am Stadion 7, ✆ 06061/3256, -74152. Mai bis Ende September 9 – 20.30 Uhr.

### Basteln mit Naturmaterialien
#### Bilder aus Gräsern und Blättern
Gräser und Blätter sind für Kunstwerke gut geeignet, besonders die bunten Herbstblätter. Wenn ihr sie zu Hause trocknet, könnt ihr sie danach auf eine farbige Pappe kleben. So entstehen herrliche *Collagen,* die ihr an die Wand hängen könnt. Zum Trocknen und Pressen eignen sich alte Zeitungen besonders gut, auf die ihr etwas Schweres legen müßt. Eine Collage kann abstrakt oder gegenständlich sein: entweder sind Farben und Formen nach eurem Geschmack angeordnet oder es sind Menschen, Tiere, der Wald selbst etc. dargestellt.

DAS MÜMLINGTAL

*Kinder- und Jugendförderung*

*Odenwaldkreis,* Erbacher Str. 27, 64720 Michelstadt, T 06061/71095, 72550, Fax 4772. Internet www.odenwald.de/jugend. Ein jährlich wechselndes Programmheft informiert über die vielfältigen Aktivitäten: **Freizeiten für verschiedene Altersgruppen,** nach Ungarn oder an die Nordsee, zum Segeln oder mit dem Zelt, standen 1998 auf dem Programm. Auch Wochenendseminare, mobile Sozialarbeit, erlebnispädagogische Angebote, Weiterbildung, Kreativangebote, Spielmobil und Jugendtheater, mit Schulen werden unterschiedlichste Projekte durchgeführt.

**Beheiztes Freibad im Kurpark,** Stadtteil Vielbrunn, Limesstraße, ℗ 06066/722. Mai bis September täglich 9 – 20.30 Uhr. Erw. 4,50, Kinder 2,50 DM.

**Hallenbad des Odenwaldkreises,** Erbacher Straße, 64720 Michelstadt, ℗ 06061/3812. Sauna, römisches Dampfbad, Solarien. Bis 3 Jahre frei, bis 6 Jahre 3 DM, ab 15 Jahre 5 DM. Sauna 12 DM. Juli/August Sommerpause.

### Veranstaltungen & Feste

**Michelstädter Bienenmarkt:** Ab Freitag vor Pfingsten findet 10 Tage lang ein großes Volksfest mit Verkaufsmarkt statt, das es seit 1955 gibt. An einem Tag ist Familientag, dann könnt ihr alle Vergnügungen zu ermäßigten Preisen benutzen. Auch ein Kinderfest mit Festzug für den Nachwuchs steht an einem Tag auf dem Programm. Erkundigt euch beim Verkehrsamt. Außerdem werden verschiedene Aktionen von Imkern organisiert, so daß ihr hier tatsächlich auch einiges über Bienen erfahren könnt.

**Weinbrunnenfest** mit Kirchweih und Flohmarkt. Erstes Wochenende im Oktober.

**Michelstädter Herbstmarkt:** Im Oktober stellen Kunsthandwerker aus ganz Deutschland ihr Können in der *Odenwaldhalle* unter Beweis. Von altem Leinen bis zu Zinnfiguren wird allerlei angeboten.

**Stadtführungen:** Mai bis Ende Oktober jeden Mittwoch um 10 Uhr, Anmeldung im Verkehrsbüro am Marktplatz. Mindestteilnehmerzahl 10 Personen.

## ERBACH IM ODENWALD

Die Mümling fließt mitten durch Erbach, in ihrem klaren Wasser könnt ihr Forellen sehen. Erbach hat eine sehr reizvolle **Altstadt,** am Marktplatz steht das alte Rathaus und das Schloß der Grafen von Erbach. Hier befindet sich auch das große Touristikzentrum Odenwald, wo ihr Wander- und Radfahrkarten, Prospekte und Literatur zum Odenwald bekommt. Sogar eine Ausstellung zur Natur ist zu besichtigen. In der Nähe des Marktplatzes liegt auch der Lustgarten mit der Orangerie (siehe auch Seite 20 zur Worterklärung).

**Anfahrt:** B 45 südlich von Michelstadt.

Bahn: Darmstadt – Heubach – Erbach, Frankfurt – Hanau – Erbach.

Bus von Weinheim, Bensheim, Darmstadt und Eberbach.

**Infos:** Touristikzentrum Odenwald, Marktplatz 1, 64711 Erbach, ✆ 06062/94330, Fax 943317. April bis Oktober Mo – Fr 9 – 18 Uhr, Sa, So, Fei 10 – 17 Uhr. Sonst eine Stunde früher geschlossen. www.odenwald.de/oreg. eMail OREGmbh@t-online.de

## Die Lust des Grafen von Erbach auf Römerhelme

Erbacher Schloß, Gräfliche Sammlungen, 64711 Erbach, ✆ 06062/94330, Fax 943317. Vom 1.3. bis 31.10. mit Führung täglich um 10, 11, 14, 15 und 16 Uhr zugänglich sowie nach Vereinbarung. Große Gruppen vorher anmelden. Von November bis Februar nur nach Anmeldung Mo und Fr.

Erw. 8 DM, Gruppen 20 – 50 Pers. sowie ermäßigt 6 DM, Schüler, Studenten und Gruppen über 50 Personen 5, Schulergruppen 4 DM.

▶ Der Graf von Erbach, *Gerhard I.*, war ein wilder Jäger. In seinem **Erbacher Schloß** (1736 erbaut) ist daher seine riesige Sammlung von Gewehren zu sehen und ganz viele Geweihe. Aber nicht nur Geweihe von erschossenen Tieren hängen herum, es gibt auch Geweihe von Tieren, die krank waren oder die sich am Müll, den achtlose Menschen in den Wald warfen, so verletzten, daß sie starben. Wenn ihr eine Führung mitmacht, bekommt ihr das genauer erklärt. Auch das Ge-

*Die **Erbacher Orangerie** wurde 1570 im französischen Stil des Barock angelegt, der damals modern war. Alles hat gerade Linien, die Pflanzen sind in geometrische Formen gebracht. Nichts sollte wild oder ungeordnet wachsen. Den Erbacher Lustgarten könnt ihr mit dem **Eulbacher Garten** ganz in der Nähe (siehe Seite 131) vergleichen, der im englischen Stil angelegt wurde, und ganz anders aussieht. Wie sehr auch bei der Gartengestaltung alles der Mode unterworfen war!*

tip Samstags 8 – 12 Uhr ist auf dem Marktplatz **Wochenmarkt.**

**tip** Alljährlich, 1998 schon zum achten mal, finden die **Odenwälder Kartoffelwochen** statt. Zwei Wochen lang, meist im September, dreht sich alles um die Knolle. Auftakt ist ein »Kartoffelmarkt«, auf dem es neben vielen Leckereien auch Aktionen für Kinder und Produkte Odenwälder Bauern gibt. An den Kartoffelwochen beteiligen sich etwa 60 Gaststätten im Odenwaldgebiet, die in dieser Zeit besonders leckere und ausgefallene Kartoffelgerichte anbieten. Eine Liste der Restaurants gibt es bei der *Kreisverwaltung Odenwald,* Michelstädter Straße 12, 64711 Erbach, ℡ 06062/70217.

weih eines Riesenhirsches, der vor 30.000 Jahren lebte und dessen Art längst ausgestorben ist, ist im Schloß zu bewundern.

Außer den Waffen und Geweihen gibt es einen großen **Rittersaal,** in dem Ritterrüstungen aus allen möglichen Ländern zu sehen sind. Die ehemalige Rüstung des Königs *Gustav Adolf von Schweden* wiegt fast 60 Kilo – es muß schon ziemlich unangenehm gewesen sein, in so einem Anzug auch noch zu reiten und zu kämpfen. Aufs Pferd kamen die Ritter auch nur mit Hilfe eines *Knappen,* ein in seinem Dienst stehender Edelknabe.

Neben der Jagd und den Rüstungen interessierte sich der vielseitige Graf für die **Römer** im Odenwald. Er sammelte Fundstücke in der Region und ließ Teile des Limes ausgraben. Und frech war er auch: als er einmal nach Rom reiste, klaute er im Museum des Vatikans tatsächlich einen alten Helm, den einst ein Römer im Odenwald getragen haben soll. Der Graf wollte den Helm unbedingt haben, und als sich der Kirchenstaat weigerte, ihm das gute Stück zu verkaufen, ließ er ihn einfach mitgehen. Bei der Führung könnt ihr diesen wertvollen »Fund« in einem Glaskasten bewundern.

Im Schloß befindet sich auch das **Afrikanische Jagdmuseum,** in dem ausgestopfte Tiere ausgestellt sind, die der Graf in Afrika erschossen hat. Es ist nicht Teil der Führung, ihr könnt es euch danach ansehen, es ist in einem Seitentrakt und hat einen eigenen Eingang.

### Deutsches Elfenbeinmuseum

Otto-Glenz-Str. 1, 64711 Erbach, ℡ 06062/6464, -6439, Fax 6463. Täglich 10 – 17 Uhr, von November bis Februar Mo geschlossen.

Erw. 8 DM, Gruppen 20 – 50 Pers. 6 DM, Schüler, Studenten und Gruppen über 50 Pers. 5 DM, Schülergruppen 4 DM, Familienkarte 20 DM.

▶ In diesem großen Museum seht und erfahrt ihr wirklich alles rund um das Elfenbein: es gibt Stücke aus allen Ländern der Erde und aus unterschiedlichsten Epochen. Eskimos und Europäer, Inder und Chinesen fertigten kleine Kunstwerke aus den Stoßzähnen von Walrössern oder Elefanten. Außerdem wird natürlich die **Geschichte der Elfenbeinschnitzerei** in Erbach erzählt. Der vielseitig interessierte Graf von Erbach förderte dieses Gewerbe, er machte Erbach zu einem Zentrum dieses seltenen Handwerks. Deshalb befindet sich ausgerechnet im Odenwald heute ein so ungewöhnliches Museum.

In der **Werkstatt des Museums** könnt ihr zuschauen, wie Elfenbein geschnitzt wird. Täglich wird das vorgeführt. Damit die letzten Elefanten nicht auch noch ausgerottet werden, arbeitet man heute nur noch mit dem Elfenbein der ausgestorbenen Mammuts, das man zuhauf in Sibirien findet. Das Material, aus dem kleine Schmuckstücke entstehen, stammt also aus der Steinzeit, es ist zwischen 10.000 und 60.000 Jahre alt.

## Tour zum Wildpark Brudergrund

Wenn euch einmal ein richtiger Rothirsch mit einem gewaltigen Geweih aus der Hand futtern soll, könnt ihr einen sehr schönen Spaziergang vom Bahnhof Erbach zu einem **Rotwildgehege** machen. Am Bahnhof bis zur Schranke laufen, die Gleise überqueren. Nach etwa 100 m kommt rechts eine Bushaltestelle. Hinter der Haltestelle geht ihr halbrechts Richtung Westen, es geht leicht bergauf. Nach wenigen Minuten überquert ihr noch einmal eine kleine Straße, dann geht es

**Hunger & Durst**
**Odenwälder Bauern-stube,** Marbachstr. 16, 64711 Erbach-Haisterbach, ☎ 06062/3141. Gaststätte Fr ab 17 Uhr und an den Wochenenden. Fleisch aus eigener Schlachtung. Auch außer Haus Verkauf.

DAS MÜMLINGTAL

## Öko-Tips für die (Rad-)Wanderung

▶ »hinterlasse nichts, nicht einmal deine Spuren« – alte Indianerweisheit

▶ Pflanzen nicht abreißen oder ausbuddeln

▶ Pilze nicht zertreten, Tiere brauchen sie als Nahrung

▶ gegen einen kleinen Handstrauß ist nichts einzuwenden, doch dürfen keine geschützten Arten darunter sein

▶ in Naturschutzgebieten dürfen keine Sträuße gepflückt werden

▶ keine Namen und Herzen irgendwo reinschnitzen oder draufschmieren: solche Botschaften interessieren keinen, Bäumen tun sie weh

▶ Tiere in Ruhe lassen, Füttern und Streicheln nur im Zoo oder Wildgehege

▶ nicht in Ameisenhaufen rumstochern: ihr zerstört sonst einen ganzen Staat

▶ Hunde müssen angeleint werden

▶ Staudämme nach dem Spielen wieder abbauen

in den Wald. Nun könnt ihr ungehindert rennen. Links führt ein Pfad, der Weg Nr. 1, hinunter zum *Roßbach*. Mit Kinderwagen müßt ihr jedoch weiter geradeaus auf dem breiten Waldweg gehen.

Am Bach ist es besonders bei heißem Wetter toll: ihr könnt barfuß darin herumplanschen oder kleine Staudämme bauen. Nach etwa 10 Minuten erreicht ihr einen Platz, an dem viele Bänke stehen, außerdem ein großes Kreuz und eine Glocke. Es ist eine *Kirche im Freien,* wo manchmal Gottesdienste mitten im Wald gefeiert werden. Danach führt euch der Weg an zwei Ententeichen vorbei. Wenn ihr einen Moment stehenbleibt und genau hinseht, könnt ihr erkennen, daß es im Wasser von Fischen nur so wimmelt. Kurz darauf seid ihr dann schon am **Wildgehege.** Vor dem Zaun steht ein Holzkasten, in dem Tüten mit Mais liegen. Eine Tüte kostet 50 Pfennig, das Geld werft ihr in eine kleine Metallkasse. Das Rotwild ist ganz wild auf Mais! Streckt eure Hand flach aus, dann schlabbert es eure Hände ab, aber es beißt nicht. Sie haben nämlich nur sehr stumpfe Zähne, weil sie Pflanzenfresser sind. Bis auf wenige Ausnahmen haben nur fleischfressende Tiere, wie Hunde oder Raubkatzen, scharfe Zähne.

Das Wildgehege ist sehr groß, ihr könnt nach links am Zaun entlang noch eine ganze Weile daran entlang, oder rechts auf dem breiten Weg gleich nach Erbach zurückgehen. Ich möchte euch eine dritte Möglichkeit vorschlagen, wenn ihr Lust habt, euch ein kurzes Stück querfeldein zu pirschen: Geht zunächst am Zaun entlang links, bis rechter Hand eine Holzhütte kommt. Wenige Meter hinter der Hütte ist rechts nun ebenfalls ein Zaun. An diesem entlang klettert ihr den steilen Hang hinauf. Oben auf der Kuppe verläuft ein kleiner Pfad. Dort geht ihr nach rechts und dann immer geradeaus, bis Gartenhäuschen auftauchen und ihr auf einem breiten Feldweg seid, der durch Obstwiesen und Kuhweiden führt. Schließlich wird der Weg zu einer asphaltierten Straße, ihr lauft durch Erbach bergab bis ihr wieder die Straße erreicht, auf der ihr gekommen seid.

## Picknickplatz Dreiseental hinter Dorf-Erbach

Dorf-Erbach liegt östlich von Erbach, ihr müßt den Ort Richtung Erbuch durchfahren, dann kommt rechter Hand der *Parkplatz Dreiseental.* Vom Parkplatz Dreiseental müßt ihr die Straße überqueren, schräg gegenüber führt ein breiter Weg, der auch mit Kinderwagen zu gehen ist, in etwa 10 Minuten zu den drei Seen, von denen der Parkplatz seinen Namen hat. Sie sind eher drei kleine Teiche und liegen in einem Tal zwischen ansteigenden Hängen. Ein schöner Picknickplatz im Sommer, mit einer kleinen Unterstellhütte und Sitzgruppen. Ihr könnt im Bach planschen oder die Hänge erklimmen, die steil ansteigen. Links des Tales verläuft ein breiter Weg, auf dem ihr auch mit Kinderwagen spazierengehen könnt, allerdings ist das erste Stück sehr steil.

## Baden und weitere Aktivitäten
### Alexanderbad

Familien- und Freizeitbad, Werner-von-Siemens-Str., ✆ 06062/6467. Mai bis September ganztägig, Öffnungszeiten abhängig vom Wetter. Erw. 5, Kinder 2,50 DM.

▶ In diesem Bad könnt ihr in drei Becken schwimmen oder planschen, euch am Massage-

### Hunger & Durst

**Gasthaus Zur Erholung,** 64711 Erbach-Elsbach, ✆ 06062/3470. Mo/Mi ab 17 Uhr, Di, Fr, sa ab 11.30 Uhr, So/Fei ab 10 Uhr. Eigene Schlachtung, Kochkäse. Vom Wildgehege könnt ihr den einen km nach Elsbach laufen. Am Futterplatz führen einige Stufen hoch zur Landstraße. Auf der dem Wildgehege genüberliegenden Straßenseite beginnt die kleine Straße bergauf nach Elsbach, ausgeschildert. Besonders im Sommer ist diese Gaststätte nett, dann sitzt ihr nämlich im Freien an Tischen, die im Wald zwischen hohen Kiefern stehen. Auch mit dem Auto lohnt die Anfahrt. Sehr preiswert, gutbürgerlich.

DAS MÜMLINGTAL

pilz vergnügen oder durch den Wildwasserkanal rutschen.

### Kutsch- und Planwagenfahrten

*Rollehof,* Andreas Müller und Herr Groh, Rolleweg 35, 64711 Erbach, ✆ 06062/3846. Kutschfahrten für 4 – 9 Personen, 200 – 250 DM für 2 bis 3 Stunden. Planwagenfahrten für 5 – 7, 10 oder 14 – 15 Personen, 90 DM pro Stunde, 250 DM 3 Stunden.

### Veranstaltungen & Märkte

**Erbacher Wiesenmarkt:** Im Juli wird zehn Tage lang ein riesiges Volksfest auf der großen Wiese vor dem Elfenbeinmuseum gefeiert. Gegründet wurde dieses Fest schon 1802 von dem legendären *Grafen Franz I von Erbach,* der das bunte Treiben als eine Art Geschenk an seine Untertanen sah. Zunächst wurde es bei seinem Jagdschloß in Eulbach (siehe Seite 131) veranstaltet. Traditionell beginnt der Wiesenmarkt samstags um 14 Uhr. Am zweiten Markttag findet immer ein großes Pferderennen statt.

**Odenwälder Bauernmarkt:** An einem Wochenende im Oktober auf dem Wiesenmarktgelände. Er beginnt freitags, dauert drei Tage und ist jeweils 9 – 18.30 Uhr offen. Die *Gemeinschaft der Odenwälder Direktvermarkter* ist dafür verantwortlich. Hier könnt ihr lauter leckere Sachen vom Bauern probieren und auch kaufen: Ziegenkäse, Säfte, Hausmacher Wurst, Marmeladen und vieles mehr. Ein kleiner Viehmarkt zeigt euch, wo der Käse, das Fleisch oder die Wolle herkommen. Ein Kinderprogramm mit Ponyreiten und Kutschfahrten sorgt für Abwechslung, außerdem ist eine Mostpresse in Aktion zu bewundern, die Äpfel in köstlichen Saft verwandelt. In das benachbarte Michelstadt fahren halbstündig Pendelbusse, denn zur selben Zeit findet in der Odenwaldhalle der *Michelstädter Herbstmarkt* statt (siehe Seite 124).

## Zum Gasthaus Bullauer Bild

**Anfahrt:** von Erbach über den Stadtteil Dorf-Erbach nach Erbuch, von dort nach Bullau.
Namensloser Parkplatz gegenüber dem Camping-platz Safari.
Di – Fr 11.30 – 21 Uhr, Sa/So 9.30 – 21 Uhr, Mo geschlossen. Gerichte um die 20 DM.

▶ Dieses Lokal liegt mitten im Wald, auf 525 m Höhe, ganz einsam und sehr idyllisch. Im Freien vor dem Haus speist ihr an Tischen auf grünem Rasen im hübsch bepflanzten Garten. Die Wohnhäuser hier wurden nach ökologischen Prinzipien gebaut. Schon die Anfahrt von Er-bach führt euch in immer waldreichere und ein-samere Gegenden.

Vom Parkplatz aus geht ihr an dem Holz-schild »Trimmpfad Bullauer Bild« über ein as-phaltiertes Sträßchen etwa einen Kilometer durch den Wald zum Gasthaus, sehr gut auch mit Kinderwagen zu gehen.

Bevor es an die Freßnäpfe geht, könnt ihr euch im Wald erst einmal austoben: vom **Park-platz Bullauer Bild,** der im Wald auf einer An-höhe ein Stück vor dem namenlosen Parkplatz auf derselben Straßenseite Richtung Erbuch liegt, gehen mehrere **Rundwege** ab. Die Wege 2 und 3 führen zum Bullauer Bild, Nr. 2 dauert eine drei-viertel Stunde, Nr. 3 eineinhalb Stunden. Das *Bullauer Bild* ist ein in einen mächtigen Baum eingewachsener Bildstock.

## Der Englische Garten in Eulbach

**Anfahrt:** an der B 47 von Michelstadt Richtung Amor-bach, etwa 8 km von Erbach.
Haltestelle des NaTour-Busses, siehe Seite 280.
**Infos:** ✆ 06061/2590 oder Gräfliche Rentkammer, Postfach 1252, 64702 Erbach, ✆ 06061/3700.

Ganzjährig täglich geöffnet. Kiosk und Toiletten am Spielplatz. Erw. 6,50 DM, erm. 5 DM, Gruppen billiger. Geweihverkauf, Futterautomaten.

▶ Der Englische Garten, ein weitläufiger, schöner Park, umgab das **Jagdschloß** der Grafen von Erbach, das heute auf der anderen Seite der B 47 steht und von der Grafenfamilie noch bewohnt wird. Die Grafen jagten früher in dieser Gegend, und wohnten dabei zunächst in einer einfachen Jagdhütte. Im Laufe der Zeit wurde daraus ein imposantes Schloß. Im Jahr 1802 ließ *Franz I. von Erbach* (1754 – 1823) von dem bekannten Gartenarchitekten *Friedrich Ludwig von Sckell* den Park anlegen, den ihr heute besichtigen könnt. Im 19. Jahrhundert war es »in«, Parks im sogenannten englischen Stil anlegen zu lassen. Diese Mode kam zuerst in England auf, daher der Name. Die Parks sollten möglichst natürlich aussehen, sanfte Hügel, kleine Baumgruppen, Teiche und Wäldchen waren erwünscht. Um diesen »natürlichen« Eindruck zu erhalten, wurde aber immer sehr viel getan. Oft waren umfangreiche Baumaßnahmen notwendig, Teiche wurden ausgebaggert, Hügel aufgeschüttet, ganze Waldstücke gerodet. Es war also eigentlich alles andere als natürlich.

Auf dem Gelände des Eulbacher Parks ließ der Graf auch die Fundamente eines **römischen Wachturms** und das *Tor des Römerkastells Würzbergs* nachbauen. Außerdem fand er es schick, eine mittelalterliche Burgruine zu imitieren, die **Eberhardsburg,** die er nach seinem Enkel benannte. Heute gibt es außerdem große **Wildgehege,** in denen das mächtige Rot- und das zierliche Rehwild zu Hause ist, außerdem lebt hier ein Rudel Wildschweine. Das dunkle, kleine *Sikawild,* das ihr mit euren Futtertüten herbei-

*Friedrich Ludwig von Sckell wurde 1750 in Weilburg geboren und starb 1823 in München, wo er als Hofgartenintendant den dortigen Englischen Garten angelegt hatte.*

locken könnt, stammt ursprünglich aus Asien. Eine Besonderheit sind im Eulbacher Garten die gewaltigen *Wisente,* die es früher in Europa in freier Wildbahn gab. Die mächtigen Tiere erinnern an die amerikanischen Bisons. Mittlerweile haben in Europa nur noch in einem polnischen Waldgebiet einige wenige Wisente in freier Wildbahn überlebt, fast waren sie schon ausgerottet.

Auf dem Gelände des Parks gibt es auch einen großen **Spielplatz.** Auf dem idyllischen Teich davor steht eine kleine *Kapelle,* mit Eichenrinde verkleidet. Zu dieser ruderte die Grafenfamilie früher, um darin Gottesdienste abzuhalten.

## Römerbad und Wildschweinfütterung Würzberg

Vom Römerbad könnt ihr auch zur Wildschweinfütterung laufen (oder umgekehrt), es geht eben auf einer asphaltierten Straße entlang, auch mit Kinderwagen. Etwa 3,5 km einfache Strecke. Das Römerbad erreicht ihr von Würzberg kommend als erstes.

### Römerbad Würzberg

Haltestelle des NaTour-Busses, siehe Seite 280.
Vom Parkplatz noch etwa 250 m in den Wald.
▶ Mitten im Wald befinden sich die Reste eines gut erhaltenen römischen Bades, eines Kastells und eines Wachturms. Zu Fuß lauft ihr vom Parkplatz hierher etwa zwanzig Minuten, auch mit Kinderwagen kein Problem. Eine kleine Hütte sorgt für ein geschütztes Picknickplätzchen. Von Infotafeln könnt ihr euch schlau machen, wie ein römisches Bad einst funktionierte und aussah. Vermutlich pumpten die Römer das Wasser für ihr Bad aus einem Brunnen, denn es gab keine Quelle.

**Hunger & Durst**
Sehr schön sitzt man beim Essen im Biergarten des Restaurants **Forsthaus Eulbach,** auf der anderen Seite der B 47 beim Parkplatz. Gaststätte Forsthaus Eulbach, Michelstadt-Würzberg, ℡ 06061/72097. Di Ruhetag. Geöffnet bei schönem Wetter ab 11 Uhr durchgehend.

**DAS MÜMLINGTAL**

### Wildschweinfütterung

**Anfahrt:** B 47, vor Eulbach rechts ab, ausgeschildert. Parkplätze vor dem Gehege. Haltestelle des NaTour-Busses, siehe Seite 280.

**Info:** Auskunft und Anmeldung von Gruppen bei *Fürstlich Leiningensches Forstamt Amorbach,* ☎ 09373/ 971540, Fax 971541.

**Eintritt:** Ganzjährig täglich geöffnet, 15. März bis 15 November 14 – 17 Uhr, im Winter erst ab 15 Uhr. Erw. 2 DM, Kinder 1 DM, erm. 1,50 DM. Plumpsklo.

▶ In diesem Wildschweingehege leben viele Dutzende der intelligenten Allesfresser. Von März bis in den Herbst hinein könnt ihr *Frischlinge* füttern, so nennt man die Baby-Wildschweine. Die gestreiften Mini-Schweinchen laufen frei herum, wenn ihr eine Tüte mit Futter in der Hand haltet, werdet ihr wahrscheinlich von einer ganzen Horde grunzender und fröhlich herumtollender kleiner Schweinchen verfolgt. Die großen Schweine sind beruhigenderweise in Gehegen hinter Zäunen untergebracht. An der Kasse gibt es für 2 DM eine Tüte Mais.

## DAS MOSSAUTAL

Nur wenige Kilometer von Erbach und Michelstadt, bietet das langgezogene Mossautal keine besonderen Attraktionen, aber jede Menge herrliche Spazierwege, Unmengen von Kühen und einige schöne, ruhig gelegene Unterkünfte auf Bauernhöfen für Familien. In der Dämmerung stehen Rehe auf den Wiesen und Kuhweiden. Habt ihr Glück, seht ihr Feldhasen (siehe Seite 136) oder Füchse. Es ist außerdem ein sehr schöner und zentral gelegener Ausgangspunkt, um die Umgebung zu erkunden. Interessant sind die **Führungen**, die von der Gemeinde veranstaltet werden. Wie wäre es mit einem Ausflug mit dem Förster in den Wald?

*Oder einer Exkursion in aller Frühe, um Vögeln beim Singen zuzuhören? Auch für Pilzfreunde gibt es Führungen mit sachkundigen Mitgliedern des Pilzvereins. Anfang jeden Jahres gibt die Gemeinde Mossautal ihren* **Veranstaltungskalender** *heraus, dort stehen alle Termine der verschiedenen Führungen drin. Laßt ihn euch zuschicken.*

**Anfahrt:** etwa 7 km westlich von Erbach und der B 45, von Erbach ausgeschildert. Die Buslinie 31 ab Erbach fährt etwa 7 x täglich nach Mossautal und hält in allen Ortsteilen, die übrigens recht weit voneinander entfernt sind.

**Infos:** Gemeinde Mossautal, 64756 Mossautal, ☎ 06062/4019, Fax 912026.
Mo – Fr 8 – 12 und 14 – 16.30 Uhr, Mi nur 8 – 11.30, Do bis 18 Uhr.

### Weitere Aktivitäten

**Angeln für Jedermann:** Am Angelteich Hüttenthal, direkt an der B 460, in 64756 Mossautal-Hüttenthal, Mi – So 8 – 18 Uhr. Infos unter ☎ 06062/62168.

**Angeln im Marbachsee:** Tageskarte 18 DM, erhältlich bei der Gemeindeverwaltung.

**Kutschfahrten:** bis 8 Personen, 70 DM pro Stunde. Mit interessanten Erklärungen zu Wald und Natur. Waldhubenhof, Familie Kübler, Molkereiweg 9, 64759 Mossautal-Hüttenthal, ☎ & Fax 06062/3898.

## Wandern auf der Mossauer Höhe

Der Parkplatz Mossauer Höhe liegt zwischen Steinbuch und Ober-Mossau auf der höchsten Kuppe.

▶ Besonders schön ist der **Rundweg Nr. 5,** Dauer etwa 1 Stunde und 10 Minuten. Zunächst lauft ihr durch Felder bis *Roßbach,* in diesem Dorf ist ein großes *Gestüt,* und Hunderte von Pferden stehen auf den Weiden. Ihr durchquert

## Hunger & Durst

**Brauerei-Gasthof Schmucker,** Ober-Mossau, 64756 Mossautal, ☎ 06061/94110, Fax 2861. Mo Ruhetag. Große Terrasse. Sehr leckere Odenwälder Spezialitäten und Wildgerichte, ab 20 DM.

**Forsthaus Eulbach** beim Englischen Garten, siehe Seite 133.

**Hase oder Kaninchen?**

*Kaninchen sind kleiner als Hasen und haben kürzere Ohren. Sie leben in Gruppen zusammen und graben große, verzweigte Bauten mit vielen Gängen, in denen sie wohnen. Ein weibliches Kaninchen kann bis zu sieben mal im Jahr Junge bekommen, und zwar bis zu 12 Stück auf einmal! Hasen leben allein. Sie haben auch keine Höhlen, sondern nur eine »Sasse«: das ist nur eine flache Stelle, auf einer Wiese oder in einem Feld, auf der der Feldhase sich zusammenkauert. Hier bekommt er auch seine zwei bis drei Jungen, die also ziemlich ungeschützt daliegen.*

den Ort und gelangt in den *Wald*. Der Weg biegt im Wald nach einigen hundert Metern links ab. Bis hierhin läßt es sich auch mit Kinderwagen gehen, doch dann wird der Waldweg schmal und huppelig, also mit Kinderwagen hier umdrehen oder noch ein Stück geradeaus und dann denselben Weg zurückgehen. Ohne Kinderwagen führt euch der abbiegende Pfad zunächst noch ein Stück durch dichten Wald, dann am Waldrand entlang zum Parkplatz zurück.

Der **Rundweg Nr. 4** führt in einer halben Stunde übers Feld an den Ortsrand von *Ober-Mossau* und zurück. Achtung: Die Markierungen sind zum Teil verblaßt und schwer zu erkennen. Nichts für Kinderwagen.

### Namenloser Parkplatz zwischen Spreng/Brombach und Ober-Mossau

Von Spreng kommend Richtung Ober-Mossau auf der rechten Seite gelegen.

▶ Der kurze **Rundweg Nr. 1** (2 km) führt in einer halben Stunde auf schmalen, weichen Pfaden durch den Wald. Nichts für Kinderwagen. Im Sommer ist der Wald voller Blaubeeren. Ihr könnt naschen, so viel ihr wollt!

**Rundweg Nr. 3** ist 5,9 km lang, er führt im Schatten durch den Wald, nichts für Kinderwagen. Besonders im Sommer bei Hitze ein sehr angenehmer Spaziergang, mit wenig Steigung.

### Rundwanderung zwischen Rohrbach und Mossau

**Anfahrt:** Parkplatz Rohrbach zwischen Rohrbach und Ober-Mossau im Wald gelegen. Südöstlich von Reichelsheim.

▶ Dieser **Rundweg, Nr. 6** auf der Tafel am Parkplatz, hat uns besonders gut gefallen, denn er ist sehr abwechslungsreich. Gehzeit 1,5 bis 2 Stunden, auch mit Kinderwagen. (Rundweg Nr. 4 existiert übrigens nicht mehr.)

Zuerst lauft ihr auf einem asphaltierten Weg durch *Felder,* dann geht es auf einem breiten Weg in den *Wald.* Nach etwa einer Stunde überquert ihr die Straße, hier müßt ihr aufpassen: der Weg verläuft nun für ungefähr 300 m über eine *Wiese* am Waldrand entlang, bis zum **Gasthof** »Lärmfeuer«, den ihr schon sehen könnt. Dieses Stück ist mit Kinderwagen etwas mühsam, aber machbar. Ab dem Gasthaus geht es dann wieder durch Felder und Wiesen und an Kühen und Pferden vorbei. Am Ende der Tour müßt ihr etwa 300 m auf der Straße laufen, bis ihr wieder am Parkplatz seid. Es gibt jedoch einen **Alternative:** dem Weg Nr. 5 folgen, der leicht nach rechts versetzt auf der anderen Straßenseite weiter geht. Der führt auch zum Parkplatz zurück, aber an einem *Bauernhof* vorbei und über Felder. Etwa 30 Minuten längere Gehzeit. Mit Kinderwagen machbar, da asphaltiert, das erste Stück geht es allerdings bergauf.

**Hunger & Durst**
**Gasthof Lärmfeuer,**
Mo/Di Ruhetag, sonst täglich bis 18 Uhr. Im Oberdorf 40, 64385 Reichelsheim/Rohrbach, ℗ 06164/1254, Fax 5846.

## Wassersport im Marbach-Stausee

**Anfahrt:** an der B 460 zwischen Marbach und Hüttenthal gelegen, 8 km von Erbach. Westlich von der B 45. Buslinie 31 von Michelstadt oder Erbach, ungefähr 7 x täglich, Haltestelle direkt am See. Parkplätze gibt es an der B 460 und wenn ihr die Staumauer überquert beim Betriebsgebäude.

**Eintritt:** Unbewachter Badebetrieb, Eintritt frei. Toiletten beim Betriebsgebäude an der Staumauer und am Holzhaus an der Liegewiese.

**Gaststätte:** Wenn ihr über die Staumauer fahrt, liegt rechter Hand der See, links gelangt ihr zu dem *Biergarten Diamond,* wo ihr im Freien essen könnt, der

► Meidet energieaufwendige Wassersportarten wie zum Beispiel Motorbootfahren. Wählt statt dessen Segel-, Ruder-, Paddelboote oder Wassertreter.

► Haltet Abstand von Schilf- und Röhrichtgürteln, da diese Brutgebiete und Lebensraum für Wasservögel sind.

► Werft keinen Müll, weder organischer noch anorganischer Herkunft, ins Wasser.

► Vermeidet Müll, indem ihr schon bei der Vorbereitung eurer Tour auf Einwegverpackungen verzichtet.

► Sonnenöl ist ohnehin nicht empfehlenswert. Aber auch Sonnencreme erst nach dem Baden auftragen, sonst geht die Hälfte ins Wasser. Beim Planschen T-Shirt und Sonnenhut anziehen.

Weg ist ausgeschildert. Bei schönem Wetter hat er täglich ab 13 Uhr geöffnet, an den Wochenenden auch schon früher.

► Der Marbach-Stausee ist der einzige größere See im Odenwald, sogar Wassersport ist auf ihm möglich. An der einen Seite des Sees verläuft die Straße, daher hört man leider den Lärm der Autos. Trotzdem wirkt der See sehr idyllisch. Es gibt auf den großen Liegewiesen jede Menge Platz. An einem Ufer reicht der Wald vielerorts bis ans Wasser heran. Der See ist in **drei Bereiche** unterteilt: Direkt hinter der Staumauer, im südlichsten Teil, befindet sich der Bereich für die *Segler, Surfer und Bootfahrer*, an diesen schließt sich der *Schwimmbereich* an. Der nördliche Teil des Sees ist *Vogelschutzgebiet* und darf nicht betreten werden. Achtung: In den letzten Jahren kam es am Marbach-Stausee immer wieder zu Salmonellen-Warnungen.

Ein **Spaziergang** rund um den See ist auch mit Kinderwagen möglich, er dauert etwa 45 Minuten.

## Erholungsanlage Mossautal-Hiltersklingen

Biergarten Mo/Di geschlossen, Mi – Fr ab 17 Uhr, Sa ab 14 und So ab 10 Uhr geöffnet. ✆ 06062/1730 oder 06061/2907. Die Buslinie 31 von Erbach Richtung Mossautal, ungefähr 7 x täglich, steuert auch Hiltersklingen an.

► An der B 460 zwischen Marbach und Fürth weist euch ein Schild »Biergarten« den Weg. Hier abbiegen. Der **Biergarten** gehört zu einer *Tennisanlage*. Ihr sitzt im Freien, könnt herumrennen und Gerichte wie Pommes oder Hähnchen essen. Neben dem Biergarten liegt die **Naherholungsanlage,** sie besteht aus einem Spielplatz mit Sitzgruppen, einem Angelteich und zwei Fußballtoren auf einer Wiese.

### Rundweg von der Tennisklause zum Spielplatz

Gehzeit 1,5 Stunden.

▶ Abwechslungsreiche Strecke, die euch durch Wald, über Felder und durch ein Dorf wieder zur Erholungsanlage führt. An der Tennishütte vorbei geht ihr den asphaltierten Weg den Hang hinauf, Richtung Westen. Die Straße geht bald in einen breiten Waldweg über. Für Kinderwagen zu steil, aber breit genug. Ihr folgt der Markierung *weiße Raute* bis zum höchsten Punkt auf der Kuppe. Bis dort braucht ihr ungefähr eine halbe Stunde. Bei der Hütte und den Sitzgruppen könnt eine Pause einlegen. Dann folgt ihr dem *Weg Nr. 6* bergab in *Richtung Güttersbach/Hüttenthal*. Links zweigt nach etwa zehn Minuten dann der *Weg Nr. 3 Richtung Hiltersklingen* ab. Paßt auf, daß ihr ihn nicht verpaßt, der Ortsname steht auf einem verblassten Holzschild. Es geht weiter bergab bis zum Waldrand. Auf dem asphaltierten Weg am Waldrand geht ihr nach links, er führt zunächst wieder durch Wald, dann durch Wiesen, auf denen Pferde weiden, ins Dorf. Im Dorf haltet ihr euch links, geht an den Häusern vorbei geradeaus in den Feldweg. Ein Pfad führt rechts runter zum Spielplatz und dem Angelteich.

## Ausflug nach Etzean

**Anfahrt:** Etzean ist ein Sackgassendorf, das an der B 45 zwischen Hetzbach und Beerfelden ausgeschildert ist.

▶ Der kleine Ort liegt auf einer Anhöhe. Er wird von Wiesen und Feldern umrahmt, und weite

**Einkaufstip**

**Molkerei Kohlhage,** Molkereiweg 1, 64756 Mossautal-Hüttenthal, ✆ 06062/3154. Bei dem täglich geöffneten Molkereilädchen könnt ihr Butter, Sahne und Quark, verschiedene Sorten Ziegenkäse, Odenwälder Koch-, Schicht- und noch mehr Käsevarianten kaufen. Vor dem Laden ist ein kleiner **Milchgarten** angelegt, hier könnt ihr ein Glas Buttermilch genießen und dabei die Ziegen und Kühe beobachten, die das Rohmaterial liefern. Ein Bach plätschert über das Gelände. Täglich verarbeitet die Molkerei 14.000 Liter Milch von Odenwälder Kühen. Wenn ihr euch rechtzeitig anmeldet, könnt ihr auch an einer **Gruppenführung** durch die Molkerei teilnehmen und dabei erfahren, wie aus der Milch ein Käse wird.

Ausblicke auf die Kuppen des Odenwaldes sind von hier oben möglich. Etzean bietet keinerlei Attraktionen, und genau das macht es so reizvoll: einfach nur viel Grün, gute Luft und unendlich viele Kühe und Pferde. In der **Dorfmitte,** vor der *Etzeaner Pilsstube,* parken. Dort gibt es auch einen kleinen Spielplatz neben einem Teich. Sehr schön ist es, einen **Rundgang um das Dorf** herum zu machen. Ein asphaltierter Weg führt an Kuhweiden vorbei in etwa einer dreiviertel Stunde einmal um den Ort und wieder zum Parkplatz zurück. In Etzean gibt es ein großes *Gestüt,* deswegen stehen so viele Pferde auf den Wiesen. In der Pilsstube gibt es Kleinigkeiten wie belegte Brote zu essen. Aber viel mehr Spaß macht es, mit einem gefüllten Picknickkorb hierher zu kommen.

## Der Eutersee bei Schöllenbach

**Anfahrt:** von der B 45 bei Hetzbach nach Osten, nach Hesseneck-Schöllenbach.
Eintritt frei.

▶ In Schöllenbach ist der kleine See ausgeschildert. Am besten, das Auto im Ort parken und zu Fuß weiter gehen, das dauert höchstens zehn Minuten. Folgt ihr dem Schild in Richtung *Hesselbach,* lauft ihr auf einer kleinen, wenig befahrenen Straße zum See. Allerdings ist dann der Abstieg zu dem im Tal unterhalb des Sträßchens gelegenen See nicht mit Kinderwagen möglich. Mit Kinderwagen daher dem Schild *Jugendzeltplatz* folgen, zunächst ist der Weg asphaltiert, dann wird er zu einem breiten Waldweg.

Vor der **Staumauer** des Sees steht eine Sitzgruppe, hier oder am nördlichen Ufer, wo es eine Feuerstelle und eine Hütte gibt, könnt ihr ein Picknick machen. Der See liegt sehr schön, einsam im Tal und von Wald umgeben, aber sein Wasser ist ziemlich kalt, und es gibt keinen Sandstrand, auch keinen Kiosk oder Spielgeräte. Dafür Natur pur.

*D*a Beerfelden im Jahr 1810 einer verheerenden Feuersbrunst zum Opfer fiel, gibt es hier nur sehr wenige alte Häuser. Doch der Ort liegt sehr schön inmitten von Feldern und Wald, und ihr könnt ausgedehnte **Spaziergänge** unternehmen. Außerdem befindet sich bei Beerfelden im Winter eines der schneereichsten **Ski- und Rodelgebiete** des Odenwaldes (siehe Seite 273). Eine faszinierende Attraktion ist jedes Jahr der Beerfeldener **Pferdemarkt**, ein riesiger Viehmarkt, den ihr euch unbedingt anschauen solltet. Und Beerfelden besitzt etwas besonders Gruseliges: den besterhaltenen dreiseitigen **Galgen** Deutschlands.

**Anfahrt:** B 45 Michelstadt – Erbach, oder B 460 ab Heppenheim.

Bahn Frankfurt über Hanau, Wiebelsbach-Heubach und Erbach bis Bahnhof Hetzbach. Von Darmstadt über Wiebelsbach-Heubach bis Bahnhof Hetzbach. Ab Hetzbach mit dem Bus, etwa stündlich.

**Infos:** Städtisches Verkehrsbüro, Metzkeil 1, 64743 Beerfelden, © 06068/930320, Fax 3529. Stadtführungen auf Anfrage.

## Der »Dreischläfrige« Galgen

An der Straße nach Airlenbach, etwa 1 km südöstlich von Beerfelden, ausgeschildert. Parkplatz beim Galgen.

▶ Dieser Galgen wird immer als »dreischläfrig« bezeichnet, das bedeutet einfach dreiseitig. An ihm konnten 6 Menschen gleichzeitig gehängt werden, an jeder der drei Seiten zwei. Der Gal-

**Kartentip**

Die **Wanderkarte »Beerfeldener Land«** im Maßstab 1.25.000 bekommt ihr beim Verkehrsbüro, vor Ort kostet sie 4,50 DM, ihr erhaltet sie auch gegen 6 DM in Briefmarken per Post. Umfaßt das Gebiet zwischen Hirschhorn und Eberbach am Neckar und Hüttenthal/Bullau, eines der waldreichsten Gebiete im südlichen Odenwald. Wanderwege der Stadt Beerfelden, auch Wege des Odenwaldclubs, Feld- und Waldwege, Parkplätze und Lehrpfade.

*Einen Menschen aus Rache zu töten ist genauso grausam wie ihn hinterücks zu ermorden. Deswegen und weil es immer eine beträchtliche Zahl nicht wiedergutzumachender Fehlurteile gegeben hat, wurde die Todesstrafe in der Bundesrepublik 1949 abgeschafft (in der DDR bestand sie für verschiedene Delikte fort).*

**Für Radler**

Beim Verkehrsbüro bekommt ihr die **Tourenbeschreibung** »Beerfeldener Rundkurs«, eine je nach Startpunkt 34 oder 42 km langen Radstrecke.

**Fahrradverleih** in Beerfelden: *Reifenservice Gerd Hoffmann,* Mümlingstalstr. 91, ☏ 06068/2666. *Profile – Der Radladen,* Erbacher Str. 31 (an der B 45), Beerfelden-Hetzbach, ☏ 06068/47329.

gen steht auf einer Hochebene, von hier hatten die armen Opfer einen herrlichen letzten Blick, den sie wohl kaum genießen konnten. Die meisten Galgen wurden im 19. Jahrhundert abgerissen, nachdem sie nicht mehr benutzt wurden. Das sorgfältig restaurierte Stück wurde 1597 anstelle eines Holzgalgens errichtet, ist also über 400 Jahre alt. Das letzte Opfer starb am Galgen angeblich im Jahre 1804, eine arme Zigeunerin, die Brot und ein Huhn gestohlen haben soll.

Auch heute noch wird die Hinrichtungsstätte von sieben Linden eingerahmt. Im Mittelalter standen um jedes Hochgericht sieben Linden, dieser Brauch hatte sich vermutlich noch von den Germanen erhalten, die sich auch im Freien unter alten Bäumen versammelten, um Gericht zu halten. Auch das Urteil wurde im Mittelalter unter einer Linde, der sogenannten *Zentlinde,* gefällt. Diese stand jedoch an einem anderen Ort, nach dem Urteilsspruch zog dann von dort eine Menge Schaulustiger mit dem Opfer zu der Stelle, wo der Galgen stand. Mit der Todesstrafe waren die Richter früherer Jahrhunderte nicht gerade zimperlich. Meistens gab es auch bei kleinen Vergehen wie Diebstahl nur zwei Alternativen: entweder Freispruch oder Todesstrafe. Es war nicht üblich, Diebe in ein Gefängnis zu sperren.

Wenn es euch nicht zu makaber ist, könnt ihr auf der großen Wiese beim Galgen picknicken. Vom Parkplatz gehen 4 schöne **Rundwege** ab (0,5/1,5/2/1,5 Stunden).

## Museum der Oberzent

Brunnengase 2, 64743 Beerfelden. Do 18 – 20 Uhr, Sa 16 – 18 Uhr, 1. und 3. So im Monat 15 – 17 Uhr sowie nach Voranmeldung beim Verkehrsbüro. Erw. 2 DM, ermäßigt 1 DM.

▶ In diesem Museum geht es um die Kultur in der Region um Beerfelden. Alte Handwerke und Trachten werden gezeigt. Neben den Werkzeugen des Schuhmachers steht ein Bett, denn früher war gerade bei Schustern und Schneidern die Werkstatt auch oft zugleich das Schlafzimmer, weil es für die großen Familien zu wenig Platz in den kleinen Katen gab. Besonders nett ist ein kleiner »Tante Emma« Laden. In solchen Läden haben eure Großeltern noch eingekauft. Außerdem will dieses Museum zeigen, wie sich die besitzlose Landbevölkerung früher ihren Lebensunterhalt verdiente. Neben der Landwirtschaft arbeiteten viele im Wald oder in Steinbrüchen. In Beerfelden lebten die Menschen auch davon, daß sie Tücher webten. Was sie sonst noch taten, sagt euch der Artikel ab Seite 147.

## Waldschwimmbad Beerfelden

Zwischen Beerfelden und Gammelsbach, ℂ 06068/ 2680. Werktags 10 – 19 Uhr, Sa, So 9 – 19 Uhr. Tageskarte Erw. 3 DM, Kinder 1,50 DM, günstige Dauerkarten.

▶ Vom *Parkplatz Gänsbuckel*, der auf dem Weg nach Gammelsbach rechter Hand liegt, sind es 2 Minuten zu Fuß zum Bad. Man kann aber auch mit dem Auto bis vor die Tür fahren, dafür vom Parkplatz dem asphaltierten Sträßchen beim »Anlieger frei«-Schild folgen.

Das **Waldschwimmbad** macht seinem Namen alle Ehre: es liegt wirklich mitten im Wald, und an einer Seite reicht der Wald direkt bis an das Becken heran. Es wird von einer Quelle gespeist, deren Wasser durch das Becken fließt und dann einen Bach bildet. Etwa ein Drittel des Beckens ist ganz flach und gut für kleine Kinder geeignet. Es gibt einen 3-m-Turm, ansonsten ist das Bad

### Gastfreundschaft

*Zu dem großen Feuer in Beerfelden wird im Odenwald folgende Geschichte erzählt: Eine Zigeunerin kam in einer eisigen und stürmischen Nacht nach Beerfelden. Sie war völlig durchgefroren, besaß kein Geld, und klopfte in ihrer Not verzweifelt an alle Türen, um ein Quartier für die Nacht zu finden. Doch die Bürger von Beerfelden wiesen die unglückliche Frau ab. Nur ein armer Schäfer bot ihr schließlich ein Nachtlager in seinem bescheidenen Häuschen an. In der nächsten Nacht, als die Zigeunerin längst ihrer Wege gegangen war, brannte Beerfelden lichterloh. Alle Häuser wurden zerstört, nur das Heim des Schäfers überstand die Katastrophe unbehelligt.*

nicht besonders aufregend ausgestattet, es liegt aber sehr schön.

## Naturpfad der Stadt Beerfelden

Von Parkplatz Vogelherd, an der Straße Richtung Rothenberg, auch vom Parkplatz Kammerweg möglich, der nur ungefähr 200 m weiter in derselben Richtung liegt.

**Gehzeit:** ungefähr 2 Stunden, nichts für Kinderwagen. Auf diesem sehr schönen Rundweg findet ihr viele Erläuterungen zum Wald. Die Strecke führt fast nur über schattige Waldwege.

▶ Am *Parkplatz Vogelherd* gibt es eine Wiese mit einem Fußballtor, wo ihr picknicken und spielen könnt. Oder die Rundwege 3 (45 Minuten) oder 5 (1,5 Stunden) laufen. Ein **Waldsport-Trimmpfad** beginnt ebenfalls am Parkplatz Vogelherd, er ist 1,7 km lang, die Trimm-Geräte sind sehr gut in Schuß. Sportliche können sich hier auspowern.

## Auf dem Beerfelder Pferdemarkt

▶ Diese große Veranstaltung am **zweiten Sonntag im Juli** solltet ihr euch nicht entgehen lassen. Sie dauert von Donnerstag bis Montag. Früher einmal war der Pferdemarkt, den die Einheimischen *Gailsmarkt,* also Gaulmarkt nennen, ein reiner Viehmarkt. Die Bauern aus der Umgebung kamen, um Kühe, Schafe, Ziegen und Pferde auf dem Markt zu kaufen oder zu verkaufen. Noch immer ist es die größte Zuchtviehschau Hessens, doch heutzutage haben sich Bierzelte und viele Verkaufsstände wie auf einer riesigen Kerb dazugesellt. Aber noch immer könnt ihr auf dem Markt jede Menge Tiere betrachten. Es gibt Schafe verschiedener Rassen, manche sind kleiner als ein Schäferhund, andere so hoch wie ein Pony. Auch unterschiedliche Ziegenrassen und Kühe in

**Hunger & Durst**
**Gasthaus Zum Schützenhof,** Familie Denniger, Viehmarktstr. 11, 64743 Beerfelden, ✆ 06068/ 2326. Di Ruhetag, sonst 12 – 14 und 18 – 21 Uhr. Biergarten mit kleinem Spielplatz, Kegelbahn. Odenwälder Spezialitäten, auch kleine Gerichte.

allen Farben stehen zum Verkauf. In einem großen Zelt zeigen die Kaninchenzüchter stolz ihre Prachtexemplare, manche größer als ein Dackel.

Auf einem großen Platz werden die schönsten Stiere, Milchkühe, Pferde, Ziegen und Schafe prämiert. Für Pferdefreunde: Von Freitag bis Sonntag findet immer ein großes *Reit- und Springturnier* statt. Der Beerfelder Pferdemarkt ist ein großes und sehr bekanntes Spektakel, zu dem Tausende Besucher von nah und fern anreisen. Montag abends wird zum Abschluß ein Feuerwerk gezündet.

### Der kühne Himbächl-Viadukt

**Anfahrt:** neben der B 45 von Erbach nach Beerfelden, bei Hetzbach. Unter dem Viadukt ist ein Parkplatz.

▶ Die **Eisenbahn** war die wichtigste verkehrstechnische Errungenschaft des 19. Jahrhunderts. Mit dem Bau der *Odenwaldbahn* wurde 1869 begonnen. Für die Zugstrecke von Frankfurt nach Eberbach am Neckar und Stuttgart mußte der Odenwald überwunden werden. In dieser hügeligen Gegend war es besonders schwierig, die Schienen zu verlegen. Da die Bahngleise nicht im Tal, sondern entlang der Hänge verliefen, wurden die Täler mit *Viadukten* – hohen Brücken – überspannt. Den nahegelegenen *Krähberg* bei Hetzbach durchbohrte man mit einem über 3 km langen Tunnel, auch das war für die damalige Zeit eine beachtliche technische Leistung. Der **Himbächl-Viadukt** überspannt über 250 m ein Tal, seinen Namen hat es von dem kleinen Bach, der unten durch plätschert. Die Brücke wurde 1881 errichtet und ist 40 m hoch. Zum Bau wurde der rote Buntsandstein verwandt, der im Odenwald reichlich vorhanden ist. Wenn ihr ein-

**tip** im Ortsteil Hetzbach, 5 km von Beerfelden, gibt es einen **Abenteuerspielplatz.** Er befindet sich neben der Straße in Richtung Hesseneck/Sensbachtal. Einen weiteren **Spielplatz** gibt es mitten im Wald an der Sensbacher Höhe, von Beerfelden kommend Richtung Sensbachtal.

DAS MÜMLINGTAL

Achtung: die kleine
Straße führt dicht am
Spielplatz vorbei, sie ist
zwar wenig befahren,
aber trotzdem sollte man
kleine Kinder im Auge
behalten!

mal mit dem Zug über den Viadukt fahren wollt,
müßt ihr die Strecke von Erbach nach Hetzbach
fahren.

## Rundweg um die Ruine Freienstein

**Anfahrt:** in Gammelsbach an der B 45 von Beerfelden Richtung Eberbach am Neckar.

**Gehzeit:** insgesamt eine Stunde, nichts für Kinderwagen.

▶ Die Ruine der Burg Freienstein thront über
dem Dorf *Gammelsbach* und ist schon von weitem zu sehen. Sie stammt aus dem 13. Jahrhundert, aber niemand weiß genau, wer sie eigentlich
erbaute. Nach dem Feuer von Beerfelden durften
die verzweifelten Bürger des Ortes sich Steine
von der Ruine Freienstein holen, um neue Häuser damit zu bauen. Erst 1988 stürzte eine der riesigen Mauern der Ruine ein.

In Gammelsbach sind auf dem *Parkplatz Burg
Freienstein* unterhalb des Burgberges auf einer
Tafel mehrere **Wanderwege** angegeben. Der
Rundweg Nr. 1 führt zur Ruine hinauf und von
dort um den Burgberg herum. Das Stück bis zur
Ruine ist steil. Oben könnt ihr ein Picknick machen und auf den Ort runtergucken. Dann geht's
weiter auf fast ebenen Wegen. Die Strecke bietet
sehr schöne Ausblicke und ist abwechslungsreich.

## Picknick am Parkplatz Hinterbachtal

Kreuzung zwischen Raubach, Finkenbach und Olfen.

▶ Schöner Picknickplatz mit **Spielplatz,** Bach,
Sitzgruppen und funktionstüchtiger Kneipptretstelle. Der Spielplatz hat sogar eine Reifen-Rut-
sche. Die große Wiese eignet sich zum Ballspielen, bei Hitze könnt ihr im *Finkenbach*
planschen.

# DIE MENSCHEN UND DER WALD

Nicht nur Förster, Waldarbeiter und Jäger arbeiteten früher im Wald. Zu den ältesten Waldgewerben gehörten auch die **Harzer,** denn *Baumharz* war ein wertvolles Handelsgut. Die Bäume wurden angeritzt, an den verletzten Stellen trat das Harz aus. Doch viele Bäume gingen durch diese brutale Behandlung kaputt oder verkrüppelten. Das Harz wurde zu Farben und Klebstoff verarbeitet.

In tiefer Waldeinsamkeit lebten die **Köhler.** Sie verkokelten *Holz zu Kohle.* Dafür errichteten sie nach ausgeklügelten Techniken große Hügel, in denen wochenlang Glut schwelte, die ganz langsam Kohle entstehen ließ. Damals wurde Kohle in Unmengen benötigt, zum Beispiel zum Schmieden und in den Bergwerken. Eigentlich sollten die Köhler nur minderwertiges Holz benutzen, aber da so viel Kohle gebraucht wurde, ging es auch kräftigen und gesunden Bäumen an den Kragen.

Die **Aschenbrenner** stellten *Holzasche* her, die für viele Gewerbe benötigt wurde. Sie sollten angefaultes und dürres Holz dafür verwenden, aber auch sie hielten sich nicht immer daran. War ein Stück Wald verbraucht, zogen sie einfach weiter. Um einen Zentner *Pottasche* zu bekommen, mußte ein Kubikmeter Holz verbrannt werden. Und Pottasche – im Altertum in Pötten ausgewaschen – brauchte man in Mengen zur Seifen- und Glasherstellung.

**Zapfenpflücker** erkletterten die Bäume, um die Zapfen herunter zu holen, in denen die Samen sind. Aus den Samen wurden dann neue Bäumchen gezogen, die man zum Aufforsten brauchte, als Nachschub für die Holzproduktion.

Außer Holz gibt es im Odenwald auch mächtige Steine, wie zum Beispiel am *Felsenmeer bei Lautertal.* An solchen Stellen arbeiteten die **Steinhauer** mitten im Wald. Mühlsteine und Futtertröge, aber auch Särge schlugen sie aus dem harten Fels.

Aber auch für **alle anderen Menschen** war der Wald lebenswichtig. Er lieferte *Brennholz* und *Baumaterial,* seine **Pilze** und **Beeren** wurden gesammelt und gegessen, die leckeren *Pfifferlinge* und *Steinpilze* wurden verkauft und besserten das Einkommen der armen Bauern auf. *Heidelbeeren* wurden ebenfalls in Massen gepflückt und verkauft. Dafür bekamen die Kinder im Odenwald sogar noch bis in die Mitte unseres Jahrhunderts zwei Wochen Schulferien, wenn die Beeren reif waren.

Im Mittelalter wurden Schweine, Ziegen und sogar Kühe **zur Mast** in den Wald getrieben. Schweine fraßen sich an Eicheln und Bucheckern fett. Ein Schwein futterte ungefähr 1,5 Kilo Eicheln am Tag! Ursprünglich hatte jedes Dorf einen Schweine- und einen Ziegenhirten, diese trieben die Tiere in den Wald und paßten dort auf sie auf. Noch heute könnt ihr an manchen Plätzen im Odenwald Überreste von steinernen Schweinepferchen oder Hirtenunterkünften mitten im Wald sehen. Oft verbrachten nämlich die Hirten den ganzen Herbst mit den Tieren im Wald. Erst als die Kartoffel eingeführt wurde, im Odenwald war das um 1730, blieben die Schweine im Stall. Auch die **Streu für die Ställe** wurde aus dem Wald geholt. Ganze Dörfer zogen gemeinsam los und sammelten auf großen Wagen die lockere Schicht aus Blättern und Ästen, die den Waldboden bedeckt. Sowohl die Mast als auch das Streusammeln schadete dem Wald, kleine Pflanzen konnten nicht mehr hochwachsen, der Boden blieb kahl und ungeschützt.

Von großen Eichen schälten ganze Familien die **Rinde** ab. Frauen und Kinder schlugen die Rinde so lange, bis sie sich vom *Bast* trennte. Dann wurde sie getrocknet. Aus dieser Rinde wurde *Gerberlohe* zum Gerben von Leder hergestellt. Dafür wurden ungefähr 15 Jahre alte Eichen gefällt.

Die **Weiden** waren wichtig, weil aus ihren Ästen *Körbe* geflochten wurden. Körbe brauchte man ständig und in allen Größen und Formen, denn es gab noch keine Gefäße aus Plastik. Die Weiden wurden auf etwa einem Meter Höhe abgeschnitten, daraufhin trieben sie viele dünne Äste aus. Diese sind sehr biegsam und deswegen ideal zum Flechten.

Natürlich beruhten auch viele der **Handwerke** auf dem Grundstoff Holz. Nicht nur die *Zimmerleute,* die Dächer bauten, und die *Tischler,* die Möbel aller Art herstellten, arbeiteten damit. Es gab auch *Rechenmacher* und *Löffelschnitzer, Wagner* machten Räder für Wagen, *Küfer* fertigten Fässer und *Schindelmacher* Dachschindeln aus dem Holz. Leben und Wirtschaft beruhten vom Mittelalter bis ins 19. Jahrhundert auf dem Wald.

# AN MAIN, MUD & ELZ

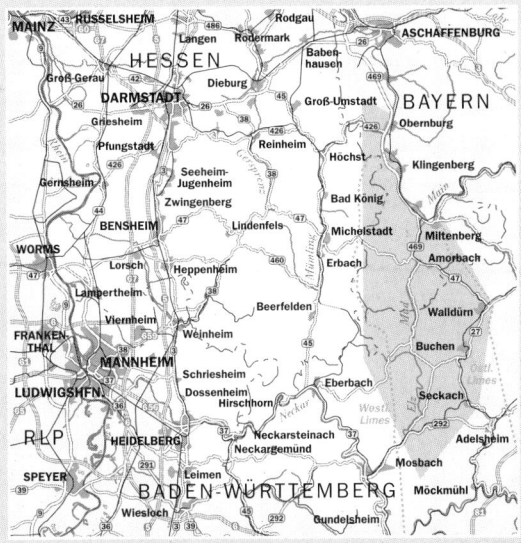

# VON OBERNBURG ÜBER MILTENBERG NACH SECKACH

Von Obernburg und Miltenberg am Main geht es in den östlichen Odenwald, zu den Barockstädten Amorbach und Walldürn sowie in das mittelalterliche Buchen. Burgen, Museen und der Römerlimes sind zu besichtigen, Ausflugslokale laden zum rasten ein. Die Flüßchen Mud (auch Mudau oder Mudbach) und Elz durchziehen die Region. Bei Buchen ist schon der Übergang zum Bauland, einer flacheren Region mit weniger Wald, ausgedehnten Feldern und Äckern. Im Bauland wird taditionell viel Grünkern angebaut. Ganz im Süden erwartet die Eberstädter Tropfsteinhöhle euren Besuch, eines der spannendsten Ziele im Odenwald.

## Bummel durch Obernburg am Main

**Anfahrt:** B 469, nördlich von Miltenberg. Bahnstation an der Strecke Aschaffenburg – Miltenberg. Viele Verbindungen. Von Darmstadt und von Frankfurt etwa jede halbe bis dreiviertel Stunde nach Aschaffenburg. Vom Neckar im Süden Bahn von Mosbach nach Seckach, dann über Walldürn nach Miltenberg und Obernburg.

**Infos:** Stadtverwaltung, Römerstr. 62, 63785 Obernburg am Main, ✆ 06022/61910.

**Kochsmühle:** Untere Wallstraße 8 – 10.

▶ Das Mainufer bei Obernburg ist hübsch angelegt und ein breiter Weg lädt zu **Spaziergängen** oder zum **Radeln** ein, doch der Lärm der kaum zehn Meter entfernten Straße trübt das Vergnügen. Durch die Straße wird die Altstadt vom Fluß getrennt. Zwischen Straße und Altstadt liegen Schrebergärten, an denen ebenfalls ein schöner Spazierweg entlang führt. Von der Altstadt aus gelangen Fußgänger und Radler durch eine Unterführung oder über eine Brücke (am *Hotel*

**Kartentip**

*Wander- und Radwanderkarte Odenwald,* 1:100.000, Nr. 6910. Offizielle Karte des Odenwaldclubs. Umfaßt den ganzen Odenwald einschließlich des Baulands. Wanderwege des Odenwaldclubs sind in Haupt- und Nebenlinien angegeben, Rad- und Fernwanderwege. Ravenstein-Verlag, 11,80 DM.

*Karpfen)* zum Main. Es macht Spaß, durch die nette **Altstadt** zu bummeln. Türme und Tore der alten Stadtmauer sind zum Teil noch erhalten. Von der nicht zu verfehlenden, weil einzigen, Einkaufsstraße führen kleine Gassen mit Kopfsteinpflaster in Richtung Main. In einer dieser Gassen, der Unteren Wallstraße, liegt das kleine **Galerie-Café BuntSteinBogenHaus.** Hier drin ist es sehr gemütlich, an einem langen Holztisch finden auch Gruppen oder Großfamilien Platz. Es gibt kleine Gerichte und Gesellschaftsspiele für Gelangweilte.

Wer sich für die Geschichte der Römer in der Region interessiert, sollte das kleine **Römermuseum** besuchen. Wenige Meter davon entfernt befindet sich die **Kochsmühle,** benannt nach ihrem letzten Besitzer, einem Herrn Koch. Heute befinden sich in dem restaurierten Gebäude der ehemaligen Gemeindemühle am Mühlbach die städtische *Musikschule,* eine *Galerie* und eine *Kleinkunstbühne.* Ein wunderschön blühender kleiner Garten wurde angelegt, Rosenstöcke, ein *Duft- und Kräutergarten* und ein Springbrunnen erfreuen Auge und Nase. Für Kinder jedoch kein Platz zum Toben oder Spielen, eher zum besinnlichen Lustwandeln gedacht.

### Römermuseum Obernburg

Untere Gasse 4, 63785 Obernburg, © 06022/ 619136. Di – Sa 14 – 16 Uhr, So 10 – 16 Uhr. Führungen nach Vereinbarung.

▶ In einer umgebauten Fachwerkscheune werden Funde aus dem römischen Limeskastell *Nemaninga* gezeigt, das einst an der Stelle lag, wo später die Stadt Obernburg entstand. Ihr bekommt einen guten Eindruck davon, wie die Römer in den ersten vier Jahrhunderten unseres

**Hunger & Durst**
**Galerie-Café BuntStein-BogenHaus:** Untere Wallstraße 2 A, 63785 Obernburg, © 06022/72932. Di – Fr 9.30 – 12.30, 15 – 18, 19 – 24 Uhr. Sa 19 – 24, So 10 – 19 Uhr.

AN MAIN, MUD & ELZ

Jahrtausends in der Gegend um Obernburg lebten. Ihr erfahrt, wo und wie sie Straßen bauten, wie ein römisches Kastell aussah, wie sie ihre Toten begruben, was sie aßen und wie sie sich kleideten. Römische Münzen, Schmuck, Reste von Geschirr und Gläsern sind ausgestellt.

### Weitere Aktivitäten in Obernburg

**Reiten:** Reitanlage Neustädter Hof, ✆ 06022/3357. 15 – 17 und 18 – 20 Uhr, nach Vereinbarung. Erwachsene 15 DM pro Stunde, Kinder 13 DM.

**Angelkarten:** Stadtverwaltung Obernburg, ✆ 06022/61910. Mo – Fr 8.30 – 12 Uhr, Mo auch 14 – 16, Mi bis 18 Uhr. Tageskarte 3, Monatskarte 6 DM.

**Freizeitzentrum Augustin:** Im Weidig 16, ✆ 06022/4770. Squash, Badminton, Sauna, Schwimmbad.

**Stadtführungen:** nach Vereinbarung, Auskunft Stadtverwaltung, ✆ 06022/619127.

## Zum Waldhaus bei Obernburg

**Anfahrt:** vom südlichen Ortsende Obernburgs ausgeschildert, noch etwa 2,5 km.

**Waldhausverein:** ✆ 06022/1888. Nur So 9.30 – 18 und Mi 13 – 19 Uhr.

▶ Dieses rustikal hergerichtete Lokal im Blockhaus-Stil, mitten im Wald, ist bei Hitze eine schattige Oase. Viele Biertischgarnituren bieten Sitzplätze für Hunderte von Ausflüglern, ein großer **Spielplatz** unter Bäumen beschäftigt die Kinder. Zwei Infotafeln geben Auskunft zum *Obernburger Stadtwald*. Während der Öffnungszeiten dürfen keine mitgebrachten Speisen und Getränke verzehrt werden, doch an den übrigen Tagen ist es auch ein schöner Picknickplatz. Auf einer an der Wand des Hauptgebäudes angebrachten Tafel sind 5 **Rundwege** beschrieben, von 30 Minuten bis zu 2,5 Stunden Dauer.

Davon sind drei Wege auch mit Kinderwagen zu begehen, wie auf der Tafel vermerkt.

Ihr könnt auch zum Waldhaus laufen: auf dem asphaltierten Sträßchen, das zum Waldhaus führt, kommt am Waldrand zunächst rechter Hand der *Parkplatz Buchhölle*. Von dort sind es zu Fuß etwa 30 Minuten zum Waldhaus. An diesem Parkplatz sind weitere 5 **Rundwege** (45/90/30/75 und 150 Minuten) angegeben.

### Spielen am Naturfreundehaus

**Anfahrt:** bei Eisenbach, westlich von Obernburg. Ausgeschildert. Im Wald gabelt sich der Weg, links liegt der Parkplatz »Am Bubenbrunnen« (siehe unten) rechts geht es zum Naturfreundehaus, Parkplatz gegenüber.

**Info:** Im Adel 1, ✆ 06022/31232. Mi/Sa 14 – 19, So 10 – 19 Uhr. Getränke und kleine Speisen.

▶ Neben dem Haus stehen Kühe auf der Weide, sie schauen euch zu, wenn ihr die orangene Rutsche neben der Kuhwiese hinabsaust. Große Blumenwiesen beginnen beim Parkplatz. Das Naturfreundehaus liegt sehr schön am Hang, mit Blick auf Obernburg und die Höhen des Spessart. An Sitzgruppen aus Holz könnt ihr im Freien beim Essen die Aussicht genießen. Geht ihr am Parkplatz etwa 120 m steil den Hang hinauf (nicht mit Kinderwagen möglich), erreicht ihr den breiten Waldweg Nr. 4, auf dem sich ein angenehmer Verdauungsspaziergang machen läßt.

*tip* *Parkplatz Am Bubenbrunnen:* Anfahrt siehe Naturfreundehaus. Kleiner **Spielplatz,** 2 Sitzgruppen. 4 Rundwanderwege zwischen 1 und 2 Stunden Gehzeit. **Rundweg** Nr. 4 führt euch zu einem Magnetfeld in der Nähe der *Kreuzhütte,* dort sind Eisenerze im Boden. Vom Parkplatz zum Naturfreundehaus führt eine schmale asphaltierte Straße, Nr. 2, etwa 20 Minuten zu Fuß bergauf, auch mit Kinderwagen.

## Schiffahrts- und Schiffbaumuseum in Wörth am Main

**Anfahrt:** B 469, südlich von Obernburg.
Bahn und Bus Aschaffenburg – Miltenberg, siehe Obernburg.

AN MAIN, MUD & ELZ

## Hunger & Durst

Einkehren könnt ihr beim Campingplatz Thiels, in der Gaststätte mit Biergarten **U-Boot** direkt am Main, Wiesenweg 3, ✆ 09372/5165. 12 – 22 Uhr. Gutbürgerliche Küche, kleiner Spielplatz.

## Wandertip

Vom Bahnhof Wörth könnt ihr zum **Waldhaus Diana** (✆ 09372/4683) laufen, 2 km, Markierung blaues R. Das Ausflugslokal hat nur Mi und Sa 13.30 – 20 Uhr, So 10 – 20 Uhr geöffnet. Es gibt kleine Gerichte wie Rippchen mit Kraut, Handkäse oder Hausmacher Wurst aus eigener Schlachtung. Das rustikale Holzhaus befindet sich am Waldrand. Von der Terrasse könnt ihr die tolle Aussicht auf den Main genießen. Autofahrer können auch mit dem Wagen das Waldhaus erreichen, ab Bahnhof ausgeschildert. Hier oben sind verschiedene Rundwege möglich.

Rathausstraße 46, 63939 Wörth am Main. Sa/So 14 – 17 Uhr. Führungen nach Vereinbarung, ✆ 09372/5457 oder 5906.

▶ Kapitäne und Piraten aufgepaßt – in diesem nur wenige Kilometer von Obernburg entfernten Ort gibt es für Schiffahrt-Fans was zu sehen. Da ist zum einen das **Schiffahrts- und Schiffbaumuseum** in der ehemaligen *Wolfgangskirche*. Diese Barock-Kirche wurde schon seit 1903 nicht mehr für Gottesdienste genutzt, sie diente unter anderem als Turnhalle und als Lagerplatz. Der Umbau zum Museum rettete sie vor dem Verfall. Sie bildet heute einen eindrucksvollen Rahmen für die Ausstellungsstücke rund um die Mainschiffahrt. Modelle, Fotos, Schiffsteile und Werkzeuge lassen die Geschichte der *Flußschiffahrt* lebendig werden. So erfahrt ihr zum Beispiel, daß der Main bis ins 19. Jahrhundert noch mit Holzschiffen befahren wurde, die flußaufwärts von Menschen oder Tieren gezogen werden mußten. Auch über Dampfschiffe und über die Kettenschiffahrt könnt ihr euch schlau machen, oder darüber, wie Schiffe früher gebaut wurden. Interessant ist auch die Abteilung »Leben an Bord«, die zeigt, wie die Familien der Flußschiffer auf den Booten hausten.

Nur etwa zwei Minuten dauert der Spaziergang von der Museumskirche an das Mainufer. Dabei seht ihr die **Schiffswerft** am gegenüberliegenden Ufer sehr genau. Riesige Frachtschiffe liegen dort zum Überholen an Land. Etwas skurril wirkt diese an die Nordsee erinnernde Szenerie neben den südlichen Weinhängen, die sich an den Ausläufern des Spessart zum Mainufer hinunterziehen.

Im Gegensatz zu Obernburg verläuft in Wörth die Schnellstraße ein Stück vom Ort und dem Fluß entfernt. Daher läßt es sich hier entspannt am Main spazieren oder radeln, auch mit Kinderwagen.

*In Miltenberg könnt ihr sehr viel unternehmen, von **Dampferfahrten oder Rudern** auf dem Main oder **Minigolf** in den Mainanlagen bis zum **Mountain-Bike-Radeln** auf Leihrädern. Einen **Spielplatz** mit einem Schiff findet ihr in der Nähe des Schiffsanlegers am Main.*

*Die **Altstadt** von Miltenberg ist sehr malerisch, viele alte Häuser mit wunderschönem Fachwerk säumen die Fußgängerzone, Gaststätten und Cafés laden zur Einkehr. Über der Stadt thront weiß leuchtend die **Mildenburg**, zu der ihr hinaufklettern könnt. In Miltenberg gab es das letzte Gefängnis, in dem angebliche Hexen eingesperrt wurden. Es stammt aus dem Jahr 1627 und ist ein finsteres, steinernes Verließ in einer alten Mauer, es kann nicht besichtigt werden.*

**Anfahrt:** B 469, südlich von Obernburg. Bahnstrecke Frankfurt/Darmstadt – Aschaffenburg – Miltenberg. Siehe Obernburg. Viele Verbindungen.

**Infos:** Fremdenverkehrsverein Miltenberg e.V., Engelplatz 69, Rathaus, 63897 Miltenberg am Main, ✆ 09371/404119, Fax 404105. Mo – Fr 9 – 12 und 14 – 17 Uhr, im Sommer auch Sa 9.30 – 12 Uhr.

## Mit dem Dampfer auf dem Main

Reederei Henneberger, Mainanlagen, 63897 Miltenberg am Main, ✆ 09371/3330 oder 09378/232, Fax 09378/1406. Sondertouren für Gruppen sind nach Absprache möglich, die **Fahrrad-Mitnahme** kostet 3 DM pro Drahtesel.

**Achtung:** Erkundigt euch vorher nach dem aktuellen Fahrplan, es gibt immer wieder Änderungen. Die

## MILTENBERG

Beim Fremdenverkehrsverein gibt es die **Broschüre** »Stadtrundgang durch die Altstadt« für 0,50 DM, in der die sehenswerten historischen Gebäude kurz beschrieben sind.

**Stadtführungen**
Vom 2. Mai bis zum 31. Oktober Mo und Sa um 10.30 Uhr ab *Tourist-Information im Rathaus* am Engelplatz. Kostenlos. Für Gruppen bis 25 Personen jederzeit nach Vereinbarung für 40 DM, Dauer 1 Stunde.

AN MAIN, MUD & ELZ

*Miltenberg und Umgebung,* Maßstab 1:25.000 gibt es für 3,50 DM, eine *Rad- und Wanderkarte* im Maßstab 1:50.000 für 5 DM. Für Leute, die öfter oder größere Radtouren unternehmen, lohnt sich *Den Main auf und ab mit dem Fahrrad,* Teil 1, Frankfurt-Miltenberg, 7,80 DM, oder *Radwandern im Landkreis Miltenberg,* 12 Touren im Gebiet Spessart – Main – Odenwald, 2,50 DM. Alle Karten kann man beim Fremdenverkehrsverein Miltenberg auch gegen Verrechnungsscheck bestellen, dann sind sie aber teurer.

Fahrt nach Klingenberg soll vielleicht eingestellt werden.

• Von März bis November finden täglich zwei **Rundfahrten,** eine nach Kleinheubach (1 Stunde), die andere nach Freudenberg (1,5 Stunden) statt.

• Besonders interessant ist auch die ebenfalls täglich angebotene **Schleusenfahrt,** die nach Großheubach führt, etwa 1,5 Stunden dauert und bei der genau erklärt wird, wie eine Schleuse funktioniert.

Erw. je nach Tour 10 – 15 DM, Kinder 7 – 9 DM.

• Von Mai bis Mitte Oktober könnt ihr außerdem mit dem Dampfer **von Miltenberg nach Wertheim** und zurück fahren: Miltenberg ab 9.30 Uhr, Wertheim an 12.45, ab 15 Uhr und zurück in Miltenberg um 17.45 Uhr. Erw. 28, Kinder 17 DM.

• Auch **über Klingenberg nach Obernburg** und zurück geht es, um 11 Uhr ist Abfahrt in Miltenberg, 12.10 in Klingenberg Ankunft, wer will, kann dort aussteigen und um 16 Uhr zurückfahren. Ansonsten geht es weiter nach Obernburg, dort landet man um 13.10 Uhr, zurück geht es um 15 Uhr, in Miltenberg legt ihr um 17.15 Uhr wieder an. Erw. 16/23 DM, Kinder 15/11 DM.

## Zum Teddybärmuseum in Klingenberg

Bahn: Miltenberg – Kleinheubach – Klingenberg – Trennfurt, etwa halbstündlich, in Miltenberg-Trennfurt über die Brücke auf die andere Mainseite laufen.

In der Altstadt 7, 63911 Klingenberg. Di – Fr 14 – 18 Uhr, Sa, So, Fei 10 – 18 Uhr. ✆ 09372/921167.

▶ Dieses Museum wurde von zwei leidenschaftlichen Teddybär-Sammlern gegründet. Das Ehepaar König nimmt sich seit Jahren vernachlässigter Teddybären an: sie sammeln, reinigen und reparieren Teddies, die mindestens 30 Jahre auf dem Bärenbuckel haben. In dem früheren Gasthaus »Zum Hirschen« in der Altstadt von Klingenberg haben sie ihr Teddymuseum eingerichtet. Aber ihr könnt nicht nur unzählige Teddies anhimmeln, ihr könnt auch zusehen, wie die Kuschelbären hergestellt werden. In den Räumen neben dem Museum fertigen die Königs nämlich nach alten Schnittmustern und in Handarbeit Teddies an.

## Weitere Aktivitäten in Miltenberg
### Burg Mildenburg

**Café im Burghof:** Mai bis Oktober, Mo geschlossen, sonst täglich 10.30 – 17.30 Uhr. ☎ 09371/1243.

▶ Die Mildenburg hoch überm Main ist nicht zu übersehen. Oben könnt ihr auf den Bergfried rumklettern. Im kleinen *Café im Burghof* gibt es Kuchen und andere Kleinigkeiten.

### Stadtmuseum am Marktplatz in ehemaliger Amtskellerei

Im Sommerhalbjahr Di – So 11 – 17 Uhr, im Winter Mi – So 11 – 16 Uhr. Gruppen auch nach Voranmeldung ☎ & Fax 09371/404153. Erw. 4 DM, Kinder 2 DM.

▶ Ausstellung zur Stadtgeschichte, zu den Siedlungen und Bauten der Römer in der Region und zur Volkskunde.

### Bootsverleih

Dieter Fürst, am Campingplatz in Miltenberg, ☎ 09371/66708. Von April bis Ende Juni Mo – Fr 12.30 – 19, Sa/So 10 – 19 Uhr. Von Juli bis September täglich 10 – 19 Uhr offen, im Winter geschlossen.

▶ Wenn ihr einmal selbst Kapitän sein und auf einem großen Fluß mit euerm Boot unterwegs sein wollt – im geliehenen Tret- oder Ruderboot

**Hunger & Durst**

Das **Gasthaus Zum Riesen** gilt als die älteste Fürstenherberge Deutschlands. Über 400 Jahre ist sie alt, und viele berühmte Leute sollen hier schon gegessen und getrunken haben, unter anderen der Maler Albrecht Dürer, Kaiser Friedrich Barbarossa, Martin Luther, Schwedenkönig Gustav Adolf und der Ritter Götz von Berlichingen. Hauptstr. 99, ☎ 09371/67238, täglich 11 – 21 Uhr, Di nur bis 18 Uhr.

AN MAIN, MUD & ELZ

ist dies möglich. Ein Tretboot kostet für eine Stunde 14 DM, ein Ruderboot 12 DM. Auch Motorboote, für die kein Führerschein nötig ist, und die nur jemand über 18 Jahre leihen kann, gibt es (Stunde 34 DM). Eine halbe Stunde kostet jeweils die Hälfte des Stundenpreises plus 1 DM.

### Beheiztes Hallen- und Freibad

Jahnstraße, 63897 Miltenberg, ☏ 09371/400150. Infos auch bei der Tourist-Information.

**Eintritt:** Im Sommer Mo 10 – 21 Uhr, Di 8 – 21, Mi, Do, Fr 9 – 21, Sa/So 9 – 20 Uhr. Im Winter Mo geschlossen, Di 7 – 22 Uhr, Mi 7 – 10 und 13.30 – 22 Uhr, Do bis 20 Uhr, Fr 13.30 – 21, Sa 9 – 20, So 9 – 18 Uhr.

**Café und Bistro Aqua,** ☏ 09371/66636, ab 10 Uhr durchgehend warme Küche.

▶ Das Bad liegt am Mainufer, im Freibad gibt es einen Spielplatz, Liegen stehen auf Wiesen und einer Terrasse. Ihr habt die Wahl zwischen Warm-, Plansch- und dem großen Nichtschwimmerbecken. Das Hallenbad hat auch ein Planschbecken, außerdem einen Sprungturm und einen Zugang zu dem beheizten Warmbecken im Freien. Kiosk, Cafeteria. Sauna, Römisches Dampfbad, Solarium.

### Fahrradverleih

Beim Fremdenverkehrsamt, pro Tag und Rad 10 DM, 5 – 7 Tage 40 DM pro Rad.

**Mountain-Bike Verleih** bei der Sporthütte Wild, Untere Walldürner Str. 11, 63897 Miltenberg. ☏ 09371/3154, Fax 69939.

tip Radfahren am Main entlang läßt sich gut mit einer Schiffahrt kombinieren, zum Beispiel flußaufwärts nach Wertheim, wo der Dampfer anlegt. Ihr könnt Räder auf dem Damp-

tip **Minigolfplatz** in den Mainanlagen, ☏ 09371/65125. Besitzer Familie Ackermann, ☏ 7748, 7824. Bei gutem Wetter an den Wochenenden ganztägig, werktags ab 14 Uhr.

fer mitnehmen und dann zurückradeln oder umgekehrt. **Gefahrenpunkt:** Der Stadtverkehr in Miltenberg ist für ungeübte Radler etwas stressig, vor allem bei und auf der Brücke über die man muß, um vom Bahnhof zur Altstadt zu gelangen.

### Mit Pferd und Wagen

**Kutsch- und Planwagenfahrten:** Siegfried Ihmig, Mainzer Str. 15, 63897 Miltenberg, ℅ 09371/8778, ab 21 Uhr. Halbstündige Stadtrundfahrten, Panoramafahrten rund um Miltenberg (2 Stunden), Fahrten zum Kloster Engelberg. Halbtagesfahrten nach Amorbach und Tagesfahrten ins Ohrnbachtal. Nach Absprache auch zu anderen Zielen.

**Reiten:** *Reiterhof Stefan Bundschuh,* Haus Nr. 6, Miltenberg/Monbrunn, ℅ 09371/8146.

**Reiten:** *Reiterverein Miltenberg und Umgebung e.V.,* Satzgasse 11, Miltenberg, ℅ 09371/80745.

### Zum Blindengarten Sankt Odilia

Im Parkhof Miltenberg-Kleinheubach, an den Altstadtweg und den Schloßpark angrenzend. Kleinheubach ist nur eine Zugstation von Miltenberg entfernt, Richtung Aschaffenburg.

**Biergarten Parkhof,** Altstadtweg 8, 63897 Miltenberg, ℅ 09371/959584.

▶ Ungefähr 45 Minuten braucht ihr zu Fuß von Miltenberg zu diesem ungewöhnlichen Garten, bei dem auch ein toller Biergarten zur Einkehr lädt. Kleinheubach ist nordwestlich von Miltenberg. Ihr lauft die Mainpromenade entlang bis zum Ortsende von Miltenberg. Dann müßt ihr ein kurzes Stück an der Straße Richtung Kleinheubach gehen, am Ortseingang von Kleinheubach führt euch ein Pfad direkt zum Parkhof. In dem großen **Biergarten** gibt's viel Platz, zudem

**tip** Zum Blindengarten könnt ihr mit dem Dampfer fahren. Auch mit dem Rad eine nette Strecke.

einen Wiesenspielplatz mit Sandkasten und Holzschaukelpferden. In der schönen Anlage ist auch ein üppig blühender Bauerngarten.

Die *Heilige Odilia* – blind geboren und angeblich durch die Taufe später geheilt – ist die Schutzpatronin der Blinden. Der nach ihr benannte **Blindengarten** grenzt an den *Kleinheubacher Schloßpark* und an ein großes Baumschulgelände, außerdem wird er von dem Flüßchen Mud und dem Main eingerahmt. Er besteht aus fünf Hochbeeten. In diesen wachsen Pflanzen, die entweder durch Betasten oder an ihrem Duft zu erkennen sind. Blinde können diese Pflanzen also fühlen und riechen. Zwischen den Hochbeeten stehen vier Duftlauben, in denen Rosen und Geißblatt rankt. Probiert doch mal aus, welche Pflanzen ihr mit geschlossenen Augen am Duft oder durch Tasten erkennt.

### Veranstaltungen
**Oster-Bauernmarkt:** im März.
**Miltenberger Altstadtfest:** 1. Wochenende im Juli.
**Michaelis-Messe:** Ende August/Anfang September. Ein großes Volksfest mit umfangreichem Unterhaltungsprogramm, das beim Fremdenverkehrsverein angefordert werden kann.

## AMORBACH

*A* morbachs sehenswerte *Altstadt* steht unter *Denkmalschutz. Berühmt ist die mächtige Abteikirche des* **Klosters Amorbach.** *Dieses Kloster war im östlichen Odenwald sehr mächtig, so wie das Kloster Lorsch im Westen. Die erste Abtei wurde in Amorbach schon 734 gegründet, und 1000 Jahre später wurde die barocke Anlage gebaut, die ihr heute besichtigen könnt. Mit Kindern ist die* **Sammlung Berger** *einen Besuch wert, ein sehr ungewöhnliches Museum.*

*Außerdem macht ein Bummel durch den See-park Spaß.*

**Anfahrt:** B 47, Nibelungenstraße. Parkplätze ausgeschildert.

Bahnstrecke Frankfurt bzw. Darmstadt – Aschaffenburg – Miltenberg – Amorbach – Walldürn. Oder Heidelberg/Mannheim – Neckarelz – Seckach – Walldürn – Amorbach.

**Infos:** Städtisches Verkehrsamt, Altes Rathaus, 63916 Amorbach, ✆ 09373/20940, -41. Fax 20933. Mai bis Oktober Mo – Fr 9.30 – 12 Uhr und 15 – 17 Uhr, Sa 10 – 12 Uhr, bis September auch So 11 – 12 Uhr. November bis April werktags erst ab 10 Uhr und Sa, So geschlossen.

**Stadtführungen**

Mai bis Oktober jeden Sa um 10 Uhr. Erw. 2 DM, Kinder frei. Infos beim Verkehrsamt.

## Die kuriose Sammlung Berger

Wolkmannstraße 2, 63916 Amorbach. 1. April bis 31. Oktober täglich außer Mo 11 – 18 Uhr. Für Gruppen nach Vereinbarung unter ✆ 09373/-618, -20940, -99081, Fax 3418 oder 20933.
Eintritt Erw. 5 DM, Kinder 4,50 DM.

▶ Eigentlich produziert die Firma Berger **Geschenkartikel,** und die ehemalige Besitzerin dieser Firma gründete das Museum. In einem früheren Werksgebäude befinden sich nun ihre Sammlungen, die so unterschiedliche Dinge wie Teekannen, Puppen, alles von Pepsi-Cola und moderne Kunst umfassen. Das Museum bietet somit etwas für jeden Geschmack. Allein den **Puppen** ist eine ganze Etage gewidmet, etwa 500 Exemplare aus verschiedenen Epochen. Manche sind sehr wertvolle Sammlerstücke, mit denen nie mehr Kinder spielen werden. Beeindruckend ist auch, wieviele unterschiedliche **Teekannen** aus aller Herren Länder zusammen getragen wurden, 2500 Kannen in allen nur erdenklichen Farben und Formen sind ausgestellt.

Die hochkarätige **Sammlung moderner Kunst,** die man hier nicht vermuten würde, umfaßt Arbeiten von dem Maler *Marc Chagall,* den Künstlern *Christo und Jeanne-Claude,* die 1995 den Berliner Reichstag verhüllt hatten, und bunte Graffitis des Amerikaners *Keith Haring.* Sehr witzig ist der *Bücherturm,* in den ihr unbedingt euren Kopf hinein stecken müßt. Übrigens begann Frau Berger im hohen Alter von 80 Jahren, sich selbst künstlerisch zu betätigen. Ihren Werken ist ebenfalls ein eigener Raum gewidmet.

## Weitere Tips für Amorbach
### Führung durch die Abteikirche

Dauer 35 Minuten. Nov., Dez. täglich 13.40 – 15.20 Uhr, Jan., Feb. nur Sa, So zur selben Zeit. Im März Mo – Sa 9.20 – 12 und 13.20 – 16.40 Uhr. April – Oktober So 11.30 – 16.40 Uhr, Mo – Sa 9.20 – 12 und 13.20 – 17.20 Uhr. Mai bis Juli täglich bis 18 Uhr. Erw. 4 DM, Kinder 3 DM.

▶ Diese gewaltige Kirche wurde noch **nie restauriert,** ihr seht sie also ganz genauso wie die Menschen vor über zweihundert Jahren. An der Decke ist das Leben des *Heiligen Benedikt* dargestellt, nach dem der Mönchsorden des Klosters benannt war: Benediktiner. Typisch für den Stil des Barock ist diese *illusionistische Malerei,* die zu Zeiten, als es noch keine Filme und Computertechnik gab, etwas ganz Besonderes war. Sie vermittelt nämlich den Eindruck, die Gestalten würden wirklich zum Himmel auffahren, fliegen oder auf irgendetwas sitzen. Das gelang den Malern mit vielen optischen Tricks.

Außer der Kirche besichtigt ihr bei dem Rundgang auch die *Bibliothek* und den *Festsaal* des Klosters.

### Picknick im Seegarten

Hinter der Abteikirche könnt ihr im Seegarten, einem romantischen Park voller Skulpturen und mit einem Teich, faulenzen oder spielen. Ein Minigolfplatz lädt zu einer Runde ein. Vor 200 Jahren gestaltete derselbe bekannte Gartenarchitekt, *Friedrich Ludwig von Sckell*, der auch den Englischen Garten in Eulbach anlegte (siehe Seite 132), diese Oase.

Habt ihr keinen Picknickkorb dabei, könnt ihr euch im **Café Schloßmühle** am Park mit Kuchen aus der eigenen Konditorei vollstopfen. Das Café befindet sich in der ehemaligen Klostermühle. ✆ 09373/1254, Fax 1293.

### Eine Fundgrube: Das Heimatmuseum

Fürstlich Leiningensche Sammlung, Kellereigasse 4, ✆ 09373/971545, Führungen Mi/Sa 15 und 16 Uhr und nach Vereinbarung unter ✆ 09373/4757. Geöffnet bis 17 Uhr, Erw. 2,50 DM, Kinder 1,50 DM.
▶ Das Heimatmuseum befindet sich in der ehemaligen **Mainzer Amtskellerei**, in einem schloßähnlichen Gebäude aus dem 15. Jahrhundert mit einem schönen Garten. In über zwanzig Räumen sind Funde vom Odenwaldlimes, Werkzeuge von Handwerkern, alte Möbel und Trachten ausgestellt, ebenso Funde von der *Ruine Wildenburg*, einst eine der größten Burgen des Mittelalters (siehe Seite 165). Natürlich erfahrt ihr im Heimatmuseum auch viel über die Geschichte der Stadt und des Klosters, Werke Amorbacher Maler und Volkskunst wird gezeigt.

### Templerhaus

Bädersweg, ✆ 09373/20940. Geöffnet von Mai bis Oktober Sa 1 – 12 Uhr, Mi 16.30 – 17.30 Uhr und nach Absprache. Pro Person 2 DM.

### Täuschend echt

*Als der Stil des Barock modern war, im 18. Jahrhundert, lebte eine vermögende Familie in Bayern, die von Schönborn hieß. Sie liebte die Kunst und war geradezu bauwütig, einer von ihnen, der Kurfürst von Mainz, Lothar Franz von Schönborn, ließ die* **Basilika in Walldürn** *errichten (siehe nächste Seite). Ein Kennzeichen des barocken Stils ist neben den monumentalen, geschwungenen Formen die* **illusionistische Malerei.** *Die Illusion ist eine Täuschung, die Maler täuschten zum Beispiel gerne Räume, Fenster, Stuck etc. vor. Guckt mal, was ihr alles entdeckt!*

▶ Dieses Gebäude ist angeblich das zweitälteste **Fachwerkhaus** Deutschlands. Wahrscheinlich wurde es um das Jahr 1291 erbaut. Der steinerne Unterbau soll sogar noch älter sein. Es erscheint euch heute vielleicht klein, es war aber das Haus eines Adligen und für damalige Verhältnisse richtig luxuriös. Nur sehr reiche Leute konnten sich ein festes Haus aus Stein und Fachwerk leisten, die meisten lebten in einfachen Hütten aus Holz, die allein schon durch die offenen Kochstellen sehr feuergefährdet waren. Hier ist das Haus selbst das Ausstellungstück, ihr erfahrt, wie und woraus es gebaut wurde.

**Fahrradverleih:** M. Eichhorn, Amorbach, Steinerne Gasse 10, ✆ 09373/2328.

## Hier geht nichts durch die Lappen: Im Waldmuseum Watterbacher Haus

**Anfahrt:** 7 km südlich von Amorbach, an der Straße Richtung Mudau rechts ausgeschildert.
**Info & Eintritt:** Preunschen 1, 63931 Kirchzell, ✆ 09373/7306. April bis September Mi, Do, Sa, So und Fei 11 – 17 Uhr, Oktober bis März Sa, So, Fei 12 – 16 Uhr. Führungen nach Vereinbarung unter ✆ 09373/97430.

▶ Das Watterbacher Haus ist ein sehr interessantes, einfallsreich gestaltetes Museum zu Themen rund um den Wald. Hier gibt es viele Infos zu Berufen, die jahrhundertelang mit dem Wald eng verknüpft waren und heute fast vergessen sind – der Alltag von Beerenfrauen, Zapfenpflückern, Holzhauern und Schweinehirten wird anschaulich dargestellt. Außerdem erfahrt ihr, wo der Ausdruck »durch die Lappen gehen« herkommt, was eine Holzbibliothek ist und was die Steinhauer im Mittelalter im Wald so trieben.

Untergebracht ist das Museum im ältesten erhaltenen Bauernhaus des Odenwaldes, dem **Watterbacher Haus.** Dieses Fachwerkhaus hat eine

Odyssee hinter sich: Ursprünglich stand es im Ortsteil *Watterbach* der Gemeinde Kirchzell, es wurde zweimal komplett versetzt. Seit 1982 steht es nun in Preunschen, wurde aufwendig restauriert und beherbergt das Museum. Es war einmal ein *Wohnstallhaus:* Mensch und Vieh lebten unter einem Dach – das sparte beim Hausbau und war im Winter schön warm. Allerdings roch es auch immer etwas streng …

## Besuch bei Parsifal auf der Wildenburg

Vom Waldmuseum gelangt ihr in etwa zwanzig Minuten zur staufischen Burgruine Wildenburg, der Weg ist gut ausgeschildert, nichts für Kinderwagen.

▶ Auf dem Weg kommt ihr an einer finsteren **Höhle** vorbei – wer traut sich hinein?

Die **Wildenburg-Ruine** ist ein toller Picknickplatz. Von der Wildenburg wird angenommen, daß auf ihr der Dichter *Wolfram von Eschenbach* (geb. um 1170 in Mittelfranken, gest. vermutlich 1220) im Mittelalter seine berühmte Ritter-Geschichte *Parsifal* schrieb. Wahrscheinlich war die Mildenburg das Vorbild für die Gralsburg, die der Held Parsifal sucht. Die Burg wurde um 1200 erbaut und im Bauernkrieg 1525 zerstört. In diesem Krieg lehnten sich die armen Bauern gegen die Adligen auf, die im Luxus schwelgten und von den Bauern obendrein hohe Abgaben verlangten. Eine Schar aufgebrachter Bauern erstürmte auch die Mildenburg.

Einst muß diese Ruine eine sehr imposante Burg gewesen sein, auf der rauschende Feste gefeiert wurden. Der riesige Kamin im Festsaal, in dem im Mittelalter gewaltige Feuer loderten, ist heute noch zu erkennen. Vielleicht fanden auf der Burg sogar große Ritterturniere statt.

**tip** Der **Bergfried** der Ruine kann auch bestiegen werden, aber nur Sa, So/Fei. Erw. 2,50 DM, Kinder 1,50 DM. Gruppen nach Voranmeldung unter ✆ 06284/ 1354 oder 09373/ 971545 auch an anderen Tagen.

*Parsifals Vater war als Ritter im Kampf im fernen Orient gestorben, Parsifals Mutter Herzelyde will deshalb ihren Sohn davon abhalten, auch Ritter zu werden. Doch Prasifal findet Ritter toll und zieht mit dem erstbesten fort. Herzelyde stirbt sogleich an gebrochenem Herzen. Parsifal durchlebt nun ständig neue Abenteuer, ist immer auf der Suche nach sich selbst und dem Gral, dem Stein der Weisen.*

**AN MAIN, MUD & ELZ**

Die Stadt liegt am Schnittpunkt zwischen Odenwald und dem sogenannten Bauland. Die Römer kamen um 150 n.Chr. her und hinterließen ihre Spuren, die in mehreren Ausgrabungsstätten zu sehen sind. Der historische **Stadtkern von Walldürn** mit Fachwerkhäusern ist recht klein, der größte Teil der Stadt besteht aus neueren Häusern. Doch Walldürn ist ein guter Ausgangspunkt für Ausflüge und Aktivitäten. Berühmt ist die barocke **Wallfahrtsbasilika** »Zum heiligen Blut«. Auch im katholischen Ausland ist Walldürn ein bekannter Wallfahrtsort. Es gibt sogar ein Stadt- und Wallfahrtsmuseum.

**Anfahrt:** A 3 Ausfahrt Stockstadt, dann über Miltenberg und Amorbach.

Von Mannheim oder Heidelberg über Eberbach am Neckar und Buchen.

Bahnstrecke Frankfurt bzw. Darmstadt – Aschaffenburg – Miltenberg – Amorbach – Walldürn. Oder Heidelberg bzw. Mannheim – Neckarelz – Seckach – Walldürn.

**Infos:** Städtisches Verkehrsamt, Hauptstr. 27, im Rathaus. ✆ 06282/67107, 67106. Fax 67103. Mo – Fr 8 – 12 und 14 – 17 Uhr.

Einen **Führer zur Geschichte Walldürns,** mit dem ihr euch auf einen historischen Stadtbummel begeben könnt, gibt es beim Verkehrsamt für 2 DM. Eine Wander- und Freizeitkarte für die Gegend kostet 3 DM.

## Zum Wildgehege im Marsbachtal

**Anfahrt:** etwa 3 km von Walldürn an der B 47 zwischen Walldürn und Rippberg. Auch zu Fuß von Walldürn auf dem Waldweg Richtung Rippberg erreichbar.

▶ An einem sonnigen Tag ist das Marsbachtal besonders auch mit kleinen Kindern ein tolles Ausflugsziel. In diesem idyllisch im Wald gelegenen Tal, durch das sich der *Marsbach* schlängelt, gibt es gleich mehrere Attraktionen: in großen Gehegen leben über hundert Tiere, Dam- und Rot-

# DIE GESCHICHTE DER WALLDÜRNER WALLFAHRT

D ie Basilika hat ihren Namen, **Zum heiligen Blut,** nach einem
wundersamen Gegenstand, der hier verehrt wird und die Pilger
anlockt. Angeblich fiel im Jahr 1330 einem jungen Priester bei
der Messe der Kelch mit dem bereits gesegneten Wein um. Der Wein
bildete auf dem Altartuch einen Fleck, der den Umriß des gekreuzigten
Jesus zeigte, umgeben von elf Köpfen mit Dornenkronen. Der Priester
erschrak darüber so sehr, daß er das Tuch entsetzt unter dem Altar-
stein versteckte. Erst auf dem Sterbebett gestand er die ungewöhnliche
Geschichte. Das Tuch wurde nach siebzig Jahren unter dem Altar gefunden, und die Kunde von dem Wunder ging rasch von Mund zu Mund.
Bereits kurz darauf kamen Gläubige auf Wallfahrt nach Walldürn, und
seitdem hat der Pilgerstrom nicht mehr aufgehört. Im 30jährigen Krieg
rettete übrigens ein Kapuzinerpater das legendäre Tuch vor den plün-
dernden Schweden, indem er es unter seiner Mönchskutte versteckte.
Noch heute strömen vom *Sonntag nach Pfingsten* ab vier Wochen lang
die **Wallfahrer** in die Stadt, viele Prozessionen kommen zu Fuß und
sind teilweise bis zu einer Woche unterwegs. Höhepunkt ist der sogenannte *Große Blutfeiertag* am Donnerstag nach Fronleichnam. Altäre
und riesige Blumengestecke säumen dann den Prozessionsweg. Lich-
terprozessionen an diesem Tag sowie am letzten Wallfahrtssonntag und
an allen Samstagen verbreiten feierliche Stimmung.
Die Walldürner haben an der Wallfahrt immer gut verdient. Sie stellen
Kerzen her, fertigen Kunstblumen und verkaufen viele Souvenirs und
Kitsch rund um ihre Basilika.

wild, schafähnliche Mufflons und Wildschweine.
Wasservögel tummeln sich auf Teich und Bach.
Außerdem gibt es einen hervorragend ausgestatteten Abenteuerspielplatz, auf dem ihr euch unter anderem auf einem großen Klettergerüst, einer langen Rutsche und einem Tellerseil austoben
könnt. Bei Hitze ist jedoch der kleine Wasserspielplatz das Tollste – da dürft ihr an verschie-

## Hunger & Durst

Im Marsbachtal befindet sich das Ausflugslokal **Beuchertsmühle,** Miltenbergerstraße, 74731 Walldürn, ✆ 06282/ 8043, 8822. Di Ruhetag, rustikale Küche, große Terrasse.

**Wer im schönen Tal übernachten möchte:** *Pension Walkmühle,* Miltenberger Straße 35, 74731 Walldürn, ✆ 06282/8480, Fax 40232.

**tip** Ein Stück von der Freizeitanlage im Marsbachtal, aber ebenfalls in der Miltenberger Straße, befindet sich das **Freibad von Walldürn,** ✆ 06282/6266 oder beim Verkehrsamt. Bei gutem Wetter ist es täglich 10 – 20 Uhr offen.

denen Geräten pumpen und schöpfen. Auch am Bach macht Planschen und Buddeln Spaß. Auf gesunde Weise erfrischen und abkühlen können sich Jung und Alt auch an der Kneipptretstelle. Bei gutem Wetter wird im Marsbachtal sogar Ponyreiten angeboten. Außerdem gibt es mehrere **Rundwanderwege** und eine kinderfreundliche Gaststätte. Am Parkplatz Auersberg sind vier Rundwege angegeben (0,5/1/1,5/2,5 Stunden), auf einem *Wald- und Vogellehrpfad* könnt ihr euch kundig machen. Auf den befestigten Spazierwege kann man auch mit Kinderwagen eine Runde durch das Tal schieben. Viel Platz habt ihr auf den Wiesen für Spiele oder ein Picknick. Bei der **Beuchertsmühle** befindet sich eine *Grillstation,* die ihr reservieren könnt, siehe Service-Kapitel.

## Weitere Aktivitäten
### Historische Postkutschenfahrten
Nach Absprache mit dem Kutscher Alfred Farrenkopf, Untere-Vorstadt-Straße 63, 74731 Walldürn, ✆ 06282/8983, oder bei der Tourist Information im Rathaus.

▶ Mit der Postkutsche reisten die Menschen, bevor es Autos und Züge gab. Das war auf den damaligen schlechten Straßen mit Kopfsteinpflaster und holprigen Lehmwegen, durch Wälder voller Räuber, nicht immer eben romantisch!

Für die Fahrten müßt ihr euch vorher anmelden, bei schlechtem Wetter finden sie nicht statt. In der Kutsche finden 5 Personen Platz. Von Mai bis September könnt ihr an den Wochenenden zu jeder Uhrzeit nach Absprache starten, von Mo bis Fr nur abends nach 18 Uhr. Eine eineinhalbstündige Rundfahrt kostet 40 DM.

### Stadt- und Wallfahrtsmuseum

Hauptstr. 39, 74731 Walldürn, ℭ 06282/670. Di, Do, So 14 – 16 Uhr. Erw. 2,50 DM, Kinder 1,50 DM. Auskünfte bei der Tourist-Info.

▶ Informationen rund um das Wallfahrtsgewerbe in Walldürn: Wie aus Wachs Kerzen gezogen und aus Papier Blumen gefertigt, nach welchen Formen und Rezepten Lebkuchen gebacken wurden und wie der Handel mit Souvenirs blühte. In einer anderen Abteilung seht ihr Walldürner Funde aus der Römerzeit. Kunstvoll bemalte Bauernschränke und viele Stücke zur Stadtgeschichte ergänzen die Sammlung.

### Elfenbeinmuseum

Auskunft und Anmeldung beim Katholischen Pfarramt, Burgstraße, 74731 Walldürn, ℭ 06282/92030, oder bei der Touristeninformation. Erw. 2,50 DM, Kinder 1,50 DM. Nur nach Absprache zu besichtigen.

▶ Eine der wertvollsten Elfenbeinsammlungen Europas ist in Walldürn ausgestellt. Geschnitztes aus Elfenbein vom 12. Jahrhundert bis heute, außerdem Möbel, die mit Elfenbeinornamenten verziert sind, die meisten stammen aus einem Königsschloß in Bayern. Krippenfiguren stimmen auf Weihnachten ein.

### Veranstaltungen & Feste

**Stadtführungen:** Die Touristeninformation bietet nach Absprache für Gruppen Führungen durch die Stadt, zu den Kirchen, entlang des Limes oder im Odenwälder Freilandmuseum an. Sie kosten zwischen 30 und 50 DM.

**Blumen- und Lichterfest:** Vom Mittwoch vor Gründonnerstag bis zum darauffolgenden Sonntag. Zahlreiche Aussteller präsentieren in der Altstadt ein vielfältiges Angebot.

**Fahrradverleih:** Firma Willi Kreis, Hornbacher Str. 2 a, 74731 Walldürn, ℭ 06282/338.

### Hunger & Durst

**Gasthof Zum Riesen,** Hauptstr. 14, 74731 Walldürn, ℭ 06282/531, Fax 6618. Im Zentrum, nicht weit von der Basilika. Kein Ruhetag. Großer Biergarten, gemütliche Atmosphäre, abwechslungsreiche Speisekarte.

AN MAIN, MUD & ELZ

## Im Odenwälder Freilandmuseum

**Anfahrt:** an der B 47 zwischen Amorbach und Walldürn ausgeschildert. Parkplatz vor dem Gelände. Erkundigt euch bei der Tourist-Info in Walldürn, ob im Sommer wieder ein Busdienst zum Museum eingerichtet wird.

**Info & Eintritt:** 74731 Walldürn-Gottersdorf, ✆ 06286/320, Fax 1349. April bis 1. Nov. und Mai bis Sept. 10 – 18 Uhr, April und Okt. nur bis 17 Uhr. Mo geschlossen. Erw. 4 DM, erm. 3 DM, Kinder unter 12 Jahre oder Schulklassen 1,50 DM. Führungen auf Anfrage.

**Vesperstube:** nur So und Fei geöffnet, für Gruppen auch werktags nach Absprache. Mehrere Einkehrmöglichkeiten rund um das Museum.

▶ Das **Freilandmuseum** breitet sich auf einem großen Gelände hinter einem Teich in dem kleinen Ort *Gottersdorf* aus. Das Museum ist selbst **wie ein Dorf,** es zeigt euch, wie die Menschen früher lebten. Ihre Häuser wurden wieder aufgebaut, komplett mit Möbeln und Haushaltsgeräten, Werkzeugen, Ställen und Hühnerhäusern. Nach der Erinnerung der letzten Besitzer oder nach alten Fotos wurden sie genau so eingerichtet, wie sie einst aussahen. Sie stammen aus verschiedenen Regionen, aus dem Odenwald, dem Neckarland und dem Bauland, das sich östlich an den Odenwald anschließt. Vom Tagelöhnerhäuschen über eine dörfliche Poststelle bis zum Großbauernhof ist alles vertreten, was zu einem Dorf gehörte. Die Lebensweise der Menschen, wie sie kochten, schliefen und arbeiteten, wird sehr anschaulich. Stellt euch vor, daß in dem winzigen Tagelöhnerhaus mit zwei Kammern damals zeitweise 13 Personen wohnten! Die Kinder und Erwachsenen mußten sich die Betten teilen.

Interessant ist auch das ehemalige *Armenhaus.* Es gehörte der Gemeinde und wurde von ihr fi-

**Lohn für einen Tag**
*Ein Tagelöhner war jemand, der kurzfristig jede Tätigkeit annahm, die er kriegen konnte. Oft war er nur für einen Tag beschäftigt, daher der Name. Meist hatte er keinen Beruf gelernt und mußte die anstrengendsten und härtesten Arbeiten verrichteten, die obendrein miserabel bezahlt waren. Deshalb war es für die Tagelöhner sehr schwer, ihre Familien zu ernähren.*

nanziert. Früher gerieten besonders alte oder kranke Menschen rasch in Not, denn es gab noch keine Krankenkasse und keine Rentenversicherung, durch die sie abgesichert waren. Hatte jemand keine Familie, die ihm half, so war er auf die Unterstützung des Dorfes angewiesen. Er konnte dann in ein Zimmer im sogenannten Armenhaus einziehen. Wie ihr seht, gab es auch ein Krankenzimmer im Armenhaus. Außerdem lebte in diesem Haus auch die Hebamme der Gemeinde.

Das *Bauland* ist ein Gebiet, in dem traditionell viel Dinkel, eine Weizenart, angebaut wird. Aus den unreifen Ähren kann man mit Hilfe der *Grünkerndarre*, eine steht im Museum, das Getreide trocknen – darren. Beim alljährlichen *Grünkernfest* erfahrt ihr mehr darüber.

Vergeßt nicht, euch den **Großbauernhof** anzusehen, der vorm Museumsgelände ausgeschildert ist. Dieses Gebäude einer wohlhabenden Bauernfamilie steht seit 200 Jahren an seinem Platz, es mußte nicht abgebaut werden, um Teil des Museums zu sein. Neben ihm befinden sich Werkstätten, in denen Räder für Kutschen, Möbel und andere Dinge selbst hergestellt wurden.

### Veranstaltungen im Freilandmuseum
**Familientag:** am Ostermontag mit Eiersuchen und Spielen.
**Grünkernfest:** am 3. Juliwochenende mit verschiedenen Vorführungen gefeiert.
**Handwerkertage:** Jeweils am 3. Sonntag im Mai, Juni und August, dann könnt ihr zusehen, wie ein altes Handwerk in einer der Werkstätten auf dem Gelände vorgeführt wird.
**Kartoffel- und Mosttag:** Im September (Datum wechselt).

**Buchtip**
*Sagen und Geschichten aus dem Odenwald,* zusammengetragen von Walter Albach, Tübingen 1981.

tip Einen **Waldspielplatz** und die Reste eines Römerkastells findet ihr ungefähr 1 km südöstlich von Walldürn, Richtung Altheim und Waldstetten.

AN MAIN, MUD & ELZ

*Am östlichen Rand des Odenwaldes beginnt das **Madonnenländchen**, das zwischen Main, Neckar und der Tauber liegt. Es wird so genannt, weil es hier besonders viele Bildstöcke gibt, das sind kleine Säulen aus Stein, auf denen eine Marienfigur steht.*

**Buchtip**

Wer sich auf den Spuren der Römer zu Fuß auf Entdeckungsreise begeben möchte: **Rundwanderungen am Odenwaldlimes,** Erwin Wild, An der Marbach 24, 64720 Michelstadt, ✆ 06061/5157. 6,90 DM. Ausführungen zur Geschichte des Odenwaldlimes, Wandervorschläge mit Skizzen, Parkplätze.

## Große Freiheit bei der Linkenmühle

**Anfahrt:** an der B 47 zwischen Amorbach und Walldürn.

Linkenmühle, Hornbacher Landstraße 21, 74731 Walldürn-Rippberg, ✆ 06286/283. Mo Ruhetag, im Winter Mo und Di. Sauna 10 DM pro Person, Ponyreiten 12 DM pro Stunde, Kegelbahn 15 DM pro Stunde.

▶ Die Linkenmühle liegt einsam und idyllisch im Tal, im Sommer genießt man das Essen im Biergarten, es gibt einen Spielplatz, Kinder können frei herumtoben. Freiland-Tierhaltung, eigene Schlachtung, Hausmacher Wurst zum Mitnehmen, außerdem Forellenteiche. Pension mit Hallenbad, Sauna und 2 Kegelbahnen. Ponyhof.

Mein Vorschlag: ein Spaziergang zu diesem Ausflugslokal ab dem Parkplatz an der Straße von Walldürn Richtung Hornbach auf der rechten Seite. Links ist ebenfalls ein Parkplatz, an diesem befindet sich der Jugendzeltplatz Hornbacher Tal.

Rechts in den Wald dem Weg mit der Markierung W 7 folgen. Mit Kinderwagen möglich, eben und befestigt. Etwa 45 Minuten dauert es bis zur Linkenmühle. Achtung: Am Ende muß man über eine kleine Steinbrücke einen Bach queren – mit Kinderwagen kann das knifflig werden.

## Auf den Spuren der Römer: der Limeswanderweg bei Walldürn

**Anfahrt:** über die Kreuzung der B 27 mit der B 47, beginnt im Industriegebiet von Walldürn-Nord, dort ausgeschildert.

▶ Ein Rundweg von etwa 2 Stunden, 5 km lang, führt euch an den Fundamenten von mehreren römischen Wachtürmen entlang. Der Limespfad bei Walldürn zeigt Reste der vorderen, östlichen

# DER LIMES IM ODENWALD

Limes ist Lateinisch und bedeutet »Grenze«. Seit Kaiser *Trajan* (98 – 117 n.Chr.) bauten die Römer überall an den Grenzen ihres riesigen Reiches Gräben, Wälle, Zäune und Festungen. Der *westliche Odenwaldlimes* beginnt bei **Wörth am Main** und endet in **Bad Wimpfen**. Zuerst wurden nur hölzerne Wachtürme errichtet. In der zweiten Ausbauphase ließ Kaiser *Hadrian* Palisaden als zusätzliches Hindernis aufstellen, außerdem entstand auf einem Teilstück die erste massive Mauer von 112 m Länge. Sein Nachfolger *Antonius Pius* ließ dann um 145 n.Chr. die Holztürme durch Steinbauten ersetzen und die ersten steinernen Kastelle errichten. Zwischen 148 und 162 wurde der Limes nach *Osten* verlegt, vermutlich, weil diese Grenzlinie besser zu überwachen war. Sie führt von **Miltenberg** über **Walldürn** bis **Lorch.** Die schnurgerade, 82 km lange Linie zwischen *Höhnehaus* südlich von Walldürn und dem *Haghof* bei Welzheim war eine Meisterleistung der römischen Vermessungsingenieure.

Die **Limestürme** (10 – 12 m hoch, etwa 5 m Seitenlänge) wurden an günstigen Stellen im Gelände errichtet, von denen man möglichst weit schauen konnte und Sichtverbindung zu den Nachbartürmen hatte. Sie wurden aus in der Gegend vorhandenem Naturstein, aus Eichen- oder auch Kiefernholz gebaut. Eisennägel und Holzverbindungen hielten alles zusammen. Weil bei Ausgrabungen zahlreiche Werkzeuge gefunden wurden, weiß man recht genau, wie die Römer ihre Türme und Häuser gebaut haben. Unten wohnte die Besatzung (6 – 8 Männer), im obersten Geschoß schob sie ihren Wachdienst. Der Eingang befand sich im Mittelgeschoß, er war nur über eine Leiter zu erreichen, die bei Gefahr eingezogen wurde.

Die **Limeskastelle** waren keine richtigen Festungen, sondern nur befestigte Kasernen. Es gab *Kohortenkastelle,* in denen etwa 500 Männer lebten, *Numeruskastelle* mit 150 Mann Besatzung (z.B. in Wörth, Eulbach und Würzberg) und kleinere Kastelle, die nur eine Art verstärkter Wachtposten waren. Die Römer liebten es, ausgiebig zu baden, bei fast allen großen Kastellen gab es große *Badeanlagen.* Von diesen Römerbädern sind viele Überreste im Odenwald zu finden.

**AN MAIN, MUD & ELZ**

Odenwaldlinie, die um 150 n. Chr. gebaut wurde. Über 30 Infotafeln erzählen euch, wie die Türme einmal aussahen – sie waren nämlich einst weiß verputzt – und noch vieles mehr über die Römer im Odenwald. Die Wachtürme standen in einem Abstand von 400 bis 500 m. Wenn Gefahr drohte, gab die Wachmannschaft Signale, die von Turm zu Turm weitergegeben wurden. Der Weg ist zwar völlig eben, aber schmal und holperig, nur für geländegängige Kinderwagen geeignet. Für eine kleine Radtour ist er aber zu empfehlen.

## BUCHEN

*Buchen ist ein guter Ausgangspunkt für einen Urlaub im östlichen Odenwaldgebiet. Es gibt eine nette **Fußgängerzone** mit mittelalterlichen Fachwerkhäusern, Geschäften, Gasthäusern und vielen Unterkunftsmöglichkeiten. Besonders toll wird die Fastnacht in Buchen gefeiert, siehe »Zur Winterzeit«, Seite 267.*

**Anfahrt:** B 27, etwa 9 km südlich von Walldürn. Bahnstrecke Walldürn – Seckach, siehe Walldürn.

**Infos:** Verkehrsamt der Stadt Buchen, Platz am Bild, 74722 Buchen, ✆ 06281/2780, -31155, Fax 2732. Mo – Fr 8 – 12 und 14 – 16 Uhr, Sa 10 – 12 Uhr. Internet www.Buchen.de

### Ausflug zum Tierpark und Gasthaus Hasenwäldchen

**Anfahrt:** von Buchen kommend Richtung Hettingen etwa 200 m vor Ortsbeginn Hettingen rechts am Umspannwerk abbiegen. Es gibt ein Schild Wildgehege, das ist jedoch stark verwittert und fast unleserlich. Hinterm U-Werk parken. Busse nach Hettingen etwa 8 x am Tag.

**Gasthaus:** Mai bis Oktober täglich ab 13 Uhr, So ab 9 Uhr geöffnet, von November bis April nur Mi 15 – 20, Sa 14 – 20 und So 9.30 – 19 Uhr.

▶ In dem großen **Biergarten** könnt ihr im Sommer Kuchen, Eis oder kleine Gerichte genießen, im Winter heiße Getränke. Das Tollste sind aber die vielen Tiere. In den sehr gepflegten **Gehegen** beim Gasthaus leben neben Fasanen, Pfauen, Sittichen, Kanarienvögeln, Hühnern, Tauben und Enten auch afrikanische Zwergziegen, Kaninchen, Streifenhörnchen und Heideschafe. Alle Tiere dürft ihr füttern. Futter bekommt ihr für 1 DM am Gasthaus. Zwischen den Gehegen stehen liebevoll restaurierte alte landwirtschaftliche Geräte.

Vom Parkplatz aus lauft ihr entweder mit Kinderwagen auf dem asphaltierten Weg zwischen Feld- und Waldrand zum Gasthaus Hasenwäldchen, rechter Hand liegt dann der kleine *Dausee.* Oder ihr geht durch den Wald auf dem **Wald- und Vogellehrpfad,** das dauert etwa eine halbe Stunde. Dieser Pfad, der am großen Holzschild beginnt, ist nicht für Kinderwagen geeignet.

## Aufstieg zum Wartturm bei Buchen

Der Turm ist nicht zu übersehen, er ragt auf der einzigen Erhebung aus einem Miniwäldchen über die umliegenden Felder. Ein befestigter Weg führt vom Dausee zum Turm, auch für Kinderwagen geeignet.
▶ Der Wartturm liegt südöstlich von Buchen auf dem 394 m hohen *Wartberg.* Der 14 m hohe Turm diente im Mittelalter der stark befestigten Stadt Buchen als **Beobachtungsturm.** Von dort oben war jeder Angreifer früh zu erkennen. Der Einstieg befand sich ursprünglich auf halber Höhe des Turms, die Stelle ist noch gut sichtbar. Über eine Leiter kletterten die Leute in den Turm hinein, wurden sie angegriffen, war der Eingang nicht so leicht zu erreichen. Über dem

**tip** Für Jung und Alt findet alljährlich der **Buchener Feriensommer** statt. In diesem Rahmen gibt es von Ende Juli bis Anfang September die unterschiedlichsten Veranstaltungen: Konzerte, Stadtführungen, Streetball-Turnier und Jugendtheater, organisierte Ausflüge für Kinder. Auskünfte und Anmeldungen beim Verkehrsamt.

**Kartentip**
mit Radwanderwegen und Vorschlägen für Radtouren gibt es beim Verkehrsamt.

AN MAIN, MUD & ELZ

Einstieg steht die Jahreszahl 1490, wahrscheinlich das Baujahr des Turms.

Besonders interessant ist die Gießluke über dem Einstieg, auch *Pechnase* genannt. Durch diese Öffnung goß die Besatzung des Turmes feindlichen Angreifern allerlei ekliges Zeug, wie heißes Pech, über die Köpfe.

Heute betritt man den Turm bequem durch den nachträglich eingebauten ebenerdigen Eingang. Auch die Bekrönung des Turmes mit den malerischen Zinnen und die Plattform auf dem Dach stammen aus dem Jahre 1894. Im Mittelalter besaß der Turm ein spitzes Kegeldach.

## Fußweg zum Hollersee

**Anfahrt:** von Buchen Richtung Hettigenbeuren fahren oder laufen, nach dem Ortsende links abbiegen, dem Schild Waldschwimmbad und »Hollersee Fußweg« folgen. Am Schwimmbad parken.

▶ Zunächst geht es am Schwimmbad vorbei, Richtung Südwesten. Links von dem breiten Waldweg fließt der *Hollerbach*, ihr lauft gegen die Strömung. Einmal überquert ihr eine Straße. Nach etwa 40 Minuten erreicht ihr den See, er liegt in einem Tal, von riesigen Wiesen umgeben, am Ufer stehen einige Sitzgruppen. Es ist ein schöner Platz zum Picknicken und zum Spielen, Schwimmen ist verboten.

**Rückweg** *mit Kinderwagen:* ihr könnt den See umrunden und dann parallel zu dem Weg, auf dem ihr gekommen seid, auf der anderen Seite des Tals zurückgehen. Ihr gelangt bald wieder an die kleine Straße, auf der ihr nun etwa 25 m nach links gehen müßt. Ab hier geht ihr dann wieder auf dem Weg zurück, den ihr gekommen seid.

*Ohne Kinderwagen* könnt ihr nach dem Umrunden des Hollersees der Markierung gelbes

*Pech verwendet man heute zum Beispiel zur Herstellung von Teerpappe, mit der Dächer gedeckt werden. Im Mittelalter stellte man aber auch Stinkbomben aus Pech und Schwefel her. Die konnte man dann auf die Belagerten in den Burgen werfen. Igitt. Pech schmierte man auch auf Schnüre, mit denen man dann Vögel fing. Ein Pechvogel ist ein Vogel, der an so einer Leine kleben blieb.*

Kreuz folgen, etwa 100 m hinter dem See geht es bergauf in den Wald. Der Weg kreuzt die Straße, die auch beim Hinweg überquert wurde. Ungefähr 500 m nach der Straßenüberquerung geht links ein Waldweg bergab, er bringt euch wieder zum Schwimmbad im Tal, eine Brücke führt über den Hollerbach zum Parkplatz.

## Ausflug nach Hettigenbeuren

**Anfahrt:** etwa 8 km nördlich von Buchen, Richtung Amorbach.

Busse u.a. von Buchen aus nur werktags etwa 6 x täglich, Infos ✆ 06286/ 51153.

**Minigolf:** Schläger und Bälle für die Minigolfanlage sind beim Landgasthof Löwen und der Bäckerei Keller erhältlich.

▶ Mitten in dem Erholungsort Hettigenbeuern liegt am mittelalterlichen *Götzenturm* der kleine **Kurpark.** Hier gibt es einen *Minigolfplatz,* ein funktionstüchtiges *Kneipptretbecken* und ein *Café.* Außerdem läßt es sich im *Tal an der Morre* schön spazierengehen.

Der **Wanderweg** von Hettigenbeuren nach Buchen ist 7 km lang, das sind etwa 2 Stunden Gehzeit. Er ist asphaltiert und für Kinderwagen geeignet, er schlängelt sich durch das lauschige Morretal. Beginn des Weges: von Buchen kommend in Hettigenbeuren Richtung Steinbach fahren, dann hinter der Bäckerei Keller links. Oder ihr fahrt mit dem Rad von Buchen hin und zurück.

## Baden und weitere Aktivitäten

**Fahrradverleih:** *Fahrradgeschäft Dosch*, Eisenbahnstr. 7, ✆ 06281/4211, und beim Verkehrsamt.

**Planwagen- und Kutschfahrten:** Willi Slepkowitz, Buchen-Hettingen, ✆ 06281/1638.

### Echte Schweine

*Manchmal, wenn ihr im Wald spazierengeht, werdet ihr an Stellen kommen, wo der Boden aufgewühlt, Laub und Gräser weggescharrt sind. Wahrscheinlich waren hier* **Wildschweine** *auf Futtersuche. Grunzend und schmatzend ziehen sie durch den Wald und über Wiesen, um nach Wurzeln oder anderen Leckereien zu graben. Sie verwüsten dabei auch Äcker oder Gärten. Das machen sie aber in der Regel nachts, wenn sie niemand sieht. Tagsüber verstecken sie sich in dichtem Unterholz. Außerdem lieben sie es, sich im Schlamm zu suhlen. Wenn ihr eine Stelle findet, wo die Erde aufgewühlt ist, dann könnt ihr auf Spurensuche gehen: an den Fußabdrücken könnt ihr nämlich erkennen, ob es Wildschweine waren oder Rehe. Denn auch Reh- und Damwild scharrt* *den Boden auf, allerdings sieht es dann meistens nicht so verheerend aus wie nach einem Schweinebesuch. Kreuzt ein Wildschwein beim Wandern euren Weg, so könnt ihr oft seinen intensiven Duft noch riechen, wenn es schon längst wieder im Dickicht verschwunden ist.*

*Wildschweine können übrigens ganz flott rennen, also Vorsicht!*

### Buchener Bezirksmuseum

Kellereistr. 25 – 29, 74722 Buchen, ℂ & Fax 06281/8898. Mi 19.30 – 21 Uhr ganzjährig, Mai bis September auch So 14 – 17 Uhr.

▶ In der ehemaligen kurmainzischen Amtskellerei, auf drei Gebäude verteilt. Bauernmöbel, Keramik, Handwerksgeräte. Das komplette Atelier des ersten Buchener Fotografen und ein Friseursalon aus den 20er Jahren sind aufgebaut.

### Beheiztes Waldschwimmbad

Im Sommer täglich 9 – 20 Uhr, Erw. 4 DM, Kinder 2 DM. Wassertemperatur 24 Grad. ℂ 06281/535160.

▶ Freibad mit viel Platz auf den Liegewiesen, sehr idyllisch im Mühltal, etwas außerhalb von Buchen in Richtung Hettingenbeuren gelegen. Kinderbecken, Spielplatz, Tischtennisplatten, Volleyballnetz, Kiosk.

## In der Eberstädter Tropfsteinhöhle

**Anfahrt:** etwa 6 km südöstlich von Buchen, ausgeschildert.

**Info & Eintritt:** Anfang März bis Ende Oktober täglich 10 – 16 Uhr, November bis Februar nur Sa, So und Fei 13 – 16 Uhr. Kiosk ℂ 06292/578. Auskünfte beim Verkehrsamt Buchen.

Erw. 4,50 DM, bis 15 Jahre 2,50 DM. Besichtigungsdauer etwa eine Stunde. Auch mit Rollstuhl oder Kinderwagen, etwas huppelig an manchen Stellen.

▶ Dieses einmalige **Naturdenkmal** wurde 1971 durch Zufall entdeckt – in dem ehemaligen Steinbruch bei der Höhle wurde bei einer Sprengung ein Spalt freigelegt, und dahinter glänzte und glitzerte es geheimnisvoll. Heute könnt ihr mit einer **Führung** 600 m weit in das Innere der Höhle gehen und euch die Zauberwelt der Tropfsteine ansehen. Diese Gebilde sind bis zu 2 Millionen

Jahre alt, manche sind mehrere Meter hoch. Wegen ihren bizarren Formen tragen sie phantasievolle Namen wie »Elefantenrüssel«, »Hochzeitstorte« oder »Weiße Frau von Eberstadt«. Ein kleiner Höhlensee verstärkt noch den märchenhaften Eindruck. Weil die Temperatur und die Luftfeuchtigkeit in der Höhle immer gleich bleiben, trocknet dieser See niemals aus. Es ist erstaunlich, daß in dieser finsteren Umgebung so manches wächst und gedeiht: Moose, Krebse und Schnecken finden es hier ganz gemütlich.

Auf dem Weg vom Parkplatz zur Höhle, in dem früheren Steinbruch, seht ihr einen *geologischen Lehrpfad.* Um alles durchzulesen, braucht ihr etwas Zeit, es ist aber sehr interessant. Gegenüber liegt ein türkisgrüner kleiner See. Oberhalb der Höhle befinden sich Toiletten und ein Spielplatz mit Grillstelle.

## Jugenddorf Klinge

**Anfahrt:** südlich von Buchen, Richtung Adelsheim. Seckach ist Bahnstation, von Walldürn oder von Mosbach. Das Jugenddorf ist aber ein Stück vom Ort entfernt.

**Infos:** *Kinder- und Jugenddorf Klinge e.V.,* 74743 Seckach-Klinge, ✆ 06292/780, Fax 78200.

**Spielplatz:** 8 – 21 Uhr, Hunde verboten, Picknick-Wiese.

**Gaststätte St. Benedikt:** ✆ 06292/78233, 78235. Vom 1.4. bis 31.10. Mo, Mi – Sa 11 – 0 Uhr, Di 11 – 14.30, So 10 – 18 Uhr. Warme Küche 11.30 – 14 und 18 – 22 Uhr. Vom 1.11. bis 31.3. Mo, Mi – Sa 11 – 14.30 und 18 – 0 Uhr, Di 11 – 14.30 Uhr, So 10 – 18 Uhr. Terrasse, Tagesmenü für 11,50 DM.

▶ Im Jugenddorf leben in Familiengruppen Kinder und Jugendliche, deren Eltern gestorben sind oder aus unterschiedlichsten Gründen ihre Kin-

## Habt ihr's gewußt?

*Stalaktiten heißen die Tropfsteine, die von der Decke herunter,* **Stalagmiten** *sind die, die vom Boden hoch wachsen.*

## Buchtip

*Die Höhlentröpfe,* ein modernes Märchen für Kinder und Jungegebliebene, das in der Eberstädter Tropfsteinhöhle spielt, gibt es beim Verkehrsamt der Stadt Buchen, ✆ 06281/2780, -31155, Fax 2732.

**tip** Fahrt ihr von Seckach zum Jugenddorf, liegt genau zwischen den beiden Orten im Wald der **Kunstpfad.** Das Hinweisschild ist nicht zu übersehen, ebensowenig wie das etwa 10 m hohe Kunstwerk aus Dutzenden übereinandergestapelter bunter Holzstühle. Im Wald stehen hier etwa 40 Skulpturen aus Stein, Holz und anderen Materialien. Die natürlichen Verwitterungspuren lassen die Arbeiten noch interessanter erscheinen. Der Pfad ist das Werk dreier ortsansässiger Bildhauer und ihrer Freunde.

der nicht selbst erziehen können. Fast 200 Kinder und Jugendliche wohnen im Dorf. Auf dem großen Gelände mit vielen **Freizeiteinrichtungen** sind auch Ferienhäuser und ein Zeltplatz für Jugendgruppen zu mieten, ein Gäste- und Tagungshaus steht für Seminare aller Art zur Verfügung.

Für Ausflügler bietet das Jugenddorf zwei Attraktionen: Einen großen, hervorragend ausgestatteten **Abenteuerspielplatz** und das **Gasthaus St. Benedikt,** das eine ebenso hervorragende Küche zu günstigen Preisen bietet. Auf der riesigen Fläche des Spielplatzes sind bei Hitze die Wasserspiele besonders beliebt, doch auch die Riesenrutsche, das Labyrinth, der große Kletterturm und ein Schaukelboot sorgen stundenlang für Unterhaltung. Eltern können es sich auf der großen Wiese bequem machen. Es gibt auch Tischtennisplatten, bringt euch Schläger und Bälle mit.

Die **Gaststätte** ist gegenüber vom Spielplatz. Ihr schlichtes Äußeres erinnert eher an eine Kantine, doch ein Blick auf die Speisekarte läßt bereits erahnen, daß es mehr als bloß Linsensuppe gibt. Hier werden Jungköche und Köchinnen ausgebildet, die sich auch an ausgefallenen Gerichten probieren – Lamm, Vegetarisches, Fisch und vieles mehr, falls ihr nicht so hungrig seid, gibt es auch eine kleine Vesperkarte.

*Rotbuche mit Früchten, den Bucheckern*

# TIERE IM ODENWALD

Am häufigsten im Odenwald werdet ihr wahrscheinlich **Rehe** sehen. In der Dämmerung kommen sie aus dem Wald und grasen auf den Wiesen. **Rehwild** hat nur ein kleines Gehörn und ist zierlich, die Tiere sind etwa 70 Zentimeter hoch. Im Sommer leben mehrere Muttertiere mit ihren Jungen zusammen, im Winter bilden sich große Rudel.

Das größere **Damwild** ist ebenfalls recht häufig im Odenwald. Damhirsche haben ein großes, schaufelartiges Geweih, ein bißchen ähnelt es dem von Elchen. Von Rot- oder Rehwild könnt ihr es zudem an dem längeren Schwanz unterscheiden. Das Damwild verändert sein Fell mit den Jahreszeiten: im Sommer ist es rotbraun mit weißen Tupfen, im Winter ist es braungrau und hat keine Flecken. Es ernährt sich von Kräutern, Blättern, Zweigen und Knospen.

**Rotwild** ist bei uns selten. Die mächtigen Rothirsche sind die größten Bewohner unseres Waldes. Sie können bis zu 250 Kilo wiegen. Ihre Geweihe sind bei Jägern immer sehr begehrt gewesen und hängen oft als Trophäen an der Wand. Bei Schloßbesichtigungen werdet ihr darauf stoßen. Das Geweih des Rothirsches hat Zacken, die sogenannten Enden. Wenn ihr diese Enden zählt, wißt ihr, wie alt der Hirsch war. Die Hirschkuh hat kein Geweih. Rothirsche essen Kräuter und Laub, Rinde und Eicheln, Bucheckern und Obst. Im Gebirge, zum Beispiel in Bayern oder im Schwarzwald, gibt es noch häufiger Rothirsche. Beim Jagdschloß Kranichstein lebt Rotwild in einem eingezäunten Areal, wenn ihr Glück habt, könnt ihr es bei einem Ausflug dorthin sehen. Ansonsten werdet ihr ihm in Wildgehegen, zum Beispiel bei Erbach im Odenwald, begegnen. Übrigens werfen sowohl die Dam- als auch die Rothirsche und die Rehböcke jedes Jahr ihr Geweih ab, innerhalb von wenigen Monaten wächst ihnen ein neues.

Wißt ihr, was ein **Mufflon** ist? Es sieht aus wie ein Schaf und hat dicke, nach hinten gebogene Hörner. Eigentlich leben die Mufflons in den warmen Ländern am Mittelmeer, vor allem auf den Inseln Korsika und Sardinien. Einige Exemplare wurden nach Nord- und Mitteleuropa gebracht, vermehrten sich hier und leben nun in auch unseren Wäldern. Ihre Herden werden meistens von einem Weibchen geleitet.

### Fährtenleser aufgepaßt!

**Dachse und Füchse** leben ebenfalls im Odenwald. Der Dachs wohnt in einer Höhle, die er im Wald in die Erde gräbt. Er polstert sie an den tiefsten Stellen mit Moos aus, damit er auf weichem Untergrund liegen kann. Im Winter hält er eine Winterruhe. Auch im Sommer werdet ihr ihn kaum zu Gesicht bekommen, denn er ist nachts aktiv und schläft am Tag. Der Dachs ist ein Allesfresser, er hat einen extrem kräftigen Kiefer. Auch der Fuchs gräbt Bauten, die viele Fluchtröhren haben, damit er den Hunden der Jäger entkommen kann. Ihr könnt einen Dachsbau daran erkennen, daß es rundherum ganz sauber ist – der Fuchs dagegen ist sehr unordentlich, er läßt seine Essensreste vor dem Bau liegen.

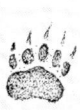

Dachs-Spur

Fuchs-Spur          HundeSpur

### Gute Schauspieler

*Der Marder und der Fuchs haben unglaubliche Methoden erfunden, um an ihre Beute zu kommen. Für **Marder** sind Kaninchen Leckerbissen. Um sein Opfer abzulenken, führt der Marder einen wilden Tanz auf, er hüpft und überschlägt sich wie toll. Das Kaninchen schaut fasziniert zu, und merkt gar nicht, daß der Marder bei seinen verrückten Sprüngen langsam näher kommt – schwupps, ist es um das Karnickel geschehen.*
*Der **Fuchs** ißt gerne Krähen. Es gilt als erwiesen, daß sich Füchse totstellen, um die Vögel anzulocken. Dabei legt sich der Fuchs mit verrenkten Gliedern hin, verdreht die Augen und sogar sein Fell sieht zerzaust aus. Er ist ein phantastischer Schauspieler. Die Krähe möchte an dem vermeintlichen Aas picken, kommt heran, und – zack – hat der schlaue Fuchs sein Mittagessen.*

# MANNHEIM & HEIDELBERG

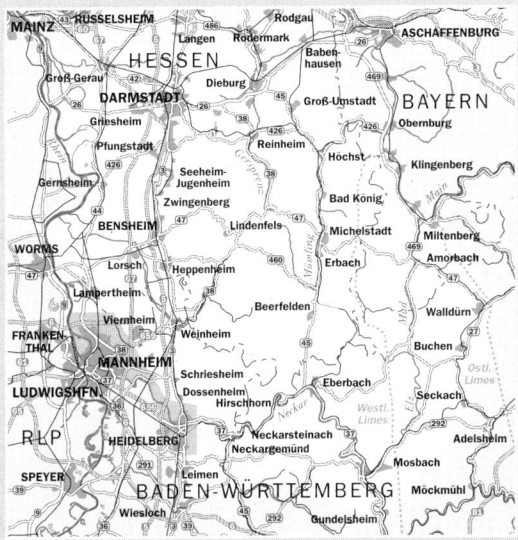

# MANNHEIM

Mannheim liegt in der Oberrheinebene im Mündungswinkel zwischen Rhein und Neckar gegenüber von Ludwigshafen. Ulkig ist Mannheims Stadtbild: Die von einer Ringstraße umgebene Altstadt ist in genau 136 Rechtecke eingeteilt, Buchstaben und Ziffern ersetzen die Straßennamen. Adressen sehen wie beim Schach aus. Nach dem letzten Krieg war die Stadt ziemlich kaputt, aber den Grundriß mit dem Paradeplatz als Mittelpunkt hat man beim Wiederaufbau beibehalten.

**tip** Der Touristik-Service ist links schräg gegenüber vom Bahnhofsvorplatz. Dort bekommt man für 20 Pfennig einen kleinen **Stadtplan** von Mannheim und erfährt von **Veranstaltungen für Kinder,** z.B. Kinderkino. Außerdem befindet sich hier eine Kartenvorverkaufsstelle.

**Anfahrt:** über die A 5, A 6 und A 67.
Viele Zugverbindungen jeden Tag von Frankfurt, Darmstadt, Heidelberg, Mainz, Worms, Karlsruhe, auch Intercity-Station.
**Infos:** *Touristik-Service Mannheim,* Willy-Brandt-Platz 3, 68161 Mannheim, ℅ 0621/101011, Fax 24141. eMail: info@tourist-mannheim.de
Internet www.tourist-mannheim.de oder www.kultur-mannheim.de
**Telefonvorwahl:** 0621.

## Die Mannheimer Museen
### *Zeitreise im Landesmuseum für Technik und Arbeit*
**Anfahrt:** von der Innenstadt mit der Linie 6, Neuostheim.
A 5 bis Darmstädter Kreuz, A 67 bis Viernheimer Dreieck, A 6 bis Ausfahrt Mannheim Mitte. Am Ende der Autobahn liegt rechter Hand das Museum, der riesige Bau ist nicht zu übersehen. Die zweite Parkplatzeinfahrt führt zum Museum und zum Luisenpark.
**Info:** Museumsstraße 1, 68165 Mannheim.
℅ 42989, Fax 4298754, Museumspädagogischer Dienst 4298-839, Fax 4298-723.

**Eintritt:** Di, Do, Fr 9 – 17 Uhr, Mi 9 – 20 Uhr, Sa 10 – 17, So 10 – 18 Uhr. Erw. 5 DM, Kinder 3 DM, Familienkarte 7 DM. Gruppen ab 10 Personen 3 DM, Schulklassen 1 DM pro Person.

Museumsrestaurant auf Ebene F.

▶ In diesem Museum könnt ihr eine Zeitreise machen und die letzten zwei Jahrhunderte nacherleben. Eine gute Möglichkeit, einen **trüben Tag spannend** zu machen. Um von Etage zu Etage aus dem Jahr 1750 bis in die Gegenwart zu reisen, braucht ihr tatsächlich etliche Stunden. Dabei erfahrt ihr, welche Erfindungen wann gemacht wurden und was sie für die Menschen bedeuteten. Unzählige Apparate und Maschinen, ganze Werkstätten und Läden sind in dem riesigen Gebäude ausgestellt. Eine Dampfmaschine und alte Motorräder, Uhren, alles rund um die Eisenbahn, Druckmaschinen und Papierfabriken werden erklärt. Die großen Druckmaschinen funktionieren nach einem ähnlichen Prinzip wie der Kartoffeldruck. Probiert es mal: in halbierte rohe Kartoffeln Buchstaben schnitzen, in Wasserfarben tunken und mit gleichmäßigem Druck aufs Papier drücken. Aber auch Ausschneidebögen und Bilderbücher, mit denen sich die Kinder im 19. Jahrhundert vergnügten, sind ausgestellt. Und ihr seht, mit welch abenteuerlichen Konstruktionen zum ersten Mal Flugversuche gemacht wurden. Auch das Laufrad des *Freiherrn von Drais*, der Vorläufer unserer heutigen Fahrräder, ist zu bewundern.

Besonders faszinierend sind die **Vorführungen,** jeden Tag finden unterschiedliche **Aktionen** statt. Habt ihr schon einmal gesehen, wie Papier gemacht wird? Oder wie man einen Stoff webt? Oder ein Buch druckt? Im Museum könnt ihr solche Dinge miterleben und auch dabei helfen.

**Geführte Stadtrundgänge:** Mai bis Oktober 2 x pro Woche, Dauer 2 Stunden, Erw. 8 DM, Kinder bis 14 Jahre 4 DM, erm. 6 DM. Beginn am Wasserturm, Schloßbesichtigung ist inbegriffen. **Stadtrundfahrten:** Mai bis Oktober, Dauer 2 Stunden, Erw. 19 DM, Kinder bis 14 Jahre 10 DM, erm. 16 DM. Ab 6 Personen 20 % Gruppenermäßigung. Mit Schloßbesichtigung und Auffahrt auf den Fernmeldeturm. Infos beim Touristik-Service Mannheim.

**tip** Auf dem Marktplatz findet Di, Do/Sa ein großer **Markt** für Obst, Gemüse und Blumen statt.

*Ein Herr namens
Karl-Friedrich Drais
von Sauerbronn
»radelte« im Jahr 1817
zum ersten Mal auf
einem Laufrad – und
zwar in Mannheim.
Aber richtig bequem
war seine
Erfindung
nicht ...*

Insgesamt gibt es Aktionen in 12 verschiedenen historischen Werkstätten, einige davon sind jeden Tag in Betrieb. Am Eingang erfahrt ihr, wo und wann Vorführungen stattfinden. Wollt ihr allein oder in einer Gruppe an einer Vorführung teilnehmen, wendet euch an den museumspädagogischen Dienst, er bietet tolle Aktionen an.

### Anheuern auf einem Schaufelraddampfer

**Museumsufer** an der Kurpfalzbrücke, 68159 Mannheim. ✆ 101011, täglich außer Mo 10 – 17 Uhr. Erw. 2 DM, Kinder 1 DM, bis sechs Jahre frei.

**Restaurant Warsteiner** auf dem Oberdeck, ✆ 1011-36, -53, Fax 1565669. Ab 12 Uhr warme Küche, bis 24 Uhr geöffnet. Mo erst ab 17 Uhr.

▶ Für Schülergruppen gibt es einen Medienraum mit Videos zur Schiffahrt. **Kindergeburtstage** mit Piratenspielen und anderem werden organisiert, Infos beim museumspädagogischen Dienst des Landesmuseums für Technik und Arbeit.

Das **Museumsschiff** ist ein alter Schaufelraddampfer von 1929. Er liegt unterhalb der Kurpfalzbrücke und gehört zum *Landesmuseum für Technik und Arbeit.* Früher war die Schiffahrt auf Rhein und Neckar sehr wichtig, viele Waren wurden transportiert. Auf dem Museumsschiff seid ihr »Matrose«: Da gibt's im Maschinenraum und der *Kombüse* (das ist die Schiffsküche) allerhand zu sehen, ins *Führerhaus* dürft ihr raufklettern. Manchmal werden sogar die mächtigen Schaufelräder in Gang gesetzt!

### Reiss-Museum

**Anfahrt:** ab Hbf alle drei Minuten mit Linie 1, 3, und 7 bis Paradeplatz. Von dort Linie 2 oder 6 bis Rathaus/Reiss-Museum oder 300 m Fußweg. RHB (Bad Dürkheim) fährt ab Hbf direkt zum Paradeplatz.

Für Autos gibt es eine Tiefgarage unter dem Reiss-Museum, D 5.

**Infos:** C 5 Zeughaus, 68159 Mannheim. eMail: reiss-museum@mannheim.de. Infos zu Ausstellungen und Führungen beim Ausstellungsbüro, ℘ 2939729, Fax 2939539. Museumspädagogik ℘ 2933182.

**Eintritt:** Täglich außer Mo 10 – 17 Uhr, Do 12 – 17 Uhr. Erw. 4 DM, erm. 2 DM; Do Eintritt frei. Bistro.

▶ Am bekanntesten ist dieses Museum wohl für seine spektakulären **Sonderausstellungen,** zum Beispiel zu China, Ägypten oder anderen Kulturen, die viele Besucher anziehen. Zu allen Sonderausstellungen gibt es auch immer spezielle Kinderführungen. Begeistert waren Kinder von der großen Dinosaurier-Schau. Das städtische Museum, bereits 1957 eröffnet, zeigt aber auch mehrere feste Ausstellungen.

Für Kinder am interessantesten ist der **Neubau in D 5.** Hier sind die völkerkundliche Abteilung, die Naturkunde und die frühgeschichtlichen Funde untergebracht. Im **Altbau** gibt es Malerei, Porzellan und Möbel. Ein Blick hinter die Kulissen ist in der Ausstellung rund ums Theater möglich.

Der **Jugendclub Reissnägel** trifft sich einmal im Monat. Nicht nur im Museum verbringen die Reissnägel ihre Zeit, auch Ausflüge stehen auf dem Programm. Die Museumspädagogik bietet aber noch viel mehr für Kinder an, so zum Beispiel an zwei Nachmittagen in der Woche **Kinderführungen.**

### Städtische Kunsthalle Mannheim

**Anfahrt:** ab Hbf mit den Straßenbahnlinien 3 (Sandhofen), 5 (Käfertal), 5R (Weinheim), und 7 (Vogelstang), Haltestelle Kunsthalle. Buslinien M (Fahrlach) und N (Diakonissenkrankenhaus).

**tip** Falls ihr in Mannheim wohnt oder öfter hierher kommt, lohnt sich eine **Jahres-Kombikarte** (Erw. 36, Kinder bis 15 Jahre 13 DM) für *Luisen- und Herzogenried-Park.*
Es gibt auch eine **Verbundkarte** für alle Mannheimer *Museen und den Luisenpark:* Erw. 60 DM, erm. 40 DM.

**tip** Samstags und sonntags bietet die Kunsthalle 10 – 18 Uhr **Kinderbetreuung** an. Die Museumspädagogen kümmern sich um den Nachwuchs, während die Eltern Kunst genießen können.

**Infos:** Museumspädagogik 2932335, 2936440. Spezielle Veranstaltungen für Schulen, Beratung ℂ 2936440, Terminvereinbarung ℂ 2936445.

**Eintritt:** Moltkestr. 9, 68165 Mannheim. Eingang Friedrichsplatz, am Wasserturm. ℂ 2936413, -14, -30, Fax 2936412. Täglich 10 – 18 Uhr, Do bis 20 Uhr, Mo geschlossen. Erw. 4 DM, erm. 2 DM.

**Café-Bistro:** neben der Kunsthalle, ℂ 408158, Di – So 10 – 24 Uhr.

▶ Die Kunsthalle in Mannheim ist eine der bedeutendsten in Deutschland. Sie zeigt Werke von (fast) allen bekannten **Künstlern der Moderne,** sowohl Bilder als auch Skulpturen.

Wer meint, hier gäb's nichts **für Kinder und Jugendliche,** der irrt: Interessante mehrwöchige Kurse stehen auf dem Programm, es gibt sogar spezielle Familienführungen, bei denen kindgerecht Kunstwerke betrachtet werden. In den Sommerferien werden Projekte angeboten. Dienstags und donnerstags gestalten die Museumspädagogen zu festen Zeiten ein offenes Programm, an dem jeder spontan teilnehmen kann, 1998 stand es unter dem Motto »Mit Kunst, um Kunst und um Kunst herum«. Im Rahmen dieses Angebots wird gemalt, getöpfert oder modelliert, ihr dürft eurer Phantasie freien Lauf lassen.

Infos zum **Kinderprogramm** der Kunsthalle unter ℂ 2936440.

## Erlebnis-Parks in Mannheim
### *Luisenpark*

**Anfahrt:** vom Hbf Straßenbahn 1 bis Tattersall, dann Linie 6 (Neuostheim) bis Luisenpark oder Stadtbahn Nr. 5 (Seckenheim) bis Luisenpark/Fernmeldeturm. Autobahn-Ausfahrt Mannheim Mitte, siehe Landesmuseum für Technik und Arbeit.

**Infos** bei der Stadtpark Mannheim GmbH, Gartenschauweg 12, 68165 Mannheim. ℂ 41005-15, -13, Fax 442247.

**Eintritt:** Ganzjährig von 9 Uhr bis Einbruch der Dunkelheit. Erw. 5 DM, erm. 4, Kinder bis 15 Jahre 2,50 DM, bis 5 Jahre frei. Kombikarte mit Landesmuseum möglich. Der Aufzug auf den Fernsehturm und Gondelfahrten kosten extra; Fernsehturm Erw. 5 DM, erm. 3,50 DM. Hunde, Fahrräder und Rollschuhe verboten. Grillpätze mit Voranmeldung

▶ Das Lieblings-Ausflugziel unserer Nichte. Der bereits 1900 gegründete Park wurde zur Bundesgartenschau 1975 erweitert und ist eine traumhaft schöne Anlage. Im Park leben Pelikane, Flamingos und viele andere Vögel, manche frei auf den Teichen und Bächen, andere in Volieren. Es gibt tolle **Spielplätze,** unter anderem auch einen Wasserspielplatz, der an heißen Tagen Gaudi und Abkühlung bringt. Wenn ihr dürft, dürft ihr euch nach Herzenslust im Matsch suhlen. Oder mit venezianischen Gondeln auf eine 45-Minuten-Fahrt begeben.

Auf dem Gelände befindet sich ein Gehege mit sämtlichen **Tieren,** die zu einem Bauernhof gehören, streicheln erlaubt! Mehrere **Pflanzenschauhäuser,** darunter das große Pflanzenschauhaus mit *Aquarium* und *Terrarium* sind weitere Attraktionen. Sogar Affen, Pinguine und Krokodile leben da, doch die solltet ihr nicht zu streicheln versuchen!

Der Park lädt natürlich zu einem Picknick ein, alle Wiesen dürfen betreten werden. Grillen ist nach Voranmeldung möglich. Es gibt Tischtennisplatten, eine Minigolf-Anlage und Tennisplätze. Am **Freizeithaus** könnt ihr Spielgeräte ausleihen.

Auch der 207 m hohe Mannheimer **Fernmeldeturm** steht im Luisenpark, auf seine immerhin 121 m hoch gelegene Aussichtskanzel könnt ihr hinauffahren.

**Restaurants im Luisenpark**

Großes **Seerestaurant** (Fr Ruhetag), außerdem **Café** mit Terrase am großen Pflanzenschauhaus (Mo Ruhetag) und zwei **Kioske.**
Dann gibt es noch das **Drehrestaurant** Skyline auf dem Fernmeldeturm, ✆ 41929-2, Fax 41929-41, täglich 10 – 24 Uhr. Aus 125 m Höhe könnt ihr auf Mannheim hinuntersehen.

**tip** Es lohnt sich, am Eingang des Luisenparks einen **Parkführer** für 2,50 DM zu erstehen.

**tip** In der Nähe des Haupteingangs befindet sich das **Herzogenried-Freibad,** falls ihr euch noch im Anschluß an den Parkbesuch in die Fluten stürzen wollt (siehe Seite 192).

## Hunger & Durst

Im **Herzogenriedpark** gibt es ein *Café-Restaurant* in der Multihalle, mit großer Terrasse, Fr geschlossen.
Eine *Imbiß-Pizzeria* mit Terrasse befindet sich am Weiher, ein *Kiosk* an der Konzertmuschel.

### Herzogenriedpark

**Anfahrt:** vom Hbf mit der Straßenbahnlinie 3 (Sandhofen), Haltestelle Neuer Meßplatz. Diesen Platz müsst ihr noch überqueren, dann gelangt ihr zum Haupteingang Max-Joseph-Straße.
A 5 auf die B 38, oder A 6 von Kaiserslautern, Saarbrücken. Großer Parkplatz am Neuen Meßplatz.

**Info & Eintritt:** ✆ 41005-0,-55. Öffnungszeiten im Sommer ab 8 Uhr, im Winter ab 9 Uhr. Erw. 2,50 DM, Kinder bis 15 Jahre 1,50, Abendkarten (ab 18 Uhr im Sommer, ab 17 Uhr im Winter) billiger. Günstige Gruppenpreise. Rollstuhlfahrer frei, Rollstuhlverleih bei der Parkverwaltung. Keine Hunde und Fahrräder.

**Minigolf:** bis 9 Jahre 3 DM, ab 10 Jahre 3,50 DM.

**Grillplatz** an der Carl-Diem Halle, 200 Plätze, davon 80 überdacht, gebührenpflichtig, ✆ 36102. Werktags bis 14 Uhr für Schulklassen kostenfrei.

▶ Dieser Park lohnt einen **Tagesausflug.** Er wurde wie der Luisenpark für die Bundesgartenschau 1975 aufwendig umgestaltet. Auch hier gibt es ein großes **Tiergehege,** in dem unter anderem Schweine, Schafe, Esel, Pampashasen, Schildkröten und Ponies leben. Besonders viel Spaß werdet ihr auf den ungewöhnlichen **Spielplätzen** haben. Für die ganz Kleinen gibt es einen eigenen Spielplatz. Aber auch die verschiedenen Spiellandschaften für die etwas Größeren sind toll ausgestattet. Im *Höhlenlabyrinth* dürft ihr euch verirren, im *Seilzirkus* als Artisten auftreten. Im Sommer ist der *Wasserspielplatz* der Renner. Trampoline, Spritzpistolen und eine große Rutsche sind heißbegehrt.

Eine **Minigolfanlage,** ein Teich für ferngesteuerte **Miniboote** und eine **Kindereisenbahn** sorgen für vergnügte Stunden. Sportliche können **Tischtennis** und **Basketball** spielen oder den **Trimmpfad** entlang turnen. Sogar **Tennisplätze** gibt es, die müssen am Parkeingang reserviert und bezahlt werden.

Außerdem sind natürlich die vielen **Pflanzen** eine Augenweide: *Rosarium* und *Bambusgarten,* Baumalleen und Blütenbeete. Interessant ist auch der *Gesteinsgarten,* wo ihr seht, wie Basalt oder Buntsandstein aussieht. Alle Wiesen dürft ihr betreten, Liegen laden zur Erholungspause ein.

### Im Planetarium

Wilhelm-Varnholt-Allee 1, 68165 Mannheim.
**Anfahrt:** direkt am Autobahnende, Abfahrt Mannheim Mitte. Linie 6 und V.
**Informationen und Kartenreservierung:** ✆ 415692.
Erw. 8, Schüler und Studenten 6,50, Kinder bis 14 Jahre 5 DM.
Spezielle Vorführungen für Schülergruppen zu stark ermäßigten Preisen, hierfür ist eine frühzeitige Anmeldung notwendig, und zwar Di, Do und Fr 10 – 12 und 14 – 16 Uhr, Mi 13.30 – 16.30 und 17.30 – 19 Uhr.

▶ Wenn ihr Lust auf einen Ausflug zu den Sternen habt, solltet ihr eine der beeindruckenden Vorstellungen im Mannheimer Planetarium besuchen. Das Planetarium wurde schon 1927 eröffnet, es ist eines der ältesten der Welt. Außer montags gibt es jeden Tag verschiedene **Sternenshows** zu Themen wie »Raumschiff Erde«, »Das himmlische Bilderbuch« oder »Vom Anfang und Ende der Welt«. Die Bilder werden als *Multivisionsschau* im Inneren der Kuppel auf die gesamte Innenfläche projiziert, als Zuschauer sitzt ihr mitten im All. Auch Vorträge zur Astronomie und manchmal Lasershows werden vom Planetarium veranstaltet.

Es gibt spezielle **Kinderprogramme** für Kinder ab 5 Jahren, meist an den Wochenenden

**MANNHEIM & HEIDELBERG**

nachmittags, in den Sommerferien zusätzlich vormittags an Werktagen. Reisen in Millionen Lichtjahre entfernte Galaxien und zu fremden Planeten werden kindgerecht dargestellt.

## Mit dem Dampfer auf dem Rhein

*Rhein-Neckar-Fahrgastschiffahrt,* Kurpfalzbrücke, 68159 Mannheim, ☏ 23448. Laßt euch den aktuellen Fahrplan mit Terminen und Preisen zuschicken.

Von Juni bis September könnt ihr an der Kurpfalzbrücke zu Fahrten mit dem Dampfer aufbrechen. Montags und mittwochs um 9.30 und 14 Uhr gibt es **Hafenrundfahrten,** die eineinhalb bis zwei Stunden dauern.

Dienstags könnt ihr auf dem Rhein nach **Ladenburg** und weiter **nach Heidelberg,** von dort dann auf dem Neckar bis **Neckarsteinach** tuckern. Abfahrt 9.30 Uhr. **Nach Worms** fahren die Schiffe mittwochs und sonntags um 11.30 Uhr.

Mannheim hat übrigens auch ein **Schloß:** ☏ 0621/2922890 oder 06202/81471. Von April bis Oktober täglich außer Montag 10 – 12 und 15 – 17 Uhr Führungen durch die Räume des Schlosses. Im Winter nur Sa und So.

## Schwimmbäder

Mannheimer Bäder im Internet: www.mannheim.de/freizeit/schwimmen/badindex.html

### Freibad Herzogenried

August-Kuhn-Straße, 68167 Mannheim, ☏ 2937585. Straßenbahn-Haltestelle Neuer Meßplatz, Linien 1 und 3. Bus-Haltestelle Max-Joseph-Straße, Linie E. Täglich 8 – 20 Uhr. Erw. 5 DM, Kinder 3 DM.

▶ Das größte Mannheimer Freibad, beim Herzogenriedpark. 50-m-Becken, Sprungbecken mit 3-, 7,50- und 10-m-Brett, Nichtschwimmerbecken mit Wasserpilz und 80 m langer Rutsche, Planschbecken mit Spielbach, Liegewiese, Basketball, Tischtennis, Minigolf, Kinderspielgeräte.

### Carl-Benz-Freibad

Baldurstr. 57, 68305 Mannheim, ✆ 756062. Bus-Haltestelle Neueichwaldstraße, Linie D. Mo 13 – 20 Uhr, Di – So 9 – 20 Uhr. Erw. 5 DM, Kinder 3 DM.
▸ Schwimmer- und Sprungbecken mit 10-m-Turm, Nichtschwimmerbecken mit kleiner Rutsche, Planschbecken, Tischtennis, Spielgeräte, Liegewiese.

### Freibad Rheinau

Rietburgstraße, 68219 Mannheim, ✆ 872209. Straßenbahn-Haltestelle Sandrain, Linie 1. Bus-Haltestelle Pfingstberg, Linie K. Mo 13 – 20 Uhr, Di – So 9 – 20 Uhr. Erw. 5 DM, Kinder 3 DM.
▸ Schöne, parkartige Anlage. Schwimmerbecken mit 3-m-Sprungbrett, Nichtschwimmerbecken mit kleiner Rutsche, Planschbecken, Tischtennis, Liegewiese, Spielgeräte.

### Freibad Sandhofen

Kalthorststr. 43, 68307 Mannheim, ✆ 772388. Straßenbahn-Haltestelle Hanfstraße, Linie 3. Bus-Haltestelle Endstation Sandhofen, Linie A. Mo 13 – 20 Uhr, Di – So 9 – 20 Uhr. Erw. 5 DM, Kinder 3 DM.
▸ Schwimmer- und Nichtschwimmerbecken mit kleiner Rutsche, Planschbecken, Tischtennis, Sport- und Liegewiese, Spielgeräte.

### Sommerbad am Stollenwörthweiher

Promenadenweg 4, 68199 Mannheim, ✆ 811944. Bus-Haltestelle Stollenwörthweiher, Linie B.
▸ Kinderplanschbecken, Spielplatz, Tischtennis, Liegewiese.

### Heinz-Hunsinger-Freibad

am Stollenwörthweiher, Rheingoldstr. 204, 68199 Mannheim, ✆ 852414. Erw. 5 DM, Kinder 3 DM.

**Schwimmkurse** für Kinder und Jugendliche: Infos unter ✆ 2937141.

*Katz und Maus könnt*
*ihr auch auf einer gro-*
*ßen Liegewiese spielen.*
*Ihr solltet mindestens*
*zu sechst sein. Je mehr*
*mitspielen, desto bes-*
*ser, doch desto größer*
*sollte auch das Feld*
*sein, das ihr euch mit*
*Handtüchern oder so*
*markiert. Bestimmt*
*nun je nach Anzahl*
*eine bis fünf Katzen.*
*Die übrigen sind die*
*Mäuse, die von den*
*Katzen gejagt werden.*
*Keiner darf das Spiel-*
*feld dabei verlassen!*
*Werden die Mäuse*
*durch Abschlagen*
*gefangen, müssen sie*
*mit gespreizten Beinen*
*stehen bleiben. Krab-*
*belt eine freie Maus*
*durch die Beine einer*
*gefangenen Maus, so*
*ist diese wieder frei*
*und die Katze hat*
*erneut zu tun. Die*
*Katzen haben gewon-*
*nen, wenn alle Mäuse*
*gefangen sind.*

▶ Drei Nichtschwimmerbecken, davon ein Kinderplanschbecken, Liegewiese, Fitneßsportanlage, Sauna.

### Herschel-Hallenbad

U 3, 1, 68161 Mannheim, ✆ 2937116, Kasse 2937141. Straßenbahn-Haltestelle Neckartor, Linien 1, 3, 4, 7, OEG. Mo 13 – 21 Uhr, Di 6.15 – 21, Mi 6.15 – 20 Uhr, Do/Fr 8 – 22 Uhr, Sa 8 – 18, So 9 – 18 Uhr. Erw. 5 DM, Kinder 3 DM.

▶ Jugendstilbau, eines der ältesten Bäder Mannheims. Drei Schwimmhallen, Sauna, Dampfbad. Sonntags vormittags Schwimmen für Babies und Kleinkinder in H III.

### Gartenhallenbad Neckarau

Marguerrestr. 11, 68199 Mannheim, ✆ 856462. Straßenbahn-Haltestelle Friedrichstraße, Linie 1. Bus B. Mo 13 – 19 Uhr, Di 6.15 – 8 und 16 – 20 Uhr, Mi 10 – 20, Do 9 – 20 Uhr, Fr 6.15 – 22, Sa 8 – 18 Uhr, So 8 – 13 Uhr. Freitag Warmbadetag. Erw. 5 DM, Kinder 3 DM.

▶ Schwimmer- und Nichtschwimmerbecken, 3-m-Brett, Kinderrutsche, Cafeteria, bei schönem Wetter Liegewiese. Fr 15 – 17 Uhr Babyschwimmen, Mi 14 – 18 Uhr Wasserspielnachmittag.

### Hallenbad Waldhof-Ost

Offenbacher Str. 14, 68305 Mannheim, ✆ 755451. Bus Haltestelle Forlenstraße, Linien B, T. Mo 13 – 19 Uhr, Di/Fr 6 – 22 Uhr, Mi 6 – 8 und 15 – 22 Uhr, Do 6 – 8 und 13 – 22 Uhr, Sa 8 – 18, So 8 – 12 Uhr. Erw. 5 DM, Kinder 3 DM.

▶ Dieses Bad wurde 1998 renoviert, es ist behindertengerecht ausgebaut. Schwimmbecken mit 3-m-Brett, Nichtschwimmerbecken mit Kinderrutsche, Cafeteria. Mo 14 – 16 Uhr Schwimmen für Babies und Kleinkinder, 15 – 17 Uhr Wasser-spielnachmittag sowie 16 – 17 Uhr für Kinder im Vorschulalter.

## Kindertheater
### *Kinder- und Jugendtheater Schnawwl*

Alte Feuerwache am Alten Meßplatz, Brückenstr. 2. ℡ 1680302. Kasse eine Stunde vor der Vorstellung geöffnet.

▶ Schnawwl gehört zum *Nationaltheater Mannheim* und bietet anspruchsvolles Kinder- und Jugendtheater, oft stehen sozialkritische Stücke auf dem Programm, die zur Auseinandersetzung mit Vorurteilen auffordern. Witzig sind die **Lesenächte,** die für Kinder zwischen 8 und 12 Jahren schon mehrmals durchgeführt wurden. Schauspieler lesen dabei Geschichten zu einem Thema (1998 zum fernen Orient), es gibt Spiele und Aktionen, die Nacht endet mit einem gemeinsamen Frühstück am nächsten Morgen.

### *Mondschaf – Theater mit Puppen an der Freizeitschule*

Neckarauer Waldweg 145, 68199 Mannheim, ℡ 856766. Erw. 10, Kinder 6 DM, Familien 30 DM.

▶ Die **Freizeitschule** ist eine Einrichtung, in der Kinder verschiedene Angebote wahrnehmen können, die auf anthroposophischen und walldorfpädagogischen Grundsätzen beruhen. Zur Freizeitschule gehört auch das **Mondschaf,** ein Kindertheater, das wechselnde Stücke für verschiedene Altersgruppen zeigt, überwiegend aber für Kinder ab 4 Jahre. Das Programm wird auf Wunsch zugeschickt. Schulen und Kindergärten müssen sich für die Aufführungen rechtzeitig anmelden.

Das Mondschaf tritt auch außer Haus auf, es kann unter ℡ 814922 gebucht werden.

## Jonglieren

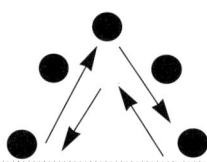

1. Übung: verknotetes Tuch oder Ball von einer Hand in die andere werfen, mit geschlossenen Augen!

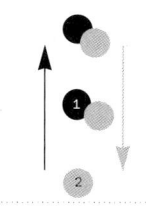

2. Übung: zwei Bälle mit einer Hand abwechselnd hochwerfen – und fangen. Erst mit rechts, dann mit links, dann mit geschlossenen Augen.

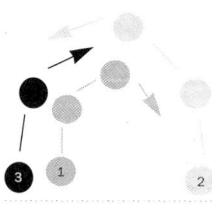

Finale: zwei Bälle in der einen, den dritten in der anderen Hand – und einfach üben, üben, üben.

### mannheimer puppenspiele

Figurentheater am Kurpfalzkreisel, U 2, 4 – 5, 68161 Mannheim.

**Kartenreservierung** unter ℅ 24949, Fax 155840. Internet www.mannheim.de/kultur/puppenspiele An Wochenenden freier Verkauf, an Werktagen nur für Gruppen nach Voranmeldung.

▶ Viele Vorstellungen für Kindergartengruppen und Schulklassen. Das Puppentheater gibt es schon seit 1958, es hat auch Märchen und Stücke für kleine Kinder von 3 bis 6 Jahren im Programm. Daneben gibt es aber auch Anspruchsvolles wie Shakespeares »Sommernachtstraum«, die Palette reicht von Oscar Wilde über Erich Kästner bis zu Ottfried Preußler.

Das Theater befindet sich im Kellergeschoß der *U-2-Schule*. Das Ensemble arbeitet ehrenamtlich, bei etwa 150 Aufführungen pro Spielzeit ein bewundernswerter Einsatz.

### Oststadt-Theater Mannheim

**Anschrift:** Postfach 102345, 68023 Mannheim.
**Spielort:** ist der *Kahnweiler-Saal* in der Kunsthalle Mannheim am Wasserturm, siehe Seite 187.
**Infos und Kartenreservierung** Mo – Fr 9 – 13 Uhr unter ℅ 16060, Fax 16070. Karten 20 bis 30 DM pro Person, Kinder etwa 10 DM.
Kartenvorverkauf im Büro Berliner Straße 7, 68161 Mannheim, Mo – Fr 9 – 13 Uhr, Di/Do auch 17 – 19 Uhr.

▶ Das Oststadt-Theater hat immer auch Stücke für Kinder im Programm, von »Max und Moritz« bis zum »Räuber Hotzenplotz«. Es spielt meist klassische, bekannte Geschichten und Märchen.

### Theater Vogelscheuch

Martina und Klaus Herre, Schwetzinger Str. 96, 68165 Mannheim, ✆ 406173.

▶ Dieses 2-Personen-Theater ist mobil, es kommt zu euch in Kindergärten, Schulen oder an andere Orte. Dann spielt es zum Beispiel das Stück »Der fliegende Teppich« für Kinder ab 4 Jahren, ein Märchenspiel frei nach den Gebrüdern Grimm, bei dem die Kinder auch zum Mitsingen aufgefordert werden.

## Jugendtreffs & Anderes
### Jugendhaus Schönau

verl. Kattowitzer Zeile (Endhaltestelle), 68307 Mannheim, ✆ & Fax 782890, Träger Stadtjugendamt.

▶ Offenes Jugendcafé für verschiedene Altersgruppen, Breakdance und andere Tanzgruppen, Roller-, Teenie- und Lauser-Disco, Sonderveranstaltungen.

### Jugendhaus Herzogenried

Zum Herrenried 12, 68169 Mannheim, ✆ 2937666, Fax 305658, eMail: jgh.Herzogenried@majo.de
Internet www.majo.de

▶ **Kinderprogramm,** für Menschen zwischen 6 und 14 Jahren nachmittags 14 – 18 Uhr: Kreatives Gestalten, Fotografie, Tanz und Theater, Kochen, Sport und Spiele, Keramik, Internet und Computer, Disco. Nachhilfe nach Absprache.

**Jugendprogramm** für 14 bis 21 Jahre, abends 17 – 21 Uhr: Fotowerkstatt, Computer- und Internet für Mädchen oder Jungen, Bodybuilding für Mädchen oder Jungen, Nähen, Gymnastik, Discoabende. Nachhilfe nach Absprache.

### Skaten in Mannheim

Auskünfte zu Plätzen und zu Initiativen, die sich für Skater einsetzen, geben die *Vertretung von Kinderinteressen* und die *Jugendarbeit Mobil* des Stadtjugendamtes, E 4, 10, 68159 Mannheim, ✆ 2933657 oder 3594, Fax 2933652.

**MANNHEIM & HEIDELBERG**

### Nachbarschaftshaus Rheinau

Rheinauer Ring 101 – 103, 68219 Mannheim,
✆ 891123, Fax 896161. Internet www.majo.de
eMail: nbh. rheinau@majo.de
▶ Jede Woche feste Termine für Holzwerken, Badminton, Gymnastik, Hockey, Judo, Computershop, Klettern, Fußball, Basketball, Floristik und Café. Sonderveranstaltungen.

### Jugendhaus Vogelsang

Freiberger Ring 6, 68309 Mannheim, ✆ 2938285, Fax 8286.
▶ Täglich offener Kindertreff im Malraum, außerdem Gruppen- und Kreativangebote für Kinder von 6 bis 12 Jahren sowie Kinderkino, Jungstreff, Kinderzeitung, Töpfern.

Das **Jugendcafé** für Teenager von 12 bis 18 Jahre bietet eine Holzwerkstatt, Mädchengruppe, Internet und Medien, Breakdance, Disco, Billard.

### Selbstbehauptung für Mädchen

Veranstalter ist das Stadtjugendamt, Fachstelle für Mädcheninteressen, E4, 10, 68159 Mannheim,
✆ 2933662, 3598, Fax 2933652. Wochenendkurse, Sonntagskurse, ständige Trainingsangebote.

### Städtische Musikschule Mannheim

E 4, 14, 68159 Mannheim, ✆ 2939464, 24177, Fax 2939538.
▶ Der Prospekt »Unterrichtsangebot für Kinder im Vorschulalter« kann angefordert werden. Außerdem Musiktherapie.

Bei **Problemen** hilft euch die Kinderbeauftragte der Stadt Mannheim, *Birgit Schreiber,* E 4, 10, 68159 Mannheim, ✆ 0621/2933657.

**Infos zu Freizeiten,** Ferienspielen und Jugendtreffs gibt es beim *Stadtjugendring Mannheim e.V.,* Neckarpromenade 46, 68167 Mannheim, ✆ 0621/338560.

*Daß Heidelberg eine schöne Altstadt hat, ist sicher bekannt. Bei einem Bummel durch die Fußgängerzone sind viele schöne Fachwerkhäuser zu bestaunen. Es gibt jede Menge Restaurants und Cafés. In der Altstadt lohnt sich auch ein Besuch im Kurpfälzischen Museum oder dem kleinen Völkerkundemuseum.*

**Anfahrt:** A 5, A 6, A 67. Viele Zugeverbindungen täglich von Frankfurt, Darmstadt, Mannheim, Karlsruhe, Eberbach am Neckar.

**Infos:** Heidelberger Verkehrsverein, Postfach 105860, 69048 Heidelberg, ✆ 06221/14220, Fax 142222. Tourist-Hotline ✆ 06221/19433, rund um die Uhr. www.heidelberg.de/verkehrsverein eMail: verkehrsverein@heidelberg.de

**Telefonvorwahl:** 06221.

**tip** Aufregend sind die Heidelberger **Schloßbeleuchtungen** mit Brillantfeuerwerk, die jedes Jahr mehrmals stattfinden. Erkundigt euch bei der Tourist-Info nach den aktuellen Terminen.

## Heidelberger Museen
### *Kurpfälzisches Museum*

Hauptstr. 97, 69117 Heidelberg, ✆ 583402, 583400, Fax 583490.

**Eintritt:** Erw. 5 DM, erm. 3 DM, sonntags Erw. 3, erm. 2 DM. Bis 16 Jahre frei. Di – So 10 – 17 Uhr, Mo geschlossen. Führungen nach Voranmeldung unter ✆ 583412.

▶ In diesem Museum seht ihr Gemälde, Skulpturen und Kunsthandwerk, alte Möbel und Kleider. Es wird zudem viel über die Geschichte der Stadt Heidelberg erzählt, was aber für Kinder nicht so interessant ist. Doch auch viele Funde aus der **Römerzeit** sind ausgestellt, die euch sicher eher begeistern. Es gibt zum Beispiel ein Modell einer römischen Galeere, das euch zeigt, wie es auf diesen Schiffen einst zuging. Außerdem sind ganze Schlachten, in denen einst um Heidelberg gekämpft wurde, mit Zinnsoldaten

**tip** Mit der **Heidelberg-Card,** erhältlich bei der Tourist-Info am Bahnhof, könnt ihr viele Sehenswürdigkeiten günstiger besuchen, es gibt verschiedene Ermäßigungen, vom Eintritt in den Zoo bis zur Fahrt mit der Bergbahn.

nachgestellt. Die ältesten Funde in diesem Museum stammen aus der Steinzeit.

Das Museum lockt im Sommer auch mit seinem **Café-Bistro** in dem sehr schönen Innenhof. Hier sitzt man entrückt von dem Trubel auf der vorbeiführenden Fußgängerzone, ein kleiner Springbrunnen plätschert.

### Völkerkundemuseum

Hauptstr. 235, ℗ 22067. Erw. 3, Familien 6 DM, erm. 2 DM. Di – Fr 15 – 17, So 13 – 17 Uhr.

▶ Eine Entdeckungsreise zu einem Volk am anderen Ende der Welt. In die Kultur der *Asmat,* eines Volkes aus Neuguinea, könnt ihr euch in diesem Haus vertiefen. Neuguinea ist die zweitgrößte Insel der Erde, nördlich von Australien. Die Asmat leben noch heute wie in der Steinzeit. Wie sie sich die Welt vorstellen, wie sie jagen und sich kleiden, wie sie ihre Häuser bauen und zusammenleben zeigt euch die gute Ausstellung.

Außerdem werden in diesem Museum immer wieder interessante Wechselausstellungen organisiert, so gab es zum Beispiel eine zum Thema Mutter und Kind in verschiedenen Kulturen.

## Attraktionen auf dem Königstuhl

Der *Königstuhl* ist 568 m hoch und überragt Heidelberg, an seinen Ausläufern liegt das Heidelberger Schloß. Eine **Bergbahn** verbindet ihn mit der Fußgängerzone in der Heidelberger Innenstadt. Die Fahrt mit der Bahn aus dem Jahr 1890, deren schöne alte Waggons von einer dicken Stahltrosse steil nach oben gezogen werden, ist schon ein Erlebnis, allerdings ein kurzes und recht teures. Man kann auch mit dem Auto zum Königstuhl hochfahren, oben gibt es viele kostenlose Parkplätze. Mit der Bergbahn geht es dann über die Stationen *Molkekur* und *Schloß* nach Heidelberg hinunter. Die Station in der Fußgängerzone heißt *Kornmarkt*.

Auf dem Königstuhl ist einiges **zu sehen und zu erleben:** ein Aussichtsturm, das Märchenparadies, die Sternwarte und ein Walderlebnispfad stehen zur Auswahl. Ein Ausflug auf den Königstuhl läßt sich gut mit einem Besuch des Heidelberger Schlosses verbinden. Wer nicht mit der Bahn oder dem Auto zum Schloß runter fahren möchte, kann zu Fuß gehen. Der mit einem roten Punkt markierte Weg beginnt links neben der Bahnstation.

**tip** Das *Aussichtsrestaurant Königstuhl* bietet zwar einen tollen Blick auf Heidelberg, aber auch gepfefferte Preise. Macht lieber ein **Picknick** oder kauft ein Würstchen am Aussichtsturm oder an dem Richtung Turm gelegenen **Imbiß Fuchsbau,** der nicht schön ist, aber preiswert.

### Im Wunderland »Märchenparadies«
Königstuhl 5a, © 23416, 25041, Fax 164492. März bis Oktober 10 – 18 Uhr, Juni bis August sowie So/Fei bis 19 Uhr. Erw. 5 DM, Kinder 4, unter 12 Jahre 2 DM.

▶ Allein im Märchenparadies können sich viele Kinder schon stundenlang aufhalten. Auf einer riesigen Fläche stehen in kleinen Häuschen Märchenfiguren. Es macht viel Spaß, um die Wette zu raten, wer als erster das dargestellte Märchen erkennt. Auf Knopfdruck erwachen die Figuren zu Leben. Es gibt aber noch viel mehr zu tun: Boote lenken, Auto-Scooter fahren, mit der kleinen Eisenbahn tuckern oder sich in der »schiefen Welt« amüsieren. Außerdem könnt ihr Minigolf spielen und euch auf dem Spielplatz vergnügen.

**Bergbahn:** Einfache Fahrt Erw. 5,20 DM, Kinder zahlen 3,40 DM. Hin- und Rückfahrt Erw. 7,40, Kinder 5,30 DM. Auskünfte zur Bahn unter © 06221/5132690.

**Buchtip**
Im Verlag Brigitte Gunderjahn in Heidelberg sind zwei Heidelberg-Bücher speziell für Kinder erschienen: *Spuk in Heidelberg* und *König Titi – Mein Tagebuch als Lieblingshund der Liselotte von der Pfalz aus dem Jahre 1706* bringen euch die Geschichte dieser Stadt näher.

MANNHEIM & HEIDELBERG

Am tollsten fanden meine »Testkinder« das riesige Luftkissen, auf dem man sich so richtig austoben kann. Auch der Drache, den ihr wie ein Fahrrad zum Laufen bringen müßt, ist witzig. Allerdings kosten im Märchenparadies viele Attraktionen extra, und ein Ausflug hierher kann teuer werden. Es ist alles ein bißchen wie Mini-Disneyland. Statt in der **Gaststätte**, solltet ihr euch lieber aus eurem Picknickkorb versorgen.

### Heidelberg von oben

Auf dem Königstuhl, ✆ siehe Märchenparadies. März bis Oktober 10 – 18 Uhr, Juni bis August 10 – 19 Uhr. Erw. 2 DM, ermäßigt 1,50 DM, Kinder von 3 bis 10 Jahren 1 DM.

Toiletten am Fuß des Turms, außerdem ein Kiosk mit Eis und Würstchen. Einige Tische stehen im Freien, für Kinder gibt es eine Schaukel.

▶ Der **Fernsehturm** ist 88 m hoch. Wer schwindelfrei ist, braucht nur mit dem Aufzug auf die 32 m hoch gelegene Aussichtsplattform zu fahren. Der Blick ist atemberaubend.

### Blick in die Sterne

Landessternwarte Heidelberg, Königstuhl, 69117 Heidelberg. ✆ 509-200, Fax 509202. Eintritt frei. **Führungen** gibt es donnerstags um 15 Uhr und Montag abends. In jedem Fall vorher anrufen, manchmal fallen Termine aus, weil gerade Forschungsprojekte mit Studenten der Universität laufen. Gruppen sollten sich ohnehin vorher anmelden. Auch spezielle Führungen für Schulklassen sind nach Absprache möglich.

*Welches Sternbild seid ihr? Wißt ihr, wie »Stier«, »Löwe« und »Schütze« am Himmel aussehen? Fragt in der Sternwarte danach!*

▶ Wenn ihr euch für Astronomie interessiert, solltet ihr einmal an einer Führung in der **Sternwarte Heidelberg** teilnehmen. Die Sternwarte befindet sich in einem schönen alten Gebäude von 1895, das schmiedeeiserne Tor, mit Sonne und Mond geschmückt, lockt einen hinein. Jeden Donnerstag nachmittag wird durch die Sternwarte geführt, dabei wird u.a. erklärt, mit welchen Geräten gearbeitet wird. Der Rundgang dauert etwa eine Stunde. Die Sternwarte ist eine wissenschaftliche Einrichtung und erforscht faszinierende Themen rund ums Universum. Auf dem **Außengelände** sind die Planeten unseres Sonnensystems im kleinen Maßstab dargestellt. Hier könnt ihr gut ein Bild davon bekommen, wie groß die Erde im Verhältnis zu den anderen Planeten ist.

Montag abends sind die Führungen spezieller, bei gutem Wetter ist dann oft ein Blick ins All möglich. Je nach Interesse der Teilnehmer können die Veranstaltungen dann schon zwei bis zweieinhalb Stunden dauern.

## Im Heidelberger Schloß

Auskünfte an der Kasse, ✆ 538414, Fax 167732. Verwaltung ✆ 53840, Fax 167702. Geöffnet 8.45 – 17.45 Uhr, letzter Einlaß 17.20 Uhr.
**Eintritt:** *Apothekermuseum* und *Großes Faß* Erw. 3 DM, erm. 1,50 DM. Einstündige Führungen durch das *Schloß* Erw. 4 DM, erm. 2 DM. Das WC im Schloßhof kostet 50 Pfennig!
**Gastronomie:** Vor dem Eingang gibt es ein kleines Restaurant, im Innenhof des Schlosses ein Bistro. Außerdem befinden sich vor dem legendären Faß lange Holztische und ein Getränkeverkauf.
▶ Bei gutem Wetter besuchen Tausende von Menschen aus aller Welt täglich das Schloß, auch den Führungen schließen sich dann riesige Gruppen an. Eigentlich macht es mehr Spaß, im Winter hierher zu kommen, dann ist es nicht ganz so voll.

**Hunger & Durst**
**Historische Gaststätte Schützenhaus,** Elisabethenweg 1, 69117 Heidelberg, ✆ 06221/ 21879, Fax 182375. Täglich 11.30 – 23 Uhr, durchgehend warme Küche. Oberhalb des Heidelberger Schlosses im Wald gelegen, mit einer großen Sonnenterrasse. Viele badische Spezialitäten und Wildgerichte. Oink.

Das Schloß ist eine malerische **Ruine** und hat eine tolle Lage über Heidelberg. Es wurde durch den Einschlag eines Blitzes 1764 in Brand gesetzt und zerstört. Zu besichtigen sind dennoch die Wohnräume der Kurfürsten, denen das Schloß früher gehörte, und die Schloßkapelle.

Eine besondere Attraktion des Heidelberger Schlosses ist das **Große Faß.** Über 200.000 Liter Wein passen in dieses Faß hinein. *Kurfürst Karl-Theodor* ließ es 1751 bauen. Über 120 Eichen wurden für dieses Faß gefällt, und 40 Küfer arbeiteten zweieinhalb Jahre daran. Es war also eine richtige Großbaustelle! Der Weinverbrauch im Schloß war unglaublich, der Hofnarr *Perkeo,* ein Zwerg, soll angeblich mehr als 10 Flaschen Wein am Tag getrunken haben. Heute ist das Faß leer und ihr könnt hineingehen.

### Apothekermuseum

Im Ottheinrichsbau des Schlosses, ℂ 25880, Fax 181762.

▶ Das Apothekermuseum zeigt in 14 Räumen originalgetreu aufgebaute alte Apotheken aus verschiedenen Jahrhunderten. Mit Schnitzereien verzierte Theken aus Holz sind zu sehen, hinter denen früher der Apotheker stand. In Hunderten von Schubfächern und unzähligen Gefäßen lagerte er seine vielen Kräuter, Salben, Säfte und andere Heilmittel. In einem Gewölbe ist das gruselige **Labor eines Apothekers** nachempfunden, denn mit Hilfe der Waagen und verschiedenen Geräte, die ihr im Museum seht, wurden Arzneimittel gemischt und für die Kranken frisch angerührt. Könnt ihr euch vorstellen, daß Medikamente früher solche Dinge wie getrocknete Eidechsen, Schlangenhaut, Pferdehoden oder ägyptische Mumien enthielten? Ihr werdet er-

*Die Europäer lernten die Chemie erst im 11. oder 12. Jahrhundert aus arabischen Quellen kennen. Sie nannten sie deswegen al-chemie, denn »al« ist arabisch und heißt »der« bzw. »die«. Alchemisten suchten nach Stoffen, die ein einfaches Metall zu Edelmetall – Gold – machen könnten. Es gelang ihnen nie, Gold herzustellen, doch machten sie »nebenbei« eine Fülle von Entdeckungen, z.B. den Alkohol, die der Wissenschaft Chemie weiterhalfen.*

staunt sein, was die Menschen alles so als Heilmittel benutzten.

### Schloßpark

Wunderschöne Prachtexemplare alter Bäume stehen in diesem Park. Ein idealer Ort, um Bäume zu bestimmen: es gibt nämlich unter anderem mächtige Eiben, Hain- und Blutbuchen, echte Tannen (siehe Seite 74), Zedern, Eichen, Kastanien, Esche und Gingko. Wer von euch erkennt die meisten Bäume?

## Am Neckarufer

**Bootsverleih:** Tret- und Ruderboote, April bis Sept. täglich von 10 Uhr bis Sonnenuntergang, bei gutem Wetter auch noch im Oktober. ℰ 411925. Eine halbe Stunde für vier Personen 12, eine Stunde 18 DM.

**Fußgänger-Fähre Mary Ann:** Erw. 1,30 DM, Kinder bis 6 Jahre, Hunde und Kinderwagen 50 Pfennig, Kinder 6 – 11 Jahre 70 Pfennig.

▶ Ein sonniger Nachmittag läßt sich mit Kindern und Picknickkorb sehr angenehm auf dem der Altstadt gegenüberliegenden Neckarufer bei der **Theodor-Heuss-Brücke** verbringen. Auf dem breiten Rasenstück tummeln sich im Sommer Spaziergänger, Radfahrer, Sonnenanbeter, viele Kinder, Graugänse und Schwäne. Es gibt einen **Spielplatz** für die ganz Kleinen und einen für größere Kinder. Direkt an der Theodor-Heuss-Brücke ist ein **Bootsverleih.** Ab der Theodor-Heuss-Brücke in Richtung Alte Brücke wird das Ufer schmal, ein hübscher kleiner **Weg** führt am Wasser entlang bis zur schönen *Alten Brücke* (Karl-Theodor-Brücke). Auch mit Kinderwagen zu gehen, allerdings muß man dann ein Stück vor der Alten Brücke bereits links hoch schieben, denn vorne gibt es nur Treppen.

### Basteltip

In den Schloßparks in Weinheim, Heidelberg oder im Staatspark Fürstenlager in Auerbach wachsen ungewöhnliche Bäume. Ihre Blätter könnt ihr in einem sogenannten **Herbar** aufheben. Sammelt die schönsten Blätter bei einem Spaziergang und trocknet sie zu Hause zwischen Löschpapier oder Zeitungen. Beschwert sie mit einem dicken Bücherstapel. Dann klebt sie vorsichtig auf ein Blatt Papier und schreibt dazu, von welchem Baum sie stammen und wo und wann ihr sie gefunden habt. Diese beschrifteten Blätter könnt ihr dann in einer Mappe abheften oder in einem großen Karton aufheben. Früher benutzten die Botaniker, aber auch Laien, die sich für Pflanzen interessierten, solche Herbare.

Hinter dem Bootsverleih liegt das **Café- und Restaurantschiff** *Schloßblick,* mit Blick auf die Heidelberger Altstadt. Ein Stück weiter seht ihr eine Glocke an der Mauer hängen, von dort verkehrt die kleine *Fußgänger-Fähre Mary Ann,* mit der ihr euch zur anderen Flußseite bringen lassen könnt. Einfach die Glocke läuten, dann kommt sie angefahren.

## Ein Besuch im Zoo

Tiergarten Heidelberg, Tiergartenstraße 3, 69120 Heidelberg, HSB Linie 33, Haltestelle Zoo.
**Info:** ℂ 645510, Fax 645588.

Schaut am Eingang gleich nach den Fütterungszeiten der Tiere!

**Eintritt:** Oktober bis März 9 – 17, April bis September 9 – 19 Uhr. Erw. 7, Kinder bis 15 Jahre 3 DM, günstige Familien- und Gruppenpreise.
**Im Zoo:** Großer Spielplatz, *Zoo-Restaurant* mit großem Selbstbedienungs-Biergarten unter Linden, Mo Ruhetag. Kiosk am Spielplatz.

Der Zoo in Heidelberg ist eine sehr schöne Anlage mit viel Grün und großen Bäumen. Für manche Kinder aufregender als die Tiere: der **große Spielplatz.**

Tierfans sind vor allem von der **Robbenfütterung** fasziniert, die ihr auf keinen Fall verpassen solltet. Die gelehrigen Tiere vollbringen wirklich erstaunliche Kunststücke, um sich ihre Fische zu verdienen. Die Fütterungszeiten stehen auf dem Schild bei den Toiletten, links hinter dem Eingang. Oder an der Kasse danach fragen.

Toll ist auch das tropisch bepflanzte **Affenhaus,** in dem ihr euch gut vorstellen könnt, in einem dichten Dschungel zu sein. Oder möchtet ihr statt nach Afrika lieber an die Nordsee? Dann besucht doch die **Nordsee-Küstenlandschaft,** wo sich Meeresvögel zwischen Wellen, Reetdach-Haus, Leuchtturm und Sandstrand tummeln.

Weitere Besonderheiten des Tiergartens sind Elefanten, bengalische Tiger und die seltenen kleinen Pandas.

Schräg gegenüber vom Zoo ist ein **Minigolfplatz,** falls ihr noch nicht genug habt. Etwa 200 m nach rechts laufen, wenn ihr mit dem Rücken zum Eingang des Zoos steht. In der anderen Richtung, nach links, befindet sich der **Botanische Garten** der Universität.

**tip** Freibad Tiergarten, siehe nächste Seite.

### Botanischer Garten

Im Neuenheimer Feld 340, ✆ 545783, Fax 546178. HSB Linie 33, Haltestelle Kinderklinik. Mo – Do, So/Fei 9 – 12 und 13 – 16 Uhr, Fr/Sa geschlossen. Eintritt frei.
▶ Nach einem Besuch im Zoo könnt ihr eure Urwaldeindrücke im Botanischen Garten vertiefen, der nur etwa zehn Minuten entfernt liegt.

## Mit dem Schiff auf Neckar und Rhein

Rhein-Neckar-Fahrgastschiffahrt, Stadthalle Heidelberg, ✆ 20181, Fax 20211. Von Ostern bis 1. Juni und ab 1. September eingeschränkter Fahrplan, im Winter keine Fahrten. Restaurantbetrieb an Bord. Die genannten **Preise** beziehen sich alle auf Rundfahrten, natürlich sind auch einfache Fahrten möglich. Kinderpreise gelten für 4 bis 12jährige. Es gibt Gruppenermäßigungen und Sondertarife für Schulklassen. Jedes Jahr werden auch Sonderfahrten zu bestimmten Themen oder Ereignissen veranstaltet. Laßt euch am besten das aktuelle Programm und den aktuellen Fahrplan schicken.
• Von Heidelberg tuckern die Dampfer täglich zur Vier-Burgen-Stadt **Neckarsteinach** (siehe Seite 220), Abfahrten an der Stadthalle um 9.30, 11, 14, 14.40 Uhr, in der Hauptsaison noch öfter (Erw. 16,50 DM, Kinder 9,50 DM).

MANNHEIM & HEIDELBERG

• Von Anfang Juni bis Anfang September fahren sonntags Schiffe nach **Hirschhorn** (siehe Seite 226), um 10.15 Uhr und 12 Uhr ist Abfahrt, Rückkehr um 18 Uhr. Erw. 22,50 DM, Kinder 14,50 DM.

• Dienstags und donnerstags geht's von Heidelberg über Hirschhorn nach **Eberbach,** Start um 10.15 Uhr, Rückkehr 19 Uhr, Erw. 28,50 DM, Kinder 19,50 DM.

• **Heidelberg-Rundfahrten** dauern etwa 40 Minuten, täglich um 10, 14, 15, 16 und 17 Uhr, diese Touren finden aber nur statt, wenn mindestens 25 Personen an Bord gehen wollen. Erw. 6 DM, Kinder 4 DM.

• Eine eineinhalbstündige **Neckartalfahrt** kostet für Erw. 12, für Kinder 8,50 DM.

• Auch **auf dem Rhein** sind Dampfertouren von Heidelberg aus möglich. Mittwochs und sonntags um 9.30 Uhr geht es nach Ladenburg, Mannheim und Worms. Nach Ladenburg Erw. 14,50 DM, Kinder 8,50 DM, Mannheim Erw. 20,50 DM, Kinder 12 DM.

## Schwimmbäder

### Freibad Tiergarten im Neuenheimer Feld

Tiergartenstr. 13/1, ✆ 403110, oder 403111. Bei gutem Wetter täglich durchgehend offen. Erw. 5, Kinder 3 DM.

### Thermalbad

Vangerowstr. 4, 69115 Heidelberg, ✆ 581966. Straßenbahn Nr. 2 und Bus Nr. 35 Haltestelle Volkshochschule, OEG-Haltestelle Römerstraße.

**Eintritt:** Öffnungszeiten nach Wetterlage, siehe Aushang oder vorher anrufen. Erw. ganztags 9 DM, erm. 6 DM, Kinder 6 – 9 Jahre 4,50 DM. Bei kürzerem Aufenthalt reduziert sich der Preis für Erw. um 4 DM, für Kinder um 2 DM.

▸ Wasserrutschbahn, Schwimmer-, Nichtschwimmer- und Planschbecken, Cafeteria, Kiosk, Tischtennis.

### Hallenbad Hasenleiser

Baden-Badener-Straße, 69126 Heidelberg. Bandansage der Öffnungszeiten ℰ 310151, für weitere Fragen ℰ 310158. Buslinie 11, Haltestelle Erlenweg. **Eintritt:** Geöffnet Mo – Mi 15 – 22 Uhr, Fr 16.30 – 22, Sa 13 – 18.30, So 8.30 – 13.30 Uhr, Do geschlossen. Fr/Sa Warmbadetag. Erw. 4 DM, erm. 3, Kinder 6 – 9 Jahre 2 DM. Sauna, Behindertenlift, Schwimmerbecken und Kinderbecken.

### Hallenbad Köpfel in Ziegelhausen

Stiftsweg, Sportzentrum Ziegelhausen, 69118 Heidelberg, ℰ 800622 Bandansage Öffnungszeiten, für speziellere Fragen ℰ 803109.
Buslinie 33, Endhaltestelle.
**Eintritt:** Mo – Mi, Fr 7 – 22 Uhr, Do 7 – 18 Uhr, Sa/So 8.30 – 19.30 Uhr. Mo/Di Warmbadetag. Erw. 6, erm. 4,50, Kinder bis 9 Jahre 3 DM, bis 6 Jahre frei.
▶ Cafeteria mit Terrasse, Solarium, im Sommer Liegewiese.

### Hallenbad im Darmstädter-Hof-Centrum

Im Einkaufszentrum am Bismarckplatz. Bandansage Öffnungszeiten ℰ 581960. Geöffnet Mo 14 – 18 Uhr, Di 7.30 – 19.30, Mi 7.30 – 18, Do 7.30 – 14 und 16 – 21.30 Uhr, Fr 7.30 – 19.30 Uhr, Sa 11 – 17.30 Uhr, So geschlossen. Di Warmbadetag. Erw. 4 DM, erm. 3, Kinder 6 bis 9 Jahre 2 DM, bis 6 Jahre frei. Behindertengerecht.

## Kinder- und Jugendtheater
### Jugendtheater und Studio Zwinger

Zwingerstr. 3 – 5, 69917 Heidelberg, Kasse ℰ 583546. Spielplan unter ℰ 583550, -51. Erw. 17,50 DM, Kinder 9 DM, Gruppen ab 15 Kindern 8 DM.
▶ Für alle Altersgruppen werden lustige und spannende Stücke gespielt. Alle zwei Monate

wird ein neuer Spieplan erstellt. Von November bis Mai gibt es sonntags Familienvorstellungen. Puppenstücke für die ganz Kleinen erzählen dann von Janoschs beliebten Figuren oder vom Maulwurf, der wissen wollte, wer ihm auf den Kopf gekackt hatte.

Für Schulen finden vormittags oder am frühen Abend Aufführungen statt mit Stücken von Peter Härtlich zum Beispiel. Jugendliche begeistern auch die Musicals oder anspruchsvolles Theater wie Wolfgang Borcherts »Draußen vor der Tür«.

## Kinder- und Jugendtreffs

### Haus der Jugend
Römerstr. 97, 69115 Heidelberg, ℗ 602926, Fax 168312. **Ökologische Forschungsstation für Kinder,** ℗ 161482.
▶ Angebote für verschiedene Altersgruppen, von 10 bis 18 Jahre. Offener Treff, außerdem feste Termine für Tennis, Fußball, Kraftraum, Jazztanz und Breakdance.

### Kindertreff
Plöck 2 a, 69117 Heidelberg, ℗ 583799, 583831, Fax 583190.
▶ Für Eltern-Kind-Gruppen, Räume werden zur Verfügung gestellt, auch vereinzelt Kursangebote für Eltern mit Kleinkindern.

### Computerworkshops im Medientreff
Plöck 2 a, 69117 Heidelberg, ℗ 583830, Fax 583190.
▶ Für Kinder ab der ersten Schulklasse, offener Treff und feste Kurse rund um den Computer, Workshops.

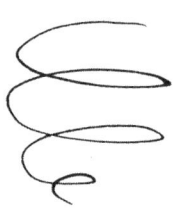

### Jugendzentrum Röhre

Schwalbenweg 1/2, 69123 Heidelberg, ✆ 600004, Fax 160688.

▶ Freitags **Kindertag** für 8- bis 14jährige. An den anderen Tagen **offener Treff** auch für Ältere, von 14 oder 15 Uhr bis 20.30 Uhr. Feste Gruppen für Zeitungs AG, Sport AG, Billard. Ansonsten jeden Monat wechselndes Programm, zum Beispiel Töpfern, Seidenmalerei, Kochen oder Fantasy-Rollenspiele. Monatsprogramm steht im Stadtblatt.

### Kulturfenster e.V.

Kirchstr. 16, 69115 Heidelberg, ✆ 184417, Fax 602698. Kartenbestellung unter ✆ 184401.

▶ Das Kulturfenster bietet viele **Workshops** an, zum Beispiel Jam Sessions, Körper- und Bewegungstheater, Kreativer Tanz, Töpfern, Marionettenbau, Familienakrobatik. Es gibt auch ein Jugendcafé und einen Mädchentreff, außerdem jeden Monat mehrere Aufführungen von Kinder- und Jugendtheaterstücken sowie Konzerte. Dreimal pro Woche ist ein offener Treff. Holt euch das aktuelle Programm, es liegt in Bürgerhäusern, Büchereien und Kneipen aus.

### Bunsenkeller

Kindertreff im Bunsengymnasium, Humboldtstr. 23, 69120 Heidelberg, ✆ 583802.

▶ Für Kinder von 6 bis 14 Jahre, **offener Treff** mit Kicker, Tischtennis, Billard. Kidscafé für 11- bis 14jährige einmal pro Woche. Außerdem wechselnde Kursangebote, zum Beispiel Maskieren und Verkleiden, Modellieren mit Gips. Ausflüge.

**tip** Jedes Jahr findet für Kinder und Jugendliche der **Heidelberger Feriensommer** mit vielfältigen Angeboten statt. Es gibt auch einen **Ferienpaß** für Leute von 6 bis 16 Jahren, der freien oder ermäßigten Eintritt in Zoo, Freischwimmbad und Hallenbad ermöglicht, Infotelefon 583799.

MANNHEIM & HEIDELBERG

## Kontaktadressen für Freizeiten

*Diakonisches Werk Heidelberg,* Karl-Ludwig-Str. 6, 69117 Heidelberg.

*Evangelisches Kinder und Jugendwerk,* Karl-Ludwig-Str. 6, 69117 Heidelberg, ✆ 22324, Fax 160766. Mo, Di, Do 8.30 – 15.30, Mi 13 – 15.30 Uhr, Fr 8.30 – 13 Uhr.

### Kinder- und Jugendtreff Wieblingen

Mannheimer Str. 278, 69123 Heidelberg, ✆ 830440, Fax 830789.

▶ Von 12 bis 14 Uhr ist das **Schülercafé** offen, mit Hausaufgabenbetreuung. Danach verschiedene **Kursangebote,** Kochen, Spielen, Basteln und Töpfern können Kids von 6 bis 12 Jahre hier nachmittags. Ab 17 Uhr für die Älteren offener Treff mit Darts, Tanzgruppen und Spielen.

### Jugendzentrum Holzwurm Boxberg

Boxbergring 101, 69126 Heidelberg, ✆ 384427. Offenes Angebot, für Schulkinder ab 6 Jahre, Töpfergruppe, Kicker.

▶ Zweimal pro Woche offener Jugendtreff, Discoabende. Ferienprogramme.

### Jugendtreff Hasenleiser

Erlenweg 5, 69126 Heidelberg, ✆ & Fax 393600. Offener Bereich für Kinder von 6 bis 12 Jahre mit Tischtennis, Spielen, Töpfern und Ausflügen.

▶ Für Jugendliche ab 12 Jahre offener Treff mit Café, Billard, Fotolabor, Werkstatt, Disco.

### Jugendzentrum Emmertsgrund

Forum 1, 69126 Heidelberg, ✆ 384212, Fax 385262.

▶ Für Kinder und Jugendliche von 12 bis 18 Jahren. Schwerpunkt Jugendkulturarbeit, Medienraum, großer Veranstaltungsraum, Werkstatt.

### Spielstube Emmertsgrund

Emmertsgrund-Passage 29, 69126 Heidelberg, ✆ 380900.

▶ Alter 6 bis 13 Jahre, offenes Angebot, Hausaufgabenbetreuung, Mädchen- und Jungengruppe, Kochgruppe, Beratung. Broschüre wird zugeschickt.

### Kinderclub Kirchheim

Oberdorfstr. 1, 69118 Heidelberg, ℓ 802249.

▶ Grundschulalter und darüber. Toberaum, Leseraum, Küche, Disco, Kicker, Spiele.

### Kinder- und Jugendtreff Handschuhsheim

An der Tiefburg 10, 69121 Heidelberg, ℓ 411542.

▶ Überwiegend Jugendliche um die 14 bis 16 Jahre. Café, Kicker, Billard, Tischtennis, Disco. HipHop- und Breakdancegruppe. Auch Beratung und Sozialarbeit.

### Kinderbaustelle Emmertsgrund

Otto-Hahn-Platz. Mai bis Oktober 14 – 18 Uhr, in den Sommerferien bis 19 Uhr.

▶ Im Sommerhalbjahr werden täglich Mal- und Werkangebote, aber auch verschiedene Sportaktionen veranstaltet. An der Gestaltung des Geländes dürfen alle mitarbeiten, und es gibt viele Sonderveranstaltungen, von Experimenten mit Wind und Wasser bis zu Theaterprojekten, Ausflügen und einer Pferdewoche. Das aktuelle Jahresprogramm gibt es bei der Kinder- und Jugendförderung, ℓ 583799.

### Informationen für Kinder und Jugendliche

Kinder- und Jugendamt, Postfach 105520, 69045 Heidelberg, ℓ 06221/583799, 580 (Zentrale). Stadtjugendring, Harbigweg 5, 69124 Heidelberg, ℓ 22180, Fax 167288.

▶ Vertritt in Heidelberg finanziell und politisch seine Mitgliedsverbände, das sind alle, die irgendwie mit Jugendarbeit zu tun haben. Von der Kirche über Sportvereine, Feuerwehr und Rotes Kreuz bis zu Lesben- und Schwulen-Jugendgruppen. Der Stadtjugendring stellt Räume zur Verfügung, organisiert auch Freizeiten.

**Bei Problemen**
Unter ℓ 06221/583803 gibt's Rat und Hilfe von der *Jugend- und Erziehungsberatungsstelle*.

MANNHEIM & HEIDELBERG

**Waldschenke auf dem Heiligenberg,** © 06221/ 480337. Ab November Mo Ruhetag, sonst durchgehend geöffnet und warme Küche. Wildgerichte, Kuchen und kleine Gerichte. Großer Biergarten, im Sommer ist hier viel los.

*Fällt euch an dem Turm etwas Ungewöhnliches auf? Bemerkenswert ist, das die Treppe gegen den Uhrzeigersinn, also rechtsherum, hinauf führt. In kriegerischeren Zeiten baute man Treppen immer linksherum, damit bei Angriffen derjenige, der von oben gegen die Eindringlinge kämpfte, im Vorteil war – das galt allerdings nur für Rechtshänder. Nun wißt ihr, daß dieser Turm nie ernsthaft für Kämpfe gebaut wurde, sondern zu einer Zeit, als man daran nicht mehr denken mußte.*

## Ausflug auf den Heiligenberg

**Anfahrt:** von Dossenheim Richtung Heidelberg kommend der Dossenheimer Landstraße folgen, die Richtung Heiligenberg links abknickt, ausgeschildert. Auch in Heidelberg Handschuhsheim ausgeschildert. Von Heidelberg zu Fuß über den Philosophenweg erreichbar.

▶ Vom *Waldparkplatz 9 Heiligenberg* am Ende des Zufahrtsweges gehen 3 **Wanderwege** ab (4/4/10 km), von hier sind außerdem alle Sehenswürdigkeiten in wenigen Minuten zu erreichen.

Die beliebte **Ausflugsstätte** auf einem 330 m hohen Hügel gegenüber von Heidelberg bietet gleich mehrere Sehenswürdigkeiten. Etwa 200 m vom Parkplatz ist linker Hand die *Waldschenke.* Geht ihr daran vorbei, gelangt ihr an die **Thingstätte,** noch ein Stück weiter zu den **Ruinen des Michaelsklosters.** Zwei Türme sind noch erhalten und können bestiegen werden. An Wochenenden und Feiertagen klettern etliche Kinder vergnügt über die Mauern. Die Ruine ist von riesigen, alten Buchen umgeben. Eine Broschüre (5 DM) und Postkarten sind in der Waldschenke erhältlich.

Vom Parkplatz in die andere Richtung, aus der ihr mit dem Auto kamt, erreicht ihr nach wenigen Metern die **Ruine des Stephansklosters** und den **Aussichtsturm.**

Viele Tafeln informieren am Heiligenberg über die Geschichte und die Fundstücke, ein **Rundweg** führt an den Sehenswürdigkeiten vorbei. Mit Kinderwagen ist nicht jede Stelle zugänglich, aber auf den breiten Waldwegen läßt es sich gut schieben.

# KELTEN UND KULTE AUF DEM HEILIGENBERG

Seit Jahrtausenden besiedelt, ist der **Heiligenberg** wahrhaft geschichtsträchtiger Boden. Seine Lage auf einem Hügel am Neckar hat wahrscheinlich dazu geführt, daß hier schon sehr früh Menschen siedelten. Vermutlich wurde am Berg bereits vor 2500 Jahren Eisenerz abgebaut. Entsprechende Funde sind im *Kurpfälzischen Museum* in Heidelberg zu sehen. Wer damals Rohstoffe wie Eisenerz besaß, konnte es gegen andere Dinge tauschen. Daher waren schon die frühen Bewohner der Höhensiedlung – das waren **Kelten** – wohlhabend und mächtig. Außerdem legten sie an den steilen Hängen Terrassen an, auf denen sie Getreide und Gemüse pflanzten. Im 5. Jahrhundert v.Chr. befestigten die Kelten Haupt- und Nebengipfel des Heiligenbergs mit bis zu 3 km langen und sehr hohen Mauern, um sich gegen Feinde zu schützen. Die 1964 auf dem Heiligenberg ausgebuddelten Teile eines keltischen *Streitwagens* (zweirädriger Pferdewagen) zeigen, daß sie in Kriegstechnik geübt waren. Trotzdem übernahm ab dem 3. Jahrhundert das **römische** *Lopodunum,* das heutige Ladenburg, die Führungsrolle in der Region.

Die nächste wichtige Phase für den Heiligenberg war das **Mittelalter,** als Benediktinermönche das große Michaels- und das kleine Stephanskloster bauten. Das **Michaelskloster** gehörte zu dem mächtigen Benediktinerkloster Lorsch. Um 870 erbaut, war es ein großes Kloster, in dem reges Leben herrschte. Um 1500 wurde es verlassen, die Gebäude verfielen und wurden als Steinbruch genutzt.

Das **Stephanskloster** gründete 1090 der Mönch Arnold. Erst hatte er als Einsiedler ganz allein in einer winzigen Klause gelebt bevor bei seiner Einsiedelei eine Kapelle errichtet und im 12. Jahrhundert dann eine große Klosterkirche wurde. 1885/86 wurde aus Steinen des Klosters der *Aussichtsturm* daneben erbaut, von dem man einen prächtigen Blick zum Heidelberger Schloß auf der gegenüberliegenden Neckarseite hat.

Die **Thingstätte,** eine gigantische *Theateranlage* für Veranstaltungen im Freien, ließen die **Nationalsozialisten** 1934/35 errichten. In allen

MANNHEIM & HEIDELBERG

Teilen des Reiches wurden damals solche Anlagen gebaut. Als Vorbild diente der germanische »Thing«, auch »Ding«, ein Versammlungsplatz im Freien für Beratungen, Gerichtsverhandlungen und Opferfeiern.

*Wer bei Dingverhandlungen schuldig gesprochen wurde, wurde dingfest gemacht.*

Angeblich hat es früher solch einen germanischen Kultplatz auf dem Heiligenberg gegeben, was wahrscheinlich gar nicht stimmt, doch die Nazis behaupteten es einfach. Propagandaminister Joseph Goebbels weihte das Bauwerk 1935 im Rahmen der Sonnwendfeier als »wahre Kirche des Reiches«. Es war ein Spektakel vor 20.000 Zuschauern mit Uniformen, Fahnen, Musik und Riesenchor. Schreitet ihr heute die breiten Wege zwischen den Sitzreihen hinab, könnt ihr euch gut vorstellen, wie dramatisch die Aufführungen und Zeremonien hier gewirkt haben, mit so vielen Menschen, mit der lauter Musik und effektvoller Beleuchtung! Und das war auch beabsichtigt: Mit so viel Pomp konnten die Nazis die Leute blenden und in ihren Bann ziehen.

Das Theater hat über 8000 Sitz- und 5000 Stehplätze und dient heute kulturellen Veranstaltungen. In den zwei sechseckigen *Flaggentürmen* werden dann Licht und Ton gesteuert.

# NECKAR & KLEINER ODENWALD

# DEN NECKAR ENTLANG

A m Neckar gibt es besonders viele Burgen. Früher bauten die Burgherren gerne an einem Fluß, denn vorbeifahrenden Schiffen knöpften sie Zollgelder ab. Am südlichen Neckarufer steht die **Feste Dilsberg**, gegenüber liegt **Neckarsteinach** mit seinen berühmten vier Burgen. **Eberbach** und **Mosbach** sind größere Städte, wo viele Aktivitäten möglich sind. Bei Neckargerach könnt ihr zur **Minneburg** wandern. Unser letztes Ziel am Südufer ist die **Burg Hornberg**. Noch ein Stück weiter, in Gundelsheim, überquert ihr noch einmal den Neckar, um die **Burg Guttenberg** mit ihrer Greifvogelwarte zu erreichen.

**Brücken** über den Neckar befinden sich in Neckargemünd, Eberbach, Neckargerach und Gundelsheim. In Zwingenberg fährt eine kleine Fähre.

## Wie Huckleberry Finn die Feste Dilsberg erkunden

**Anfahrt:** östlich von Neckargemünd, noch ein Stück weiter am südlichen Neckarufer. (Die B 37 führt bei Neckargemünd rüber an das Nordufer). Großer Parkplatz vor dem alten Stadttor, von dort wenige Minuten Fußweg durch die romantische kleine Altstadt zur Burgruine.

Am Ende des Parkplatzes, An der Tuchhelle, befindet sich ein **Spielplatz.**

Bahn von Heidelberg, dann BRN Bus 7021 vom Bahnhof Neckargemünd, etwa 16 x täglich, an den Wochenenden seltener. Infos ℂ 0621/591320.

**Infos:** Verkehrsamt, 69151 Neckargemünd, ℂ 06223/3553.

**Eintritt:** Mitte April bis Mitte Oktober. Erwachsene 2 DM, ermäßigt 1 DM.

Mehrere Einkehrmöglichkeiten rund um die Ruine.

▶ Hoch über dem Fluß gelegen, bieten die Ruinen der Feste Dilsberg Abenteuerliches. Als erstes könnt ihr oben auf der **Burgmauer** wie ein mittelalterlicher Wachmann zwischen den Zinnen entlang stolzieren oder den prächtigen Blick vom **Turm** genießen, der von der Mauer aus über einen Steg betreten wird. Die mächtige Mauer gehört zu den ältesten Teilen der Burg, die Zinnen, die sie bekrönen, sind jedoch eine Zutat des 19. Jahrhunderts. Mehrere Gebäude der Burg sind relativ gut erhalten, auch der Turm aus dem 16. Jahrhundert.

Die *Grafen von Lauffen,* eine einflußreiche Adelsfamilie die zwischen 900 und 1100 eifrig in der Geschichte mitmischte, ließen die Burg auf dem Dilsberg um 1150 errichten. Zum einen bot die Burg die Möglichkeit, die Verkehrswege durch das Neckartal zu kontrollieren. Zum anderen drückte der Besitz einer Burg auf eindeutige Weise aus, daß man etwas Besonderes war.

### Der legendäre Brunnenstollen

Im Burghof befindet sich ein tiefer **Brunnen,** mit dem es eine ganz besondere Bewandtnis hat. Zu diesem Brunnen führt nämlich ein sehr alter Stollen, der zu besichtigen ist. An der Kasse bekommt ihr den Schlüssel zum Eingang des Stollens gegen ein Pfand ausgehändigt. Schilder »Historischer Brunnenstollen« weisen euch den Weg um den Burgberg herum den Hang hinab. Der Pfad ist sehr schmal und mit Kinderwagen nicht zu bewältigen.

Der **Stollen** wurde in den Jahren 1650 bis 1680 waagerecht in den Hang hinein gebaut. Lange wurde vermutet, daß er als Fluchtweg für die Burgbewohner gedacht war. Doch wahrscheinlich diente er nur als Belüftungsstollen, damit die Arbeiter bei der Vertiefung des Brunnens nicht durch giftige Gase gefährdet wurden. Der Brunnen wurde in reiner Handarbeit, ohne Sprengungen, nur mit Hammer, Meißel und Schlägel in die Tiefe getrieben. 78 m tief, etwa 105 Schritte, können Wagemutige zwischen en-

**Hunger & Durst**
**Landgasthof Die Rainbach,** Neckargemünd, Ortstr. 9, ☎ 06223/2455. Täglich 11 – 24 Uhr, Mo Ruhetag. Historischer Biergarten, Sonnenterrasse, saisonale Spezialitäten.

**NECKAR & KLEINER ODENWALD**

gen, feuchten Felswänden dem leicht gewundenen Gang bis zum Burgbrunnen folgen, der hier unten nur noch wenige Meter tief ist. Stellenweise ist der Gang nur etwa 1,50 m hoch!

**Wie es zur Entdeckung des Stollens kam?** Vor der Wiederentdeckung des Stollens gab es lange Jahrzehnte die Sage, ein Geheimgang ginge unter dem Neckar hindurch von der Dilsberg zur Neckarsteinacher Burg. Diese Geschichte beeindruckte auch den amerikanischen Schriftsteller *Mark Twain*, den Verfasser der berühmten Abenteuergeschichten von »Tom Sawyer« und »Huckleberry Finn«. Nach einem Besuch der Festung Dilsberg schrieb Mark Twain eine Erzählung darüber. Die Lektüre dieser Erzählung wiederum beschäftigte den Deutsch-Amerikaner *Fritz von Briesen* so sehr, daß er extra aus New York zur Dilsberg reiste, um den sagenhaften Tunnel zu suchen. Er seilte sich in den Brunnen ab und entdeckte dort unten tatsächlich den Stolleneingang. Daraufhin finanzierte er sogar die Arbeiten, um den Stollen 1926 wieder freilegen zu lassen.

Zurück vom Stollen kommt ihr an dem **Historischen Schloßgarten** vorbei, einem wunderbaren Picknickplatz mit großer Rasenfläche und vielen Rosenbeeten.

## Die 4 Burgen von Neckarsteinach
**Anfahrt:** B 37 am Neckar entlang. Bahnstation zwischen Heidelberg und Eberbach.
**Infos:** Verkehrsamt, 69239 Neckarsteinach, ✆ 06229/313.

▶ Neckarsteinach ist einer der wenigen Orte, in dem die vielbefahrene Straße nicht direkt am Fluß entlangführt. So ist Neckarsteinachs 5 km lange **Uferpromenade** auch mit Kinderwagen ideal für einen Spaziergang. Neckarsteinach hat

**tip** Wenn ihr euch nach dem Burgbesuch abkühlen wollt: In der Schwimmbadstraße in Neckargemünd gibt es ein **Freibad**, von Mai bis September ist es bei gutem Wetter täglich 8 – 19 Uhr geöffnet, ✆ 06223/74403. Erw. 4,50 DM, Kinder 2,50 DM. Beheiztes 50-m-Becken, Nichtschwimmer- und Planschbecken, Sprungbecken. Terrassencafé, Minigolf.

außerdem eine nette **Altstadt** mit Fachwerkhäusern und schmalen Gassen.

An der Hauptstraße hat der *Neckarsteinacher Schifferverein* einen Ausstellungsraum eingerichtet, eine Art großes **Schaufenster,** neben der Bushaltestelle. Darin ist der originalgetreue *Nachbau eines Neckarschiffes* aus dem späten 17. Jahrhundert ausgestellt. In jener Zeit erlebte die Neckarschiffahrt ihren ersten Höhepunkt. Holzschiffe wie dieses schöne Modell mit 120 Tonnen Tragfähigkeit transportierten Güter zum Rhein.

### Anfahrt zu den vier Burgen

Von Heidelberg kommend auf dem Parkplatz links, etwa 250 m vor Ortsbeginn Neckarsteinach parken, zwei der Burgen sind bereits zu sehen. Von Parkplatz führen Pfade hoch zu den Ruinen, nicht mit Kinderwagen begehbar. Gegenüber vom Parkplatz, rechter Hand der Straße, geht eine Treppe hinunter zum breiten Neckarufer.

Mit Kinderwagen im Ort parken oder vom Parkplatz in den Ort laufen, von dort führt dann ein breiter Weg hinter der Mittelburg entlang zur Hinterburg, allerdings geht es schon etwas bergauf. Die höchstgelegene Ruine, das sogenannte Schwalbennest (Schadeck), ist mit Kinderwagen nicht zu erreichen.

### Die Hinterburg und das Schwalbennest

▶ Kraxelt ihr auf den schmalen Wegen etwa 10 Minuten vom Parkplatz den Hang hinauf, gelangt ihr zunächst zur **Hinterburg.** Sie wurde um 1100 erbaut und war die Stammburg der *Herren von Steinach.* Die Burgherren konnten von hier oben das Neckartal überwachen. Die Hinterburg war klein, aber sehr wehrhaft. Ihre Bewohner rechneten wohl ständig mit Angriffen. Von dem hohen Turm, dem **Burgfried,** ließen

## 2, 3, viele Tips

Donnerstags vormittags gibt es 6 – 13 Uhr einen kleinen **Markt,** am Marktplatz befindet sich auch ein winziger **Spielplatz** mit Sitzgruppe, direkt an der *Steinach,* in deren klarem Wasser sich Forellen tummeln.

1998 fand zum zweiten Mal das Neckarsteinacher **Kinder- und Jugendspektakel** in der Altstadt statt. Unter ✆ 06229/960163 beim Verein *Pro Kid Teens* könnt ihr euch erkundigen, ob und wann in den nächsten Jahren wieder so etwas stattfindet.

## Ausflugslokale am Flußufer

**Gaststätte Zum Schwanen,** prächtiger Biergarten unter alten Kastanien. Neckarstraße 42, ✆ 06229/7566. Mo Ruhetag, sonst 11 – 22 Uhr. Warme Küche 11.30 – 14 und 17.30 – 21.30 Uhr. Preiswerte, gutbürgerliche Gerichte.

**Restaurant Zur Harfe,** mit Terrasse. Für Kinder gibt es nicht so viel Platz wie im Schwanen-Garten, dafür etwas anspruchsvollere Gerichte. Neckarstr. 49, ✆ 06229/414. Mo – So 11 – 22.30 Uhr, Küche 11.30 – 14 und 18 – 21.30 Uhr, Di Ruhetag.

**Bistro Stadtgarten,** netter Biergarten unter Platanen. Französische Spezialitäten, die Chefin ist Französin. Kinder können prima herumtollen, denn der kleine Stadtgarten mit Springbrunnen schließt sich direkt an. Geöffnet in Sommer täglich 12 – 22 Uhr, Schiedweg 22, ✆ & Fax 06229/2434.

sich anrückende Bösewichte früh erkennen. Bei Gefahr flüchteten sich die Burgbewohner über einen Zugang, der hoch über dem Boden lag, in den dickwandigen Turm. Rasch zogen sie die Leiter hinter sich ein, und schon waren sie hinter den mächtigen Mauern in Sicherheit, zumindest solange ihre Wasser- und Lebensmittelvorräte nicht aufgebraucht waren. Ein breiter und tiefer **Graben,** der die ganze Anlage umgab, bildete ein zusätzliches Hindernis für Angreifer.

Der Erbauer hieß *Bligger I.,* dieser seltsame Name stammt von den Germanen und bedeutet soviel wie Blitzspeer. Die Herren von Steinach hatten eine Vorliebe für diesen Namen, auch der nächste Erbe der Burg hieß so. In den Jahren 1165 bis 1210 ließ der Minnesänger und Dichter *Bligger II.* die Burg ausbauen. Gut hundert Jahre darauf, im Jahr 1344, war sie angeblich schon »wüst und zerfallen«. Was war wohl geschehen? Keiner weiß es. Denkt ihr euch was aus! Seit 1910 sind die malerischen Ruinen Eigentum des Landes Hessen. Ihr könnt auf den von Pflanzen überwucherten Mauerresten herum klettern und einen Aussichtsturm mit Blick auf den Neckar besteigen.

Doch eine Steigerung ist tatsächlich noch möglich: noch romantischer und mit noch phantastischerer Aussicht präsentiert sich die **Burgruine Schadeck,** auch »**Schwalbennest**« genannt, bestimmt, weil sie so hoch oben am Berg klebt. Weitere 15 Minuten müßt ihr euch von der Hinterburg aus auf dem Weg Nr. 1 nach oben kämpfen, um den atemberaubenden Blick genießen zu können. Um 1230 wurde das Schwalbennest von einem weiteren *Bligger* erbaut. Dieser hatte nämlich für sein Bauvorhaben auf dem nun schon mit

Burgen dicht bebauten Bergrücken kaum noch einen geeigneten Platz gefunden, daher errichtete er sein Heim wohl in einer so ungewöhnlichen Lage. Der Bau der Schadeck muß sehr kompliziert gewesen sein. Bei Gefahr zogen sich die Bewohner auf den gedeckten *Wehrgang* der hohen **Schildmauer** zurück. Den Zugang zur Schildmauer (ihr könnt sie selbst besteigen) sicherte ein Guckloch, durch das Angreifern Pech oder glühende Kohlen auf den Kopf gekippt werden konnten.

Im Jahre 1657 wurde die Schadeck an *Wolf Heinrich von Metternich* verkauft, einem Mitglied des rheinischen Adelsgeschlechts, das im 18. Jahrhundert zu österreichischen Fürsten erhoben wurde und großen politischen Einfluß hatte.

### Die Mittel- und die Vorderburg

▶ Vom Schwalbennest könnt ihr euch nun wieder hinab zur Hinterburg begeben und von dort dann auf einem breiten Weg in wenigen Minuten nach Neckarsteinach laufen. Auf dem Weg von der Hinterburg nach Neckarsteinach kommt ihr an der **Mittelburg** vorbei, sie liegt näher bei der Stadt. Sie ist heute noch in Privatbesitz und bewohnt, hier leben die *Herren von Warsberg*, Nachfahren der Herren von Steinach, die einst all die Burgen gebaut haben. Die Mittelburg ist nicht zu besichtigen, nur in den Innenhof dürft ihr hineinschauen.

Sie wurde 1170 erbaut, von dem Bruder des minnesingenden Bligger, einem gewissen *Conrad*. Die Stammburg erbte nämlich immer der älteste Sohn, die jüngeren mußten dann sehen, wie sie es zu einer eigenen Burg brachten. Conrad errichtete also seine Mittelburg ein Stück entfernt

*Die Harfe in Neckarsteinachs Stadtwappen geht auf Bligger II. von Steinach zurück, den bekannten Dichter und Minnesänger (belegt sind die Jahre 1152 – 1210). Minnesänger lobpreisten in ihren zur Harfe vorgetragenen Liedern die Vorzüge und Schönheit ihrer angebeteten »frouwe«, der Burgherrin, der sie ergeben dienten. Die Minnesänger kamen meist selbst aus Edelgeschlechtern, aber an Heirat mit der Vergötterten war trotzdem nicht zu denken, denn dann hätten sie ja keinen Grund mehr für ihre Liebeslieder gehabt. Ab etwa 1250 wurde diese Art der Liebeslyrik unmodern.*

*Ein Wehr hebt den Wasserstand eines Flusses soweit an, daß er schiffbar wird. Eine **Schleuse** hilft den Schiffen, den Höhenunterschied am Wehr zu überwinden. Das Schiff fährt in die Schleuse und die Schleusentore schließen sich. Bei Bergfahrt wird die Schleusenkammer bis zur Höhe des Oberwassers geflutet, bei Talfahrt wird sie geleert. Die Tore öffnen sich wieder und das Schiff kann seine Fahrt fortsetzen.*

von der Stammburg seiner Familie. Sie wechselte in ihrer langen Geschichte häufig den Besitzer. Von 1530 bis 1653 gehörte sie der *Familie der Landschaden,* die auch das Schwalbennest lange Zeit besaß. Durch Umbauten im Jahr 1820 hat die Mittelburg ihren wehrhaften Charakter verloren, sie sieht seitdem eher wie ein Schloß aus.

Noch ein Stück neckaraufwärts baute sich ein weiterer jüngerer Sohn eine Burg – die **Vorderburg,** die ebenfalls in Privatbesitz und nicht zu besichtigen ist. Von ihr ist nicht viel zu sehen, da sie von einem Park umgeben ist. Sie ist kleiner als die anderen Burgen und liegt direkt über Neckarsteinach.

### Wanderung zur Feste Dilsberg und zurück

Gegenüber von Neckarsteinach seht ihr hoch oben auf dem Dilsberg noch eine Burg (siehe Seite 218). Die Wanderung ist etwa 10 km lang, ihr braucht 2 bis 3 Stunden. Nichts für Kinderwagen.

▶ Von der Schiffsanlegestelle in Neckarsteinach geht ihr an der Uferpromenade flußaufwärts bis zur Schleuse. Fußgänger können über einen schmalen Steg Schleuse und Fluß überqueren. Vielleicht habt ihr Glück, und ihr seht wie sich die Schleusenkammer gerade mit Wasser füllt! Dann könnt ihr schon gleich besser verstehen, wie eine **Schleusenanlage** funktioniert.

Hinter der Schleuse geht es links, und dann führt euch rechts ein ausgeschilderter Weg zur Feste Dilsberg hinauf. Zurück könnt ihr den Dilsberg auf der anderen Seite hinab- und am Neckar entlang zum *Campingplatz* laufen. Von da geht es dann wieder zur Schleuse und zurück nach Neckarsteinach.

## DAS LEBEN AUF DER BURG

Wenn ihr heute auf den Ruinen einer einst großen und mächtigen Burganlage steht, fällt es schwer, sich vorzustellen, wie das Leben hier einst aussah. Tatsächlich lebten auf den Burgen nicht nur edle Ritter und romantische Burgfräulein. Oft herrschte ein Gewimmel von Wagen, Bauern, Knechten, Mägden und Tieren im Burghof und es stank ganz übel: viele Tiere liefen frei herum und hinterließen überall ihre Duftnoten. Esel schrien, Ziegen meckerten, Schafe blökten. Hunde und auch Wiesel wurden für die Jagd, Vögel zur Unterhaltung in Käfigen gehalten. Viele Ritter handelten mit Pferden und Rindern. Die Ställe für das Vieh lagen im Inneren des Burggrabens, außerdem standen dort auch mehrere Wirtschaftsgebäude, daher war alles sehr eng. Die Bauern der Umgebung mußten *Fronarbeit* für die Burgherren leisten, das heißt, die Äcker und Felder gehörten den adligen Burgherren, die Bauern hatten diese nur gepachtet. Dafür mußten sie Getreide, Heu, Brennholz und Lebensmittel an die Bewohner der Burg abliefern.

Auf der Burg war es im Winter eisig kalt, denn die Kamine beheizten die hohen Räume mit den mächtigen Mauern nur unzureichend. Außerdem war es ziemlich dunkel, weil die Fenster sehr klein und im Winter obendrein mit Säcken und Fellen wegen der Kälte zugehängt waren. Erst im späten Mittelalter bekamen die Wohnräume Glas in die Fenster.

In den Zimmern gab es nur wenige Möbelstücke. Zum Essen wurde ein Gestell mit einer Platte darauf aufgebaut. Diese Tische wurden erst nach Zubereitung der Mahlzeit von den Dienern hineingetragen. In den Fensternischen gab es gemauerte Sitze, auf denen Kissen lagen. Stühle waren etwas ganz Seltenes. Die Betten bestanden aus einem Holzrahmen, in dem Stricke verspannt waren. Auf dieses Gestell wurden Decken und Kissen gelegt. Manche Ritter schliefen aber auch nur auf Strohsäcken. Schränke gab es keine, die wenigen Habseligkeiten wurden in großen Truhen aufbewahrt. Falls es überhaupt Teppiche gab, dienten diese meist als Wandschmuck. Solche *Gobelins* waren kunstvoll mit schönen Motiven und ganzen Geschichten versehen, viel zu schade, um darauf herumzulaufen. Die Böden wurden stattdessen mit Gras und getrockneten Blumen bestreut. Klar, daß sich hier Mäuse wohlfühlten! Damit die Katzen, die man deswegen zahlreich hielt, auf ihrer Jagd nach Ratten und Mäusen überall ein und ausgehen konnten, waren Löcher in den Türen eingelassen.

Gebadet wurde in großen Zubern, die entweder in einer kleinen Badestube oder im Freien aufgestellt waren. Die Diener mußten das Wasser herbei schleppen.

Zur Beleuchtung benutzte man Öl- oder Tranlampen und Kerzen. Der Burghof wurde nachts von Fackeln und einer Feuerpfanne erhellt. Bei den meisten Burgen gab es einen Garten, in dem Obstbäume, Kräuter, Gewürze und Rosen wuchsen.

Die Burgherrin führte den Haushalt, sie kümmerte sich meist auch um den Garten und beaufsichtigte die Mägde, die kochten, wuschen und nähten. Die Knechte versorgten die Pferde, hielten die Waffen in Ordnung und reparierten alles mögliche. Oft gab es einen Burgverwalter, der sich um die Vorräte kümmerte und die Bauern überwachte.

Insgesamt war das Leben auf einer Burg sehr hart, karg und isoliert. Kein großes Abenteuer, wenn nicht gerade ein Fest oder ein Turnier stattfand!

**Hunger & Durst**

**Gasthaus Zum Hirsch,** Hauptstr. 25, 69434 Hirschhorn, ✆ 06272/ 1268. Viele saisonale Odenwälder Spezialitäten.

Neben der evangelischen Kirche in der Nähe des Langbein-Museums ist ein **Spielplatz.**

# Hirschhorn am Neckar

**Anfahrt:** B 37 am nördlichen Neckarufer.
Bahnstation an der Strecke Heidelberg – Eberbach.
**Infos:** Verkehrsamt, 69434 Hirschhorn, ✆ 06272/ 1742.

▶ Wenn ihr einmal sehen wollt, wie eine kleine Stadt im Mittelalter aussah, dann seid ihr in Hirschhorn genau richtig. Trutzige Mauern umschließen die Stadt, steile, schmale Gassen schlängeln sich durch die vielen guterhaltenen und eng nebeneinander stehenden Fachwerkhäuser hinauf zum **Schloß** und zur *Klosterkirche* des ehemaligen Karmeliterklosters. Im Schloß befindet sich ein luxuriöses und teures *Restaurant mit Café.* Der **Hexenturm** am Schloß kann bestiegen werden.

### Langbein-Museum

Alleeweg 2, 69432 Hirschhorn, von Gründonnerstag bis Ende Oktober täglich außer Mo 14 – 16 Uhr, So auch 10 – 12 Uhr. Führungen für Schulklassen und andere Gruppen vormittags nach Absprache.

▶ *Carl Langbein,* der vor über hundert Jahren starb, war ein eifriger Sammler, und die Früchte seiner Bemühungen sind in dem nach ihm benannten Museum im *Haus des Gastes* zu bewundern. Langbein wurde in Hirschhorn geboren, handelte mit Holz, Getreide und Rindern, betrieb eine Gaststätte und verdiente wohl recht gut. Doch er war nicht nur als Geschäftsmann vielseitig, er sammelte die unterschiedlichsten Kunstgegenstände und Mineralien aus der Region, und nebenbei stopfte er noch eifrig Tiere aus. Deshalb könnt ihr im Museum ein großes **Diorama** betrachten, in dem über 180 einheimische Tiere präpariert sind.

Ansonsten sind im Langbein-Museum Jagdwaffen und Trophäen, Volkskunst und Möbel, Skulpturen und Gemälde zu sehen.

**tip** Im September finden in Hirschhorn **Ritterspiele** und ein **historischer Markt** im gesamten Altstadtbereich statt. Ihr könnt am Kinder-Ritterturnier teilnehmen, Schaukämpfe ansehen oder das Lagerleben bei mittelalterlichen Turnieren kennenlernen. Infos beim Verkehrsamt.

## EBERBACH AM NECKAR

*D*er sehenswerte und ziemlich große Ort am *Neckar liegt 30 km von Heidelberg entfernt. Eberbach hat eine sehr hübsche* **Altstadt** *mit vielen Fachwerkhäusern. Teile der alten Stadtmauer und mehrere mittelalterliche Türme sind gut erhalten. Die Altstadt ist zum größten Teil eine Fußgängerzone, angenehm zum gemütlichen Bummeln. Zahlreiche Restaurants und Cafés in allen Preislagen und diverse Läden machen das Sparen mühsam. Der »Alte Markt« vor dem Heimatmuseum ist ein schöner Platz zum Ausruhen, mit vielen Caféstühlen im Freien. In Eberbach lohnen gleich mehrere Museen einen Besuch.*

NECKAR & KLEINER ODENWALD

**Anfahrt:** an der B 37, am nördlichen Neckarufer. Auch über die B 45 von Michelstadt, Erbach zu erreichen.

Eilzugstrecke Frankfurt – Stuttgart und Heidelberg – Würzburg. Viele Verbindungen von Heidelberg, auch mehrmals täglich von Erbach im Odenwald.

**Infos:** Verkehrsamt und Kurverwaltung, Kellereistr. 32 – 34, 69412 Eberbach, ✆ 06271/4899, Fax 1319. Dort auch Toiletten.

**Eintritt:** Mo – Fr 8 – 12 und 14 – 17.30 Uhr, Mitte Mai bis Mitte Oktober auch Sa 10 – 12 Uhr. Internet www.eberbach.de. Monatlicher Veranstaltungskalender, auch Kindertheater.

## Hunger & Durst
**Altes Badhaus,** Am Lindenplatz 1, ✆ 06271/92300, Fax 923040. Sonnen-Terrasse.

### Heimatmuseum

Am Alten Markt, ✆ 06271/1664. Di/Fr 15 – 17, Sa/So 14 – 17 Uhr. Gruppen auch zu anderen Zeiten nach Voranmeldung. Erw. 3 DM, Kinder bis 14 Jahre frei.

▶ Im Heimatmuseum lernt ihr viel zur Geschichte der Stadt und der Region. Es wird gezeigt, wie die Menschen früher Fische aus dem Fluß fingen, und wie wichtig der Neckar überhaupt einst für die Leute war, die an ihm wohnten. Wollt ihr wissen, wie die *Kettenschiffahrt* funktionierte, so könnt ihr es hier erfahren. Außerdem ist eine alte Apotheke ausgestellt, mit allerlei Gerätschaften zur Medikamentenherstellung und Porzellangefäßen, in denen die Kräuter und Mineralien aufgehoben wurden.

Unter dem Dach gibt es eine Abteilung zu **Wald und Natur,** in der ihr viel über Pflanzen und Tiere erfahrt. Dort seht ihr zudem etwas ganz Besonderes, nämlich den letzten Wolf des Odenwaldes, leider ausgestopft.

Außerdem gibt es noch regelmäßig wechselnde *Sonderausstellungen.*

### Zinnfigurenkabinett

Seit 1992 im *Haspelturm* aus dem 14. Jahrhundert.
Geöffnet vom 1. Mai bis 31. Oktober Mi und Sa 15 –
17 Uhr, So 14 – 17 Uhr. Erw. 2 DM, Kinder bis 14
Jahre frei.

▶ Habt ihr schon einmal mit einer Zinnfigur gespielt? Oder wollt ihr mal sehen, mit welchen Figuren eure Väter und Opas spielten? Das Zinn-
figurenkabinett zeigt die ganze Bandbreite der
einst so beliebten Figürchen, komplette Armeen
sind zu bewundern, die in Gruppen zu bestimmten Szenen aufgebaut sind. Die große Vielfalt ist
erstaunlich. Heute sind diese Figuren kostbare
und begehrte Sammlerstücke.

### Ein Museum voller Fässer

Küferei-Museum, Pfarrhof 4. Geöffnet Anfang April
bis Ende September Di, Fr, Sa, So 14 – 17 Uhr oder
nach Anmeldung. Eintritt frei. ✆ 06271/2704.

▶ Dieses kleine **Küferei-Museum** zeigt etwas
ganz Besonderes. Es beschäftigt sich mit einem
Handwerk, das heute wohl kein Kind und auch
viele Erwachsene nicht mehr kennen. Küfer stellten früher vor allem Fässer und Bottiche her. Ihr
könnt euch vorstellen, daß es nicht einfach ist,
aus geraden Holzbrettern ein rundes Faß herzustellen. Laßt euch zeigen, wie das gemacht
wurde! Die ganze Werkstatt sieht noch so aus,
wie sie der letzte Eberbacher Küfermeister 1987
verlassen hat. Die einzige Maschine ist eine fast
hundert Jahre alte Bandsäge, alles andere ist echte
Handarbeit.

## Naturpark-Informationszentrum

Kellereistr. 36, 69412 Eberbach, ✆ 06271/72985.
Mai bis Oktober Mi, Do, Fr 10 – 12 und 14 – 17 Uhr,
Sa 14 – 17, So 12 – 17 Uhr, von Nov. bis April an

NECKAR & KLEINER ODENWALD

den Wochenenden geschlossen. Außerdem nach telefonischer Vereinbarung.

▶ Das Infozentrum beim Verkehrsamt wurde erst 1998 eröffnet. In den zehn Räumen des historischen *Thalheimschen Hauses* geht es um ökologische Zusammenhänge und Wechselbeziehungen, aber auch um die Kulturgeschichte der Region. Dabei werden die Besucher mit eingebunden, zum Beispiel sollen sie beim Thema »Lebensraum Streuobstwiese« Tiere erkennen und ihrem typischen Lebensraum zuordnen. Sehr interessant für etwas ältere Kinder, vor allem auch für Schulklassen ist das hervorragende, fächerübergreifende Informationsangebot in dieser Ausstellung lohnend.

## Heilkräutergarten auf der Ottohöhe

Auf der anderen Seite des Neckars, gegenüber der Altstadt, hinter den Tennis- und Sportplätzen gelegen.

**tip** Beim Verkehrsamt gibt es einen Führer zum Heilkräutergarten, in dem ihr nachlesen könnt, wie die Pflanzen heißen und wofür sie benutzt werden.

▶ Sicher wißt ihr, daß viele Pflanzen Wirkstoffe enthalten, die Krankheiten heilen können. Wenn ihr krank seid und eine Tablette oder Hustensaft nehmt, dann sind in diesen Medikamenten wahrscheinlich auch Auszüge aus Pfefferminze, Anis, Kamille, Hagebutte … enthalten. Als es die modernen Arzneimittel noch nicht gab, kannten die Menschen sich trotzdem schon gut mit Mitteln aus, die ihnen zum Beispiel gegen Erkältung oder Durchfall halfen.

In diesem Heilkräutergarten seht und riecht ihr Pflanzen, die gegen Krankheiten eingesetzt werden, z.B. die sonnengelbe *Ringelblume.* Aus ihr werden Salben gemacht, die Wunden gut verheilen lassen. Manche Pflanzen werden auch als Gewürze in der Küche verwendet, wie der *Salbei,* der aber auch in vielen Hustenbonbons und Erkältungssäften enthalten ist. Andere Pflanzen sind hochgiftig, nur in genau dosierten Mengen sind sie als Heilmittel zu verwenden, wie die *Tollkirsche,* die hier ebenfalls gezogen wird. Also Vorsicht, nichts in den Mund stecken!

## Rundtour um das Wildgehege im Naherholungsgebiet Holdergrund

**Anfahrt:** in Eberbach Richtung Norden, hinter der zweiten Kirche die erste Straße rechts Richtung Krankenhaus, in die Alte Dielbacher Straße einbiegen, etwa 1,5 km bergauf durch den Wald, vor der Schranke an der Tafel parken, Parkplatz Holdergrund. Nichts für Kinderwagen.

▶ Vom Parkplatz erreicht ihr in etwa 10 Minuten das **Wildschweingehege.** Wenn ihr Glück habt, balgt sich gerade eine Rotte quiekender Frischlinge um das Futter. Bis hierhin kann man auch einen Kinderwagen schieben, doch der Pfad führt dann neben dem Gehege den Hang hinab ins *Tal des Holderbaches.* Dem Rundweg weiter zu folgen, ist mit Kinderwagen zu steil. Unten liegt ein idyllischer, aber schattiger Picknickplatz, mit Feuerstelle und Sitzgruppen, vom Holderbach umschlängelt. Beinahe erwartet man, Trolle und Feen zwischen den bemoosten Steinen zu entdecken, so märchenhaft verwunschen wirkt dieser Ort. Für Kinder ein seichter Bach zum Planschen und Spielen. Leider ist die Kneipptretstelle auf der anderen Seite des Baches völlig verrottet.

Der Rundweg führt weiter am Bach entlang, an das Schwarzwild- schließt sich ein **Rotwildgehege** an und ein *Vogellehrpfad* beginnt. Am Weg stehen auch mehrere Infotafeln, auf denen ihr viel über das Rotwild erfahrt. Nach etwa 40 Gehminuten vom Parkplatz aus erreicht ihr ei-

**Einkaufstip**

In der Alte Dielbacher Straße gibt es rechter Hand einen Laden mit Honig und Produkten aus eigener **Imkerei.**

NECKAR & KLEINER ODENWALD

nen kleinen Teich, wo noch einmal eine **Feuer-stelle** und Sitzgruppen zu benutzen sind, nicht so romantisch, aber dafür in sonnigerer Lage. Nach etwa 1 Stunde (ohne Pause) erreicht ihr wieder den Parkplatz.

Eine **Wanderung nach Ober- und Unterdiel-bach** ist vom Parkplatz aus als Fortsetzung des Vogellehrpfades möglich, auch für Kinderwagen geeignet. Statt am Schwarzwildgehege links run-ter zu steigen, geradeaus weiter gehen.

### Burg Eberbach

**Anfahrt:** im Osten von Eberbach, an der Straße in Richtung Unterdielbach, befindet sich links der Parkplatz Burg Eberbach.

▶ Etwa 20 Minuten dauert der Aufstieg vom Parkplatz zur Ruine der Burg Eberbach, am Ende wird der Weg ziemlich steil, nichts für Kinderwagen. Diese Burg stammt aus dem 12. Jahrhundert. 1403 wurde sie zerstört und erst zu Beginn unseres Jahrhunderts wieder freigelegt. Von hier oben habt ihr einen schönen Blick auf den Neckar, es ist ein toller Picknickplatz. Es gibt auch eine große **Grillhütte,** bei Regen habt ihr ein Dach über dem Kopf. Die Ruine ist weiträumig und von vielen Pflanzen überwuchert. Die verschiedenen Burgteile sind durch Stege miteinander verbunden.

Wenn ihr Lust auf einen längeren Fußmarsch habt: auch von Eberbach oder vom Wildgehege Holdergrund ist die Burgruine zu erreichen, von beiden Ausgangspunkten gut ausgeschildert.

### Mit dem Dampfer auf dem Neckar

Eberbacher Personenschiffahrt, Adolf Kappes, Binetzgasse 1, 69412 Eberbach, ℡ 06271/3768, Fax 3061.

Von Mitte Mai bis Mitte September finden täglich Ausflugsfahrten mit der »Burg Eberbach« und der »Otto Kappes« statt. Auf beiden Schiffen gibt es Restaurants. Die Fahrten durch das Tal des Neckars sind ein besonderes Schmankerl, an Burgen und Schlössern ziehen die Schiffe vorbei, Reiher stehen an den Ufern. An allen Orten, die angefahren werden, könnt ihr zusteigen. Die angegebenen Beispiele beginnen und enden in Eberbach. Die ermäßigten Preise gelten für Kinder zwischen 4 und 12 Jahren. Fahrräder und Hunde kosten die Hälfte des Kinderpreises. Natürlich sind alle Fahrten auch als Einzelfahrten möglich, eine ideale Möglichkeit, um eine Strecke am Neckarufer entlang mit dem Rad zu fahren.

**Neckartalrundfahrten,** sonntags, eineinhalbstündige Fahrt. Beginn ist in Eberbach um 10.30, 14 und um 16 Uhr (Erw. 13 DM, Kinder 10 DM.).

Di und Do geht es von Eberbach über Zwingenberg nach **Neckargerach** und zurück, Start um 14 Uhr, Rückkehr 18 Uhr (Erw. 17 DM, Kinder 12 DM). Ebenfalls Di und Do könnt ihr auch eine **Ganztages-tour** von Eberbach über Hirschhorn und Neckar-steinach nach Heidelberg unternehmen, Beginn 9 Uhr, Rückkehr 19 Uhr (Erw. 25 DM, Kinder 17 DM). Mo, Mi und Fr fahren die Dampfer von Eberbach nach **Hirschhorn,** los geht es um 14 Uhr, zurück seid ihr um 18 Uhr (Erw. 15, Kinder 10 DM). Für Schul-klassen Sondertarife.

## Noch mehr Aktivitäten in Eberbach

**Freibad:** *Badezentrum In der Au,* © 06271/7611, Infos auch unter © 06271/920942 bei den Stadtwer-ken. Mo, Do 7 – 19, Di, Mi, Fr 7 – 20 Uhr, Sa/So 8 – 20 Uhr. Erw. 5, Kinder 3 DM.

Das große Quellwasserschwimmbad liegt direkt am Neckar, es gibt unter anderem eine riesige Liege-

*Radwanderkarte Eber-
bach* für 6,90 DM und
viele Wanderkarten bei
der Tourist-Info. Auch
eine Tourenbeschreibung
»Radwandern entlang
des Neckars« bekommt
ihr kostenlos beim Ver-
kehrsamt. Leihräder,
auch Kinderräder gibt es
beim Campingpark, Bike
& Sport.

**tip** Die aktuellen
Veranstaltungen
in Eberbach sind auch im
Internet zu erfahren:
home.t-online.de/home/
hubert.richter/eber-
bach.htm

wiese, Kinderbecken und Sprungtürme. Nebenan
Sauna, Dampfbad, Solarium.

**Kutschfahrten:** Im Sommer werden an festen Terminen Fahrten angeboten, Anmeldung und Info bei
Björn Schmitt, ✆ 06271/71848.

**Reiten:** *Pferdeland Oberdielbach,* etwa 7 km von
Eberbach entfernt, ✆ 06274/6650.
*Pferdehof Sonnental* in Eberbach-Pleutersbach,
✆ 06271/4772.

**Minigolf:** ✆ 06271/1071. Auf dem Campingplatz am
Neckarufer gegenüber der Altstadt, neben dem
Hallen- und dem Freibad.

**Angeln:** Jahres- und Tageskarten für Neckar, Itter
und Reisenbach beim *Zoohaus Wipfler,* Hauptstr.,
✆ 06271/2372.

**Einkaufen:** *Naturkostladen:* Kellereistraße 23, Mi
und Sa-nachmittag geschlossen, sonst 9 – 13 und
14 – 18 Uhr geöffnet. ✆ 06271/71435.
Reformhaus Ecke Kellereistraße/Fischergasse, Mo –
Fr 8.30 – 12.30 und 14 – 18 Uhr, Sa 8.30 – 13 Uhr.

**Fähre:** sie verkehrt bei gutem Wetter, wenn das
Freibad geöffnet ist, 9 – 19.30 Uhr, unterhalb der
Stadthalle fährt sie ab.

## Veranstaltungen & Feste

**Stadtführung:** jeden Samstag um 10.30 Uhr. Treffpunkt Innenhof am Verkehrsamt. 2 DM.

**Altstadtfest:** Am Wochenende nach Himmelfahrt
wird in Eberbach der Frühling willkommen geheißen.

**Kukucksmarkt:** Um den letzten Sonntag im August
findet von Freitag bis Dienstag der traditionelle
Kukucksmarkt statt, ein großes Volksfest.

**Apfeltag:** Am 3. Sonntag im Oktober dreht sich alles
um dieses gesunde Obst.

## Ausflug zum Landgasthaus
## Zur Mühle in Ober-Höllgrund

**Anfahrt:** östlich von Eberbach gelegen, von Strümpfelbrunn etwa 1,5 km nach Norden.

**Gasthaus Zur Mühle,** Fam. Holzner, 69429 Waldbrunn/Ober-Höllgrund, ✆ 06274/356. Mo Ruhetag, sonst 10 – 22 Uhr geöffnet.

▶ Bereits die Anfahrt von dem kleinen Ort **Strümpfelbrunn** aus über eine steile und schmale Straße durch dichten Wald ist abenteuerlich. **Ober-Höllgrund** besteht aus einer Handvoll Häusern. Eines davon ist das *Landgasthaus Zur Mühle,* eine alte **Wassermühle,** deren Rad sich noch dreht. Seit 1918 wird es von der Familie Holzner bewirtschaftet. Das Gasthaus liegt wirklich traumhaft, ganz einsam im Tal mit Blick auf die sanften Kuppen des Odenwaldes. Das Tal ist Landschaftsschutzgebiet. Neben der Terrasse des Gasthofes stehen Kühe auf der Weide. Hektik und Lärm sind plötzlich weit entfernt, Urlaubsgefühle stellen sich unweigerlich ein. Auf der Speisekarte finden sich viele Produkte eigener Erzeugung, denn ein landwirtschaftlicher Betrieb ist an das Gasthaus angeschlossen. Hausmacherwurst, selbstgebackenes Brot, gutbürgerliche Küche, Kinderteller, Vesperkarte.

### Rund- und Spazierwege

Parkplatz Holznersmühle vorm Gasthaus. Von dort sind 3 Rundwege (6 und zweimal 7,5 km) möglich, die ihr vor oder nach einem üppigen Mahl bewältigen könnt.

▶ Vorschlag für einen gemütlichen Spaziergang mit Kinderwagen: von Ober- nach Unter-Höllgrund laufen, eine schmale, asphaltierte und kaum befahrene Straße führt fast eben durch das Tal am Bach entlang, einfache Strecke etwa 2 km.

**Woher weiß man, wie alt ein Baum ist?**

*Das könnt ihr auszählen, wenn ihr einen zersägten Baumstamm oder Ast seht. Ihr müßt nur die Jahresringe zählen, die auf der Schnittfläche zu sehen sind. So viel Ringe, so viel Jahre alt war der Baum, als man ihn fällte. Innen im Kreis liegen immer die ältesten Jahresringe, direkt unter der Rinde die jüngsten.*

NECKAR & KLEINER ODENWALD

## Auf dem Katzenbuckel

**Anfahrt:** der Katzenbuckel ist im Osten von Eberbach. Ausgeschildert von der B 37 am Neckar, 2 km von Waldkatzenbach. BRN Bus 821, 832. Infos 0621/591320.

**Turmschenke Katzenbuckel,** 69429 Waldbrunn, ℂ 06274/383, Fax 5183. Geöffnet 10 – 22 Uhr, Di Ruhetag. Auch Übernachtungen, ab 50 DM mit Frühstück.

**Kutschfahrten:** Marco Zwickel, 69429 Waldbrunn-Strümpfelbrunn, ℂ 06274/5111 oder 0171/5481419. Planwagenfahrten pro Stunde und Gast Erw. 15 DM, Kinder unter 10 Jahre 10 DM, für jede weitere Stunde 5 DM. Gruppenfahrten nach Absprache, mit Einkehr möglich.

▶ Der höchste Berg des Odenwaldes sieht trotz seiner 628 m, wenn ihr vom Neckar her über Waldbrunn kommt, enttäuschend flach aus. Aber wußtet ihr, daß er aus einem **Vulkan** entstanden ist? Eine Infotafel am Parkplatz bei der Turmschenke erzählt euch mehr darüber. Vom Parkplatz aus braucht ihr etwa 20 Minuten bis zum **Aussichtsturm** auf dem Gipfel. Wer die 98 Stufen des Turms erklimmt (oder waren es 89? 97 oder 99?), wird zumindest mit einem prächtigen Panoramablick belohnt. Natürlich könnt ihr auch von Waldbrunn aus hinlaufen, es ist gut ausgeschildert.

Der Kiosk am Turm ist nur unregelmäßig bewirtschaftet. Dafür könnt ihr in der **Turmschenke** einkehren. Wildgerichte, Odenwälder Spezialitäten und Vollwertkost finden sich auf der ansprechenden Speisekarte. Ein sehr gutes Preisverhältnis bieten die wechselnden Tagesmenüs. Bei schlechtem Wetter sitzt man geschützt im verglasten Vorbau, bei Sonne draußen.

Am Ende des Parkplatzes liegt ein kleiner **See** in einem Steinbruch. Im Juli blühen in ihm Hunderte gelber Seerosen. Baden und Planschen ist allerdings verboten, es ist nur etwas zum Angucken.

# In die Wolfsschlucht und zur Burg Zwingenberg

**Anfahrt:** von Eberbach kommend auf der B 37 liegt am Ortseingangsschild Zwingenberg links der Parkplatz Wolfsschlucht. Zwingenberg ist Bahnstation zwischen Eberbach und Mosbach, vom Bahnhof zehn Minuten Fußweg.

**Schloßbesichtigung:** etwa 45 Minuten, nur für Gruppen nach Voranmeldung unter ✆ 06263/211.

**Ristorante & Café Wolfsschlucht:** Alte Dorfstr. 1, 69439 Zwingenberg, ✆ 06263/273. Nur im Winter Mi Ruhetag, sonst täglich durchgehend bis 24 Uhr. Kleiner Biergarten, aber direkt an der Straße.

▶ Direkt am Parkplatz befindet sich das *Restaurant Wolfsschlucht,* dahinter führt der Weg nach links zur **Schlucht,** ein Schild weist euch den Weg. Die Schlucht ist wildromantisch, Pflanzen wuchern so üppig, daß es an einen Urwald erinnert. Von mächtigen Ulmen hängen Lianen hinab, moosüberwachsene Felsen liegen in einem kleinen Wildbach, der in der Schlucht rauscht. Kleine Brücken überqueren den Bach an mehreren Stellen. Zu beiden Seiten des Baches führen schmale Trampelpfade an den Hängen der Schlucht entlang. Vorsicht bei Regen, alles ist dann sehr glitschig! Ihr solltet hier unbedingt feste Schuhe tragen, auch im Sommer. Am Ende der Schlucht könnt ihr ans Wasser hinab und dort über die verwucherten Steine kraxeln. Auf der rechten Schluchtseite (wenn ihr mit dem Gesicht zur Schlucht steht) geht ein Weg den Hang hinauf, er führt zur **Burg Zwingenberg.** Der Aufstieg zur Burg lohnt sich, obwohl sie für Einzelpersonen nicht zu besichtigen ist.

Vor der Burg steht ein riesiger alter *Mammutbaum,* außerdem habt ihr einen herrlichen Blick auf den Neckar. Die Burg wurde im 13. Jahrhun-

**NECKAR & KLEINER ODENWALD**

*Der Komponist Carl Maria von Weber war bei einem Ausflug von der wildromantischen Wolfsschlucht tief beeindruckt. Sie inspirierte ihn zu seiner bekannten Oper »Freischütz«.*

*Seit 1983 finden die* **Zwingenberger Schloßfestspiele** *statt, alljährlich wird der »Freischütz« im Schloßhof der Burg aufgeführt.*

dert auf steilen Buntsandsteinfelsen erbaut. Ursprünglich war sie Zollstation für das Neckartal. Die Burgherren kassierten also von jedem, der auf dem Fluß Waren transportierte, Zoll. Damit machten sie sich natürlich nicht gerade beliebt und mußten immer damit rechnen, angegriffen zu werden. Da ein Angriff nur von der Bergseite her möglich war, ließen sie dort einen 10 m tiefen Graben in den Fels schlagen. Die Zwingenberger Herren verlangten so räuberische Wegzölle, daß Kaiser Karl IV. schließlich die Nase voll hatte und 1364 die Burg *schleifte,* daß heißt, er ließ sie völlig zerstören. Ein Umbau im 19. Jahrhundert nahm ihr den wehrhaften Charakter, sie sieht heute mehr wie ein Schloß aus. Nur der Bergfried ist aus dem Mittelalter erhalten.

Der breite Weg führt weiter bis nach **Dielbach-Post.** 1866 wurde angeblich in der Nähe dieses Ortes der letzte Wolf des Odenwaldes erlegt (siehe auch Heimatmuseum, Seite 228).

## Wanderung zur Ruine Minneburg

**Anfahrt:** Bahnstation Strecke Eberbach – Mosbach. Bei *Neckargerach* müßt ihr den Neckar überqueren, hinter der Brücke gleich wieder rechts abbiegen und am Fluß entlangfahren oder -gehen. Zuerst kommt der Waldparkplatz »Ziegelhütte«, doch ihr fahrt weiter bis zum nächsten, namenlosen Parkplatz, dort endet der Fahrweg.

▶ Ein Schild Minneburg weist auf einen steil hinauf führenden Pfad, hier werdet ihr am Ende des Rundweges runterkommen. Ihr nehmt nun aber den breiten Weg nach Westen, der in den Wald hineinführt. Es geht stetig bergan. Nach ungefähr 20 Minuten zweigt der Weg R links ab, auch dieser Weg führt zur Minneburg, falls ihr schon schlapp sein solltet, folgt ihm. Ansonsten weiter geradeaus gehen, bis zu einer Kreuzung (bis hierher braucht ihr ungefähr 40 Minuten). Hier ist »Minneburg 2,2 km« angeschrieben, und nun geht es in einer Haarnadelkurve zurück Richtung Osten. Bevor ihr diesen Weg nehmt, könnt ihr aber noch wenige Meter weiter geradeaus zum *Kellersbrunnen* laufen. Dort steht eine kleine Hütte und Wasser sprudelt in einen Trog (kein Trinkwasser). Danach also zurück zur Kreuzung und jetzt verläuft der Weg auf einer Höhenlinie fast eben.

Die **Minneburg** sieht durch ihre gewaltigen Befestigungstürme so beeindruckend aus. Es ist sehr spannend, die große Ruine zu erkunden. Ihr könnt in einen finsteren Keller hinabsteigen, wo es ohne Taschenlampe sehr unheimlich ist. Oder im *Palas,* dem früheren Wohngebäude, eine Wendeltreppe erklimmen. Vor der Burg gibt es eine Wiese mit *Feuerstelle,* an der Grillen und Feuermachen erlaubt sind. Dazu gibt's einen herrlichen Ausblick. Neben der Burg ist eine kleine Wiese mit Sitzgruppen, wo man an heißen Tagen im Schatten seine mitgebrachten Sachen verzehren kann.

## MOSBACH

*M*osbach *sieht zunächst nicht sehr anziehend aus. Doch auch dieses Städtchen hat eine fachwerkgesäumte Fußgängerzone in der* **Altstadt,** *die durchaus einen Bummel wert ist. Gegen Hunger und Durst findet ihr für jeden Geschmack und Geldbeutel etwas, im Sommer laden viele Cafés zum Draußensitzen ein. Grund für einen Ausflug nach Mosbach ist das große Gelände der* **Landesgartenschau,** *die 1997 in Mosbach stattfand. Auf diesem Areal sind auch mehrere ungewöhnlich gestaltete und ausgerüstete Spielplätze.*

*In der Altstadt stoßt ihr auch auf den **Kiwwelschisser-Brunnen**. Die Skulptur zeigt einen Mann, der gerade einen Kübel (Kiwwel) ausleert. Heute sprudelt klares Wasser aus diesem Kiwwel, aber früher wurde in solchen Bottichen die Notdurft der gesamten Familie gesammelt. Und natürlich mußten diese Kübel auch ausgeleert werden.*

**Anfahrt:** B 37 am Neckar entlang, Zufahrt auch über die B 45 aus dem Odenwald.
Bahnstrecken Heidelberg/Eberbach – Mosbach, Seckach – Mosbach, Heilbronn – Mosbach.
**Infos:** Verkehrsamt im Rathaus, 74819 Mosbach, ✆ 06261/82236, Fax 82249. Oktober bis April Mo – Fr 8.30 – 12.30 und 14 – 16.30 Uhr. Mai bis September Mo – Fr 8.30 – 17.30 Uhr, auch Sa 9 – 13 Uhr.

## Gelände der Landesgartenschau

In der Nähe des Bahnhofs, neben den Gleisen, ausgeschildert. Am Ufer der Elz. Frei zugänglich, Hunde verboten. Toiletten beim Pavillon in der Nähe des Kinderspielparadieses, im Kleinen Elzpark bei der Gaststätte und am anderen Ende des Geländes bei den großen Hallen (dort auch Wickelraum), zum Teil nur an Wochenenden und im Sommer geöffnet.

### Habt ihr das gewußt?

Sucht doch mal nach Blättern, auf denen Kugeln sitzen, rötliche, grüne oder gelbe feste Kugeln. Am häufigsten könnt ihr diese Kugeln auf den Blättern der Eiche oder von wilden Rosen finden. In den Kugeln sind die Larven der **Gallwespe.** Daher werden die Kugeln auch »Galläpfel« genannt. Das Insekt, das seine Larven auf die Blätter der Eiche legt, heißt *Eichengallwespe* – und es gibt noch 1599 andere Gallwespenarten! Die Wespen legen ihre Eier mit einem Legestachel in das Blatt, und in der Kugel, die sich an dieser Stelle bildet, wächst ihre Larve heran. Früher machten die Menschen aus diesen Gallen Tinte. Schon die Ägypter wußten, wie das geht. Und bereits vor 5000 Jahren nutzten die Menschen in Sumer die Galläpfel, um damit Typhus-Kranke zu behandeln.

*Blatt einer Stieleiche, mit Früchten*

▶ Das Gelände unterteilt sich in den Großen und den Kleinen Elzpark, den Stadtgarten und den Loretto-Park. Von der Altstadt erreicht ihr es über eine Fußgängerbrücke, gut ausgeschildert. Ihr trefft zunächst auf das **Kinderspielparadies** mit vielen Klettermöglichkeiten. Im **Haus des Kunstvereins** daneben könnt ihr Di, Do und am Wochenende Kunstausstellungen ansehen. Dahinter spaziert ihr durch einen **Klanggarten** und kommt zu einem Teich, in dessen Mitte sich ein buntes Kunstobjekt langsam dreht.

Durch den über 80 Jahre alten *Stadtgarten,* in dem im Sommer eine herrliche Blütenpracht aus den farblich aufeinander abgestimmten Beeten leuchtet, gelangt ihr in den **Kleinen Elzpark.** In diesem Gebiet gibt es für Kinder viel zu entdecken. Zum Beispiel den *Weidenspielplatz,* auf dem Hütten und Tunnel nur aus Weidenästen gebaut sind, sowie einen *Felsenpfad,* den ihr barfuß erspüren solltet. Viel Spaß machen euch bestimmt die interessanten Wassergeräte, die ihr an einem Bachlauf betätigen könnt. Auf einer großen Wiese stehen originelle Klanginstrumente, die ihr ebenfalls ausprobieren dürft. Sie produzieren zum Teil verblüffende Töne. Ein Schild weist euch hier auch den Weg zu einer *Gaststätte mit Biergarten.*

Geht ihr vom Kleinen Elzpark über die Brücke zum anderen Ufer der Elz, kommt ihr zur **Street,** wo ein Parcours für Inline-Skater und Skateboards aufgebaut ist, außerdem gibt es ein *Streetballfeld.* Durch den *Skulpturengarten* und den angrenzenden Loretto-Park gelangt ihr wieder zur Fußgängerbrücke, eurem Ausgangspunkt.

Braucht ihr viel Platz für Ballspiele oder Ähnliches, geht ihr vom Kleinen Elzpark noch weiter

**Öko-Tips**

Macht euch für jedes Stück Natur, nicht nur in Natur- oder Landschaftsschutzgebieten, folgende Verhaltensregeln zu eigen:

▶ nicht von den Waldwegen abweichen,

▶ keine Pflanzen abpflücken,

▶ keine wildlebenden Tiere aufschrecken, verletzen oder töten. Deshalb sollten Hunde stets angeleint werden,

▶ zum Grillen, Lagerfeuer machen, Campen oder Reiten nur die dafür vorgesehenen Wege und Plätze benutzen, so geschieht der Natur am wenigsten Leid und ihr könnt sie immer wieder genießen.

NECKAR & KLEINER ODENWALD

geradeaus, an den Hallen vorbei, über eine weitere Fußgängerbrücke zum **Großen Elzpark**, in dem es große Naturwiesen gibt.

## Weitere Aktivitäten in Mosbach

**Stadtmuseum:** im »Alten Hospital«, von April bis Oktober Mi 15 – 18 Uhr, Fr 10 – 12 Uhr, auch jeden zweiten und letzten Sonntag im Monat 15 – 18 Uhr. ✆ 06261/17233 Herr Wendel oder Verkehrsamt. Rathausturm: Mai bis September Mi 15 – 17 Uhr, Sa 10 – 13 Uhr, So 14 – 17 Uhr. Erw. 2 DM, ab 12 Jahre 1 DM, Kinder bis 12 Jahre frei.

**Märchengarten Dallau:** im Krähenwald, ✆ 06261/4425. März bis Oktober täglich ab 10 Uhr, Do Ruhetag, Gaststätte. Die beweglichen Figuren aus über zwanzig bekannten Märchen erwachen auf Knopfdruck zum Leben, und die dazugehörigen Geschichten werden erzählt.

**Freibad:** im Hammerweg, ✆ 06261/890560. Von Juni bis September täglich 9 – 20 Uhr geöffnet.

**Fahrradverleih:** *W&P Mosbach,* Alte Neckarelzer Straße 1, ✆ 06261/16262.

**Reiten:** *Reitclub Mosbach e.V.,* nach vorheriger Anmeldung, ✆ 06261/893233.

**Angeln:** Fischerei-Verein Mosbach und Umgebung e.V., Bernd Eckert, Neckarzimmern, ✆ 06261/17705.

**Anglerfreunde Mosbach,** Günther Rapp, Kurfürstenstr. 61, ✆ 06261/14661.

### Veranstaltungen & Feste

**Stadtführungen:** im Sommer jeden Mittwoch 14.30 Uhr, Beginn vor dem Verkehrsamt im Rathaus, kostenlos. Für Gruppen auch andere Termine nach Absprache mit dem Verkehrsamt.

**Frühlingsfest:** Am 2. Wochenende im Mai. Viele Verkaufsstände in der Altstadt locken mit ihrem

**Einkaufstip**

Geht ihr bei dem Kinderspielplatz am Kunstverein über die Fußgängerbrücke, so gelangt ihr direkt zum **Öko-Kaufhaus Naturquell,** Odenwaldstraße 3, 74821 Mosbach. Hier gibt es viel Ökologisches, von Lebensmitteln über Kosmetik bis zum Holzspielzeug. Auch ein kleines **Bistro** mit einigen Tischen im Freien gehört dazu, aber direkt davor führt die Straße vorbei, auf Kinder aufpassen.

Beim **Mosbacher Sommer** von Mitte Juli bis Anfang September werden neben Straßentheater und Konzerten auch **Kinderaktionen** veranstaltet. Das Programm gibt es beim Verkehrsamt.

Angebot, Musikgruppen spielen, und es gibt jede Menge Eßstände.

**Buchmachermarkt:** Seit 1997 findet im Juli im Industriepark Mosbach der Mosbacher Buchmachermarkt statt. Bücher und ihre Herstellung stehen dabei im Mittelpunkt. Ihr könnt zusehen, wie Papier geschöpft oder ein Buch eingebunden wird. Auch wie früher Buchstaben aus Blei gegossen wurden, wird gezeigt – da zischt und brodelt es! Bei manchen Ständen dürft ihr auch selbst ausprobieren, wie ein Blatt bedruckt wird. Die Veranstaltung kostet für Erw. 5 DM, Kinder 1 DM Eintritt.

## Radeln auf der Wanderbahn von Mosbach nach Mudau

In den 70er Jahren wurde die Bahnstrecke zwischen Mudau und Mosbach stillgelegt. Auf der **ehemaligen Schmalspurtrasse,** die aus den ersten Jahren des 20. Jahrhunderts stammt, läßt es sich heute gut radeln (oder wandern). Ein geschotterter und teilweise asphaltierter Weg führt durch eine schöne und abwechslungsreiche Landschaft. Die gesamte einfache Strecke ist fast 30 km lang. Sie führt euch durch mehrere Dörfer – *Lohrbach, Fahrenbach, Krumbach, Limbach, Laudenberg* und *Langenelz* – an Waldlehrpfaden und Kneipptretstellen vorbei. In Krumbach, etwa in der Mitte de Weges, gibt es ein Freibad und eine Minigolfanlage.

Von Mudau (ab Bahnhof, an dem großen Parkplatz bei der Feuerwehr) geht es stetig bergab, das ist auch mit jungen Radlern gut zu fahren und dauert zwischen zwei und drei Stunden, je nach Tempo. Von Mosbach aus müßt ihr einige Höhenmeter erklimmen, allerdings ist die Steigung recht gemächlich. Etwa drei Stunden solltet ihr mindestens für die einfache Tour von

*Wenn ihr beim Buchmachermarkt mit Fachchinesisch prahlen wollt, dann sprecht die Buchleute mal auf einen »Schusterjungen« oder einen »Schimmelbogen« an. Wenn es euch dort keiner erklären kann, dann schicken wir euch die Auflösung, Postkarte (mit eurer Adresse!) genügt.*

*Gruß vom Verlag*

**NECKAR & KLEINER ODENWALD**

Mosbach aus einplanen, für selbstfahrende kleine Kinder ist sie zu lang.

In Mudau steht eine der alten Lokomotiven, die früher die Strecke befuhren, als Denkmal. In allen Orten gibt es Gaststätten zum Rasten. Erkundigt euch vorher nach den aktuellen (seltenen) Busverbindungen, falls ihr nicht die ganze Strecke radeln wollt. Infos beim Verkehrsamt oder beim Verkehrsverbund Rhein Neckar, siehe Serviceteil.

## Burg Hornberg am Neckar

**Anfahrt:** an der B 27, östlich von Mosbach, ausgeschildert. Parkplatz direkt an der Burg.
74865 Neckarzimmern, ✆ 06261/92460, Fax 924644. Erw 3,50, Kinder 2,50 DM.

▶ An der Burg Hornberg gibt es kein Kassenhäuschen, sondern einen Automat wie in einem Parkhaus oder für Fahrkarten, in den ihr Kleingeld werfen müßt, um dann durch ein Drehkreuz die Ruine betreten zu dürfen. Nicht sehr romantisch. Dafür gibt es in der Ruine aber etwas *besonders* **Gruseliges** zu sehen, aber was das ist, verrate ich nicht. Ihr werdet es schon finden! Das groß angekündigte **Burgmuseum** ist jedoch enttäuschend, es besteht nur aus zwei Schaukästen mit einigen römischen und mittelalterlichen Fundstücken. Die Ruine selbst ist weitläufig und in den vielen Räumen könnt ihr lange herumstreunen. Wer von euch entdeckt wohl als erster das schauerliche Etwas? Auch hier gibt es einen **Turm,** den ihr ersteigen könnt.

Auf Burg Hornberg hat der *Freiherr Götz von Berlichingen* bis zu seinem Tod 1562 gelebt, über den der berühmte Dichter Johann Wolfgang von Goethe ein Drama schrieb, aus dem der noch berühmtere Satz stammt: »Leckt mich am A ...«

*Goethe ließ seinen volkstümlichen Götz ziemlich viel fluchen, dazu hatte der echte Götz auch allen Grund. So verlor er im Kampf seine rechte Hand, wegen seiner Ersatzhand wurde er fortan »die Eisenhand« genannt. Der Ritter saß oft im Kerker, weil er auf der falschen Seite gekämpft hatte, zum Beispiel als Führer des Odenwalder Bauernaufstandes.*

## Zu den Adlern und Rittern der Burg Guttenberg

74855 Neckarmühlbach.

**Anfahrt:** B 27 bis Gundelsheim am Neckar, dort über die Brücke an das südliche Neckarufer, ausgeschildert. Bahnstation Gundelsheim, BRN Bus 833, Infos © 0621/591320.

▶ Eigentlich befindet sich diese Burg schon außerhalb der Region, die ich euch in diesem Buch vorstelle. Doch weil es wirklich ein ganz tolles Ausflugsziel ist, das ihr euch nicht entgehen lassen solltet, habe ich es mit aufgenommen. Bei gutem Wetter ist auf der Burg Guttenberg einiges los, denn sie wird auch von vielen Ausflugsbussen angesteuert. Die Burg stammt aus dem 12. Jahrhundert.

### Die Flugschau in der Greifvogelwarte

**Eintritt:** Burg Guttenberg, 74855 Neckarmühlbach, © 06266/388. Geöffnet 9 – 18 Uhr. Erw. 12 DM, Kinder 6 – 16 Jahre 7 DM, Schulklassen 6 DM pro Kind. Flugvorführungen täglich 11 und 15 Uhr, von November bis März nur 15 Uhr, Dauer etwa 1 Stunde.

**Postanschrift:** Claus Fentzloff, Scheffelweg 3/1, 74206 Bad Wimpfen, © 07063/950650, Fax 950651.

▶ In diesen historischen Gemäuern hat der Ornithologe *Claus Fentzloff* seine Greifenwarte eingerichtet. *Ornithologen* sind Fachleute für Vögel. Fentzloff und seine Frau beschäftigen sich seit 30 Jahren mit Raubvögeln. Auf der Burg werden bedrohte Vogelarten, vor allem die seltenen *Seeadler*, gezüchtet, die dann in ihren ursprünglichen Heimatländern wieder ausgewildert werden. Beim Rundgang durch die Warte könnt ihr über hundert Adler und Geier, Eulen

**Hunger & Durst**

Im **Café und Bistro** mit der großen Aussichtsterrasse, die teilweise verglast ist, könnt ihr auch bei schlechtem Wetter den Ausblick genießen. Geöffnet 14.30 – 18 Uhr. Daneben befindet sich noch ein teureres **Restaurant,** Hauptgerichte zwischen 25 und 45 DM. Auch ein Weingut mit **Weinverkauf** gehört zur Burg.

*Hier könnt ihr wirklich alles über Adler erfahren!*

und Käuze, Falken, Bussarde und Habichte aus der Nähe betrachten. Faszinierend sind die Flugvorführungen, die ihr nicht verpassen solltet.

In einer Ausstellung zeigen Schautafeln mit interessanten Texten und vielen Fotos, daß Fentzloff schon in der ganzen Welt in Sachen Greifvögel unterwegs war, auf jedem Kontinent, vom eisigen Norden bis in die Wüsten. Außerdem sind Objekte zu sehen, die die Bedeutung des Adlers in verschiedenen Kulturen verdeutlichen. Nicht nur bei den Römern und den Griechen, auch bei den Wikingern und den Indianern Amerikas spielte der Adler eine wichtige Rolle.

### Im Burgmuseum

**Burg Guttenberg**, 74855 Neckarmühlbach, ℡ 06266/91020 oder 1373, Fax 91021. April bis Oktober täglich 10 – 18 Uhr, März und November auf Anfrage, Dezember bis Februar geschlossen. Erw. 5 DM, Kinder und Jugendliche bis 16 Jahre 3 DM.

▶ Aus einer **Folterkammer** dringen grausige Schreie, Säbel rasseln. Fast zu anschaulich und zu lebendig sind Szenen aus dem Mittelalter nachgestellt. Ihr hört Pferdehufe traben und den Kanonendonner einer Schlacht. Ritterrüstungen und Waffen, eine Schlacht mit Zinnsoldaten und vieles mehr sind in dem Museum zu besichtigen. Außerdem könnt ihr den höchsten **Burgturm** erklimmen und von dort auf das Neckartal hinabblicken. Sehr interessant: eine der seltenen **Holzbibliotheken.** 93 Bände, die wie Bücher aussehen, entpuppen sich als hölzerne Kästchen. Jedes ist aus einer anderen Holzart gemacht. Innen sind Früchte, Blätter und Rinde des Baumes getrocknet, aus dessen Holz das Kästchen besteht. So konnten die Menschen früher anhand der Holzbibliothek lernen, wie die Bäume aussahen

*Europäische Lärche mit Zapfen*

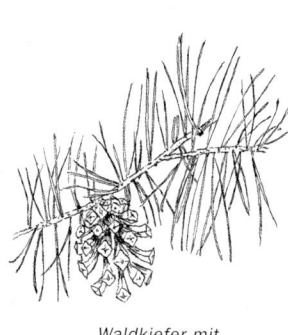

*Waldkiefer mit hängendem Zapfen*

und zu welchem Baum ein Zapfen oder ein Blatt gehörte. Könnt ihr das auch?

## Bei Indianern und Cowboys in Old America

**Anfahrt:** Unterhalb der Burg Guttenberg, gegenüber von Gundelsheim. Bahnstation Gundelsheim, BRN Bus 833, Infos ☎ 0621/591320.

**Infos:** 74855 Haßmersheim-Neckarmühlbach, ☎ 06266/1744, Fax 95044. eMail: Old America@ T-Online.de Internet home.t-online.de/home/ Old.America.

**Eintritt:** Von November bis März nur Sa/So geöffnet, sonst täglich außer Mo 11 – 18 Uhr, der Alabama-Westernsaloon lädt 12 – 23 Uhr zu amerikanischen Getränken und Speisen ein. Erw. 10 DM, Kinder 5 DM.

▶ Nach dem Ausflug zu Adlern und Rittern geht es nun in den **Wilden Westen.** Dieses private Museum wurde von einem Indianer- und Amerika-Fan eingerichtet. In einer großen Scheune präsentiert *Thomas Werbt* seine umfangreiche Sammlung zu Cowboys und Indianern, amerikanischen Uniformen und Waffen. Alles wirkt etwas vollgestopft und chaotisch, aber es sind ein Indianerzelt, ein ausgestopfter Bison, eine Kutsche und vieles mehr zu sehen, bei denen ihr euch wirklich vorstellen könnt, im Indianerland zu sein. Sogar ein komplettes Sheriff-Büro mit Gefängniszelle ist aufgebaut. Für Gruppen und Schulklassen gibt es nach Absprache **Führungen** mit Rahmenprogramm. Wie wär's mit einer **Geburtstagsfeier** mit Indianerspielen im Tipi? Wer beim Topfschlagen schummelt, muß an den Marterpfahl. An den **Bastelabenden** könnt ihr nach echten Vorlagen mit Leder und Perlen euren eigenen Indianerschmuck herstellen.

### Hunger & Durst

Es gibt zwei Gaststätten auf der Burg. Der günstigere **Schnellimbiß** mit Selbstbedienung hat täglich geöffnet, hier sitzt ihr auf einer großen Terrasse.

Das teurere **Restaurant Burgschenke** bietet gehobenere Küche, Gerichte ab 25 DM. ☎ 06266/228 oder 490, Fax 1697, geöffnet von März bis Dezember, Mo und Di Ruhetag.

**NECKAR & KLEINER ODENWALD**

## KLEINE VOGELKUNDE

**Wie ein Vogel
gebaut ist**

Die **Knochen** der Vögel sind fast völlig hohl, daher wiegen sie nicht viel. Durch eine Art Stützensystem sind die Knochen aber stabil und fest, damit sie nicht leicht brechen. Alle Vögel können sehr gut sehen, viel besser als ein Mensch. Sie können außerdem gut hören, aber schlecht riechen. Besonders scharf sehen Greifvögel.

*Der Eisvogel lebt am
Bach und von Fischen*

Die **Federn** der Vögel bestehen aus *Keratin*. Aus diesem Stoff sind auch die Hörner vieler Säugetiere sowie unsere Fingernägel und Haare. Es gibt weiche Flaumfedern, die den Vogelkörper bedecken und warmhalten. Die großen Flügel- und Schwanzfedern dagegen sind härter und dienen zum Fliegen. Alle Federn sind so dicht miteinander verbunden, daß sie kaum Luft durchlassen, daher können Vögel auch kalte Winter überstehen. Ein kleiner Vogel hat etwa 1000 Federn, ein großer Schwan kann über 20.000 Stück haben. Vögel mit kurzen und runden Flügeln sind wendiger, Vögel mit langen und schmalen Flügeln dagegen können weitere Strecken und außerdem schneller fliegen. Die Vögel, die ihr im Wald auf dem Boden oder in den Bäumen beobachten könnt, haben meist kurze Flügel, denn sie müssen ihren Feinden geschickt ausweichen können.

**Die Mauser**

Alle erwachsenen Vögel **mausern** sich mindestens einmal jährlich – das heißt, sie verlieren ihre alten, abgenutzten Federn und es wachsen neue Federn nach. Die Mauser dauert bei kleinen Vögeln bis zu drei Wochen und findet bei jeder Vogelart zu einer bestimmten Zeit im Jahr statt. Vögel kurz vor oder während der Mauser sehen oft arg zerrupft und mitgenommen aus. Viele Singvögel bekommen ihr neues Federkleid im Sommer, nachdem sie ihre Jungen bereits großgezogen haben. Während der Mauser sind die Vögel oft lustlos und schlapp. Deswegen hört ihr im Sommer viel weniger Vögel im Wald singen als im Frühling, obwohl genauso viele Piepmätze in den Bäumen und Sträuchern sitzen.

Wann ein **Nest** gebaut und **Eier** gelegt werden, ist von Vogelart zu Vogelart verschieden, aber alle Vögel brüten im Frühjahr. Ab März könnt ihr viele Vögel mit Ästchen, Gras, Heu oder anderem Baumaterial im Schnabel sehen. Im Durchschnitt braucht ein Vogelpaar für den Bau seines Nestes etwa fünf Tage. Im Laufe einer Woche werden zwischen drei und sechs Eier in das Nest gelegt. Bebrütet werden diese eine bis drei Wochen lang, dann schlüpfen bereits die nackten, rosafarbenen Winzlinge. Es dauert noch einmal zwei Wochen, bis die Kleinen bereit sind, das Nest zu verlassen.

In dieser Zeit fliegen die Eltern fast pausenlos im Nest ein und aus, um die gierigen Schnäbel zu stopfen. Die Jungen von Singvögeln werden hauptsächlich mit Insekten gefüttert. Meistens füttert auch das Männchen mit. Nachdem die Jungen groß genug sind, um das Nest zu verlassen, bleiben sie noch ein paar Tage bei ihren Eltern. Oft sieht man dann kleine, runde Jungvögel etwas unbeholfen auf dem Boden herumhüpfen, wo sie noch immer nach Nahrung piepsen. Bereits im folgenden Frühjahr bauen die Jungvögel selbst ein Nest und ziehen nun eigenen Nachwuchs auf. Bei Raubvögeln, Gänsen oder Schwänen dauert das alles wesentlich länger, weil die ja auch viel größer sind!

Bei den Vögeln **singt** meistens das Männchen. Sie wollen entweder ein Weibchen betören oder anderen

## Nachwuchs

*Hilfe! Manchmal sammeln die Vogeleltern auch Plastikfetzen, um das Nest ordentlich zu stopfen. Was sie nicht wissen: Wenn es regnet, kann das Regenwasser nicht mehr ablaufen, wie es das bei natürlichen Materialien tun würde. Die kleinen Vogelkinder müssen dann ertrinken. Deshalb: Laßt kein Plastik rumliegen und sammelt im Wald ruhig den Müll anderer Dreckspatzen auf. So helft ihr den Vögeln.*

## Der Gesang

Männchen sagen, daß dies ihr Revier sei. Bei manchen Arten singen aber auch die Weibchen. Jede Vogelart singt eine eigene Melodie. Erfahrene Vogelfreunde können daher genau am Gesang erkennen, welcher Vogel gerade tirilliert. Außerdem zwitschert jede Art früh am Morgen zu einer bestimmten Uhrzeit.

Singvögel lernen den Gesang von ihren Eltern. Daher klingen die Lieder von jungen Vögeln oft noch nicht perfekt, sie müssen eben erst üben. Es gibt auch Vogelarten, bei denen die Fähigkeit, das richtige Lied zu singen, angeboren ist. Manche Vögel können gar nicht singen, haben aber andere Möglichkeiten, sich zu verständigen. Häufig könnt ihr im Wald zum Beispiel den Specht hören, der gegen die Stämme trommelt und klopft. Er sucht dabei Nahrung unter der Baumrinde oder baut sich im Stamm eine Höhle zum Brüten.

## Der Vogelzug

*Einige Arten fliegen um den halben Erdball: von Sibirien und Alaska bis Afrika, von der Arktis bis in die Antarktis. Klar, daß sie da Rastplätze brauchen. Aber keine breiten Autobahnen und riesige Betonflächen, sondern große Wiesen, auf denen sie in Ruhe schlafen und fressen können!*

Viele unserer heimischen Singvögel ziehen im Winter **nach Süden**, weil sie bei Schnee und Kälte bei uns zu wenig Nahrung finden. Den meisten Vögeln ist es angeboren, ihr Winterziel zu finden. Sie haben außerdem eine innere Uhr, die ihnen sagt, wann es Zeit zum Aufbruch ist. Manche Arten fliegen tagsüber, andere nachts. Sie orientieren sich an verschiedenen Dingen: die Tagzieher an der Sonne und an charakteristischen Landschaftsmerkmalen, die Nachtzieher an den Sternen, am Magnetfeld der Erde oder am Meeresrauschen. Viele kleine Vögel fliegen jeden Tag einige Hundert Kilometer weit. Bei schlechtem Wetter machen sie eine Pause. Es gibt aber auch Vogelarten, die mehr als 1000 km am Stück fliegen!

# DER KLEINE ODENWALD

Außer dem Vorderen und Hinteren Odenwald gibt es den oft weniger Beachtung findenden Kleinen Odenwald. Er erstreckt sich südlich des Durchbruchtals des Neckars. Der 568 m hohe Königstuhl bei Heidelberg (siehe Seite 200) markiert den westlichsten, der Hebert mit 516 m Höhe den östlichsten Punkt des Kleinen Odenwald, der im Süden immer flacher wird. Während am Neckar noch bewaldete Hänge die Landschaft bestimmen, ist die Gegend südlich davon von Feldern, Äckern und kleinen Dörfern geprägt.

## Naturlehrpfad & Naturfreundehaus bei Leimen

**Anfahrt:** B 3 von Heidelberg nach Süden. Waldparkplatz 17, östlich von Leimen, Richtung Gaiberg. Nichts für Kinderwagen.

▶ Dieser Naturlehrpfad ist als **Rundweg** angelegt, es dauert insgesamt etwa 50 Minuten, ihn entlang zu laufen. Wenn ihr die Texte auf den Tafeln alle intensiv lest, werdet ihr länger brauchen. Sowohl die Lebensweisen der Tiere bei uns im Wald als auch etliche Bäume sind beschrieben, welche Früchte sie tragen, wie ihre Blätter aussehen und was aus ihrem Holz gemacht wird. Darüber hinaus gibt es Infos zur Entstehung der Landschaft.

Eine **Grillhütte** und eine große Spielwiese befinden sich am Parkplatz, außerdem beginnen dort 3 Rundwege (2/2/4,5 km).

### Ausflug zum Naturfreundehaus

**Anfahrt:** von Leimen in Richtung Gaiberg und Bammental, etwa 50 m hinter dem Ortsausgang geht rechts ein asphaltierter Weg in den Wald, ausgeschildert. Großer Parkplatz vor der Gaststätte.

**Gaststätte Am Gossen-
brunnen,** Heltenstraße
60 A, ✆ 06224/71766.
Mi – Sa 14 – 22 Uhr,
So und Fei 10 – 22 Uhr.
Kroatische Spezialitäten,
Kindergerichte, Familien-
platte für mehrere Perso-
nen.

▸ Das Naturfreundehaus liegt sehr idyllisch, besonders im Sommer ist der große, schattige **Biergarten** unter Bäumen ein idealer Platz, um mit
Kindern Kaffee trinken zu gehen oder Mittag zu
essen. Es gibt einen **Spielplatz** mit Schaukeln, einer Rutsche und einem Teller an einem Drahtseil.
Außerdem befindet sich ein kleines Gehege mit
Mufflons und Damwild direkt beim Gasthaus.
Waldspaziergänge sind rund um das Gasthaus,
zum Teil auch auf befestigten Wegen mit Kinderwagen möglich.

## Picknickplatz bei Nußloch

**Anfahrt:** von Leimen nach Nußloch, kurz nach Ortsausgang Nußloch (Richtung Gauangelloch) auf der
rechten Seite.

▸ Diese Stelle ist bei gutem Wetter ein beliebter
Picknickplatz. Hier gibt es einen Spielplatz und
mehrere gemauerte Grillstellen auf einer großen
Wiese, außerdem Toiletten. Im Sommer ist viel
los, Familien spielen Volleyball, picknicken oder
grillen. Ein asphaltierter, kinderwagentauglicher
Weg führt zwischen Spielplatz und Wiese hindurch über Felder und Obstwiesen.

## Auf dem Vogellehrpfad bei Nußloch

**Anfahrt:** von Leimen nach Nußloch, Richtung Gauan-
gelloch, etwa 1 km hinter Nußloch liegt auf der linken
Seite der Wanderparkplatz Poleneck, genau auf der
Kuppe zwischen Nußloch und Maisbach.

▸ Von der Kuppe habt ihr einen schönen Weit-
blick in die Ebene. Es gibt zwei *Rundwege* (3, 5
km), einen *Waldlehrpfad* (2 km) und einen **Vogellehrpfad.** Dieser ist weitgehend mit dem 5 km
langen Rundweg (rot auf Tafel markiert) iden-
tisch. Er ist gut befestigt und auch mit Kinderwagen zu gehen. Achtung: mit Kinderwagen unge-

fähr zehn Meter die Straße Richtung Maisbach entlangschieben, dort beginnt linker Hand der befestigte Weg. Ohne Kinderwagen kann man direkt am Parkplatz über eine Treppe den Rundweg erreichen.

Auf Schautafeln sind Vögel und ihre Lebensweise erklärt, von der Meise bis zum Kuckuck.

## Afrika in Gauangelloch

**Anfahrt:** etwa 6 km östlich von Leimen.
**Bettendorffsche Galerie im Schloßgarten,** 69181 Gauangelloch/Leimen, ℂ 06226/990000, Fax 06224/91016. Do/Fr 14.30 – 19 Uhr, Sa 14.30 – 18, So/Fei 10 – 12 und 14.30 – 18 Uhr sowie nach Vereinbarung.

▶ Afrikanische Figuren, darunter viele Tiergestalten, sind im Garten und in einem wunderschön restaurierten Haus ausgestellt. Aus einem heruntergekommenen Wasserschloß aus dem 15. Jahrhundert wurde eine moderne **Kunstgalerie.** Die das schmucke Schlößchen umgebende Landschaft wurde in den *Chapungu-Skulpturenpark* verwandelt. So heißt nämlich auch ein berühmter Garten in Zimbabwe, in dem Bildhauer vom Volk der *Shona* im Freien arbeiten. Auch in Gauangelloch stehen Figuren der Shona. Zudem gibt es wechselnde Ausstellungen und Bildhauer-Workshops. Auch Kinder können viel Spaß an den phantasievollen, fremdartigen Skulpturen haben, allerdings ist zu bedenken, daß die Galerie kein Freizeitpark ist.

*Wer von euch weiß, wo Zimbabwe liegt? Atlas rausholen und zeigen – wer länger braucht als man bis 10 zählen kann, muß auch noch Ghana finden.*

## In der Glasbläserei Wiesenbach

**Anfahrt:** Wiesenbach ist wenige km südlich von Neckargemünd. Von Heidelberg auch über Leimen und Bammental. BRN Bus 754 von Neckargemünd, Infos ℂ 06215/91320.

**Infos & Eintritt:** Heidelberger Kristallglas, Kisslinger KG, Wiesenbacher Landstraße 22, 69245 Bammental-Wiesenbach. ✆ 06223/4300, Fax 49342. Verkauf ab Werk Mo – Fr 9 – 18 Uhr, Sa – 13 Uhr. Besichtigung Mo – Fr 9.30 – 13 Uhr. Parkplatz vor der Fabrik.

▶ Zusehen, wie Kristallglas geblasen wird, ist ungeheuer spannend. Ganz langsam entsteht aus der flüssigen, heißen Masse ein Glas oder eine Vase. Diese werden dann noch in mehreren Arbeitsgängen mit Mustern versehen. Jeder darf während der Öffnungszeiten der Fabrik zuschauen. Geht nicht in den verglasten Verkaufsraum, sondern einfach direkt in die Fabrikhalle, den Eingang seht ihr vom Parkplatz aus.

## Ausflug in die Urgeschichte

**Anfahrt:** an der B 45 von Neckargemünd Richtung Meckesheim bis Mauer.
Bahnstation zwischen Neckargemünd und Sinsheim.
**Urgeschichtliches Museum,** Heidelberger Str. 34, 69256 Mauer, ✆ 06226/92200.

▶ Im *Rathaus von Mauer* ist ein kleines urgeschichtliches Museum untergebracht, das Zähne und Knochen zeigt, und dazu viele Infos zu den **Eiszeiten** sowie den Pflanzen und Tieren, die vor vielen Millionen Jahren lebten, liefert. Bei Mauer wurde nämlich ein sensationeller Fund gemacht: der Unterkiefer eines Urahnen des Menschen, der über 600.000 Jahre alt ist. *Homo heidelbergensis* nennen ihn die Wissenschaftler. So ein Fund ist sehr selten und daher wertvoll, das Original wird fest verschlossen in einem Tresor in Heidelberg aufbewahrt, in Mauer seht ihr eine Kopie. Erst durch die Führung einer fachkundigen Person wird ein Gang durchs Museum spannend. Dafür solltet ihr unbedingt einen Termin mit *Herrn Reiß,* ✆ 06226/1403, ausmachen.

*Stellt euch vor, wie die Menschen damals gelebt haben, wie sie sich kleideten, ernährten und wohnten! Spielt bei eurem nächsten Ausflug in den Wald doch mal als Homo heidelbergensis »Mutter, Vater, Kind«! Sicher waren die Familien sehr vielköpfig, wer hat wohl welche Aufgabe gehabt?*

**Spiel- und Picknickplatz:** Von Schatthausen kommend die zweite Straße in Mauer links in die Silberbergstraße einbiegen. Sie wird am Ende der Bebauung zu einem Feldweg, der schließlich eine Linkskurve macht (geradeaus ist die Durchfahrt verboten). Ihr gelangt so an den *Parkplatz Karlsbrunnen*, wo es einen kleinen Spielplatz mit Tischtennisplatte, 2 Sitzgruppen zum Vespern, 1 Dixi-Klo und einen kleinen Bach gibt. Weiter oben sind eine Feuerstelle und eine große Hütte. Drei **Rundwanderwege** (1,8/2,2/3 km) sind angegeben. Der Platz liegt im Tal, man blickt auf sanfte Hügel.

## Kleine Wanderung am Bachlehrpfad

**Anfahrt:** B 45 nach Meckesheim, von dort Richtung Nordosten nach Lobenfeld.

▶ Das ist eine gute Strecke für Kinderwagen, Rädchen, Buggies und Ähnliches. Am plätschernden *Lobbach* entlang führt ein asphaltierter schmaler Weg von **Lobenfeld** nach **Waldwimmersbach**. Am besten am *Kloster Lobenfeld* parken, dieses ist ausgeschildert und in dem winzigen Ort nicht zu verfehlen. Stellt euch aber nichts Riesiges vor, von dem Kloster ist nur die ehemalige Kirche erhalten, die von außen unscheinbar und schlicht aussieht. Sie ist aber aufgrund ihres Alters und der mittelalterlichen Fresken im Inneren kunsthistorisch bedeutsam.

Spaziert ihr von der Kirche durch den kleinen Ort Richtung Osten, kommt ihr nach dem Ortsende zunächst durch **Streuobstwiesen.** Schließlich gelangt ihr an den von Pappeln, Schwarzerlen, Eschen und Hainbuchen gesäumten Bach. Etwa auf halber Strecke steht eine kleine überdachte Picknickhütte. Es gibt bei diesem Spaziergang viele Lehrtafeln zu Themen wie Streuobst-

NECKAR & KLEINER ODENWALD

*Die Germanen hatten ihre Siedlungsräume in Gaue eingeteilt (von Aue = waldfreie, wasserreiche Landschaft), durch die fränkische Grafschaftsverwaltung wurden die alten Einteilungen überdeckt, so daß heute nur noch Landschaftsnamen daran erinnern.*

wiese, verschiedenen Bäumen, dem Graureiher, dem Element Wasser und anderem zu lesen, eine interessante Lektüre.

In Waldwimmersbach trefft ihr am Ende des Weges auf die Hauptstraße und direkt auf das **Eiscafé Gloria,** in einem winzigen Häuschen. Mo – Sa 10.30 – 23.30 Uhr, Di 13 – 23.30 Uhr. Ein paar Bistrotische stehen draußen. Wer keine Lust auf Süßes hat, dem bieten mehrere entlang der Hauptstraße gelegene Gaststätten auch Deftiges.

## Waldspielplatz Kraichgaublick

**Anfahrt:** hinter Epfenbach in Richtung Lobbach links auf einer Anhöhe. Parkplatz Kraichgaublick.

▶ Dieser herrlich gelegene Park- und Spielplatz ist ideal für ein Picknick. Hier habt ihr einen tollen Panoramablick, sanfte Hügel erstrecken sich bis zum Horizont. Bei schönem Wetter schweben oft mehrere Heißluftballons in der Ferne. Es gibt ein Klettergerüst, hölzerne Zelte, Wippe und Schaukel. Außerdem Bänke und Tische für die Brotzeit. Ein Stück weiter oben steht ein kleines Karussell und eine Hütte, rechts davon im Wald sind zwei gemauerte Grillstellen.

Am Parkplatz beginnen 6 **Rundwanderwege,** sie sind zwischen 1,5 und 3,2 km lang.

*Kraichgau* nennt man die Landschaft zwischen Odenwald und dem nördlichen Schwarzwald sowie zwischen Oberrheinebene und Neckar. Auf dem fruchtbaren Lößboden wird sehr viel Landwirtschaft betrieben. Der früheste Gaugraf des Kraichgau (um 779) hieß *Gerold,* er war der Schwager Karls des Großen. Vetternwirtschaft bei den Franken …

## Wildpark Schwarzach

**Anfahrt:** B 292, nördlich von Aglasterhausen. BRN Bus 822 von Eberbach, Infos ℗ 0621/591320.

**Infos & Eintritt:** Erw. 3,50, Kinder 1,50 DM. Wochenkarte Familie 12 DM, Erw. 7, Kinder und Jugendliche 3 DM. Jahreskarten Fam. 30, Erw. 15, Kinder und Jugendliche 10 DM. Mo – Fr 10 – 12 und 13 – 18 Uhr, an den Wochenenden 10 – 18 Uhr durchgehend. ℗ 06262/1734.

Direkt vor dem Wildpark sind Parkplätze, außerdem gibt es auch einen Minigolfplatz sowie mehrere Restaurants.

▶ In sehr großen **Gehegen** leben unter anderem Zebras, Lamas, Esel und Rothirsche. Einen halben Tag solltet ihr für den Besuch einplanen. Auch Wild- und die witzigen Hängebauchschweine sind zu bewundern und sehr viele Vogelarten werden im Park gehalten. Es gibt zudem einen großen und gut ausgestatteten **Spielplatz,** auf dem ihr euch stundenlang austoben könnt. Wenn ihr einen Picknickkorb mitnehmt, könnt ihr es euch an einer der vielen Sitzgruppen gemütlich machen. Als weitere Attraktionen bietet sich eine Runde mit der **Kleineisenbahn** an oder ihr erweckt die Figuren in den vier **Märchenhütten** per Knopfdruck zum Leben. Interessant ist auch der **Naturerlebnispark für Kinder,** wo ihr mal durch den Weidentunnel laufen müßt! Für 1 DM bekommt ihr an der Kasse Tüten mit Mais zum Füttern.

## Wanderung zur Reiherkolonie bei Zwingenberg

**Anfahrt:** wir starten am Waldparkplatz Hansenwiese. Vom Neckar kommend Richtung Schwanheim ist das der zweite Parkplatz im Wald links von der Straße. Nichts für Kinderwagen.

**tip** Ein beheiztes **Freischwimmbad** findet ihr in 74869 Unterschwarzach, Mitte Mai bis Mitte September täglich 9 – 20 Uhr. Erw. 4, Kinder 2 DM.

**Hunger & Durst**
**Gasthaus Kranz,** Wildparkstr. 8, 74869 Unterschwarzach, ℗ 06262/ 92200. Mo Ruhetag, sonst 11.30 – 14 und 17.30 – 22 Uhr.

NECKAR & KLEINER ODENWALD

**Wenn Reiher reihern**
*Wißt ihr, was Reiher machen, wenn ein Feind sie auf ihrem Baum angreifen will? Sie übergeben sich, und zwar genau auf ihren Gegner, oder sie kacken ihm auf den Kopf! Es empfiehlt sich also nicht, einen Baum hinauf zu klettern, auf dem ein Reiher sitzt.*

**Hunger & Durst**

**Naturfreundehaus Zwingenberg:** Gaststätte mit Terrasse, nur kleine Vesperkarte und Getränke. Infos bei Werner Krauth, ✆ 0621/705163. Das Naturfreundehaus auf der südlichen Seite des Neckars, Zwingenberg gegenüber, liegt ruhig und schön am Flußufer und inmitten von Feldern. Feldwege laden zum Radfahren ein, auch mit einem Kinderwagen läßt es sich hier angenehm spazierengehen.

▶ Zunächst lauft ihr auf dem breiten Weg zwischen Feld und Wald entlang. Bevor der Weg in den Wald hineinführt, seht ihr links ein Schild »Neckarblick 1,5 km, Ruine Stolzeneck 3 km« und ein weiteres kleines Holzschild, auf dem nur »Reihersee« steht, ohne Angabe. Diesem folgt ihr auf dem geschotterten Weg, nach etwa 20 Minuten Gehzeit kommt wieder ein Holzschild »Reihersee«, hier geht es nach rechts weiter, und nach 5 Minuten erreicht ihr den Teich. Er ist sehr klein und natürlich trifft man dort nicht immer *Reiher* an, manchmal sind sie auch an andere Wasserstellen geflogen. Doch wenn ihr Glück habt, stehen gleich ein Dutzend dieser sogenannten Schreitvögel um die kleine Wasserstelle. Sie schreiten mit ihren langen Beinen langsam durchs seichte Wasser, belauern ihre Beute und wenn sie einen Frosch oder Fisch sehen, schnellt ihr leicht S-förmig gebogener Hals vor und sie schnappen mit ihrem spitzen Schnabel zu. Erst hängt der Fisch ihnen noch quer aus dem Schnabel, aber mit ein paar Wendemanövern drehen sie ihn um und schlingen ihn Kopf voran am Stück runter.

Habt ihr Lust, noch weiter zu laufen, könnt ihr von hier zum **Naturfreundehaus Zwingenberg** wandern, es sind noch 2 km, der Weg ist gut ausgeschildert. Allerdings geht es ziemlich steil bergab, denn das Naturfreundehaus liegt unten am Neckar, und danach müßt ihr denselben Weg wieder bergauf stapfen. Ist euch das zu weit, geht ihr zu dem letzten Reihersee-Schild zurück und folgt dem breiten Weg, auf dem ihr kamt, weiter geradeaus und bergauf. Nach dem kleinen Holzhaus der Waldarbeiter müßt ihr dann links abbiegen, während der breite Weg weiter geradeaus führt. Etwa eine halbe Stunde braucht ihr vom Reihersee, bis ihr wieder den Parkplatz erreicht.

## Erholungsgebiet Michelsee und Freizeitanlage Michelbach

**Anfahrt:** nordwestlich von Aglasterhausen gelegen. An der Straße von Schwarzach Richtung Schwanheim ist links das Erholungsgebiet Michelsee ausgeschildert.

▶ Vom **Wanderparkplatz Michelsee** aus ist es in wenigen Minuten zu Fuß zu erreichen. Der ebene Weg ist auch für Kinderwagen geeignet. Das Erholungsgebiet ist ein kleines idyllisches Tal, mit einem größeren und mehreren kleinen Teichen. Ein Rundweg führt hindurch. Die Teiche bieten einen Lebensraum für die bedrohten Lurche, sicher kennt ihr den schwarz-gelben *Feuersalamander*, der auch zu dieser Tierart gehört. Eine Tafel informiert über die Lebensweise von Lurchen. Im Tal befinden sich außerdem eine Kneipptretstelle und Sitzgruppen. Grillen und Zelten ist nur mit Genehmigung der Ortsverwaltung Aglasterhausen erlaubt.

Nur etwa 600 m entfernt liegt die **Freizeitanlage Michelbach**. Vom Wanderparkplatz Michelsee ist der Fußweg ausgeschildert, auch mit Kinderwagen. Für Autofahrer ist die Anlage an der Straße von Schwanheim Richtung Schwarzach ausgeschildert. Es warten auf euch Tischtennisplatten (Schläger und Bälle mitbringen), ein gut ausgerüsteter Spielplatz für Kinder bis 12 Jahre, Sitzgruppen sowie eine große Wiese zum Picknicken oder Federball spielen. Ein Freiluftschach und ein kleines Planschbecken waren im Juli '98 nicht funktionsfähig. Am Wanderparkplatz Michelbach beginnen außerdem 3 Rundwege (4,2/6,2/4,4 km lang).

*Der **Feuersalamander** heißt auf Latein Salamandra salamandra. Das klingt lustig. Es bedeutet, daß nach ihm die Familie der Salamander benannt wurde. Er kann bis zu 17 cm lang werden, auf seinem glänzend schwarzen Körper sind überall gelbe Flecken verteilt. Er liebt es dunkel und feucht. Und er arbeitet nur nachts, weswegen er höchstens mal nach einem ordentlichen Regenguß zu sehen ist, wenn er seine Wohnhöhle wegen Hochwassergefahr verlassen muß. Trotzdem: Das Wasser ist für ihn lebenswichtig, seine Haut braucht es ständig, sonst trocknet er aus. Für den Salamander ist es wichtig, daß Bäche und Teiche natürliche Uferzonen haben und nicht aus Beton sind.*

NECKAR & KLEINER ODENWALD

*Sebastian Kneipp lebte 1821 – 1897, arbeitete bis zu seinem 27. Lebensjahr als Weber bevor er in Dillingen und München katholische Theologie studierte und 1881 Pfarrer in Wörishofen wurde. Weil er selbst krank wurde, kam er auf die Idee mit der Kaltwasserkur, die besonders zur Rekonvaleszenz und bei Überarbeitungserscheinungen eingesetzt wird.*

## Kneippen bei Allemühl

**Anfahrt:** vom Neckar (Eberbach) Richtung Schönbrunn und Heidelberg.

▶ Wenn ihr wissen wollt, was Kneippen ist und wie man das richtig macht, fahrt zur Kneipptretstelle bei Allemühl (Gemeinde Schönbrunn). Wenn ihr am Ortsschild gleich scharf rechts einbiegt, seid ihr an einem Picknickplatz mit einer der wenigen funktionstüchtigen Kneipptretstellen (mit Infotafel) in der Region. Außerdem gibt es einen Brunnen, einen Bach, Sitzgruppen, eine Wiese zum Spielen und leider etwas Lärm von der auf der anderen Bachseite vorbeiführenden kleinen Straße. Feuer und Grillen nur mit Genehmigung des Bürgermeisteramts Schönbrunn.

# ZUR WINTERSZEIT

**B**ei Schnee ist der Odenwald ein tolles Ausflugsziel, Skilifte und Rodelhänge, Langlaufloipen und geräumte Wanderwege ziehen Wintersportler an. Und gerade wenn das Wetter grau und trüb ist, kann ein Ausflug die Stimmung heben. In diesem Kapitel habe ich deshalb Museen und Zoos angegeben, die im Winter einen Besuch lohnen. Außerdem gibt es in der kalten Jahreszeit einige besondere Highlights: zum Beispiel die traditionelle Fasenacht in Buchen und in der Adventszeit natürlich die Weihnachtsmärkte, von denen es im Odenwald so viele sehenswerte gibt, daß ihr jedes Wochenende auf einem anderen Markt unterwegs sein könnt.

## EINKAUFSTIPS FÜR WEIHNACHTEN

### Beim Lebkuchenbäcker und in der Schokoladenfabrik

**Anfahrt:** siehe Seite 85.

**Familie Willi Baumann,** Marktplatz 8 (Ortsmitte), 64385 Reichelsheim-Beerfurth, ✆ 06164/ 2313. Von Oktober bis Weihnachten täglich 8 – 18 Uhr.

**Schokoladenfabrik Wilhelm Eberhardt oHG,** Schwimmbadstr. 3, 64385 Reichelsheim-Beerfurth, ✆ 06164/2231. Von Oktober bis Ostern Verkaufsraum geöffnet Mo – Fr 8 – 12 und 13.30 – 18 Uhr, Sa 8.30 – 15 Uhr. In der Ortsmitte, nicht weit vom Marktplatz.

▶ Es duftet verführerisch nach Gewürzen und frisch gebackenen Keksen, auf Gittern liegen Hunderte von Lebkuchen zum Abkühlen. In Reichelsheim bei der **Familie Baumann** seht ihr, wie echte Lebkuchen hergestellt werden. Sie haben wenig mit den schololadeüberzogenen Teilen aus dem Supermarkt gemein. Diese angeblich älteste Odenwälder **Lebkuchenbäckerei** wurde 1785 gegründet. Die Räume, in denen gebacken wird, und auch die Geräte, mit denen die Lebkuchen gemacht werden, könnten aus einem Heimatmuseum stammen. Die Baumanns sind eigentlich gar keine Bäcker. Sie haben einen Bauernhof, doch werden in ihrer Familie schon seit bald zweihundert Jahren in den Wochen vor Weihnachten eifrig kleine Köstlichkeiten gebacken. Das ist so Tradition, und zum Glück setzen die jetzigen Baumanns diesen Brauch fort.

Durch ein großes Holztor gelangt ihr in den Innenhof. Nun steht ihr in einem ganz normalen Bauernhof – und fragt euch vielleicht, ob ihr hier richtig seid. Doch gleich links geht es eine Treppe hoch, ein Zettel Lebkuchenbäckerei weist euch den Weg. Durch die Tür am Ende der Treppe betretet ihr einen großen Raum, in dem die Zeit stehengeblieben zu sein scheint. Alte Holzdielen knarren unter euren Füßen und köstliche Düfte steigen euch in die Nase. An einem langen alten Holztisch, dem man ansieht, wie viel auf ihm schon gearbeitet wurde, wird der Teig verarbeitet, mit alten Holzmodeln. Dann werden die Herzen, Sterne und Rauten in dem alten Ofen gebacken. In einem kleinen Nebenraum wird in einem großen Bottich jeden Tag frisch der Teig angerührt. Das Rezept wird von den Baumanns streng geheim gehalten. Es gibt Herze in verschiedenen Größen, verzierte und unverzierte Lebkuchen – und alle schmecken köstlich. Selbstgebackene Kekse gibt es übrigens auch, hervorragend sind die Kokosmakronen.

Wollt ihr außer Lebkuchen auch **Schokoweihnachtsmänner** kaufen, dann besucht in Beerfurth die **Schokoladenfabrik Wilhelm Eberhard**. Dort gibt es einen Verkaufsraum, wo preiswerte und leckere Schoko-Nikoläuse in allen Größen im Angebot sind.

**Backtip:
Lebkuchen**

350 g Zucker, 5 Eier, 350 g ungeschälte Mandeln, 100 g Mehl. 2 Teelöffel Zimt, etwas Kardamom, je 1 Messerspitze Nelken, gemahlener Piment und Ingwer. Außerdem braucht ihr Oblaten, etwa 8 cm Durchmesser.

*Zucker und Eier mit dem Mixer schaumig rühren. Mandeln fein mahlen, mit Mehl und Gewürzen vermischen, unter die Ei-Zuckermasse ziehen. Mit dem Löffel auf jede Oblate etwas von der Masse geben, mit einem in Wasser getauchten Messer glatt streichen. Mit Mandeln garnieren, über Nacht trocknen lassen. Backofen auf 180 Grad vorheizen, auf der mittleren Schiene 15 bis 20 Minuten backen. Unten sollen die Lebkuchen noch weich sein, oben schön kroß. Wer will, kann sie mit Schokolade oder Zuckerguß bestreichen.*

**ZUR WINTERSZEIT**

## Beim Odenwälder Gäulchesmacher

Holzspielwaren A. Krämer, Siegfriedstr. 60, 64385 Reichelsheim-Beerfurth, ✆ 06164/1511, Fax 5887. Kleiner Laden gleich am Ortseingang rechter Hand, wenn man aus Richtung Fränkisch-Crumbach kommt.

▶ Ein Gäulchesmacher stellt Schaukelpferde, im Odenwälder Dialekt *Gäulches* genannt, her. Der *Schoggelgaul,* das Odenwälder Schaukelpferd, wird seit 1899 im Familienbetrieb so gefertigt, wie er in diesem kleinen Laden immer noch zu haben ist. Es gibt die schwarz-weiß bemalten Holzpferde in verschiedenen Größen, mit Wagen, auf Kufen oder Rädern. Gefertigt werden die Gäulches aus Holz, das im Naturpark Odenwald-Bergstraße gewachsen ist, und natürlich gibt es sie auch naturbelassen. Neben den traditionellen Pferden werden Bollerwagen, Bauernwiegen, Leiterwagen und verschiedenes Holzspielzeug angeboten.

**tip** Ein Spaziergang zum Wildgehege Schnellerts oder zur Ruine Rodenstein bei Fränkisch-Crumbach macht auch **im Winter** Spaß, siehe Seite 268.

## Die schönsten Odenwälder Weihnachtsmärkte

Die beiden schönsten Märkte vor romantischer Kulisse findet ihr in Michelstadt und in Erbach. Natürlich sind auch die großen Märkte in der Heidelberger und der Miltenberger Altstadt einen Besuch wert. Von den kleineren ist vor allem der an der Veste Otzberg zu empfehlen, außerdem der unterhalb des Lichtenberger Schlosses im Fischbachtal. Am Gasthaus Thomashütte zwischen Messel und Eppertshausen gibt es einen netten kleinen Markt, der für Kinder besonders

**Hunger & Durst**
**Gasthaus Zur Linde** in Fränkisch-Crumbach, siehe Seite 83.

wegen der Tiere, die in einem Zelt gestreichelt werden können, interessant ist.

In Darmstadt wird der Budenzauber um das Schloß in der Innenstadt veranstaltet, in Mannheim rund um dem Wasserturm. Diese beiden Märkte können allerdings nicht mit der Romantik der Odenwälder Märkte mithalten.

**Erbach:** An allen vier Adventwochenenden, Fr 15 – 20 Uhr, Sa 13 – 20 und So 11 – 20 Uhr. Großer Markt in der Altstadt rund um das Erbacher Schloß. Einer der schönsten Märkte im Odenwald mit vielfältigem Angebot, von Odenwälder Wurst und Brot bis zum Kunsthandwerk.

**Heidelberg:** vom 28. November bis zum 22. Dezember stehen über 140 Holzbuden in der Altstadt, vom Universitätsmarktplatz bis zum Kornmarkt. Mit Kindereisenbahn.

**Lichtenberg/Fischbachtal:** Kleiner Markt unterhalb des Schlosses, überwiegend Getränke- und Eßstände, Datum beim Verkehrsamt erfragen.

**Lindenfels:** am 2. Adventswochenende Weihnachtsmarkt im Kurgarten unterhalb der Burg.

**Michelstadt:** ab 27. November Mi – Fr 14 – 20 Uhr, Sa, So 11.30 – 20 Uhr. Großer Markt in der schönen Altstadt rund um das historische Rathaus, mit vielen Odenwälder Produkten und Kunsthandwerk. Zur Zeit des Weihnachtsmarktes sind auch die Michelstädter Museen in der alten Kellerei offen, und bieten ein spezielles Ausstellungsprogramm.

**Miltenberg:** an allen vier Adventswochenenden 10 – 19 Uhr, freitags ab 14 Uhr. Reizvolle Altstadtkulisse, breites Angebot.

### Weihnachten an der Veste Otzberg

Am 2. und 3. Adventswochenende ist Weihnachtsmarkt in **Hering,** dem kleinen Ort, über dem die Veste Otzberg thront, siehe Seite 108.

**tip** Achtet, wenn ihr hoch zur Veste lauft, auf die Holztür im Torbogen. In dem Kämmerchen, zu dem diese Tür führt, hielt sich früher der Torwächter auf. Jedes Jahr zum Weihnachtsmarkt köchelt in diesem winzigen Raum auf einem alten Ofen ein riesiger **Topf mit Borschtsch,** einem russischen Eintopf. Die meisten Besucher laufen an der Tür achtlos vorbei, aber es lohnt sich, anzuklopfen. Ob ihr allerdings auch eingelassen werdet, hängt davon ab, wie viele Personen schon in dem Räumchen an einem der beiden Tische sitzen und Suppe schlurfen.

Viele Marktstände säumen die Straße hinauf zur Veste, selbstgemachte Marmeladen und Obstweine, Kekse und Glühwein, Kochkäse und Würstchen werden angeboten. Auch das historische *Backhaus* im Ort ist dann geöffnet, es lohnt sich, hier mal reinzusehen. Oben im *Burghof* stehen ebenfalls Stände, im *Museum* gibt es ein besonderes Weihnachtsprogramm mit speziellen Handwerksvorführungen und Geschichtenerzählen. In den letzten Jahren sprach sich der Geheimtip herum und ist nun zum vielbesuchten Ereignis geworden.

### Erzeugermarkt am Gasthaus Thomashütte

An diesem Ausflugslokal zwischen *Messel* und *Eppertshausen* (siehe Seite 78) findet an den ersten beiden Adventswochenenden nachmittags ein kleiner Markt mit Odenwälder Produkten und einem Streichelzoo für Kinder im Zelt statt. Ferkel, Schafe, Ziegen und Kühe lassen sich gutmütig anfassen, auf aufgetürmten Heuballen dürfen sich Kinder so richtig austoben. Manchmal gibt es auch Theater- oder Clownvorführungen für Kinder in einem anderen Zelt.

### Mit dem Dampfzug zum Weihnachtsmarkt

Infos beim Fremdenverkehrsamt Odenwald-Bergstraße-Neckartal, Marktplatz 1, 64711 Erbach, ✆ 06062/943330, Fax 943333. Internet www.odenwald.de.

**Dampfhotline:** ✆ 0180/5213434.

▶ Zu den Märkten in *Bad König, Michelstadt* und *Erbach* könnt ihr mit einer schnaubenden Dampflok fahren, wie zu Omas Zeiten. Der Fahrplan wird immer erst etwa einen Monat vorher bekannt gegeben.

## Zur Buchener Fasenacht

**Anfahrt:** siehe Seite 174.

Bei der Buchener Fasenacht gibt es so manches, was ihr sonst nirgends erleben könnt. Alte Traditionen sind hier noch lebendig. Die Ursprünge der hiesigen Fasenacht sollen in das Jahr 1450 zurückreichen. Da sind zum Beispiel ungewöhnliche **Fastnachtsfiguren** wie die Strohbären oder die »Huddelbätz« in ihren originellen Kostümen zu sehen. Die bunten Huddelbätz symbolisieren gute Geister, die den Winter vertreiben. Der Gegensatz dazu ist der Strohbär. Er verkörpert das Mondtier, die Natur, die im Winter abstirbt.

Gefeiert wird in Buchen über mehrere Tage. Am »**Schmutzigen Donnerstag**« beginnt die Fasenacht so richtig. Nachdem die Huddelbätz die bösen Geister vertrieben haben, zieht die Menge vom Marktplatz aus vor das Alte Rathaus. Hier erscheint sie dann, in Gestalt einer Strohpuppe: die Fasenacht. Jetzt können die närrischen Tage beginnen. Am interessantesten für Zuschauer ist der sogenannte *Gänsemarsch* am **Fastnachts-Sonntag.** Der Umzug, bei dem viele traditionelle Kostüme zu bewundern sind, beginnt am Musterplatz, führt durch die Straßen Am Haag und Schüttstraße, durchquert den Stadtturm zum Marktplatz hin und endet in der Kellerei.

Natürlich gibt es auch einen **Rosenmontagszug.** Dieser erinnert an die bekannten Umzüge in Hessen oder Franken, mit geschmückten Wagen, Musikgruppen und verkleideten Gruppen. **Dienstags abends,** genauer gesagt um Mitternacht, wird zum Abschluß die Strohpuppe, die die Fasenacht symbolisiert, auf dem Marktplatz verbrannt.

## DIE FÜNFTE JAHRESZEIT

ZUR WINTERSZEIT

## Museen im Winter

Viele kleinere Museen im Odenwald schließen in den Wintermonaten, doch einige große Museen sind auch im Winter einen Besuch wert. Hier eine Zusammenstellung der Museen, die ihr euch auch bei Kälte anschauen könnt.

**tip** Während der Adventszeit gibt es eine günstige **Kombikarte** für das Elfenbeinmuseum und das Museum Erbacher Schloß. Sie ist im Elfenbeinmuseum oder im Touristik-Zentrum Erbach, Marktplatz 1, © 06062/94330, erhältlich, Familien zahlen dann 30 DM für beide Museen und sparen etwa 10 DM.

**Darmstadt:** Hessisches Landesmuseum, Mathildenhöhe, Schloß. Seite 17ff.

**Erbach:** Elfenbeinmuseum, Schloß. Seite 124.

**Heidelberg:** Schloß mit Apothekermuseum, Kurpfälzisches Museum, Völkerkundemuseum. Seite 199.

**Lorsch:** Museumszentrum an der Klosterhalle. Seite 58.

**Mannheim:** Landesmuseum für Technik und Arbeit, Reiss-Museum, Kunsthalle. Seite 184.

**Obernburg am Main:** Römermuseum. Seite 147.

**Wörth am Main:** Schiffahrtsmuseum. Seite 153.

## Tierparks und Zoos im Winter

Auch die großen Tierparks sind im Winter gute Ausflugsziele, es sind dann weniger Besucher da, und ihr könnt die Tiere oft mit viel mehr Ruhe und Muße beobachten. Im Heidelberger Zoo und im Vivarium in Darmstadt gibt es mehrere Tierhäuser, in denen ihr euch aufwärmen könnt, in den anderen Tierparks gibt es nur Außengehege.

**Vivarium Darmstadt,** siehe Seite 16.

**Bergtierpark Fürth/Erlenbach,** siehe Seite 96.

**Fasanerie Groß-Gerau,** siehe Seite 147.

**Greifvogelwarte** auf der Burg Guttenberg in Neckarmühlbach, siehe Seite 245.

**Heidelberger Zoo,** siehe Seite 206.

**Wildpark Schwarzach,** siehe Seite 257.

**Wildgehege Schnellerts** bei Fränkisch-Crumbach, siehe Seite 82.

**Wildgehege Brudergrund** bei Erbach, Seite 127.

**Wildschweinfütterung Würzberg,** siehe Seite 134.

## Erlebnisbad Miramar bei Weinheim

**Anfahrt:** B 3, Ausfahrt Viernheim-Ost, ausgeschildert. Südlich von Weinheim. Großer Parkplatz am Bad. Cafeteria, Restaurant mit Terrasse.
Bus von Bahnhof Weinheim zum Ortsteil Waid und Miramar, viele Verbindungen.
Waidallee 100, 69469 Weinheim, ✆ 06201/60000.
**Eintritt:** Mo – Do 9.30 – 22 Uhr, Fr 9.30 – 24 Uhr, Sa 9 – 24 Uhr, So/Fei 9 – 22 Uhr. Kinder unter 6 Jahre 5 DM, bis 15 Jahre Tageskarte 15,90 DM, 4-Stunden-Karte 12,90 DM. Erw. Tageskarte 23,90 DM, 4-Stunden-Karte 20,90 DM.

▶ Auch mitten im Winter ist im Miramar ein Tag in der Badehose wie im Urlaubsland unter Palmen möglich. Viel Spaß garantieren die Riesenrutschen, die künstliche Meeresbrandung, Sprudelbäder und Saunawelt. Im 800 m² großen Wellenbad, im Massagebad, in den Rutschenbecken und Whirlpools können sich Eltern und Kinder gleichermaßen austoben und entspannen.

## Schlittschuhlaufen

### Eissporthalle Darmstadt

Alsfelder Straße 45, Bürgerpark Nord, 64289 Darmstadt, ✆ 06151/77790. Bushaltestelle Nordbad. Parkplätze vor der Halle.
**Eintritt:** April bis September Sommerpause. Mo – Fr 9 – 13 und 14 – 17 Uhr, Di/Mi auch 20 – 23 Uhr, Do 19 – 21.30, Fr 19 – 22 Uhr. Sa 9 – 12, 15.30 – 19 und 19.30 – 23 Uhr, So 10 – 13, 14 – 18 Uhr. Mittwochs Eisdisco. Erw. 8 DM, Kinder bis 17 Jahre 6 DM, Schlittschuhverleih 6,50 DM.

### Eissporthalle Heidelberg-Eppelheim

Parkplatz vor der Halle. Straßenbahnhaltestelle Jacobsgasse. Rudolf-Diesel-Str. 20, 69115 Heidelberg, ✆ 06221/766366.

### Vogelmahlzeit

*Habt ihr schon mal darüber nachgedacht, was Vögel im Winter essen? Wenn es aussieht, als gäbe es gar nichts Genießbares mehr draußen, finden sie immer noch viele Dinge, die sie gerne mögen. Auch im Winter hängen an Sträuchern häufig noch Beeren vom vergangenen Herbst. Viele Vögel fressen Insekten oder deren Larven, die sich in vertrockneten Pflanzen verbergen. Daher ist es für die Vögel gut, wenn Beete und Balkonkästen im Winter nicht ganz leer geräumt werden, sondern verblühte Pflanzen bis zum Frühjahr stehen bleiben. In den Zapfen von Kiefern, Fichten und Tannen verbergen sich Samen, die irgendwann zur Erde fallen. Diese Samen picken die Vögel direkt aus den Zapfen, ein besonderer Leckerbissen für sie.*

**ZUR WINTERSZEIT**

**Eintritt:** Juni bis August geschlossen. Geöffnet Mo – Fr 9 – 12 Uhr, Di – Fr 13 – 16.30 Uhr, Mi/Fr auch abends von 19.30 – 22 Uhr. Sa 14 – 18.30 und 19 – 23 Uhr, So 9.30 – 12 und 14.30 – 18 Uhr. Eintritt Erw. 8 DM, Kinder ab 6 Jahre 6 DM, ab 12 Jahre 7 DM, günstige Familienkarten. Schlittschuhverleih 6 DM. Restaurant, Eislaufschule für Kinder. Mittwochs Eisdisco Party on ice, Eintritt 9 DM.

### *Eissportzentrum Mannheim*

Käthe-Kollwitz-Straße 23, 68169 Mannheim, ☎ 0621/ 301095.

**Eintritt:** Mitte September bis Ende März, Mo geschlossen, sonst täglich 10 – 12 Uhr, 14 – 16 Uhr (außer Mi) und 20 – 22 Uhr. Erw. 6 DM, Kinder ab 6 Jahre 4,50 DM, Leihschuhe 7 DM.

## Fahrten mit dem Pferdeschlitten

Warm eingepackt auf einer gepolsterten Bank sitzen, durch tiefverschneite Wälder traben, den dampfenden Atem der Pferde beobachten ... Wie wäre es einmal mit einer Fahrt auf einem großen Pferdeschlitten?

• In **Erbach,** auf dem *Rollehof,* Rolleweg 35, ☎ 06062/3846, ist das möglich. Für 4 Personen kostet eine Runde durch die Winterlandschaft um die 80 DM.

• Angeboten wird eine Schlittentour auch in **Brombachtal** auf dem *Reiter- und Ferienhof der Familie Arras,* Steinertsweg 36, 64753 Brombachtal-Langenbrombach, ☎ 06063/2297, Fax 2471. Für eine Stunde Wintertraum zahlen 5 Personen hier 100 DM.

• In **Mörlenbach** könnt ihr euch bei Schnee ebenfalls von kräftigen Rossen ziehen lassen. Auskünfte bei *Werner Wiegand,* Reisener Weg 6, 69509 Mörlenbach, ☎ 06209/4212, oder bei *Frau Petri,* Gemeindeverwaltung, ☎ 06209/80814.

Mehrere **Skilifte** und leichte **Loipen** locken auch Anfänger auf die Bretter, Schlittenfahren ist auch für die Kleinsten ein Heidenspaß. Wann die Lifte in Betrieb sind, hängt von der Schneelage ab. Ihr solltet euch auf jeden Fall vorher beim jeweiligen Verkehrsamt erkundigen. Häufig sind sie nur am Wochenende in Gang. Die **Preise** für die Liftkarten sind sehr unterschiedlich, sie ändern sich von Saison zu Saison. Eine Tageskarte kostet in der Regel um die 10 DM, manche Kleinlifte sind kostenlos. Meist gibt es bei frostigem Winterwetter Imbißstände an den Liften. Die Skigebiete, die ich euch im folgenden vorstelle, beginnen mit der attraktivsten Region. Mit öffentlichen Verkehrsmitteln ist es sehr umständlich, die Wintersportgegenden zu erreichen. Die Bahnhöfe sind zu weit von den Skihängen entfernt, die ausnahmslos außerhalb der Orte liegen.

## MIT RODEL-SCHLITTEN, SKIERN & SNOWBOARD

## Wintersport in und um Grasellenbach

**Anfahrt:** A 5 Frankfurt – Heidelberg Abfahrt Heppenheim. B 460 bis Fürth-Weschnitz, dort rechts ab nach Grasellenbach.

**Skilift auf der Tromm,** ✆ 06152/55751. Verkehrsverein des Ortsteiles Scharbach-Tromm, 64689 Scharbach, ✆ 06207/7914.

▶ Bei Schnee verwandelt sich die Gegend um den langgezogenen Höhenrücken der Tromm bei dem Kurort Grasellenbach (siehe Seite 92) in ein Wintersportzentrum. Im Odenwald bietet diese Region sicherlich die größte Herausforderung für Schneefans. Es gibt geräumte Wanderwege, mehrere Rodelhänge, einen Skilift und etliche Langlaufloipen in verschiedenen Schwierigkeitsgraden und Längen, es ist also für jeden etwas

**ZUR WINTERSZEIT**

dabei. Auskünfte zur Schneelage und rund um den Wintersport erhaltet ihr bei der *Kurverwaltung Grasellenbach* unter ℰ 06207/ 2554. Dort gibt es auch kostenlos die Karte »Wintersport in Grasellenbach«, auf der die Lifte, Rodelstrecken, Loipen und geräumte Wanderwege in den verschiedenen Ortsteilen eingezeichnet sind. Vor einem Winterausflug solltet ihr sie euch schicken lassen. Auf der Karte sind auch die hier beschriebenen Strecken aufgeführt.

### Abfahrtsski

500 m Schlepplift, vom Ortsteil Tromm auf dem gleichnamigen Höhenzug geht es hinunter nach Scharbach, dem Ort am Fuße der Tromm. Parken ist direkt an der Bergstation möglich. Ein wenig Skifahren solltet ihr für diese Strecke schon können, in der zweiten Hälfte wird es recht steil, und man muß in der Lage sein, zu bremsen. Neben dem Skilift sausen die Schlittenfahrer zu Tal.

### Langlauf

Langlauf-Experten können sich an die 28 km lange *Nibelungenloipe* wagen, der Einstieg ist an allen genannten Startpunkten möglich.

Für Anfänger und sportliche Kinder geeignet sind folgende Langlauftouren:

**Rundloipe Krumme Tanne:** 6 km, Ausgangspunkt sind entweder die Parkplätze in Hammelbach »Felsenquelle« und »Café Bauer«, oder in Grasellenbach der Parkplatz »Nibelungenhalle«. Man läuft gegen den Uhrzeigersinn. Die Loipe verläuft überwiegend eben durch Wald, am *Naturdenkmal Krumme Tanne* vorbei.

**Sonnenloipe:** 8 km. In Grasellenbach Parkplatz »Nibelungenhalle«, im Ortsteil Wahlen »Tennisplatz« oder

**Hunger & Durst**
Am Lift befindet sich das **Gasthaus Schöne Aussicht**, Auf der Tromm 2, 64689 Grasellenbach, ℰ 06207/3310. Mo Ruhetag, sonst 8 – 20 Uhr.

»Erholungsanlage Dachsbrunnen«. Diese Loipe führt am Fuße der Berge entlang von Grasellenbach über Wahlen nach Affolterbach.

**Höhenloipe auf der Tromm:** 12 km. Beginn in Hammelbach, am Schardhof oder in Tromm. Verläuft auf dem Höhenzug der Tromm, wenig Steigung, bei gutem Wetter habt ihr tolle Fernblicke. Kann mit der 4 km langen **Rundloipe Schardhof** kombiniert werden, die aber etwas Erfahrung erfordert.

### Rodeln

In den Ortsteilen *Hammelbach* und *Scharbach* gibt es tolle Schlittenpisten, im Winter sind diese leicht zu finden: da, wo die Hänge bunt getupft sind mit kleinen und großen Rodlern.

## Wintersport in und um Beerfelden

**Auskünfte zur Schneelage** gibt es unter ✆ 06207/ 2554 oder 06068/3537.

▶ Ein weiteres interessantes Skigebiet befindet sich bei Beerfelden (siehe Seite 141), und zwar in Richtung Sensbachtal. Beim Verkehrsbüro erhaltet ihr die Broschüre »Wintersport in Beerfelden« sowie die Beschreibung einer »Winterwanderung um Beerfelden«, die etwa 2 Stunden dauert und 5 km lang ist, ✆ 06068/2071.

### Abfahrtsski

Ein 400 m langer Doppelbügel-Schlepplift befindet sich auf der sogenannten »Buchhelle«, an der B 45 von Erbach nach Eberbach.

▶ Die Bergstation liegt über 500 m hoch, die Talstation etwas über 400 m, die Abfahrtstrecke ist etwa 430 m lang. Tageskarte Erw. 20, Kinder 15 DM, auch Halbtageskarten für 15 und 10 DM. Für Könner gibt es dort außerdem, etwa 400 m vom Lift entfernt, die Piste des örtlichen Ski-

**Hunger & Durst**
**Gasthof und Pension am Walde,** direkt am Skigelände, Eberbacher Weg 160, ✆ 06068/2261, bei Schnee täglich 11.30 – 19 Uhr.

ZUR WINTERZEIT

clubs, die ohne Lift bewältigt werden muß. Über einen Forstweg hinweg geht es hier insgesamt auf 800 m Länge ins Tal. Auch Ski-Anfänger und Schlittenfahrer finden unterhalb des Lifts geeignete Strecken. Der Rodel- und Skiübungshang ist ungefähr 170 m lang.

### Langlauf

**Einfache Loipen:** Parkplatz »Sensbacher Höhe« an der Straße von Beerfelden Richtung Sensbachtal, ungefähr 2,5 km von der Buchhelle entfernt.

Die Sensbacher Höhe ist ebenso wie die Tromm bei Grasellenbach ein langgestreckter Höhenzug, der in Nord-Süd-Richtung verläuft. Am Parkplatz beginnen zwei Loipen (4,5 und 3,5 km lang), die beide wenig Steigungen aufweisen und auch für Anfänger geeignet sind.

**Schwere Loipe:** östlich von Beerfelden.

▶ Für Spezialisten gibt es am Waldrand südlich der Straße in Richtung Sensbachtal eine Trainingsloipe für die *Siitonen-Technik*, auch Schlittschuh-Schritt genannt. Da diese Technik die auf herkömmliche Weise gespurten Loipen zerstört, darf sie nur dort angewandt werden, wo die Strecke dafür auf besondere Art präpariert wird.

## Wintersport in Wald-Michelbach

Schneetelefon 06207/2750.

▶ Der Ortsteil **Siedelsbrunn** liegt über 500 m hoch und im Winter ist hier der 620 m hohe *Hardberg* das Ziel aller Schneefans. Über eine schöne, aber steile Rodelstrecke geht's hinab. Auf einem Übungshang mit einem 300-m-Schlepplift oder auf der 900 m langen Hardbergpiste stellen Skihasen ihr Können unter Beweis. Die Hardbergpiste beginnt unterhalb des Sendeturms auf dem Hardberg, es gibt aber keinen Lift, ihr müßt

**Hunger & Durst**

**Gasthof Pension Reußenkreuz** auf dem Krähberg, 64759 Sensbachtal, ✆ 06068/2068, -2263. Täglich 7.30 – 23 Uhr. Sehr gutes Essen, auch ausgefallenere Spezialitäten wie zum Beispiel Ravioli in Bärlauch-Sauce. Etwas teurer, Gerichte überwiegend zwischen 25 und 35 DM.

zu Fuß wieder hinauf. Auch die Rodelstrecke beginnt hier.

Der 250 m lange **Schlepplift** beim Gasthaus »Am Maienhof« ist auch für Kinder und Anfänger geeignet. Er ist nur an den Wochenenden in Betrieb.

## Wintersport auf der Neunkirchner Höhe

**Anfahrt:** A 5 Abfahrt Jugenheim, über Balkhausen – Brandau. Oder A 5 Abfahrt Bensheim, B 47 Gadernheim, Brandau, Neunkirchen. Parkplätze am Ortseingang.

**Infos** bei der Gemeinde Modautal, ✆ 06254/ 930217, -18.

In Neunkirchen gibt es jede Menge Gaststätten.

▶ An der Neunkirchner Höhe gibt es zwei Skilifte (250 und 300 m) sowie gute Rodelmöglichkeiten. Für kleine Kinder gibt es einen sanften Rodelhügel, für Profirodler neben den Skiliften eine steilere Strecke. Wegen der Nähe zu Darmstadt, ist an den Schnee-Wochenenden viel los.

**tip** Ein Spaziergang zum Kaiserturm auf der Neunkirchner Höhe macht auch im Winter Spaß (siehe Seite 87).

## Weitere Skilifte

**Birkenau:** Im Ortsteil Löhrbach gibt es einen 300 m langen Schlepplift, der bei viel Schnee ganztägig in Betrieb ist. Auskunft beim Verkehrsamt 69484 Birkenau, ✆ 06201/39747.

**Buchen:** Infos beim Verkehrsamt, ✆ 06281/2780 oder 31155, bei Schnee auch ✆ 06281/4322. Kleiner Schlepplift auf dem Gebiet der Jungviehweide, etwa 500 m lange Abfahrt. Bei Schnee täglich 10 – 21 Uhr in Betrieb. Für Langläufer beginnen gespurte Loipen (3, 5 und 9 km) beim Schlepplift.

**Bullau bei Erbach:** ein schönes Gebiet für Langläufer befindet sich auf der Bullauer Höhe. Eine Anfängerloipe und eine schwierigere, 8,5 km lange Strecke, die euch rund um Bullau führt, beginnen beim Parkplatz am Campingplatz Safari. Anfahrt Seite 131.

**Erbach:** Der 200-m-Lift ist ideal für absolute Anfänger. Der Höhenunterschied beträgt 40 m. Vom Parkplatz »Dreiseental« (siehe Seite 129) am Ende von Dorf-Erbach sind es etwa 200 m zum Skigelände. Am Wochenende ist der Lift bei viel Schnee den ganzen Tag in Betrieb, es gibt dann meist auch einen Imbißstand. Schneetelefon 06062/4497. Auskünfte auch bei Uwe Schulz, ✆ 06062/5697.

**Heidelberg:** Auf dem Königstuhl (siehe Seite 200) ist bei Schnee ein kleiner Skilift täglich in Betrieb. Tageskarte Erw. 15 DM, Kinder 10 DM. Anfahrt Richtung »Fachklinik Königstuhl«. Der Mini-Lift befindet sich am Kohlhof. Eine lange Rodelstrecke beginnt bei der Königstuhl-Station der Bergbahn, weitere Rodelmöglichkeiten sind am Kohlhof. Wegen der Stadtnähe herrscht hier oben Hochbetrieb, manchmal wird die Anfahrtstraße zur Einbahnstraße umgewandelt, um die Automassen zu kanalisieren.

**Lindenfels:** Parkplatz »Sauwaad«, Mini-Lift, 200 m lang, die Strecke weist 50 m Höhenunterschied auf. Außerdem könnt ihr in Lindenfels rodeln, in der Ortsmitte parken. Infos bei der Touristinfo, ✆ 06255/ 2425, 30611.

**Michelstadt, Ortsteil Vielbrunn:** Skifahren und Rodeln ist in Bremhot möglich, etwa 1,5 km nördlich von Vielbrunn. Dort steht auch der kleine Lift des *Skiclubs Breitenbrunn,* für Kinder und Anfänger geeignet. Der Lift wird nur bei ausreichender Schneelage aufgestellt, und ist dann an den Wochenenden in Betrieb.

**Walldürn:** Rodeln könnt ihr im *Auerbergswald,* hinter dem Friedhof, dort ist eine gewalzte 350 m Piste. Langläufer können sich am Auerbergszentrum, der Nibelungenhalle (Richtung Hornbach) in zwei einfache Loipen einspuren.

**tip** Den Limeslehrpfad in Walldürn könnt ihr auch im Winter entlang gehen, siehe Seite 172.

# SERVICE & UNTERKÜNFTE

$S$oweit möglich, habe ich die Anfahrt mit Bahn oder Bus angegeben. Gut zu erreichen sind Darmstadt, Heidelberg und Mannheim sowie die Orte an der Bergstraße; die Bahnlinie von Frankfurt über Darmstadt nach Heidelberg verläuft hier. Ebenfalls gut per Zug gelangt ihr in die Odenwälder Orte entlang des Mümlingtales und von Obernburg am Main bis Seckach. Auch am Neckar entlang fahren häufig Bahnen. In all diesen Gebieten fahren die Züge ungefähr alle 30 bis 60 Minuten.

▶ Schwieriger wird es in den anderen Regionen des Odenwaldes, oder bei Ausflugszielen, die vom nächsten Bahnhof weit entfernt sind. Zum Teil fahren keine Busse oder nur sehr selten. Die umständliche und langwierige Anreise steht dann oft in keinem Verhältnis zur Attraktion des Zielortes. In diesen Fällen habe ich nur die Anfahrt mit dem eigenen Wagen beschrieben. Erkundigt euch in jedem Fall vor einem Ausflug nach den aktuellen Verbindungen, da die Fahrpläne in der Regel im Mai und September wechseln. Aber auch zwischendurch kommt es häufig zu Änderungen. Die Telefonnummern der großen Verkehrsverbände findet ihr im folgenden, die Nummern der kleineren Busunternehmen stehen direkt bei den Ausflugszielen.

Zum **Rhein-Main Verkehrsverbund** gehören Darmstadt und Seeheim-Jugenheim, die Städte am Main und der nördliche Teil des Odenwaldes, außerdem Michelstadt, Erbach und Beerfelden sowie Amorbach im Osten.

Zum **Verkehrsverbund Rhein-Neckar** gehören Heidelberg und Mannheim, die Bergstraße südlich von Seeheim-Jugenheim und das Ried, die Gegend am Neckar bis Neckarzimmern im Osten sowie die Region südlich des Neckars.

---

Die »Fahrplankarte für Bus und Bahn« vom VCD zeigt für ganz Deutschland **alle Verbindungen.** Maßstab 1:750.000, mit Detailkarten. So könnt ihr umweltfreundliche Ausflüge planen. Die Karte gibt's für 19,80 DM zzgl. 5 DM Versandkosten bei *fairkehr Verlagsgesellschaft mbH,* Stichwort »Reise«, Postfach 170216, 53028 Bonn, Fax 0228/98585-50.

*Verkehrsclub Deutschland,* VCD, Eifelstraße 2, 53119 Bonn, ☎ 0228/98585-0, Fax 98585-10; Internet www.vcd.org

## Auskunft zu Verkehrsverbindungen

Suche im Internet: Unter dem Stichwort Fahrplanauskunft Ausgangs- und Zielort eingeben, vorher überlegen, ob die Fahrt werktags oder am Wochenende stattfinden soll. Die Verbindungen werden herausgesucht.

**Deutsche Bahn AG:** Persönliche Beratung in allen DER-Reisebüros und unter der gebührenpflichtigen Telefonnummer 0180/996633.
Internet www.bahn.de

**RMV, Rhein-Main Verkehrsverbund,** Postfach 1480, 65704 Hofheim, ✆ 06192/2010. Service-Telefon ✆ 0180/2351451 oder 069/2730762, 273070.
Internet www.rmv.de

**VRN, Verkehrsverbund Rhein-Neckar,** B 1, 3 – 5, 68159 Mannheim, ✆ 0621/107700, Fax 1077070. Service-Telefon ✆ 0180/219449, innerhalb des Gebietes des VRN. Ruft man von einem Ort außerhalb des Gebietes des VRN an, ist die Nummer ✆ 0621/1077028.
Internet www.vrn.de

**Darmstadt:** Auskünfte zum Stadtverkehr auch bei der Tour-Congress Darmstadt, Luisenplatz, Luisencenter, 64283 Darmstadt, ✆ 06151/7094169.

**Heidelberg:** Auskünfte zum Stadtverkehr auch beim Heidelberger Verkehrsverein, Postfach 105860, 69048 Heidelberg, ✆ 06221/14220, Fax 142222.

**Mannheim:** Auskünfte zum Stadtverkehr ✆ 0621/2902555. Oder beim MVV, Verkehr AG, Luisenring 49, 68159 Mannheim, ✆ 0621/2900, Fax 2902696. Das Kundenzentrum in der Kurpfalzpassage ist bis 16 Uhr geöffnet. eMail: office@mvv.de
Internet www.mvv.de

## Mobil ohne Auto – der NaTourBus

**Infos** beim Touristik-Zentrum Odenwald, Marktplatz 1, 64711 Erbach, ✆ 06062/94330, Fax 943317.

**tip** Günstig ist das **Ticket 24plus** des Verkehrverbundes Rhein-Neckar. Es gilt entweder für 2 Erwachsene und 3 Jugendliche oder für 5 Jugendliche unter 18 Jahren. Damit könnt ihr bis zu 24 Stunden Mo – Fr ab 9 Uhr unterwegs sein, oder bis zu 40 Stunden an den Wochenenden und Feiertagen. Für das gesamte VRN-Gebiet kostet es 17, 50 DM, für Teilgebiete 9 oder 13 DM. Ihr bekommt es an allen Verkaufsstellen, aber auch an den Fahrkartenautomaten. Infos unter ✆ 0621/1077013, -14, -15.

▶ Der *NaTourBus* fährt im Sommer die **Route** Erbach, Michelstadt, Steinbach, Eulbach, Würzberg. Er hält an den interessanten Sehenswürdigkeiten. Michelstadt und Erbach sind mit der Bahn gut zu erreichen, am Bahnhof könnt ihr dann in den NaTourBus umsteigen. Räder werden kostenlos auf einem Träger transportiert. Ihr könnt mit dem Bus zu einem Ausflugsziel fahren oder auch nur im Odenwald wandern oder radeln und dann mit dem Bus wieder zurückfahren. In einer **Broschüre** sind mehr als zwanzig Wander- und Radtouren zusammengestellt, die auf den NaTourBus abgestimmt sind. Bestellt sie per Postkarte oder telefonisch beim Touristik-Zentrum in Erbach, dort erfahrt ihr auch die aktuellen Preise und Fahrpläne des NaTourBusses. Das Vergnügen ist obendrein preiswert: Eine **NaTourBus-Gruppenkarte** kostet 7,50 DM, sie gilt einen Tag für bis zu 5 Personen, wobei die Fahrt so oft und so lange unterbrochen werden kann, wie ihr wollt. **Räder** könnt ihr beim Touristik-Zentrum in Erbach leihen, 15 DM pro Tag, plus 50 DM Kaution je Rad.

## Fahrten mit dem Dampfzug

**Dampf-Hotline:** täglich 8 – 20 Uhr unter ✆ 0180/ 5213434.

**Infos** zu Programm und Terminen auch beim *Touristik-Zentrum Odenwald,* Marktplatz 1, 64711 Erbach, ✆ 06062/943330, Fax 943333.

**Fahrkarten** an den Schaltern der Deutschen Bahn AG oder in Reisebüros des DER.

▶ In den Sommermonaten fahren an festen Terminen nostalgische Dampfloks auf manchen Strecken durch den Odenwald. **Stationen:** Beginnen könnt ihr die Fahrt unter anderem in Frankfurt, Darmstadt, Mannheim und Heidel-

**tip** Auch zu den **Weihnachtsmärkten** fahren die Dampfzüge, siehe Seite 266.

berg. Häufig wird auch ein Rahmenprogramm für Kinder, wie zum Beispiel ein *Teddybär-Picknick* angeboten. Doch auch die Fahrt mit den schnaubenden Loks über landschaftlich schöne Strecken ist schon aufregend genug. Besonders eindrucksvoll ist die Odenwaldstrecke über das *Himbächl-Viadukt* (siehe Seite 145). Das Vergnügen ist nicht ganz billig, **Preisbeispiel:** Frankfurt nach Bad König oder Michelstadt, Tageskarte Erw. 54 DM, Kinder 27, Familie mit bis zu 4 Kindern 94 DM. Kinder bis 4 Jahre kostenlos, bis 14 Jahre die Hälfte. Dafür ist der Transport von Fahrrädern kostenlos.

*Nicht nur für Ausflüge und Wochenendtrips ist der Odenwald geeignet, sondern auch für einen längeren Urlaub mit der ganzen Familie oder zusammen mit einer Gruppe. Die Unterkunftsmöglichkeiten sind zwar nicht gleichmäßig dicht gestreut, doch gibt es für die unterschiedlichen Bedürfnisse insgesamt eine große Auswahl. Nach der Einführung in die Kategorien folgen hier nun Adressen mit Bewertung und Beschreibung der empfehlenswerten Unterkünfte, in der gleichen Anordnung wie die Griffmarken dieses Buches.*

### Ferien auf dem Bauernhof

**Infos zu freien Unterkünften** in der Region Odenwald und Buchung bei: Frau Reeg, Hauptstr. 114, 64756 Mossautal, ☏ 06061/2430, Fax 73173.

▶ Diese Urlaubsform, die mit Kindern besonders viel Spaß macht, wird hauptsächlich im Odenwald angeboten, an der Bergstraße und am Neckar gibt es solche Unterkünfte nicht. Daher befinden sich die genannten Adressen fast alle in den Griffmarken 3 und 4. Vom Herzen des

## UNTERKÜNFTE

**Zeichenerklärung:**

FH = Ferienhaus

FW = Ferienwohnung

DZ = Doppelzimmer

EZ = Einzelzimmer

MZ = Mehrbettzimmer

ÜF = Übernachtung mit Frühstück

DLG = Das DLG-Gütezeichen erhalten Betriebe mit hohem Qualitätsstandard. Eine Kommission überprüft die Höfe regelmäßig und achtet auf Ausstattung, Gastlichkeit und Atmosphäre.

Odenwaldes aus sind aber alle Ausflugsziele in diesem Buch schnell zu erreichen.

### Familienfreundliche Hotels & Pensionen

▶ Diese familiengerechten Unterkünfte wurden von ADAC-Mitarbeitern ausgewählt. Die **Kriterien** waren: verkehrssicher gelegen, Spielmöglichkeiten im Freien, Aufenthaltsraum, Zusatzbetten für Kinder.

### Jugendherbergen (JH)

**Infos** bei *DJH Service GmbH,* 32754 Detmold, ✆ 05231/74010, Fax 740149.

▶ Um hier zu übernachten ist ein **Jugendherbergsausweis** erforderlich. Die Juniorenkarte bekommt jeder bis zum Alter von 27 Jahren für 19 DM Jahresbeitrag, ab 28 Jahren gibt es die Senior- oder Familienkarte für 32 DM. Eine Familienmitgliedskarte berechtigt einen Erwachsenen, eigene und befreundete Kinder mitzubringen, diese brauchen keinen eigenen Ausweis.

Fast alle Jugendherbergen nehmen auch **Einzelreisende** oder **Familien** auf. Familien mit mindestens einem minderjährigen Kind zahlen nur den Juniorpreis, Kinder bis zwei Jahre sind frei, bis fünf Jahre meist ermäßigt. Halbpension kostet zwischen 6 und 9 DM pro Tag.

### Jugendfreizeit- und -gästehäuser

▶ Diese werden von unterschiedlichen Trägern unterhalten. Sie sind kleiner als Jugendherbergen, in der Regel haben sie Zwei- oder Vierbett-Zimmer und spätere Schließzeiten. Die Übernachtung kostet inklusive Frühstück und Bettwäsche zwischen 25 und 45 DM, je nach Lage, Ausstattung und Ermäßigung. Die Preise beim jeweiligen Träger erfragen, wenn nicht angegeben.

**Buchtip**

Urlaub auf Biohöfen in Deutschland wird von der *Grünen Liga* und dem *European Centre for Eco Agro Tourism, ECEAT-Deutschland* in Schwerin herausgegeben. Im Buchhandel für 18 DM oder direkt bestellen bei: *ECEAT-Deutschland,* Postfach 110243, 19002 Schwerin, ✆ 0385/562918, Fax 562922.

### Naturfreundehäuser

**Naturfreundejugend Baden,** Alte Weingartener Str. 37, 76227 Karlsruhe, ℂ 0721/405097, Fax 496237.
**Naturfreundejugend Deutschland,** Aktion Umweltdetektiv, Haus Humboldtstein, 53424 Remagen, ℂ 02228/8041, Fax 8434. eMail: nfjd@gaia.de Internet www.gaia.de/nfjd

▶ Da die Häuser meist sehr schön, aber abseits gelegen sind, sind sie nach einer Anreise per Bus oder Bahn teilweise nur in einem längeren Fußmarsch zu erreichen. Wenn nichts anderes angegeben ist, sind die Häuser nicht bewirtschaftet. *Teilbewirtschaftet* bedeutet, daß es Getränke und kleine Mahlzeiten wie belegte Brote oder Suppen gibt. Die Preise sind von Haus zu Haus verschieden, für Mitglieder der Naturfreunde sind sie günstiger. Meine Preisangaben beziehen sich auf Nichtmitglieder. Manche Häuser sind nur für Gruppen geeignet, die meisten nehmen aber auch Einzelpersonen auf.

### Jugendzeltplätze

▶ Sie sind nur für organisierte Gruppen zu buchen. Landschaftlich in toller Lage, bieten sie nur ein Mindestmaß an Komfort. Oft gibt es keinen Stromanschluß, nicht immer Wasser oder Toiletten. Übernachtungen kosten zwischen 2 und 4 DM pro Person.

### Campingplätze

▶ Die Plätze liegen alle in landschaftlich schöner Umgebung, sie haben Wasser-, Strom- und Kanalanschluß. Auf den Plätzen im engen Neckartal stört zum Teil der Verkehrslärm der B 37.

**Hinweis:** Orte und Ausflugsziele, die im Routenteil bereits genannt wurden, findet ihr übers Register!

**tip** Unter dem Namen »**Aktion Umweltdetektive**« finden vielfältige Aktivitäten der Naturfreundejugend Deutschland rund um die Umwelt statt. In Seminaren, Freizeiten und bei Aktionen in Naturfreundehäusern werden Kids im Alter zwischen 9 und 13 Jahren angesprochen, die etwas über ihre Umwelt erfahren möchten. Gruppen oder Schulklassen können sich beteiligen, wendet euch bei Interesse an das nächste Büro der Naturfreundejugend.

# Darmstadt
# & das Ried

## Jugendherberge
**64287 Darmstadt:** *JH Darmstadt*, Landgraf-Georg-Str. 119, ✆ 06151/45293, Fax 422535. Herbergseltern Friehs-Stöhs. An der Nordseite des Großen Woog. 122 Betten, 6 Tagesräume, Freibad und Bootsverleih. Jun. 24 DM, Sen. 29 DM.

## Naturfreundehäuser
**64372 Ober-Ramstadt:** *Am Heidenacker,* Außerhalb 8, ✆ 06154/1751. Außer Mi täglich das ganze Jahr geöffnet, Gaststätte. Am Waldrand südwestlich von Ober-Ramstadt. 25 Betten, 22 Lager, Selbstversorgerküche, als Tagungsstätte geeignet. Erw. 19,50 DM, Kinder 10 DM. Sportplatz, Spielplatz.
**64560 Riedstadt:** *Bootshaus Am Altrhein,* An der Hallert 1, ✆ 06158/83649, Infos bei Günter Walter ✆ 83649. Teilbewirtschaftet, nur Getränke. Geöffnet April bis September. 5 Betten, 10 Lager. Erw. 10 DM, Jugendliche 7, Kinder 5 DM. Direkt am Altrhein, 2 km vom Naturschutz-

gebiet Kühkopf-Knoblachsaue. Vom Bhf Stockstadt 2 km, ausgeschildert.
**64319 Pfungstadt:** *Moorhaus,* Bergstr. 180, ✆ 06157/2107. Infos bei Gerti Hahn, Bergstr. 83a, ✆ 06157/2791. Erw. 14 DM, Jugendliche 12, Kinder 10 DM. Vom Bhf Bickenbach 3 km Fußweg. Teilbewirtschaftet, ganzjährig geöffnet, sonntags nach Absprache. 25 Betten, 6 Lager, Selbstversorgerküche. Als Tagungsstätte geeignet. Sportplatz, Spielplatz. Sehr schön an einem Kiefernwald, in der Nähe des Naturschutzgebietes »Pfungstädter Moor« und des Strandbades Erlensee in Bickenbach gelegen.

## Campingplätze
**64521 Groß-Gerau:** *Am Niederwaldsee,* Außerhalb 45, 64521 Groß-Gerau, ✆ 06152/2981. Pächter Kurt und Jürgen Heil. Stellplätze für 50 Zelte und 35 Caravans. Zelt 7 DM, Person 7 DM. Liegewiese, Minigolf, Pizzeria mit Terrasse. Am See ist Schwimmen z.Z. verboten, da er vor einigen Jahren von Bakterien verunreinigt war.
**68623 Lampertheim:** *Nibelungenbrücke,* Ortsteil Rosengarten,

Pächter August Scherzer, Weinbergstr. 3, 67551 Worms 27, ✆ 06241/24355. Stellplätze für 125 Zelte und 125 Caravans. Restaurant, Spielplatz. Zelt 6,50 DM, Person ebenfalls.
**64569 Nauheim:** *Hegbachsee,* Pächter Familie Bremer, Hotel Am Hegbachsee, Roseneck 1, Nauheim, ✆ 06152/64115. 30 Zelte, 15 Caravans, ganzjährig geöffnet. Person 5 DM, Zelt 5 DM. Restaurant, Spielplatz. Badegelegenheit 2 km entfernt.

# Die Bergstraße

## Jugendherbergen
**64646 Heppenheim:** *JH Starkenburg*, Burg Starkenburg, ✆ 06252/77323, Fax 78185. Herbergseltern Reichelt. 1 km östlich der Stadt auf dem 295 m hohen Schloßberg, vom Bhf 30 Minuten zu Fuß. Auch Zelten möglich. 121 Betten, 5 Tagesräume, 4 Familienzimmer, Tischtennis, Kicker, Sportplatz, Grillplätze, Lagerfeuerstellen. Projektoren, Video, Klavier. Jun. 22 DM, Sen. 27 DM.
**69469 Weinheim:** *JH Weinheim*, Breslauer

Str. 46, © 06201/
68484, Fax 182730.
Herbergseltern Locht.
Im Freizeitzentrum von
Weinheim, nicht weit
von der Stadtmitte.
Vom Bhf Straßenbahn
Richtung Mannheim,
Haltestelle Stahlbad,
von da 3 Minuten zu
Fuß. 143 Betten, 6 Ta-
gesräume, Billard, Bad-
minton, Tischtennis,
Grillplatz, Volleyball,
Bistro, Disco. Jun. 22
DM, Sen. 27 DM.
**64673 Zwingenberg:**
*Carl-Ulrich-JH,* Die
Lange Schneise 11,
© 06251/75938, Fax
788113. Herbergs-
eltern Wilberg. Fußweg
10 Minuten vom Bhf.
Am nördlichen Stadt-
rand, am Westrand des
Odenwaldes, unter
dem 517 m hohen Berg
Melibokus. 125 Betten,
4 Tagesräume, Projek-
toren, TV, Gitarre, Kla-
vier. Jun. 22 DM, Sen.
27 DM.

### Naturfreundehaus
**69198 Schriesheim:** *Kohlhof,* Schriesheim-Alten-
bach, © 06220/8520.
Infos bei Sofie Henk,
Niederfeldstr. 106a,
68199 Mannheim,
© 0621/816147.
Geöffnet Mai bis Mitte
Oktober täglich, ab
Mitte Oktober nur Sa,
So und nach Abspra-
che. 97 Betten, Erw.
13,50 DM, Jugendliche

12 DM, Kinder 9 DM.
Selbstversorgerküche.
Am Westhang des
Odenwaldes, 426 m
hoch mit Blick auf die
Rheinebene gelegen.
Sportplatz, Spielplatz.

### Ferienwohnungen
**64625 Bensheim:** *Eva
Maria Klein,* Kurt-Schu-
macher-Str. 16,
© 06251/63303. 1 FW
55 m² für 3 – 4 Perso-
nen, 65 DM. Separater
Eingang, Terrasse,
Spielmöglichkeiten.
*Familie Meister,* Neuhof-
str. 36 – 38, © 06251/
2689, Fax 68190. 1 FW
140 m² für 6 Personen,
130 DM. Liegewiese,
Terrasse, Spielmöglich-
keiten.
*Margarete Knop,* Bens-
heim-Auerbach, Bach-
gasse 43, © & Fax
06251/74887. 1 FW für
4 Personen, ab 70 DM.
Terrasse, Spielmöglich-
keiten.
**64646 Heppenheim:**
*Doris Bauer,* Igelsbach-
str. 3, Igelsbach, ©
06252/6449. 1 FW für
bis zu 6 Personen ab
40 DM. Auf einem Bau-
ernhof in Waldnähe,
Liegewiese, Spielplatz.
**69469 Weinheim:** *Brigitte
Zinnow,* Schaffnerei-
weg 4a, Ortsteil Lützel-
sachsen, © 06201/
56944. 2 FW ab 55 DM,
in separatem Haus.
Balkon.

### Campingplatz
**64625 Bensheim-Gronau:**
*Oase der Ruhe,* Familie
Alpers, © 06251/
61138. Ganzjährig
geöffnet. Stellplätze für
20 Zelte und 30 Cara-
vans. Zelt 6 DM, Auto
3, Erw. 6 DM, Kinder
bis 4 Jahre frei, bis 14
Jahre 4, ab 14 Jahre 6
DM. Imbiß-Gaststätte,
6 km zum Badesee.

# An der Bundes-
straße 38

### Jugendfreizeit- und
-gästehäuser
**69484 Birkenau:** *Jugend-
haus Nieder-Liebers-
bach,* Pfarrer-Müller-Str.
2, © 06209/3406 oder
06201/32540. Leiterin
Martha Horstmann. 42
Betten, 3 Tagesräume,
Etagenwaschräume. Vi-
deo- und Stereoanlage,
Tischtennis. Mit 3 oder
4 Mahlzeiten täglich.
Pro Person 19 DM bei
3 Mahlzeiten.
*Landheim Buchklingen,*
69484 Birkenau,
© 06221/775569. Bis
44 Personen, immer
nur 1 Gruppe. Wald-
nähe, Garten mit Grill-
platz. Mit Vollpension
pro Person 25 DM.
**64397 Modautal-Ernst-
hofen:** *Kreisjugendheim
Ernsthofen,* Kreis

SERVICE & UNTERKÜNFTE

Darmstadt-Dieburg. 98
Betten, Etagen-
duschen. Reservierun-
gen über Landratsamt
Darmstadt, Abt. Ju-
gendpflege, ✆ 06151/
8810. 98 Betten.

**64385 Reichelsheim:**
*Jugendgästehaus der
OJC,* Bismarckstr. 8,
✆ 06164/55395. An-
sprechpartner Eheleute
Hammer. 32 Betten, 5
Mehrbett und 1 EZ mit
Dusche/WC. Ab 18 DM,
Frühstück 5 DM. Ver-
pflegung nach Abspra-
che, Hausprospekt an-
fordern.

## Naturfreundehäuser

**64807 Dieburg:** *Mainzer
Berg,* Darmstädter Str.
300, ✆ 06071/22159.
Infos ✆ 22350. 12 Bet-
ten, Erw. 13 DM im
Zimmer, Jugendliche
10,50 DM, Erw. 11 DM
im Lager, Jugendliche
8,50 DM. Kinder bis 3
Jahre frei. Ganzjährig
Sa, So und Mittwoch-
nachmittag geöffnet,
Gaststätte mit kleinen
Gerichten (Brotzeit) und
viel Platz im Freien,
Spielplatz. Verpflegung
nach Absprache,
Selbstversorgerküche.
Zwischen Darmstadt
und Dieburg auf dem
Mainzer Berg.

**64689 Grasellenbach-
Oberscharbach:**
*Trommhaus,* Moos-
wiese 67, ✆ 06207/
5227, Infos bei Else

Engel, Alte Landstr. 12,
69469 Weinheim,
✆ 06201/65110. Ab
Scharbach ausgeschil-
dert. 20 Betten, 23 La-
ger. Geöffnet nur auf
Anfrage. Selbstversor-
gerküche, als Tagungs-
stätte geeignet. Sport-
platz, Spielplatz. Auf
dem Höhenzug der
Tromm 540 m hoch ge-
legen, hier ist im Win-
ter Skigebiet, siehe
»Zur Winterszeit«.

**64686 Lautertal-Reichen-
bach:** *Karl-Schlösser-
Haus,* Am Borstein,
✆ 06254/1267, Päch-
ter Familie Lambert.
Gaststätte, Di Ruhetag.
34 Betten, ÜF Erw. 25
DM, bis 10 Jahre 18,
bis 15 Jahre 20 DM.
Sportplatz, Spielplatz,
Klettersport möglich.
Als Tagungsstätte ge-
eignet, Jugendzeltplatz,
Familienappartements.

## Wanderheim des
Odenwaldclubs

**64658 Fürth-Weschnitz:**
Kreis Bergstraße, 11
Betten. Pro Person 8
DM, auf Luftmatratzen
2 DM. Auskunft Leon-
hard Daum, 64658
Fürth, ✆ 06253/47289.

## Reiterferien für
Kinder

**64395 Brensbach:** *Affhöl-
lerbacher Gailstall,*
Familie Jarosch, Böll-
steiner Str. 4, Ortsteil

Affhöllerbach,
✆ 06161/2126. Direkt
gegenüber vom Ur-
laubsbauernhof Weber
befindet sich dieser
Reiterhof. Planwagen-
und Kutschfahrten, We-
sternreiten, Reiter-
ferien für Kinder und
Abenteuerferien für
Schulklassen. Mit dem
Weberhof wird eng zu-
sammengearbeitet.

**64689 Hammelbach, bei
Grasellenbach:**
*Bettys Ponyhof,* Bar-
bara Kunkel, Gasse 5,
✆ 06253/21130.
Ferienwochen für
Mädchen 8 – 18 Jahre.
Zum Tagesablauf ge-
hört es auch, die
Pferde zu füttern und
zu putzen sowie die
Ställe auszumisten.
Außerdem gibt es
Theoriestunden. Eine
Woche mit VP, 8 Reit-
stunden und Theorie
380 DM, jede weitere
Woche 350 DM. 1 Feri-
enwohnung außerhalb
der Schulferien bis
max. 18 Personen auf
Anfrage zu vermieten,
2 Zimmer mit 6 Betten,
2 Zimmer mit
3 Betten, Aufenthalts-
raum und Küche.

**64385 Reichelsheim-
Rohrbach:** *Fjordpferde-
Hof Wilhelm Eitenmül-
ler,* Im Oberdorf 10,
✆ 06164/1302. Reiter-
ferien für Mädchen, mit
Picknick, Reiterspielen
und Ausritten. Woche

mit VP und Reitstunden 375 DM.

## Ferien auf dem Bauernhof

**69518 Abtsteinach:** *Familie Jöst,* Vöckelsbacher Weg 1, ✆ 06207/3077, Fax 3406. 5 DZ, ÜF 35 DM. 1 FW für 59 DM. Viele Tiere: Rinder, Pferde, Ziegen, Schafe, Katzen, Hund und Kleinvieh. Kinderspielplatz mit Planschbecken, Spielscheune, Kleinkindausrüstung. Gaststätte, eigene Schlachtung, große Sonnenterrasse.

**69488 Birkenau-Löhrbach:** *Zum Krug,* Familie Jöst, Abtsteinacher Str. 12, ✆ 06201/22990. DLG. 2 DZ, ÜF 25 DM. 2 FW 70 m², 70 DM. Aufenthaltsraum, Gästeküche. Bauernhof mit Gaststätte, viele Tiere. Je nach Saison können sich Gäste an der Käseherstellung, am Brotbacken oder Apfelweinpressen beteiligen.

**64395 Brensbach:** *Adam Altstätter,* Mummenroth 3, Mummenroth, ✆ 06161/518. DLG. 1 EZ, 3 DZ, ÜF 29 DM. 3 MZ mit Balkon bis 18 Personen. Einzelhof, Grünlandbetrieb mit 10 Pferden. Reitunterricht und Kutschfahrten, Grillhütte, Freizeitraum, Tischtennis.

*Ferienhof Familie Weber,* Böllsteinerstr. 5, Affhöllerbach, ✆ & Fax 06161/2325. 6 FW mit 60 und 75 m² für 2 bis 6 Personen, ab 100 DM pro Tag für 3 Personen, jeder weitere Gast 10 DM pro Tag. 1 FW 35 m² für 2 bis 3 Personen ab 56 DM pro Tag. Frühstück möglich. Dieser völlig auf Kinder eingestellte Hof liegt mitten in einem 200-Seelen-Dorf. Große Spielscheune, alle Tiere dürfen gestreichelt und gefüttert werden. Babybetten, Hochstühle, Wickeltische und Spielgeräte sind vorhanden. Der Innenhof ist absperrbar und teilweise überdacht. Kurse zum Kranz- und Blumenbinden. Grillhütte, Tischtennisraum. Kutschfahrten und Reiten ist auf dem Nachbarhof möglich, mit dem eng zusammengearbeitet wird.

**64405 Fischbachtal-Messbach:** *Schmunkehof,* Familie Vetter, Rimdidimstr. 41, ✆ 06166/8529. 1 FW für 2 – 3 Personen, 55 DM. Pferde, Schweine, Kühe.

**64405 Fischbachtal-Niedernhausen:** *Horndrehersch Hof,* Familie Arras, Lindenstr. 19, ✆ 06166/8580 oder 323. DLG. 4 DZ und 1 EZ mit

Dusche/WC. ÜF 30 – 35 DM. Küche, Aufenthaltsraum. Unterhalb des Lichtenberger Schlosses gelegen. Hof mit Rindern, Katzen und Kleinvieh.

**64686 Lautertal-Breitenwiesen:** *Wilhelm Rettig,* Glattbacher Str. 11, ✆ 06254/1364. DLG. 2 DZ, 1 DZ, ÜF 20 – 25 DM. Küchenmitbenutzung. Viele Tiere, Reitmöglichkeit. Hausschlachtung.

**64678 Lindenfels:** *Peter Bitsch,* Ortsteil Winkel, Talstr. 1, ✆ 06255/1257. 4 DZ mit Dusche/WC, 2 mit Balkon. ÜF 20 DM. Vollerwerbsbauernhof, Direktvermarkter.

*Falterhof,* Ortsteil Winterkasten, Hauptstr. 107, ✆ 06255/771. ÜF 29 DM, HP 38 DM. Bauernhof mit Reitmöglichkeit.

**64997 Modautal-Asbach:** *Hottenbacher Hof,* Familie Simmermacher, ✆ 06167/445, Fax 457. DLG. 1 FH für bis zu 5 Personen, 75 DM, mit Balkon und Terrasse, hübsches Altenteiler-Häuschen aus Fachwerk. Viele Tiere.

*Familie Ruths,·* Auf der Schafweide, ✆ 06167/380, Fax 7722. 1 FW 60 m2, Dusche/WC, Küche, behindertengerecht. 60 DM. Einzelhof, die Familie Ruths lebt vom Obstbau. Geflügel und Katzen, kleiner Swimmingpool.

**64385 Reichelsheim:** *Hof am Eichenklingen,* Gerhard Bode, Forststr. 25, Ortsteil Erzbach, ℰ 06164/1297. 1 DZ, 2 MZ, ÜF 26 DM, auch Camping möglich. Viele Tiere von Pferd bis zur Ente. Kinder 6 – 14 Jahre werden hier auch ohne Begleitung Erwachsener aufgenommen. Bauer Bode bietet Kutschfahrten und Nachtwanderungen an.

*Ferienbauernhof Käsrah,* Kriemhildstr. 8, Ortsteil Gumpen, ℰ 06164/1541, Fax 54136. DLG, 7 DZ, 1 MZ, alle mit Dusche/WC und Balkon, ÜF 30 – 32 DM. 3 FW 50 m² für 2 – 4 Personen, 75 DM. 2 FW 75 m² für 4 – 6 Personen 95 DM. Bauernhof mit Reitmöglichkeit, Spielgeräte, Sauna, Wassertretbecken. Eigene Schlachtung und Brotbacken im Steinofen. Fahrradverleih.

*Hof Weimar,* Mergbachstr. 9, Ortsteil Klein-Gumpen, ℰ 06164/2354. 3 EZ, 2 DZ, 1 FW 56 m² mit Bad und Balkon für max. 5 Personen, 1 FW 58 m² mit Dusche/WC für 4 Personen, je 60 DM. Auch Camping möglich. Zwei Ponies zum Reiten, Schweine, Hund und Katzen. Hof-

laden, eigene Schlachtung.

*Hof Weimar-Krämer,* Im Unterdorf 19, Ortsteil Rohrbach, ℰ 06164/1258. 1 EZ, 1 DZ, 1 MZ, alle mit Dusche/WC auf der Etage, ÜF 25 DM. 1 FW 75 m², 50 DM. Auf einem Pony können kleine Kinder reiten, es gibt Streicheltiere und einen Grillplatz mit Blockhütte. Wer möchte, kann bei der Herstellung von Butter und Käse helfen. Nahrungsmittelverkauf ab Hof.

*Sonnenhof,* Günther Sattler, Buchenstr. 15, Ortsteil Unter-Ostern, ℰ 06164/1514. 10 Apartments für 2 bis 3 Personen, ab 45 DM. Als Selbstversorger oder auch mit Frühstück, HP oder VP möglich. Direktvermarkterhof, Gaststätte.

## Familienfreundliche Pensionen

**64678 Lindenfels:** *Hotel Wiesengrund,* Ortsteil Winkel, ℰ 06255/2877. ÜF 55 – 65 DM, auch VP möglich. Garten, Hallenbad, Sauna.

*Gasthaus und Pension Birkenhof,* Ortsteil Winkel, Buchwaldstr. 4, ℰ 06255/738. ÜF 32 DM, VP 49 DM. Spielplatz, Liegewiese, Grill, Tischtennis. Odenwälder Spezialitäten.

*Gästehaus Tannenhof,* Ortsteil Schlierbach, Waldstr. 30, ℰ 06255/2185. ÜF 35 DM, FW 45 – 80 DM. Großer Obstgarten, Liegewiese, Spielplatz, Tischtennis, Tischfußball.

*Pension Haus Karina,* Seewiesenweg 21, ℰ 06255/633. ÜF 46 DM, VP 70 DM, FW 63 – 83 DM. Liegewiese, beheiztes Freibad, Tischtennis, Grill.

**64385 Reichelsheim:** *Ferienhotel Landhaus Lortz,* Eberbach 3, ℰ 06164/4969, 55528, ÜF 51 – 61 DM, 4 FW. Spielplatz, Schwimmbad, Leihfahrräder.

*Landgasthof Zum Ostertal,* Ober-Ostern, ℰ 06164/1054. ÜF 30 – 40 DM, 5 FW, Spielplatz, Kleintiere, nebenan Reitmöglichkeit.

*Pension Landhaus Sonnenhof,* Kirchstr. 41, ℰ & Fax 06164/1558. ÜF 32 DM, 1 FW. Spielgeräte, steile Zufahrt.

*Ferienhof Weimar,* Margbachstr. 9, ℰ & Fax 06164/2354. ÜF 32 – 35 DM, 2 FW, Grillplatz, 2 Ponies, Hofladen, Spielwiese.

**69483 Wald-Michelbach:** *Hotel Birkenhof,* ℰ 06207/2297. ÜF um die 45 DM, VP 60 DM. Großes Grundstück am Waldrand, Tischtennis.

*Pension Falter,* Ortsteil Schönmattenwag, Hei-

delberger Str. 16, 
☎ 06207/3246. ÜF ab 
. 34 DM.
*Pension Kohl-Alter,* Ortsteil Kocherbach, Am Kocherbach 57, 
☎ 06207/3145. ÜF ab 30 DM. Tischtennis, Grillplatz.

## Feriendorf

**64658 Fürth:** Feriendorf im Ortsteil Kröckelbach, Feriendorfverwaltung in Fürth, ☎ & Fax 06253/3149. Ganzjährig geöffnet, vor allem für kinderreiche Familien geeignet. 25 Ferienhäuser für 4 – 7 Personen, 50 – 60 DM pro Tag. Kamin, Terrasse, komplett eingerichtet. In einem Seitental direkt am Wald, abseits der Straße gelegen. Kinderspielplatz.

## Jugendzeltplätze

**69488 Birkenau:** *Waldskopf,* Ortsteil Löhrbach. Für 50 Personen, 3,50 DM pro Person, 100 DM Kaution. Trockentoiletten, Waschanlagen im Freien. Offene Feuerstelle. Anmeldung bei Franz Becker, Alte Landstr. 57, ☎ 06201/ 21057.

**64658 Fürth:** *Altlechtern,* Ortsnähe Fürth. Für 100 – 120 Personen, 3,50 DM pro Person, 100 DM Kaution. Trockentoiletten, Waschanlagen im Freien. Ge-

mauerte Feuerstelle. Anmeldung bei Georg Regner, Altlechtern, 
☎ 06253/3150.

**64678 Lindenfels:** *Matterloch,* Lindenfels. Für 80 – 100 Personen, 3,50 DM pro Person, 100 DM Kaution. Holzhaus mit Duschen, WC. Kein Strom, gemauerte Feuerstelle. Anmeldung bei Georg Schneider, Buchenwaldstr. 2, 
☎ 06255/3060, 672. Freischwimmbad, Tennis, Reitmöglichkeit in unmittelbarer Nähe.

## Campingplätze

**64405 Fischbachtal:** *Odenwald-Idyll,* Ortsteil Niedernhausen, Eigentümer Familie Pauker, Am Schwimmbad, Fischbachtal, ☎ 06166/8577. Erw. 6 DM, Zelt 6 DM. April bis Mitte November.

**64658 Fürth:** *Tiefertswinkel,* Eigentümer Heinz Hörr, Krumbacher Str. 21, ☎ 06253/5804. Anfang Februar bis Ende November. Erw. 5,60 DM, Zelt 5 und Kinder 4 DM. Beheiztes Schwimmbad und Minigolf nahbei.

**64689 Grasellenbach:** *Am Fuße der Tromm,* Ortsteil Hammelbach, Eigentümer Peter Hörr, Gasse 17, Hammelbach, ☎ 06253/3831. Erw. 6,50, Kinder 4 DM, Stellplatz 9 DM.

Ganzjährig geöffnet. Am Ortsrand, Restaurant, Spielplatz, Sauna.

**64678 Lindenfels:** *Terrassen-Campingplatz Schlierbach,* Am Zentbuckel 11, Ortsteil Schlierbach, ☎ 06255/ 630. 30 Ferienplätze von Anfang April bis Ende Oktober, außerdem 130 Dauerplätze. Pkw, Caravan und bis zu 4 Personen zwischen 25 und 35 DM. Waschmaschine, Trockner, Bügelraum sowie Küchenraum mit Koch- und Spülgelegenheit vorhanden. Spielplatz, Grillplatz, Spielwiese. Am Fuße der Burg Lindenfels, 
ruhige Lage.

**64397 Modautal-Neunkirchen:** *Neunkirchen,* Eigentümer Ludwig Adam, Neunkirchen 65, ☎ 06254/660. Ganzjährig geöffnet. Zelt 5 DM, pro Person 5 DM. Hallen- und Freibad in der Nähe.

**69483 Wald-Michelbach:** *Schöner Odenwald,* Eigentümer Robert Dörsam, Spechtbach 35, 
☎ 06207/2237. Stellplätze für 25 Zelte und 150 Caravans, ganzjährig geöffnet. Stellplatz 10 DM, Erw. 7,50, Kinder bis 14 Jahre 4 DM. Restaurant, Spielplatz und Schwimmbad sind in der Nähe.

**SERVICE & UNTERKÜNFTE**

# Das Mümlingtal

## Jugendherbergen

**64747 Breuberg:** *JH Burg Breuberg,* ✆ 06165/ 3403, Fax 6469. Herbergsvater Janz. In der gleichnamigen Burg, oberhalb des Stadtteils Neustadt. 129 Betten, 2 Hobby- und 6 Seminarräume, Disco, Theaterraum mit Bühne, Video, Klavier und Flügel, Tischtennis. Jun. 23,50 DM, Sen. 28,50 DM. Familien und Einzelgäste sollten frühzeitig buchen!

**64711 Erbach-Erbuch:** *JH Erbach,* Eulbacher Str. 33, ✆ 06062/3515, Fax 62848. Herbergseltern Strohm. Am Sportpark Erbach, vom Bhf 20 Minuten Fußweg oder Buslinie 2, Haltestelle Jugendherberge. 156 Betten, 6 Tagesräume, 9 familienfreundliche Zimmer, Tischtennis, Kicker, Projektoren, Klavier, Sportplatz. Jun. 23,50 DM, Sen. 28,50 DM.

## Jugendfreizeit- und -gästehäuser

**64711 Erbach-Erbuch:** *Jugendfreizeithaus Petershof,* Talstr. 5. Buchungen über Almut Koch, Rheingoldstr. 32, 68199 Mannheim,

✆ 0621/859962, Fax 8413913. Umgebauter Bauernhof, Selbstversorgung. 17 Zimmer, 75 Betten in mehreren Gebäuden. Großer Saal, Aufenthaltsräume, Tischtennis, Kicker, Bolzplatz, Federball, überdachte Sitzgelegenheiten im Innenhof.

## Wanderheime des Odenwaldclubs

**64823 Groß-Umstadt-Dorndiel:** Kreis Darmstadt-Dieburg. 3 Selbstversorgerhäuser, 1 x 36 Betten, 2 x 18 Betten. Auskunft *Odenwaldclub e.V.,* Postfach 1270, 64734 Höchst im Odenwald, ✆ 06163/4785, Fax 6657. Nur an Gruppen, pro Nacht 12 – 15 DM pro Person.

**64747 Breuberg-Sandbach:** Auskunft Ottmar Hallstein, Lindenstr. 34, 64747 Breuberg-Rai-Breitenbach, ✆ 06165/3507. Selbstversorgerhaus, pro Person etwa 10 DM.

## Reiterferien für Kinder

**64747 Breuberg-Neustadt:** *Welsh-Gestüt-Breuberg,* E. Kretzer, ✆ & Fax 06165/1708. Hier werden Kinder ganztägig betreut. VP pro Woche mit Reitun-

terricht etwa 600 DM. Reitsportanlage mit Reithalle. Täglich zwei Stunden Reitunterricht, außerdem Ausritte, Voltigieren. Auch für Schulklassen und andere Gruppen.

**64711 Erbach:** *Rollehof,* Hans Stockum, ✆ 06062/3846. 2 FW für 2 – 4 Personen, 60 – 70 DM. Einzelhof. Pferde und Ponies, Reiten unter Aufsicht und Kutschfahrten nach Absprache. Reiterferien für Kinder ab 9 Jahren ohne Begleitung.

**64711 Erbach/Erbuch:** *Fenwick Farm,* Familie Fenwick-Smith, Ortsstr. 41, ✆ 06062/62542, Fax 62649. 3 FW für 2 – 8 Pers., HS 2 Pers. 80 DM, NS 65 DM. Jede weitere Person 15 bzw. 10 DM. Einsame Lage. Reitzentrum, ca. 30 Pferde, große Halle. 1 Stunde Ausritt Jugendliche 25, Erw. 30 DM, auch Unterricht und Pferdeausbildung. Ferienfreizeiten 100 DM pro Person und Tag, mit 3 Stunden Reitunterricht, VP und Unterhaltung. Liste mit Terminen und Kursen kann angefordert werden.

**64756 Mossautal-Güttersbach:** *Islandpferdehof am Steinbuckel,* Anita Kraus, Hüttenthalerstr. 95, ✆ 06062/

4536. Hier dreht sich alles um die kräftigen und gutmütigen Islandpferde. Zuchtbetrieb, Reitschule. Pauschalangebote mit VP und Übernachtung für Kinder und Jugendliche ohne Begleitung, Preise auf Anfrage.

## Ferien auf dem Bauernhof

**64743 Beerfelden:** *Lindenhof,* Sabine und Hildegard Seip, Erbacherstr. 58, Ortsteil Hetzbach, ℃ 06068/ 1464. DLG. 3 DZ mit Dusche/WC, ÜF 25 – 30 DM. 2 große FH 120 und 140 m$^2$, 1 FW behindertengerecht 60 m$^2$, 70 – 130 DM. Spielplatz, Grillplatz, Teich, Tischtennis. Voll bewirtschafteter Bauernhof mit Kühen, Schweinen, Pferden und Ziegen. Ausrüstung für Kleinkinder vorhanden.
*Rudolf Olt,* Am Wolfsbuckel 24, 26/28, ℃ 06068/744. 2 FW 60 m$^2$, 2 FH 60 m$^2$, jeweils Dusche/WC, Balkon, Kochnische.
**64753 Brombachtal:** *Ferienhof Karl Meisinger,* Zum Felsen 2, Ortsteil Böllstein, ℃ 06063/ 2898. 1 FW für 5 Personen 75 DM pro Tag. ÜF 30 DM. Am Ortsrand auf der Böllsteiner Höhe. Sandkiste und

Schaukel, Grill, Tisch tennis, Liegewiese, Kleinvieh.
*Ludwig Adam,* Im Grund 2, Ortsteil Hembach, ℃ 06063/2394, Fax 1350. 1 DZ, 1 MZ, ÜF 25 DM, Küchenmitbenutzung möglich. Ponies, Ziegen.
**64711 Erbach:** *Familie Weis,* Marbachstr. 16, Ortsteil Haisterbach, ℃ 06062/3141, Fax 1452. 1 FW für 4 – 8 Personen, 65 – 95 DM. Hofgaststätte, Verkauf von selbsterzeugten Lebensmitteln. Frühstück auf Wunsch. Boxen für Gastpferde, Ausflüge zur Wildbeobachtung nach Absprache möglich.
*Peter Allmenröder,* Roßbacher Hof 35, Ortsteil Roßbach, ℃ 06062/ 912347, Fax 912348. DLG. 1 FH, in 2 FW für je 2 bis 5 Personen aufteilbar, 65 – 105 DM. Spielscheune, Pferde und Ponies, Kälber, Schweine. In einem schönen Tal gelegen. Geführte Reitspaziergänge für kleine Kinder, die Größeren können in der Reitbahn reiten, auf Wunsch auch mit Anleitung. Wer Lust hat, kann auf dem Hof mitarbeiten.
*Rollehof,* Hans Stockum, siehe Reiterferien.
**64823 Groß-Umstadt-Heubach:** *Edith Lehr,*

℃ 06078/8486. DLG. 4 FW für 2 – 6 Personen, 65 DM. Grillhütte, Kleinkindausrüstung. Ruhig gelegener Einzelhof. Pferde, Reiten und Kutschfahrten.
**64720 Michelstadt:** *Fam. van de Roemer,* Waldstr. 109, ℃ 06061/ 5111, Fax 06062/ 63292. 1 FH für 4 Personen 150 DM, mit Terrasse, in einem großen Garten gelegen. Streichelzoo, Gastpferdeboxen. Besonderes Angebot: Auf Wunsch wird eine Lamawanderung entlang des römischen Limes organisiert!
*Feriengut Hohenloher Hof,* Langen-Brombacher-Str. 1, Ortsteil Rehbach, ℃ 06061/2321, Fax 71560. 11 FW, auf Wunsch mit Verpflegung. Familie Krämer und Familie Heiermann sowie weitere Mitarbeiter kümmern sich auf diesem schönen Ferien- und Reiterhof um große und kleine Gäste. Weiträumiges Gelände mit altem Baumbestand. Reithalle und -platz, Reitunterricht, Gastboxen, Aus- und Geländeritte, Kutschfahrten, Ponyreiten. Kinderbetreuung nach Absprache. Streicheltiere, Mitarbeit im Stall möglich. Freizeitprogramm vom Lagerfeuer bis zum Discoabend

wird organisiert, Klein-kindausrüstung vorhan-den, Tischtennis. Ab-Hof-Verkauf von Lebensmitteln. Pro-spekt anfordern!

*Ferienhof Olt,* Roemerstr. 2, Ortsteil Vielbrunn, ✆ 06066/488. 1 DZ mit Dusche/WC, 3 FW 40 – 55 m$^2$ 64 – 84 DM. Kleinkindausrü-stung vorhanden, Grill-hütte. Angrenzend an ein großes Spiel- und Freizeitgelände.

*Margarete Laudenberger,* Wilhelm-Leuschner-Str. 15, ✆ 06066/224. DLG. 1 FW 45 m$^2$ für 65 DM, 3 DZ ÜF 20 DM. Hof mitten im Dorf Viel-brunn. Wer will, kann mit in den Stall oder aufs Feld kommen. Spiel- und Liegewiese.

**64756 Mossautal:** *Bären-hof,* Familie Muth, In der Großen Harras 11, Ortsteil Güttersbach, ✆ 06062/7185. DLG. 3 FH mit je 2 Schlafzim-mern, Dusche/WC, Bal-kon, 80 – 105 DM. Ruhig und schön gele-gene Holzhäuser. Große Milchkuhherde, Fjord-Pferde, Katzen. Grillhütte, Tischtennis, Kleinkindausrüstung, Lebensmittel vom eige-nen Hof.

*Familie W. Christmann,* Hüttenthaler Str. 45, Ortsteil Güttersbach, ✆ & Fax 06062/3951. 3 FW für 2 – 5 Pers, ab

60 DM. Rinderzucht.

*Waldhubenhof,* Familie F. und D. Kübler, Ortsteil Hüttenthal, ✆ 06062/3898. DLG. 4 FW mit je 80 m$^2$, 3 FH aus Fach-werk je 80 DM sowie Zimmer mit Dusche/WC. Auf Wunsch mit Frühstück. Hof mit Waldwirtschaft, Norwe-gerpferde. Geführte Wanderungen, Möglich-keit zur Wildbeobach-tung. Sauna, Reiten, Kutschfahrten.

*Talhof,* Familie Krämer, Siegfriedstr. 10, Orts-teil Hüttenthal, ✆ 06062/4140 oder 26179. DLG. 3 Ferien-bungalows 70 DM. Viele Tiere, Grillhütte.

*Ferienbauernhof Horn,* Familie G. Horn, Güt-tersbacher Str. 56, ✆ 06062/4834. DLG. 3 DZ mit Dusche/WC und Balkon, ÜF 25 DM. Mit-arbeit auf dem Hof möglich, Kühe melken und Kälber füttern. Auf-enthaltsraum, Tischten-nis, Angelmöglichkei-ten. Einzelhof in Waldnähe.

*Siefertshof,* Familie Wey-rauch, Ortsteil Ober-Mossau, ✆ 06061/2380. DLG, 2 FH mit je 1 DZ und 1 MZ, Küche, offenem Kamin, gro-ßem Balkon, Garage 75 DM. Die beiden Holzhäuser liegen sehr ruhig und einsam in ei-nem Tal. Eigener Bade-

teich mit Ruderboot, Schaukeln, Grillen mög-lich, viel Platz zum Spielen auf den umlie-genden Wiesen. Große Rinderherde.

*Ferienhof Daumsmühle,* Familie Karl Scior-Walther, Ortsstr. 96, Ortsteil Unter-Mossau, ✆ 06062/3836. DLG, 3 FW 45, 55 und 70 m$^2$, 60 – 75 DM. Voller-werbsbetrieb, Kinder dürfen mit in den Stall, Mitarbeit möglich. Ponyreiten, Grillmög-lichkeit, kleiner Spiel-platz.

*Familie Hanst,* Ortsstr. 139, Ortsteil Unter-Mossau, ✆ 06062/2181. 2 FW je 50 m$^2$, für 2 – 4 Personen, ab 45 DM. In einem schö-nen kleinen Fachwerk-haus neben dem Hof, Grillmöglichkeit an der Sitzgruppe im Garten und Liegewiese. Pferde, Kühe, Katzen, sehr kinderfreundlich.

**64853 Ober-Klingen:** *Fränkischer Hof,* Robert Lippert, Wil-helm-Leuschner-Str. 36, ✆ 06162/71718. 1 FH mit 2 Etagen, Küche, Bad/WC und Spielecke; renoviertes Altenteil-häuschen in altfränki-scher Bauweise. Innenhof teilweise überdacht. Preis auf Anfrage.

**Feriendorf**

**64720 Michelstadt-Viel-
brunn:** *Feriendorf Vielbrunn,* Beate Weyrich,
Ohrnbachtalstr. 61,
℡ 06066/-584, -215.
Komplett eingerichtete
Ferienhäuser für 4 bis
6 Personen. Prospekt
anfordern.

**Familienfreundliche
Pensionen**

**64743 Beerfelden:** *Zum
Schützenhof,* Gasthaus
und Pension, Vieh-
marktplatz 1, ℡
06068/2326. ÜF 36 –
43 DM, 19 Betten.
Spielplatz, Liegewiese,
Tischtennis, Kegel-
bahn.

*Pension am Walde,* Eber-
bacher Weg 160,
℡ 06068/2261. ÜF 45
– 70 DM, 40 Betten. 1
FW für 5 – 8 Personen,
90 – 120 DM. Großer
Spielplatz, Tischtennis,
Kinderspielzimmer,
schöne Lage in der
freien Natur.

*Haus Bartmann,* Unterer
Bergweg 9, Ortsteil
Gammelsbach,
℡ 06068/1631. 4 FW
für 2 – 4 Personen, 56
– 85 DM. Am Ortsrand
in Hanglage, Aufent-
haltsraum, in der Nähe
Spielplatz.

**Übernachten im Heu**

**64753 Brombachtal:** *Heu-
hotel Burghof,* Burghof
10, ℡ 06063/1716,

Fax 4190. Im Sommer
kann man hier mit
Schlafsack als Gruppe
bis 20 Personen im
Heubett übernachten.
Es gibt 10 Heubetten,
aber auch 5 Stockbet-
ten ohne Heu für Aller-
giker, 5 FW für 3 – 6
Personen. Restaurant,
Biergarten, Frühstück
auf Anfrage.

**Jugendzeltplätze**

**64743 Beerfelden:** *Jugendzeltplatz der Stadt
Beerfelden,* Infos und
Buchung beim Ver-
kehrsamt, ℡ 06068/
930320, Fax 3529.
Holzhaus mit Duschen
und WC, Strom- und
Wasseranschluß. Ge-
mauerte Feuerstelle.
Pro Person 4 DM.

**64747 Breuberg:** *Burg
Breuberg,* Ortsteil Neu-
stadt. 120 Personen,
pro Person 3,50 DM,
Kaution 100 DM. Holz-
haus mit Duschen, WC.
Gemauerte Feuerstelle.
Anmeldung bei der
Stadtverwaltung Breu-
berg, ℡ 06163/7090.

*Wald-Amorbach,* Ortsteil
Wald-Amorbach. Für
100 bis 120 Personen,
pro Person 3,50 DM,
Kaution 100 DM. Holz-
haus mit Duschen,
Waschgelegenheit, WC.
Strom, gemauerte Feu-
erstelle. Anmeldung
bei der Stadtverwal-
tung Breuberg,
℡ 06163/7090.

**64823 Groß-Umstadt:**
*Raibacher Tal,* Ortsteil
Raibach, für 100 bis
120 Personen. Holz-
haus mit Waschgele-
genheit, WC. Kein
Strom, gemauerte Feu-
erstellen. Anmeldung
bei der Stadtverwal-
tung Groß-Umstadt, ℡
06078/781. Aufsicht
Kurt Wettlaufer, Raiba-
cher Tal 68, ℡ 06078/
6768. Pro Person 3,50
DM, Kaution 100 DM.

**64754 Hesseneck:** *Eutersee,* Ortsteil Schöllen-
bach, direkt am gleich-
namigen See. 100 –
120 Personen, pro Per-
son 3,50 DM, Kaution
100 DM. Holzhaus mit
Duschen, WC. Gemau-
erte Feuerstelle. Kein
Strom. Anmeldung bei
Karl Löffler, Hesselba-
cher Weg 1, ℡ 06276/
276.

**64756 Mossautal:** *Mei-
sengrund,* direkt am
Marbachsee, Ortsteil
Hüttenthal. 150 – 200
Personen, pro Person
3,50 DM, Kaution 100
DM. Holzhaus mit Du-
schen, WC. Gemauerte
Feuerstelle, Stroman-
schluß. Infos beim
Platzwart D. Kübler,
Molkereiweg 7, Waldhu-
benhof, Hüttenthal,
℡ 06062/3898.

**64853 Otzberg-Schloß
Nauses:** *Junkerwald,*
Ortsteil Schloß Nau-
ses. 100 – 120 Perso-
nen, pro Person 3,50

DM, Kaution 100 DM.
Holzhaus mit Duschen,
WC. Gemauerte Feuer-
stelle. Kein Strom. An-
meldung bei Helmut
Riedel, Hauptstraße,
Schloß Nauses,
℄ 06163/3332.

## Campingplätze

**64743 Beerfelden:** *Camp
Freienstein,* Gammels-
bach, Eigentümer Kurt
Siefert, Unterer Erb-
senbach 4, 6124 Beer-
felden-Gammelsbach,
℄ 06068/1306. Stell-
plätze für 30 Zelte und
Caravans, Erw. 6,50
DM, Kinder 4,50, Stell-
platz 7,50 DM. Anfang
April bis Ende Septem-
ber. Restaurant.

**64711 Erbach:** *Camping
Safari,* Ortsteil Bullau,
Eigentümer Adolf und
Waltraut Leu, 64711 Er-
bach-Bullau, ℄ 06062/
2051. 20 Durchgangs-
plätze für Zelte und
Caravans, ganzjährig
geöffnet. Erw. 8 DM,
Kinder 6, Stellplatz 8
DM. Restaurant, Spiel-
platz. Auf einer Anhöhe
in waldreicher Gegend,
von Erbach zehn Minu-
ten Autofahrt.

**64720 Michelstadt:**
*Odenwaldparadies,* Am
Waldstadion, 64720 Mi-
chelstadt, ℄ 06061/
3256 oder 74152. Ei-
gentümer Stadt Michel-
stadt. Stellplätze für
100 Zelte und Cara-
vans. 8 DM Zelt, Erw. 5

DM Kinder. Anfang Mai
bis Ende September.
Restaurant, Spielplatz,
neben dem Wald-
schwimmbad gelegen.

# An Main, Mud
# & Elz

## Jugendherbergen

**63916 Amorbach:** *JH
Amorbach,* Kniebreche
4, ℄ 09373/1366, Fax
7140. Herbergseltern
Kunow. Am westlichen
Stadtrand in Waldnähe
am Fuße des 433 m
hohen Wolkmanns. Nur
für Gruppen geeignet.
93 Betten, 2 Familien-
zimmer. Jun. 18 DM,
Sen. 22 DM. TV, Video,
Grill- und Lagerfeuer-
platz, Tischtennis, gro-
ßes Freigelände.

**74731 Walldürn:** *JH Walldürn,* Auf der Heide 37,
℄ 06282/ 283, Fax
40194. Herbergseltern
Müller. Nördlich der
Stadt, 30 Minuten
Fußweg vom Bhf. 108
Betten, Grill- und Spiel-
platz, Bolzplatz, Tisch-
tennis, TV, Video. Jun.
20 DM, Sen. 25 DM.

## Jugendfreizeit- und
## -gästehäuser

**74722 Buchen:** *Jugenderholungsanlage,* Ortsteil
Hollerbach, ℄ 06281/
96111. Gehört dem

Evang. Jugendwerk
Neuenstadt, Pfarr-
gasse 7, 74196 Neuen-
stadt am Kocher, ℄
07139/1412. Buchun-
gen bei Frau Eckert,
℄ 06264/7100. Pro
Person 14 DM. Selbst-
versorgerhaus, großes
Grundstück mit altem
Baumbestand, am
Waldrand zwischen Hol-
lerbach und Oberneu-
dorf gelegen. Zeltplatz
und Spielplatz am
Haus.

*Jugenderholungsanlage
Eckbuckel,* Buchung
beim Verkehrsamt Bu-
chen, ℄ 06281/2780,
31155. Ansprechpart-
ner**:** Erich Pfaff, Am Römer 13, 74722 Buchen-
Bödigheim, ℄ 06292/
485, 355. Ruhige Lage,
1,5 km außerhalb von
Bödigheim. 1 Aufent-
haltsgebäude, 4 Hütten
zum Übernachten, Kü-
che für Selbstversor-
ger, auch mit Vollver-
pflegung möglich. VP
26,50 DM, ohne Ver-
pflegung 11,50 DM.
Maximal 60 Personen.
Grillstelle, Sportplätze.

**63897 Miltenberg:** *Ju-
gendhaus St. Kilian* der
Diözese Würzburg.
Bürgstraße Str. 8,
℄ 09671/97870, Fax
978711. Haupthaus
mit 90 Betten und Ta-
gungsräumen. VP Erw.
42 DM, 12 – 14 Jahre
37 DM, 3 – 12 Jahren
28 DM. Nebenhaus St.

Totnan für Selbstversorger mit 65 Betten. 11 DM pro Person. Beide Häuser mit Küche, Speisesaal, Meditationsraum, Kinderspielplatz, Spielwiese, Sportplatz, Tischtennis.

## Naturfreundehäuser

**63785 Obernburg-Eisenbach:** *Georg-Schnabel-Haus,* Im Adel 1, ✆ 06022/31232. Infos bei Manfred Giegerich, Schwalbenstr. 10, Obernburg, ✆ 06022/31399. Geöffnet Mi, Sa 14 – 19 Uhr, So 10 – 19 Uhr. Gaststätte mit Brotzeit-Gerichten. Viel Platz im Freien, Spielplatz. Nur ab 10 Personen, Erw. 13 DM, bis 14 Jahre 9 DM. Selbstversorgerküche, Jugendzeltplatz. Sehr schöne Lage am Hang mit Blick über das Maintal.

## Ferien auf dem Bauernhof

**63931 Kirchzell:** *Fridolin Sennert,* Ortsteil Preunschen, Preunschen 82, ✆ 09373/4368. 1 FW für 2 – 5 Personen, 54 – 60 DM bei 2 Personen, jede weitere Person Kinder 5, Erw. 10 DM. Fahrräder, Spielplatz und Sitzecke im Garten. Schweine, Hasen und Katzen, wer mag, darf im Stall helfen.

**63897 Miltenberg:** *Ferienhof Dosch,* Bernhard Dosch, Berndiel 4, ✆ & Fax 09371/67326. In einem kleinen Dorf außerhalb von Miltenberg. 1 FW 80 m$^2$ für 2 – 5 Personen. Liegewiese und Terrasse. 40 – 90 DM. Milchkühe, Hasen, Katzen.

**74731 Walldürn:** *Ferienhof Schieser,* Familie Schieser, Ortsteil Gottersdorf, Fichtenweg 2, ✆ 06286/410, Fax 411. 4 FW für 2 – 4 oder 2 – 6 Personen, 50 – 85 DM. Gaststätte. Am Ortsrand in Waldnähe. In Gottersdorf ist das Odenwälder Freilandmuseum.

*August Beuchert,* Ortsteil Wettersdorf, Geisbergstr. 8, ✆ 06282/40246, 8305. 1 FW für 4 Personen 60 DM. Groß- und Kleintierhaltung.

## Ferienwohnungen

**63916 Amorbach:** *Hans Hülser,* Wolkmannstr. 4, Postfach 2233, 40645 Meerbusch 6, ✆ 02159/1282. 1 FH für 2 – 6 Personen, 80 DM für 2 Personen, jede weitere Person 20 DM. Liegewiese, Terrasse.

**74722 Buchen:** *Familie Thor,* Winterhelle, 74722 Buchen-Hettigenbeuren, ✆ 06286/493. 1 FW für 2 Personen, 1 FW für 2 – 4 Personen, 45 DM. Ruhig gelegen, großer Balkon, Tierhaltung, kinderfreundlich.

**63897 Miltenberg:** Monika Heimberger, Riesengasse 40, ✆ 09371/80009. 1 FW für 2 – 5 Personen, 52 – 90 DM. Separates Haus, Stadtmitte aber ruhig gelegen.

## Feriendorf

**74731 Walldürn:** *Erholungspark Madonnenländchen,* Reinhardsachsen, ✆ 06286/711, Fax 812. Anlage mit verschieden großen Ferienhäusern. FW im Doppelhaus für 2 – 6 Personen (60 oder 76 m$^2$) je nach Personenzahl und Saison 60 – 135 DM. FH für 4 – 6 Personen (75 oder 90 m$^2$) 100 – 150 DM, sogenannte Landhäuser (90 m$^2$) mit offenem Kamin kosten für 4 – 6 Peronen 115 – 170 DM pro Tag. In den Sommerferien werden Kinderfeste veranstaltet und organisierte Wanderungen angeboten.

## Jugendzeltplätze

**8761 Schneeberg, bei Amorbach:** Im Ortsteil Zittenfelden, an der Morre, idyllische Lage zwischen Waldrand und Wiesen. Anmeldung bei

Markt Schneeberg, Rathaus, Amorbacher Str. 1, 8761 Schneeberg, ℰ 09373/1279. Aufsicht Theo Farrenkopf, Morretal 30, 74722 Hettigenbeuren, ℰ 06286/503. Jugendliche aus dem Landkreis Miltenberg 2 DM pro Nacht, Auswärtige 3,50 DM. 100 DM Kaution. Sanitärgebäude mit Toiletten und Duschen, überdachte Sitzgelegenheit, Spülmöglichkeit, 2 Feuerstellen. Kein Strom, kein warmes Wasser. Für etwa 100 Personen geeignet.

**74722 Buchen:** *Am Stürzenhardter Brückle,* verwaltet vom Verkehrsamt, Platz am Bild, ℰ 06281/2780, Fax 2732. Nur für organisierte Jugendgruppen. Idyllisch gelegen im Morretal. Maximal 100 Personen, Strom und Wasser vorhanden, sanitäre Einrichtungen müssen mitgebracht werden.

**74731 Walldürn:** *Hornbacher Tal,* an der Straße von Walldürn Richtung Hornbach auf der linken Seite. Feuerstelle und Zeltmöglichkeit auf einer Wiese an einem Bach. Bis 35 Personen, DU/WC mit kaltem Wasser, kein Strom. Anmeldung & Auskunft: Staatliches Forstamt Walldürn, Adolf-Kolping-Straße 27, 74731 Walldürn, ℰ 06282/232.

## Campingplätze

**63931 Kirchzell bei Amorbach:** *Azur Camping Odenwald,* ℰ 09373/566. Etwa 3 km von Amorbach entfernt, 340 Stellplätze. Erw. 8,50 DM, Kinder 6,40, Stellplatz 11,60 DM. Gehört zu einer großen Camping-Kette. Spielplatz, Tischtennis, Hallenbad, Fahrradverleih, Kegelbahn, Sauna, Laden, Restaurant.

**63897 Miltenberg:** *Mainwiese,* Peter Ulrich, ℰ 09371/3985, 68723. Geöffnet von März bis Ende September. Spiel- u. Bolzplatz, Bootsverleih, Jugendzeltplatz. Stellplatz 8 DM, Erw. 7,50, Kinder 5 DM.

# Mannheim & Heidelberg

## Jugendherbergen

**69120 Heidelberg:** *JH Heidelberg,* Tiergartenstr. 5, ℰ 06221/412066, Fax 402559. Im Neuenheimer Feld im Nordwesten der Stadt, direkt am Neckar, Nähe Zoo und Freibad. Fußweg vom Bhf 40 Minuten, Buslinie 3 bis Haltestelle Jugendherberge. 440 Betten, 7 Tagesräume, Ballspielplatz, Grillplatz, Fahrradverleih, Tischtennis, TV, Video, Disco, Cafeteria. Jun. 20 DM, Sen. 25 DM.

**68163 Mannheim:** *JH Mannheim,* Rheinpromenade 21, ℰ 0621/822718, Fax 824073. Herbergseltern Richter. Im Stadtteil Lindenhof, direkt an der Rheinpromenade. Vom Hbf zu Fuß 15 Minuten. 115 Betten, 3 Tagesräume, Bolzplatz, Liegewiese, Spielgelände, TV. In der Nähe Schwimmbad, Eislaufhalle. Jun. 20, Sen 25 DM.

## Naturfreundehaus

**68169 Mannheim:** *Stadtheim Mannheim,* Zum Herrenried 18, ℰ 0621/303747. Infos bei Lore Krauth, Zwickauer Weg 2, 68309 Mannheim, ℰ 0621/705163. 20 Betten. Geöffnet Mo, Di, Do, Fr 18.30 – 22.30 Uhr und nach Absprache. ÜF 35 DM. Spielplatz, Tischtennis. Verpflegung nach Absprache, als Tagungsstätte geeignet. Das Haus liegt am Rande des Herzogenriedparks in Richtung Luzenberg.

# Neckar & Kleiner Odenwald

## Jugendherbergen

**69151 Neckargemünd-Dilsberg:** *JH Dilsberg,* Untere Str. 1, ✆ 06223/2133, Fax 74871. Herbergseltern Kremer. Auf dem Dilsberg hoch über dem Neckartal, in der alten Stadtmauer. 77 Betten, 3 Tagesräume, Tischtennis, TV, Video. Jun. 20 DM, Sen. 25 DM.

**69412 Eberbach am Neckar:** *JH Neckartal,* Richard-Schirrmann-Str. 6, ✆ 06271/2593, Fax 71393. Herbergseltern Motsch. Auf der südlichen Neckarseite am Hang der Ottohöhe, mit Blick auf den Fluß und die Stadt. 127 Betten, 3 Tagesräume, Disco, TV, Video, Grillplatz, Minigolf, Tischtennis. Jun. 20, Sen. 25 DM.

**74821 Mosbach:** *JH »Mutschler's Mühle«,* Beim Elzstadion, Neckarelz, ✆ 06261/7191, Fax 61812. Herbergseltern Brohn. Vom Bhf Neckarelz 10 Minuten zu Fuß. In einer historischen Gipsmühle, am südlichen Ufer der Elz. 149 Betten, 6 Tagesräume, Disco, Grillplatz, Spielwiese, Volleyball, Tischtennis, TV,

Video. Jun. 22 DM, Sen. 25 DM.

## Naturfreundehäuser

**69439 Zwingenberg:** *Zwingenberg,* Hoffeld 7, ✆ 06263/520. Infos bei Werner Krauth, Zwickauer Weg 2, 68309 Mannheim, ✆ 0621/705163. 23 Betten, 1. April bis Ende Oktober. Selbstversorgerküche, Campingplatz. Ruhige Lage am südlichen Neckarufer, mit Blick auf Burg Zwingenberg. Gaststätte mit Terrasse, nur kleine Vesperkarte und Getränke. Gruppen sollten vorbestellen. ÜF im Haus Erw. 16 DM, Kinder 7 – 18 Jahre 13 DM, unter 7 Jahre 9,50 DM. Zelten Erw. 7, Kinder 4, Zelt 5, Wohnwagen 8 DM, Strom extra.

## Urlaub auf dem Bauernhof

**69434 Eberbach-Brombach:** *Familie Seib,* Im Oberdorf 1, ✆ 06272/2104. 2 FW für 2 und für 4 Personen, 40 und 45 DM pro Tag. Tierhaltung, Reitmöglichkeit.

## Ferienwohnungen

**69412 Eberbach:** *K. Münch-Will,* Friedrichsdorf, Oberer Fahrbachweg 3, ✆ 06276/355. 1 FW für 4 Personen, Tal am Waldrand, Bach,

Grillplatz, Schafe und Hühner, Spinnkurse. 45 DM pro Tag.
*Hermine Kainz,* Friedrichsdorf, Zährunger Str. 27a, Vermietung Neckarstr. 33, ✆ 06271/2569. 1 FH für bis zu 5 Personen, am Wald gelegen, Terrasse, Grillplatz. 55 DM pro Tag für 2, jede weitere Person 10 DM.
*Dr. Elisabeth Eichner,* Alte Dielbacher Str. 64, ✆ 06271/4141. 1 FH für 4 Personen am Holderbach, 15 Minuten zu Fuß zum Zentrum, idyllische Waldlage. 1. Tag 130 DM, jeder weitere Tag 80 DM. 1 FW für 4 Personen, Spielhof für Kinder, Freisitze, 100 DM der erste Tag, jeder weitere Tag 60 DM.
*Haus Bohemia,* Brunhild Nowotny, Ludwig-Uhland-Str. 9, ✆ 06276/4832. 1 FW für 5 Pers., 95 DM der erste Tag, jeder weitere 55 DM. Ruhige Waldrandlage.
*Ferienhaus J. Helm,* Waldstr. 5, ✆ 1550, 5571. Kleines FH für 4 Personen am Waldrand, 10 Minuten zum Zentrum. 1. Tag 80 DM, danach 50 DM.

**69151 Neckargemünd:** *Iris Jammernegg,* Ränkelweg 8, Ortsteil Dilsberg, ✆ 06223/6869. 1 FW für 2 – 7 Personen, 2 Schlafzimmer, Kinderbett und Wickelkommode vorhanden, Garten und Terrasse. 50 DM pro Tag für 2 Personen, jede weitere Person 20 DM, Kinder 10 DM pro Tag.

*Elke Waldhauser,* Kirchstr. 7, Ortsteil Mückenloch, ℂ &, Fax 06223/71536. 1 FW für 2 – 5 Personen, 55 DM pro Tag für 2 Personen, jede weitere 10 DM. Eigener Eingang, ebenerdig, Kinderermäßigung.

*J. Fuchs,* Hofwiesen 9, Mückenloch, ℂ 06262/3675. Freistehender Bungalow für 4 Personen, 160 DM am ersten Tag, jeder weitere Tag 80 DM.

## Jugendzeltplatz
### 69239 Neckarsteinach:

*Jugendzeltplatz Kreuzschlag,* etwa 6 km am Wanderparkplatz Kreuzschlag. Umgeben von Wald und Feld 450 m hoch gelegen. Toiletten, 3 Feuerstellen mit Grillrost, Lagerfeuerplatz. Kein Strom, Holzhaus mit WC, Waschgelegenheiten im Freien. Für 150 – 200 Personen. Info und Anmeldung: Stadtverwaltung Neckarsteinach, Postfach 1108, ℂ 06229/313. Platzwart Heinrich Rehberger, Langenthaler Str. 2, Grein, ℂ 06229/2230. Gebühr pro Person 3,50 DM, Kaution 100 DM.

### 74934 Reichartshausen,

Anmeldung Bürgermeisteramt Reichartshausen, ℂ 06262/6329. Große Wiese, schön gelegen am Waldrand. Feuerstelle, Sitzgruppen. Großer Schlafraum (Schlafsack und Unterlage mitbringen, nicht beheizt) zu mieten, kleine Küche, sanitäre Anlagen. Selbstverpflegung oder voller Service durch eine Metzgerei im Ort möglich. *Metzgerei Baumgärtner,* Hauptstraße 20, 74934 Reichartshausen, ℂ 06262/1661, Fax 3816.

## Campingplätze
### 69412 Eberbach:

ℂ 06271/1071. Am Neckar gegenüber der historischen Altstadt gelegen. Erw. 7, Kinder 5 DM, Zelt 10 DM. Frei- und Hallenbad sowie Sportanlagen in unmittelbarer Nähe. Sehr sonnig. Minigolf, Spielplatz, Restaurant.

### 69430 Hirschhorn : *Odenwald Camping,* Pächter André/Süßmann, ℂ 06272/809, Fax 1369. Anfang April bis Mitte Oktober. Erw. 7 DM, Kinder 5, Zelt 12 DM. Mietcaravan pro Tag 48 DM. Behindertengerechte Sanitäranlagen. Imbiß-Gaststätte, Einkaufsmarkt, Spielplatz, beheiztes Freibad,

Sauna, Minigolf, Tennis, Babywickelraum. Ungefähr 1,5 km von Hirschhorn in einem Seitental des Neckars am Ulfenbach.

### 69151 Neckargemünd:

*Haide,* Ziegelhäuser Str., ℂ 06223/2111. Eigentümerin Renate Fitzner. Ostern bis Ende Oktober. Direkt am Neckar. Selbstbedienungsladen, Gaststätte, großer Aufenthaltsraum mit Kochstellen. 200 Stellplätze, Blockhäuser mit 160 Betten. Jugendzeltplatz mit Matratzenlager für 25 und 45 Personen. Preise auf Anfrage.

*Unterm Dilsberg,* Ortsteil Dilsberg, gegenüber von Neckarsteinach am südlichen Ufer des Neckars, direkt am Fluß. Eigentümer Fam. von Warsberg. ℂ 06223/72585, 1. April – 30. Sept. Erw. 7 DM, Stellplatz 10 DM. Dieser Platz liegt sehr schön, denn an ihm führen weder Hauptstraße noch Eisenbahnlinie vorbei, wie es sonst im Neckartal oft der Fall ist. Im Sommer fährt eine kleine Fähre. Ganz in der Nähe sind die Feste Dilsberg und das Freibad Neckargemünd. Strandcafé, Kiosk mit Lebensmitteln.

# EINKAUFEN AUF DEM BAUERNHOF

*Auf einem Bauernhof einzukaufen, macht nicht nur Kindern mehr Spaß als im Supermarkt an der Kasse zu stehen. Fast auf allen Höfen dürfen Kinder gerne mal in die Ställe schauen, oft auch die Tiere streicheln. Die Eier stammen meist von freilaufenden Hühnern, Fleisch und Wurst aus eigener Schlachtung. Viele Betriebe bauen ihr Getreide und Gemüse biologisch-dynamisch an. Stehen keine Öffnungszeiten bei den Adressen, bitte vorher anrufen.*

## Darmstadt & das Ried

**Bei Darmstadt:** *Eichwaldhof,* Familie Förster, Brandschneise 3, 64295 Darmstadt-Griesheim, ℰ 06155/ 2309. Hofladen Mo 16.30 – 18 Uhr, Di 9 – 12 und 16.30 – 18 Uhr, Mi/Fr 9 – 12 und 14.30 – 18 Uhr, Sa 6.60 – 12 Uhr. Milch, Käse, Brot, Rindfleisch, Lamm, Gemüse, zeitweise Geflügel. Biologisch-dynamischer Anbau, Demeter.

**64372 Ober-Ramstadt:** *Schloßmühle,* Darmstädter Str. 112, ℰ 06154/2061, Fax 2689. Von Darmstadt nach Ober-Ramstadt, am Ortsende rechts Richtung Modautal, noch etwa 1,5 km. Mehl und Schrot, Mo – Fr 7 – 16 Uhr. An Pfingsten Tag der offenen Tür, dann könnt ihr zuschauen, wie aus Getreide Mehl gemacht wird. Die Schloßmühle gibt es schon seit 1839. Die Mühle arbeitet mit Landwirten aus der Region zusammen, die alle der *Arbeitsgemeinschaft Qualitätsgetreide Südhessen e.V.* angehören und ihr Getreide nach den Richtlinien des integrierten Pflanzenbaus anbauen.

## Die Bergstraße

**64404 Bickenbach:** *Imkerei Schemel,* Schulzengasse 1, ℰ 06257/ 62379. Nach Absprache ab 17 Uhr. Viele Honigsorten und andere Bienenprodukte.

**69469 Weinheim-Waid:** *Familie Großhans,* Waidallee 71, ℰ 06201/52886. Mo – Fr 9 – 19, Sa 9 – 13 Uhr. Hier gibt es Gemüse und Obst aus eigenem Anbau, je nach Saison. Außerdem Dosenwurst, Wein und Schnaps, Eier und Honig.

## An der Bundesstraße 38

**64395 Brensbach:** *Landwirtschaftsbetrieb Georg Arras,* Bahnhofstr. 10 – 12, 64395 Brensbach/Wersau, ℰ 06161/2067, Fax 8109. Getreide und Gemüseanbau ohne Chemie. Ab Hof Verkauf nach telefonischer Vereinbarung.

*Kohlbacher Hof,* Uwe Böhm, 64395 Brensbach, ℰ 06161/433, Fax 8502. Verschiedene Kartoffelsorten.

*Moorbachhof,* Familie Klinger, Moorbachstr. 11, ℰ 06161/592. Bioland-Betrieb, der Milch, Joghurt, Getreide und Kartoffeln anbietet.

**64407 Fränkisch-Crumbach:** *Crumbacher Bauernlädchen,* Familie Heist, Schleiersbacher Str. 6, ℰ & Fax 06164/ 1862. Geöffnet Mo, Di, Do, Fr 9 – 12 und 15 – 18.30 Uhr, Mi 9 – 12 Uhr, Sa 9 – 14 Uhr.

Wurst und Fleisch aus eigener Schlachtung, Kartoffeln, Eier, Kochkäse, Latwerge. Geschenkkörbe werden nach Wunsch zusammengestellt. Zu diesem Hof gehört außer dem Laden auch die *Gaststätte Bauernstube,* Mo Ruhetag, Di – Sa ab 17 Uhr, So ab 11 Uhr geöffnet.

**64846 Klein-Zimmern, bei Dieburg:** *Obstbau Geibel,* Brünnchenweg 12, ℘ 06071/48237. Mo – Fr 8 – 12.30 und 14.30 – 18.30 Uhr, Sa 8 – 13 Uhr. Großer Obstbaubetrieb, jeden Monat sind andere Obstsorten zu bekommen: von Erdbeeren über Kirschen, Stachel- und Johannisbeeren zu Äpfeln, Zwetschgen und Birnen. Marmelade, Obstsäfte, Liköre sowie Gemüse und Eier von anderen Höfen.

**64397 Modautal – Klein-Bieberau:** *Hottenbacher Hof,* ℘ 06167/445. Auf dem Hof ist immer jemand zu erreichen, man kann einfach vorbeikommen. Verkauf von Wurst und Fleisch, die Rinder stehen im Freien auf der Weide. Außerdem Forellen aus eigenen Teichen, sowohl frisch als auch geräuchert. Ab Mitte Dezember kann man hier seinen Weih-

nachtsbaum selbst schlagen.

# Das Mümlingtal

**64732 Bad König:** *Bauernlädchen Georg Kübler,* Ortsteil Ober-Kinzig, Hummetröther Str. 32, ℘ 06163/3294. Schinken und Wurst.

*Biolandbetrieb Hans Schäfer,* Ortsteil Fürstengrund, Fürstengrunder Str. 15, ℘ 06063/3132. Kartoffeln, Getreide, Gemüse, Eier, Brennholz, Weihnachtsbäume.

*Bauernlädchen Wolfgang Nikel,* Ortsteil Fürstengrund, Fürstengrunder Str. 69, ℘ 06063/2920, -811. Wurst, Schinken und Frischfleisch.

**64747 Breuberg:** *Obsthof Schwinn,* Ortsteil Hainstadt, Am Sportplatz, Mainstr. 59, ℘ 06163/4629. Mi 15 – 18.30 Uhr, Fr/Sa 10 – 15 Uhr. Frisches Obst, kontrollierter integrierter Obstanbau.

*Günter Mark,* Brunnenstr. 3, Ortsteil Hainstadt, ℘ 06165/1049. Hausmacher Wurst, Schinken, Weihnachtsbäume.

**64753 Brombachtal:** *Familie Friedrich,* Kirch-Brombach, Sachsen-

häuser Str. 21, ℘ 06063/3516. Geflügel frisch vom Bauernhof, Gänse, Puten, Enten, Hühner.

*Werner Krämer,* Ortsteil Hembach, Dorfstr. 24, ℘ 06063/2396. Eier, Suppenhühner, Hausmacher Wurst.

**64711 Erbach:** *Odenwälder Bauernstube,* Marbachstr. 16, 64711 Erbach-Haisterbach, ℘ 06062/3141. Brot, Kochkäse, Butter, Marmelade, Honig, Eier, Wurst und Schinken, Rindfleisch von der eigenen Angusherde, Schweinefleisch u.m.

**64823 Groß-Umstadt:** *Familie Weber,* Im Eck 4, Ortsteil Heubach, ℘ 06078/911521, Fax 9111524. Öffnungszeiten nach Vereinbarung, sonntags kein Verkauf. Äpfel, frischer Most, Honig. Nüsse, Hausmacher Wurst, Milch, Eier.

*Das Mühlenlädchen,* Haxenmühle, Bernd Hax, Höchster Str. 15 AG, ℘ 06078/72085, Fax 75265. Öffnungszeiten nach Vereinbarung. Rind- und Schweinefleisch, Hausmacher Wurst. An Himmelfahrt Hoffest, am 1. Mai Maifeier.

*Schöllkopfhof,* Rainer Däschner, Schöllkopf 61, ℘ 06078/72810. Mi/Fr 9 – 18 Uhr, Sa 9 – 12.30 Uhr. Fleisch und Wurst, Geflügel, Obst, Gemüse.

**64739 Höchst im Odenwald:** *Imkerei,* Willi Georg Schüler, Hassenröther Str. 9, Hummetroth, ℡ 06163/4423.

**64728 Michelstadt:** *Obsthof Löw,* Ortsteil Weiten-Gesäß, An den Hauswiesen 8, ℡ 06061/5118, Fax 12107. Verschiedene Obst- und Apfelsorten, Süßmost, Apfelwein, Obstschnäpse, Hausmacher Wurst.

*Hohenloher Hof,* Ortsteil Rehbach, Lg.-Brombacher Str. 1, ℡ 06061/2321, Fax 71560. Wurst und Schinken, Kräuterliköre, Kuchen.

*Familie Weyrich,* Ortsteil Vielbrunn, Bremhof 6, ℡ 06066/487. Fleisch und Wurst von Rind und Schwein sowie Obst. Auf Vorbestellung können Gänse, Puten und Enten gekauft werden.

**64853 Otzberg:** *Neuwiesenhof,* Otto Storck, Ortsteil Lengfeld, ℡ & Fax 06162/73212. Mo – Fr 9 – 12.30 Uhr und 15 – 18 Uhr, Sa 8 – 13 Uhr, Mittwoch nachmittag geschlossen. Obst, Gemüse, Salat.

*Hofgut Habitzheim,* Hofgutladen im Ortsteil Habitzheim, Schloßgasse 7. Werktags 9 – 18 Uhr.

# An Main, Mud & Elz

**63897 Miltenberg:** *Gerda Eck,* Mainbullau 47, ℡ 09371/7931. Verkauf von Buchweizen, Apfelsaft und Wein.

*Ulrich Frey,* Monbrunn 9, ℡ 09371/66368. Rindfleisch, Gemüse, Getreide, Geflügel und Eier, Obst und Beeren, Kartoffeln, Brennholz.

**63785 Obernburg:** *Knecht KG Getreidemühle,* Ortsteil Eisenbach, ℡ 06022/31200, Fax 38276. Demeter und Bioland Getreide-Erzeugnisse im Kleinverkauf. Mo – Fr 8 – 12 und 13 – 17 Uhr, Sa 8 – 12.

# Mannheim & Heidelberg

**Bei Mannheim:** *Hans Koch,* Bahnhofstr. 50, 68535 Edingen, ℡ 06203/85715. Geöffnet Mo, Di, Do 9 – 13 und 15 – 18 Uhr, Mi nur vormittags, Sa 9 – 13 Uhr. Am Wochenende frisches Fleisch. Eigene Schlachtung. Wurst und Schinken, Eier, Kartoffeln, Obst nach Saison.

**Bei Heidelberg:** *Abtei Neuburg,* Stiftweg 2, 69118 Heidelberg, ℡ 06221/895145. Mo – Fr 9 – 19, Sa 9 – 16 Uhr. Gegenüber von Heidelberg am nördlichen Neckarufer. Das Kloster kann nicht besichtigt werden, lediglich den Vorhof dürft ihr betreten, dort gibt es eine kleine Aussichtsplattform, von der ihr auf den Neckar schaut. Von der Reichsabtei Lorsch wurde Stift Neuburg 1130 gegründet, und 1927 zogen in das Stift wieder Benediktiner ein. Heute betreiben die Mönche eine Gärtnerei, eine Forellenzucht und einen Bioladen. An der Klosterpforte verkaufen sie Milch, außerdem Do und Fr 17 – 18 Uhr frische und geräucherte Forellen (14 bzw. 24 DM pro Kilo). Forellen kann man unter ℡ 06221/895-0 vorbestellen. Die Gärtnerei und der Bioladen liegen um die Ecke (ausgeschildert), ein kleiner Parkplatz gegenüber von Laden. Qualitätvolle Ware zu entsprechenden Preisen. Viel Demeter, auch Baby- und Kindernahrung, Brot, Käse, Wurst, Wein, Säfte, Bio-Reinigungsmittel und vieles mehr.

**SERVICE & UNTERKÜNFTE**

# GRILLHÜTTEN

*Bereits bei den Ausflügen habe ich zahlreiche Grill- und Feuerstellen genannt. Oft führen Wanderungen an diese Plätze. Nach einer vom Verlag in einem Kindergarten durchgeführten Umfrage, lieben Kinder es direkt nach »Badengehen« am meisten, zu picknicken, auf einer Wiese oder Waldlichtung zu grillen und sich dort im Spiel ungestört verlieren zu können. Wenn das so stimmt, dann ist der Odenwald ja ein sehr kinderfreundliches Gebiet!*

## Darmstadt & das Ried

**Darmstadt:** *Anlage Birkenwasser,* Grill- und Spielplatz. Beim Böllenfalltor, an der Straße Richtung Nieder-Ramstadt der Ausschilderung zum Parkplatz Fußballstadion folgen (Böllenfalltorweg). Nach etwa 80 m Schild »Ristorante Vittorio«, rechts ab zu dieser Gaststätte im Schützenheim. Davor Parkplatz, direkt dahinter

befindet sich der Grill- und Spielplatz. An 8 Tischen haben mindestens 50 Personen Platz, auf der Wiese stehen Spielgeräte. Ein guter Platz, um einen Kindergeburtstag zu feiern. Anmeldung beim Gartenamt unter ✆ 06151/132909.

**68647 Biblis:** *Grillhütte an der Pfaffenau* im Sportzentrum, großer Parkplatz. Zwei Grillroste, für etwa 100 Personen. 25 DM Gebühr, 75 DM Kaution. Toilette, Wasseranschluß, Grillhütte kann durch Zelt erweitert werden. Anmeldung und Infos beim Ordnungsamt der Gemeinde Biblis, ✆ 06245/2835.

**68642 Bürstadt:** *Grillhütte im Erholungsbereich Riedforsten,* an der Straße zum Wasserwerk und zum Boxheimerhof, Parkplatz 300 m entfernt. Hütte mit zwei Standgrills, Toiletten,Wasseranschluß, Müllcontainer. Gebühr 25 DM, Kaution 25 DM. Anmeldung und Infos bei der Stadtverwaltung Bürstadt, ✆ 06206/701232.

**68623 Lampertheim:** *Ortsteil Hofheim.* Ortseingang Hofheim aus Richtung Wehrzollhaus an der L 3261. Hütte mit gemauertem Grill, für etwa 50 Personen.

55 DM inklusive 5 DM Strom, 50 DM Kaution. Anmeldung und Infos bei der Stadtverwaltung Lampertheim, Außenstelle Hofheim, ✆ 06241/80011.

*Ortsteil Neuschloß.* Zufahrt über Alter Lorscher Weg, etwa 1 km ab Neuschloß. Hütte mit gemauertem Grill, für etwa 50 Personen. 50 DM, 20 DM Kaution. Toilette, Wasseranschluß, Müllcontainer. Anmeldung und Infos bei der Stadtverwaltung Lampertheim, ✆ 06206/935212.

## Die Bergstraße

**64625 Bensheim:** *Grillanlage Wambolter Sand,* Anfahrt über die Schönberger Str. in Auerbach oder die Nibelungenstraße in Bensheim-Schönberg. Hütte mit gemauertem Grill, Spielplatz, Toiletten, Strom, Wasseranschluß. Pro Tag 40 DM, Kaution 100 DM. Anmeldung und Infos bei Axel Schmidt, Gronauer Str. 67, Bensheim-Zell, ✆ 06251/3054.

*Grillplatz am Eckturm.* Anfahrt über den verlängerten Röderweg, nur für jeweils zwei Pkw erlaubt. Grill muß mitgebracht werden, Unterstellmöglichkeiten im Turmgebäude. Trockentoilette, keine Gebühr. Anmeldung und Infos bei der Stadtverwaltung Bensheim, ✆ 06251/14141.

**64646 Heppenheim:** *Stadtteil Ober-Hambach.* In der Nähe des Ortes, am Parkplatz Goldbrunnen. Hütte mit gemauertem Grill für 40 Personen, Lagerfeuer erlaubt. 50 DM Gebühr, 50 DM Kaution, 10 DM Müllabfuhr. Toiletten, Wasseranschluß, Müllcontainer. Anmeldung und Infos bei Friedel Schmitt, Paul-Geheeb-Str. 45 a, Ober-Hambach, ✆ 06252/75553.

**64653 Lorsch:** *Freizeitanlage Sachsenbuckel,* in Lorsch ausgeschildert, Parkplätze an der Anlage. Schutzhütte mit gemauertem Grill für 30 Personen. Einheimische 40 DM, Auswärtige 60 DM, 100 DM Kaution, Strom extra, 30 DM für Endabnahme und Übergabe. Strom, Wasseranschluß, Toiletten. Anmeldung und Infos bei der Stadtverwaltung Lorsch, ✆ 06251/596751.

**68519 Viernheim:** *Grillhütte Am Bonanzaplatz,* Ortsausgang Lorscher Straße. Schutzhütte mit Ti-

schen und Bänken für 25 Personen, vier Grillstellen, in der Nähe Abenteuerspielplatz und Badminton-Anlage. Anmeldung und Infos bei der Stadtverwaltung Viernheim, ✆ 06204/988240.

*Grillhaus Sandhöfer Weg,* in der Freizeitanlage »Sportgebiet West«. Haus mit etwa 80 Plätzen, Strom, Wasseranschluß, Toiletten, Müllcontainer. 170 DM Gebühr, 500 DM Kaution. Anmeldung und Infos bei der Stadtverwaltung Viernheim ✆ 06204/988240.

## An der Bundesstraße 38

**69518 Abtsteinach:** *Grillanlage Steinachquelle,* von der Ortsmitte Ober-Absteinach in Richtung Mackenheim etwa 800 m, Parken auf dem angrenzenden Naturpark-Parkplatz. Blockhaus mit gemauertem Grill, für 40 – 50 Personen, Schwenkgrill im Freien. Gebühr 50 DM für Einheimische, Auswärtige 100 DM, 200 DM Kaution. Einheimische Schulen und Kindergärten gebührenfrei. Toiletten, Strom, Wasseranschluß. Anmeldung und Infos bei der Gemeinde

Abtsteinach, ✆ 06207/94070.

**64395 Brensbach:** *Grillplatz In der Kehl,* für 150 Personen, große Freifläche. Anmeldung und Infos bei der Gemeinde, Ezyer Str. 5, ✆ 0616/8090.

**64407 Fränkisch-Crumbach:** *Grillhütte am Hochbehälter.* Anmeldung und Infos bei der Gemeinde Fränkisch-Crumbach, Frau Heß, Rodensteiner Str. 8, ✆ 06164/930320.

**64658 Fürth:** *Grillhütte im Altlechterner Tal,* von der Ortsmitte Fürth in Richtung Steinbach nach Altlechtern, etwa 2 km, Parkplatz am Scheppel. Blockhaus mit gemauertem Grill, für 40 Personen, Lagerfeuer erlaubt. 50 DM Gebühr. Toiletten, Wasseranschluß, Müllcontainer. Anmeldung und Infos bei Georg Regner, Waldgaststätte Altlechtern, ✆ 06253/3150.

*Grillplatz im Ortsteil Weschnitz,* Hammelbacher Straße (L 3340), Höhe Haus Nr. 15. Blockhaus mit Tisch und Schwenkgrill, etwa 60 Personen. Gebühr Erw. 2 DM, Kinder 1 DM. Toiletten, Wasseranschluß, Strom, Kühlgerät, Mülltonne, 10 Biertischgarnituren vorhanden. Anmeldung und Infos bei Hans Tippmann, Ham-

melbacher Str. 15,
✆ 06253/4382.

**64689 Grasellenbach:**
*Grillhütte In der Strieth,*
Zufahrt über Güttersbacher Straße zum Parkplatz Strieht. Holzhaus mit gemauertem Grill für ungefähr 60 Personen. Gebühr zwischen 10 und 60 DM je nach Anzahl der Personen. Anmeldung und Infos bei Herrn Schad,
✆ 06207/7697.

*Grillhütte an der Weschnitzquelle,* im Ortsteil Hammelbach, etwa 300 m vom Ort entfernt. Massive Hütte mit rustikalem Holzgebälk, gemauerte Grillstelle mit Rost. Gebühr 70 DM, 150 DM Kaution. Toilettenanlage, Stromgenerator und Gläser können gemietet werden. Anmeldung und Infos bei Familie Oechler, Gasse 10,
✆ 06253/940940, Fax 940944.

**64686 Lautertal:** *Ortsteil Reichenbach,* am Fuße des Hohensteins, Richtung Kletterfelsen, ausgeschildert. Holzzelt für etwa 15 Pers. und Grillplatz mit Bänken und Tischen für ca. 40 Personen. Gebühr 30 DM. Anmeldung und Infos bei Albrecht Kaffenberger, ✆ 06254/ 1247.
*Ortsteil Elmshausen,* im Naherholungsgebiet Striethteich, im Ort

ausgeschildert. Grillplatz mit Bänken und Tischen für etwa 30 Personen, nicht überdacht, Schutzhütte. Anmeldung und Infos bei Wilhelm Hartmann,
✆ 06251/2511.

**64678 Lindenfels:** *Grillanlage im Buchwald,* 600 m vom Naturpark-Parkplatz Sauwaad an der B 47. Hütte mit gemauertem Grill, Außenanlage mit Bänken und Tischen unter einer Pergola, kann mit Plane überdacht werden. Bis 10 Personen 20 DM, jede weitere Person 2 DM, große Gruppen pauschal 80 DM, 200 DM Kaution. Trockentoilette, Wasseranschluß, Müllcontainer. Anmeldung und Infos bei Adam Unger, ✆ 06255/1623 oder 2520.
*Ortsteil Schlierbach,* am Briefelbach, Weg von Schlierbach Richtung Seidenbuch etwa 800 m. Schutzhütte für ungefähr 25 Personen, Schwenkgrill im Freien. 10 DM Mindestgebühr, 1 DM pro Person, 10 DM Kaution für Grillrost. Anmeldung und Infos bei Emil Baldauf, Waldstr. 6, Schlierbach, ✆ 06255/2424.

**69509 Mörlenbach:** *Grillanlage Kieselhöhe,* Richtung Weiher, Nähe Rückhaltebecken an

der L 3120, Zufahrt über Ortsmitte auf der B 38. Steinhaus für 60 Pers., mit großem gemauertem Grill und Schwenkgrill im Freien, Lagerfeuer erlaubt. Strom, Wasseranschluß, Toiletten. Gebühr auf Anfrage. Anmeldung und Infos bei der Gemeinde Mörlenbach ✆ 06209/80816.
*Ortsteil Ober-Mumbach,* am Sportplatz und Bürgerhaus. Steinhaus mit gemauertem Grill für etwa 60 Personen, Schwenkgrill im Freien, Kamin. Wasseranschluß, Toiletten, Strom. Gebühr pro Person 1,50 DM plus 30 Pfennig Pauschale für Strom, Wasser und Toiletten. Anmeldung und Infos bei SKG Ober-Mumbach, Frau Schütz,
✆ 06209/3128.

**64385 Reichelsheim:**
*Grillplatz Am Schloßberg* am Feuerwehrgerätehaus, Anmeldung und Infos bei der Gemeinde Reichelsheim, Bismarckstr. 43,
✆ 06164/50819.

**64759 Sensbachtal:** *Grillhütte auf dem Hannmichelsbuckel,* Anmeldung und Infos bei der Gemeinde Sensbachtal, Hauptstr. 32,
✆ 06068/1392.

**64668 Rimbach:** *Am Hoppershof,* in Ortsnähe. Blockhaus für 40 Personen mit elektrischer Ausstattung, 2 gemauerte Grillstellen im Freien. 1 DM pro Person, 50 DM Kaution. Toiletten. Anmeldung und Infos bei der Gemeinde Rimbach, ℘ 06253/8090.

**69483 Wald-Michelbach:** *Am Großen Stein* in Ortsnähe, Parkplatz Coronet. Zufahrt über Straße Am Wetzel. Offene Schutzhütte für etwa 40 Personen, Grill im Freien. Gebühr 20 DM, Kaution 50 DM. Wasseranschluß. Anmeldung und Infos bei der Gemeinde Wald-Michelbach, ℘ 06207/947135.

*Ortsteil Schönmattenwag,* Grillplatz mit Hütte für 50 – 60 Personen, vom Ortsausgang Ober-Schönmattenwag Richtung Raubach. 30 DM Gebühr. Anmeldung und Infos bei Wilhelm Knopf, Siedelsbrunner Weg 5, Ober-Schönmattenwag, ℘ 06207/5433.

*Ortsteil Kocherbach,* Richtung Tromm, Grillhütte für 15 Pers., Schwenkgrill im Freien, mit Blick ins Tal. 35 DM Gebühr. Wassertretbecken. Anmeldung und Infos bei Georg Werner, Am Kocherbach 13, ℘ 06207/5833.

# Das Mümlingtal

**Breuberg:** *Ortsteil Hainstadt*: am Klettersteig zwischen Hainstadt und Wald-Amorbach Parkplatz mit Grilleinrichtung, ohne Anmeldung benutzbar.
*Ortsteil Neustadt*: Grillplatz und Schutzhütte am Galgen, ohne Anmeldung.

**64743 Beerfelden:** *Liederbach* an der Straße von Beerfelden nach Airlenbach. Anmeldung bei Herrn Klüber, Mümlingtalstr. 75, 64743 Beerfelden, ℘ 06068/666.

**64739 Höchst im Odenwald:** *Grillhütte in Pfirschbach,* Anmeldung und Infos bei Per Friedrich, Pfirschbacher Str. 43, Höchst-Pfirschbach, ℘ 06163/3910.

**64720 Michelstadt:** Grillhütte *Geyersmühle* im Ohrnbachtal, Stadt Michelstadt, Außenstelle Vielbrunn, Limesstraße, Michelstadt-Vielbrunn, ℘ 06066/641.

**64756 Mossautal:** Am Ende der *Ihrigstraße* in Unter-Mossau. Anmeldung und Infos bei der Gemeinde Mossautal, Unter-Mossau, Ortstr. 124, ℘ 06062/4019.

An der *Freizeitanlage Hiltersklingen,* Anmeldung und Infos bei Wilhelm Bechtold, Hiltersklingen, Ringstr. 37, ℘ 06062/940513, 94050.

# An Main, Mud & Elz

**63785 Obernburg:** *Grillplatz im Stadtteil Eisenach,* 20 DM pro Tag. Reservierung bei der Stadtverwaltung Obernburg, ℘ 06022/61910.

**63916 Amorbach:** *Grillplatz Albertanlage* am Philosophenweg, Infos und Buchung beim Städtischen Verkehrsamt, Altes Rathaus, ℘ 09373/20940, -41. Fax 20933.

**74731 Walldürn:** *Grillanlage im Marsbachtal,* Auskunft bei Willi Schmitt, Miltenberger Str. 35, 74731 Walldürn, ℘ 06282/8480.

## WIE DIE KINDER FRÜHER FEIERTEN

*Früher wurden im Odenwald, an der Bergstraße oder im Ried viele Festtage nach alter Sitte, mit vielen Ritualen begangen. Manche Traditionen sind Hunderte von Jahren alt. Auch wenn uns heute vieles unsinnig oder wie Aberglauben erscheint, so hat es doch bestimmt den Leuten viel Spaß gemacht. Und gerade für die Kinder waren die Festtage mit ihren spannenden und lustigen Gebräuchen sehr aufregend. In manchen Orten wird noch heute der ein oder andere Feiertag auf traditionelle Weise begangen.*

### Peterstag

Einst feierte man am **22. Februar den Frühlingsbeginn,** dieser Tag hieß Peterstag. Die Kinder warteten auf das Läuten der Glocken, dann liefen sie auf die Wiesen, wo sie Purzelbäume schlugen und Bälle in die Luft warfen. Man glaubte damals, daß sie dann das ganze Jahr hindurch gesund blieben. Danach zogen die Kinder lärmend durch die Dörfer, sie machten dabei mit allem Krach, was ihnen in die Hände fiel, zum Beispiel mit Gießkannen oder Sensen. Jeden Bauernhof umkreisten sie dreimal und sagten dabei bestimmte Sprüche auf. Das sollte die Höfe vor Unglück schützen. Zur Belohnung bekamen die Kinder Nüsse und Naschzeug.

### Fastnacht

Besonders ausgiebig wurde im **Februar** die Fastnacht gefeiert, mit Masken und wilden Verkleidungen. Im Odenwald gehörten auch große Feuer dazu, an denen Fackeln aus Eichenholzstöcken entzündet wurden. Kinder und Erwachsene tanzten um die Feuerstellen. Außerdem bauten viele Dörfer riesige Feuerräder, brennende Walzen aus Stroh, deren Kern aus einem Wagenrad oder einem runden Korb bestand. Diese Fastnachtsräder wurden an langen Stangen zu Tal gerollt.

### Ostern

Am **Ostersonntag** zogen früher die Bewohner der Dörfer auf eine Anhöhe, um den Sonnenaufgang zu beobachten. Man glaubte, die Ostersonne tanze, weil sie den Winter überwunden habe. Große Osterfeuer wurden entzündet.

Von Hühnereiern, die am **Gründonnerstag** gelegt wurden, glaubte man, daß sie Kranke heilen, Glück bringen und Streit verhindern könnten. Wenn die Kinder solche Eier aßen, bekamen sie angeblich keinen Kropf.

*Ein Kropf ist, wenn der Hals vorne ganz dick anschwillt. Meist ist die Schilddrüse daran Schuld. Hühnereier helfen zwar nicht dagegen, aber für die oft mangelernährten Kinder in früheren Zeiten, waren sie allemal gesund. Denn Eier enthalten Vitamine, Mineralstoffe und andere wichtige Elemente.*

Nicht überall glaubten die Kinder, daß der **Osterhase** die Eier bringe. In manchen Orten war es ein Fuchs, ein Eichhörnchen, ein Kranich oder ein Kuckuck.

Im Odenwald wurden die **Ostereier** früher außerdem nicht in Nester, sondern in kleine Mooshütten gelegt. Die Jungen eines Dorfes bauten vor Ostern zusammen einen sogenannten Hasenwagen, eine Art Schlitten, auf dem sie ganz viel Moos aus dem Wald holten. Daraus wurden Häuschen gebaut, in denen die Erwachsenen die Eier versteckten. Hatten die Kinder schließlich ihre Eier in den Mooshütten gefunden, wurden diese nicht gleich verspeist, sondern gemeinsam **Eierspiele** veranstaltet. Es ging darum, wer die Eier am höchsten und am weitesten werfen oder auf einer Wiese rollen konnte. Die geschicktesten Kinder bekamen die meisten Eier.

*Vielleicht haben sich die Leute am Neckar die Sache mit dem eieraustragenden Hasen als erste ausgedacht. Als im späten Mittelalter von den Landesherren die Hasenjagd zu Ostern erlaubt wurde, hat man aus Scherz die Ostereierspiele mit den Hasen verknüpft.*

## Pfingsten

In jedem Dorf gab es früher einen großen **Brunnen,** meist in der Mitte des Ortes, aus dem Menschen und Vieh das lebensnotwendige Naß bezogen. An Pfingsten mußten die Brunnen gereinigt werden. Die jungen Männer eines Dorfes erledigten diese Arbeit, indem sie in die tiefen Schächte hinabgelassen wurden und allen reingefallenen Dreck und Unrat hochholten. Und weil dies eine dreckige und anstrengende Arbeit war, schmückten sie anschließend die Brunnen mit Kränzen aus Moos und Birkenbäumchen und feierten ausgelassen mit Spielen und Mutproben. In manchen Orten ritt man auf Pferden um das Gebiet der Gemeinde.

## Kirchweih

Jedes Dorf feierte einmal jährlich Kirchweih oder Kerb. Es war eines der größten Feste des Jahres, mit einem bunten **Jahrmarkt,** und ging über mehrere Tage. Noch heute wird in den meisten Odenwaldgemeinden Kirchweih gefeiert, mit Bierzelt und Vergnügungsbuden. Früher war das Fest aber noch mit vielen Gebräuchen verbunden. Die Kerb, dargestellt durch eine Puppe, einen Kranz oder einen Strauß, wurde symbolisch gesucht und ausgegraben. Besonders die jungen Frauen und Männer eines Dorfes beteiligten sich, verkleidet und maskiert, an der Suche. Die Gelegenheit, sich unauffällig seinem Schwarm zu nähern! War die Kerb gefunden, gab es einen Umzug, an dem wilde Gestalten teilnahmen, darunter Spukgeister, ein bekränzter Bock und sogar der Teufel. Dann hielt der Pfarrer in der Kirche die »Kerwepredigt«, ein großer Kranz wurde aufgehängt und das Feiern begann. Am Montag nach der Kirchweih wurde die Kerb dann wieder beerdigt.

## Neujahrstag

In manchen Orten des Odenwaldes gehen die Kinder noch heute am **ersten Tag des neuen Jahres** von Haus zu Haus und singen ein Lied oder sagen Gedichte auf. Dafür bekommen sie eine Brezel, heutzutage auch oft Geld.

## Dreikönigstag

Am **6. Januar** könnt ihr in ländlichen Gegenden die **Sternsinger** von Haus zu Haus ziehen sehen. Sie tragen oft einen großen Stern mit sich und singen oder spielen vor jedem Haus etwas vor, daher der Name. Sie sind als die Heiligen Drei Könige, Kaspar, Melchior und Balthasar, verkleidet und segnen die Häuser. Als Lohn bekommen sie Naschzeug und Mandarinen.

## VERANSTALTUNGS-KALENDER

Zu den Orten, Museen und Veranstaltungen siehe jeweils (übers Register) vor Ort. Weihnachtsmärkte ausführlich auf Seite 264.

### Februar (Fastnacht)

**Mitte Februar:** *Fastnachtsmarkt* (Krammarkt) in der Bensheimer Altstadt

**Fastnachts-Sonntag:** *Gänsemarsch* bei der Fasenacht in Buchen.

**Rosenmontag:** *Strohbärentreiben* in Walldürn, *Umzug* in Buchen

**3 Wochen vor Ostern:** *Internationaler Ostereiermarkt* in der Odenwaldhalle in Michelstadt.

**2. Wochenende vor Ostern:** Eröffnung des *Lindenfelser Museums* nach der Winterpause mit Ostermarkt, Sa 12 – 18, So 10 – 18 Uhr.

### März – April (Ostern)

**Gründonnerstag:** *Blumenlichterfest* in Walldürn.

**Ostersonntag:** *Ostermarkt* in Großheubach und Klingenberg.

**Ostermontag:** *Familientag* im Freilandmuseum Walldürn-Gottersdorf.

**Ostern:** *Handwerksvorführungen* im Museum Gruberhof, Groß-Umstadt.

**25./26. April:** *Frühjahrsmarkt* in Amorbach.

**30. April:** *Walpurgisnacht* auf dem Auerbacher Schloß und der Veste Otzberg.

### Mai

**1. Wochenende:** *Frühlingsmarkt* in Lorsch.

**2. Wochenende:** *Frühlingsfest* in Mosbach am Neckar.

**10. Mai:** *Gangolfritt* in Amorbach.

**Mitte Mai:** *Obernburger Apfelblütenfest.*

**3. Sonntag:** *Handwerkertag* im Freilandmuseum Walldürn-Gottersdorf.

**3. Sonntag:** *B 3 autofrei* (Bergstraße).

**3. Wochenende:** *Ritterspiele* auf der Burg Lindenfels.

### Christi Himmelfahrt:

*Altstadtfest* in Erbach.

### Pfingsten

*Bienenmarkt* in Michelstadt, ab Freitag vor Pfingsten, 10 Tage lang, das größte Odenwälder Volksfest mit riesigem Vergnügungspark.

*Ritterturnier* auf dem Schloß Auerbach.

*Tag der offenen Tür* bei der Schloßmühle in 64372 Ober-Ramstadt.

*Aktionstage* im Museum Gruberhof, Groß-Umstadt.

*Wallfahrt* in Walldürn, Sonntag nach Pfingsten.

### Juni

**Anfang Juni:** *Kunsthandwerksmarkt* in Zwingenberg an der Bergstraße.

**Anfang Juni:** *Starkenburg in Flammen*, Heppenheim/Bergstraße.

**Mitte Juni:** *Schloßfest* Alsbach Hähnlein an der Bergstraße.

**3. Sonntag:** *Handwerkertag* im Freilandmuseum Walldürn-Gottersdorf.

**Mitte Juni:** *Bürgerfest* Bensheim.

**Um den 24.:** *Johannisfest* mit Kunsthandwerksmarkt in Lorsch.

**Wochenende nach dem 25. Juni:** *Johannismarkt* in Groß-Umstadt.

**Letztes Juniwochenende:** *Schloßgartenfest* Dieburg.

**Ende Juni:** Heidelberger *Brückenfest.*

## Juli

**Anfang Juli:** *Mosbacher Buchmachermarkt.*

**1. Wochenende:** *Altstadtfest* in Miltenberg am Main. *Reichelsheimer Ponyspiele.*

**1. Samstag:** Großer *Flohmarkt* in der Bensheimer Altstadt.

**2. Wochenende:** *Pferdemarkt* Beerfelden.

**Anfang/Mitte Juli:** *Bachgassenfest* in Bensheim-Auerbach.

**Mitte Juli:** *Altstadtfest* mit Flohmarkt in Zwingenberg/Bergstraße.

**Mitte Juli:** *Altstadtfest* in Ladenburg.

**3. Wochenende:** *Grünkernfest* im Freilandmuseum Walldürn-Gottersdorf.

**Letzte Woche:** Erbacher *Wiesenmarkt.*

**Letztes Wochenende:** *Sommerfestival* der Brauerei Schmucker in Mossautal.

## August

**Anfang August:** *Altstadtfest* in Weinheim.

**1. Wochenende:** *Trachtenfest* auf der Burg Lindenfels, Sa Feuerwerk, So Festzug mit Odenwälder Trachten.

**1. Wochenende:** *Altstadtfest* Obernburg.

**1. Wochenende:** *Mainuferfest* Wörth.

**2. Samstag:** *Open-Air-Rockkonzert* auf der Burg Lindenfels. Ab 15 Uhr. Kinderprogramm, Kleinkünstler, Gaukler.

**3. Sonntag:** *Handwerkertag* im Freilandmuseum Walldürn-Gottersdorf.

**Letzter Sonntag:** *Michaelismesse* in Miltenberg, großes Volksfest, Ende August bis 1. Sonntag im September.

**Letzter Sonntag:** von Freitag bis Dienstag

*Kukucksmarkt* in Eberbach am Neckar, großes Volksfest.

**4. Wochenende:** *Michelsmarkt* in Reichelsheim, großes Volksfest.

## September

**Anfang September:** *Winzerfest* in Groß-Umstadt mit großem Bauernmarkt.

**1. Sonntag:** *Ökomarkt* Lindenfels in der Burgstraße.

**2. Woche:** *Bergsträßer Winzerfest* in Bensheim.

**Mitte September:** *Altstadtfest* in Ladenburg.

**Letztes Wochenende:** *Altstadtfest* in Heidelberg. *Odenwälder Brotmarkt* in Michelstadt.

**Letzter Samstag:** *Tag der offenen Tür* im Museum Bensheim mit vielen Aktionen und Kinderprogramm.

**Im September:** *Kartoffel- und Mosttag* im Freilandmuseum in Walldürn-Gottersdorf.

**Im September:** *Ritterspiele* und historischer

Markt in Hirschhorn am Neckar.

## Oktober
**1. Wochenende:** *Brauchtumstage* im Lindenfelser Museum. Sa 12 – 18, So 10 – 18 Uhr.

**1. Wochenende:** *Kirchweih* in Michelstadt, mit Weinbrunnenfest.

**Anfang Oktober:** *Reichelsheimer Märchen- und Sagentage.*

**1. Sonntag:** *Bauernmarkt* in Bürgstadt.

**2. Wochenende:** *Odenwälder Bauernmarkt* in Erbach.

**2. Wochenende:** *Traditionelles Trauben- und Äpfelkeltern* im Museum Gruberhof, Groß-Umstadt.
*Handwerk und Brauchtum,* Verkaufsmarkt in der Odenwaldhalle in Michelstadt.

**3. Sonntag:** *Apfeltag* in Eberbach am Neckar, alles dreht sich dann um dieses gesunde Obst.

**Im Oktober:** *Michelstädter Herbstmarkt* mit Kunsthandwerk.

**Ende Oktober und Anfang November:** Jeweils an den Wochenenden *Halloween-Fest* auf der Burg Frankenstein: *die* Grusel-Party.

## November/Dezember (Advent)
**27. November – 22. Dezember:** Mi – Fr 14 – 20 Uhr, Sa, So 11.30 – 20 Uhr. *Weihnachtsmarkt* in Michelstadt.

**28. November – 22. Dezember:** *Weihnachtsmarkt* in Heidelberg.

**2. Adventswochenende:** *Weihnachtsmarkt* in Lindenfels.

**2. und 3. Adventswochenende** ist *Weihnachtsmarkt* in Hering.

**Alle 4 Adventwochenenden:** *Weihnachtsmarkt* in der Erbacher Altstadt (Fr 15 – 20, Sa 13 – 20 und So 11 – 20 Uhr) und in Miltenberg (10 – 19 Uhr).

# REGISTER DER ORTE UND SEHENSWÜRDIGKEITEN

Städte, (freistehende) Sehenswürdigkeiten, Bauten
*Natur, Flüsse, Berge etc.*, Haupteinträge **fett**
Generell wurde eher der Städtename als beispielsweise der Name eines Reiterhofes oder
Freibads aufgenommen. Thematische Suche übers Inhaltsverzeichnis. Ziffern ab 280
deuten auf einen Eintrag im Service-Kapitel (Unterkünfte, Bauernhöfe, Grillhütten) hin.

**E**

Eberbach am Neckar **227,**
297, 298, 310, 311
Eberbach-Brombach 297
Eberstadt, Darmstadt- 25,
30, 31, 36
Eberstädter Tropfsteinhöhle
178
Eckbuckel 294
Einhardtsbasilika 121
Eisenbahnmuseum 34
Eissporthallen 269
Elfenbeinmuseum 119,
126, 169, 268
Elmshausen 304
Emmertsgrund 212, 213
Englischer Garten 125,
**131**
Eppelheim 269
Erbach, im Odenwald 64,
**124,** 265, 266, 268, 270,
276, 290, 294, 300, 309,
310, 311
Erbach-Erbuch 290
Erbacher Orangerie 125
Erbacher Schloß 125
Erbuch 290
Eremitenhöhle 68
Erfelden 40
Erholungsanlage Annels-
bacher Tal 114
Erholungsanlage Heinrich-
Schlerf 99
Erholungsanlage Mossau-
tal-Hiltersklingen 138
Erlensee 44
Erzbach 288
Etzean 139
Eulbach 131
Eutersee 140
Exotarium 16
Exotenwald 63

**F**
Fahrenbach 243
Fasanerie Groß-Gerau **37,**
268
Felsberg 53
Felsberg-Museum 53

Felsenmeer 52, 93
Fernmeldeturm 189, 202
Feste Dilsberg **218,** 224
Finkenbach 146
Fischbachtal (V.-Gemeinde
& Tal) **80,** 265, 289
Fischbachtal-Messbach
287
Fischbachtal-Niedern-
hausen 287
Fränkisch-Crumbach **81,**
299, 303
Freibad Bensheim 51
Freibad Heinz-Hunsinger
193
Freibad Herzogenried 192
Freibad Rheinau 193
Freibad Sandhofen 193
Freibad Tiergarten 208
Freilandmuseum **170,**
309, 310, 310
Freizeitanlage Michelbach
259
Freizeitanlage Spießfeld
79
Freizeitschule Villa Kunter-
bunt 94
Freizeitzentrum Augustin
152
Fürstengrund 300
Fürth **97,** 289, 303
Fürth-Erlenbach 96
Fürth-Weschnitz 286

**G**
Galgen 141
Gammelsbach **146,** 293
Gartenhallenbad Neckarau
194
Gaßbachtal 92
Gauangelloch 253
Gäulchesmacher 81, **263**
Geinsheim 38
Gemeindebadesee Biblis
39
Glasbläserei 253
Go in 30
Gottersdorf 170, 295
Grasellenbach **92,** 271,
286, 289, 304

Grasellenbach-Oberschar-
bach 286
Greifvogelwarte 245, 268
Groß-Gerau **37,** 284
Groß-Umstadt **104,** 293,
300, 310
Groß-Umstadt-Dorndiel
290
Groß-Umstadt-Heubach
291
Großes Faß 204
Großheubach 309
Grube Messel 22, **76**
Gruberhof **105,** 309, 311
Gumpen 288
Guntersblum 40
Güttersbach 292
**Gaststätten:**
Alt Lichtenberg 80
Alt-Lechtern 96
Altes Badhaus 228
Am Gossenbrunnen 252
Beuchertsmühle 168
Bistro Du Chateau 104
Bistro Stadtgarten 222
Bullauer Bild 131
Burgschenke
Wachenburg 64
Café am Kloster 59
Café Bauer 93
Café Liebert 118
Café Schloß Reichenberg
85
Café- u. Restaurantschiff
Schloßblick 206
Die Schöne Aussicht 44
Eulenpick 16
Forsthaus Eulbach
133, 136
Forsthaus Kühkopf 40
Galerie-Café BuntStein-
BogenHaus 151
Hasenwäldchen 174
Kirchberghäuschen 47
Kranz 257
Landgasthof Die
Rainbach 219
Lärmfeuer 86, 137
Naturfreundehaus
Zwingenberg

**SERVICE & UNTERKÜNFTE**

REGISTER DER ORTE UND SEHENSWÜRDIGKEITEN **313**

# PERSONEN- UND SACHBEGRIFFE

*Personen kursiv,*
Sachbegriffe und Schlagworte normal gedruckt

**IMPRESSUM**

© 1999 Peter Meyer Reiseführer

Schopenhauerstraße 11,

60316 Frankfurt am Main

http://www.meyer-reisefuehrer.de

Umschlag- und Reihenkonzept, insbesondere
die Kombination von Griffmarken und Schlagwort-
System auf dem Umschlag, sowie Text, Gliederung
und Layout, Karten, Tabellen und Illustrationen
sind urheberrechtlich geschützt.

Druck & Bindung: Tiskarna Optima, Ljubljana

Umschlaggestaltung: Fuhr & Partner, Mainz

Karten: Daniela Mongiat, Timo Gavrides, Peter Meyer

Zeichnungen: Silke Schmidt, Offenbach; Annette Sievers

Lektorat und Gestaltung: Annette Sievers

Bezug über GeoCenter, Stuttgart

ISBN 3-922 057-39-X

# ANFAHRTSPLAN

*mit Lage der nachfolgenden Karten-Schnitte*

**Zeichenerklärung**

- Badesee
- Schwimmbad
- Ruderboote
- Dampferfahrten
- Wintersport
- Rundwanderwege
- Lehrpfad
- Reiten, Kutschfahrten
- Zoo, Tierpark, Wildgehege
- Erlebnis-, Landschaftspark
- Natursehenswürdigkeit
- Sehenswerte Altstadt
- Museum
- Sternwarte
- Bergwerk
- Burg, Schloß, Ruine
- Römer-Ausgrabung
- Aussichtsturm
- Grillplatz
- Ausflugslokal
- Märchenland
- Spielplatz
- Kindertheater
- Autobahn-Nr.
- Bundesstraße
- Aussicht

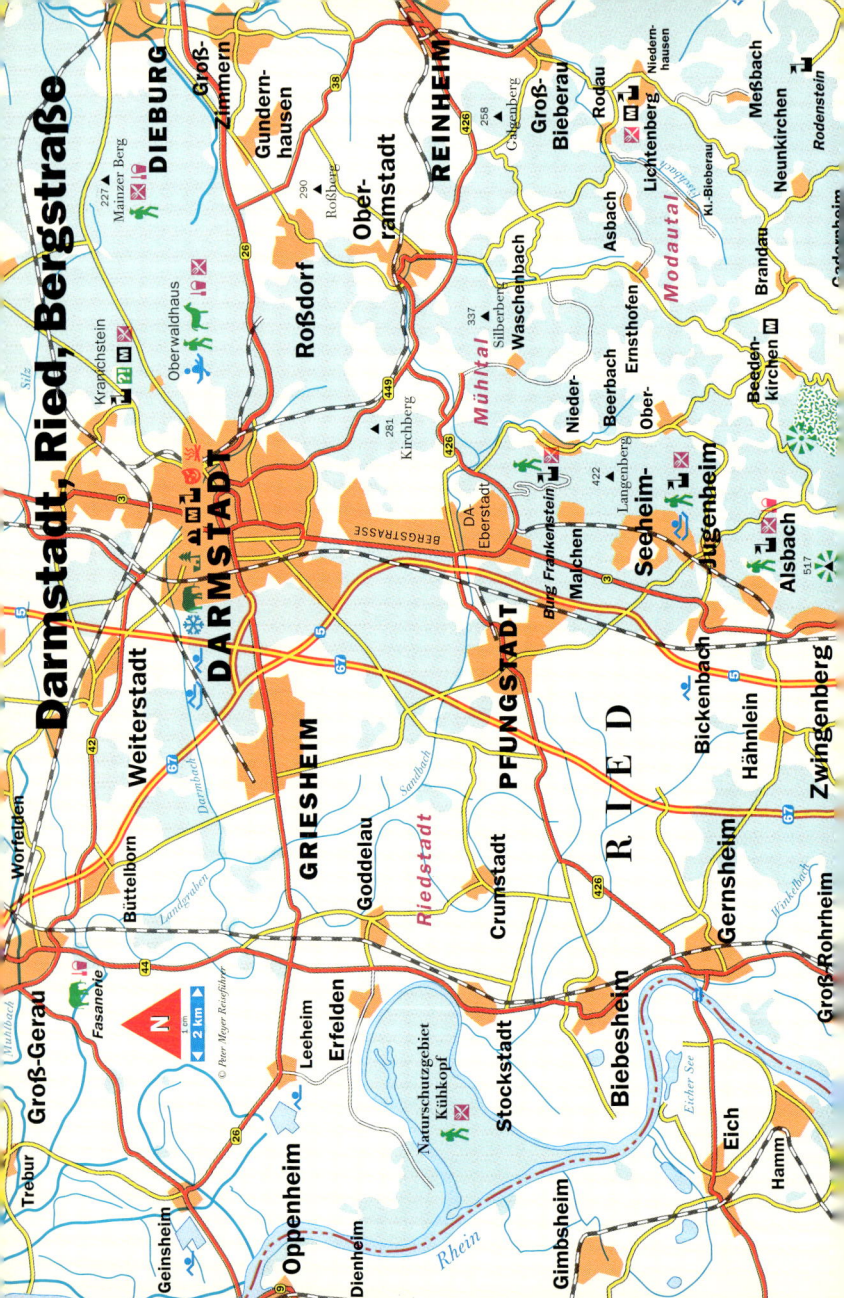

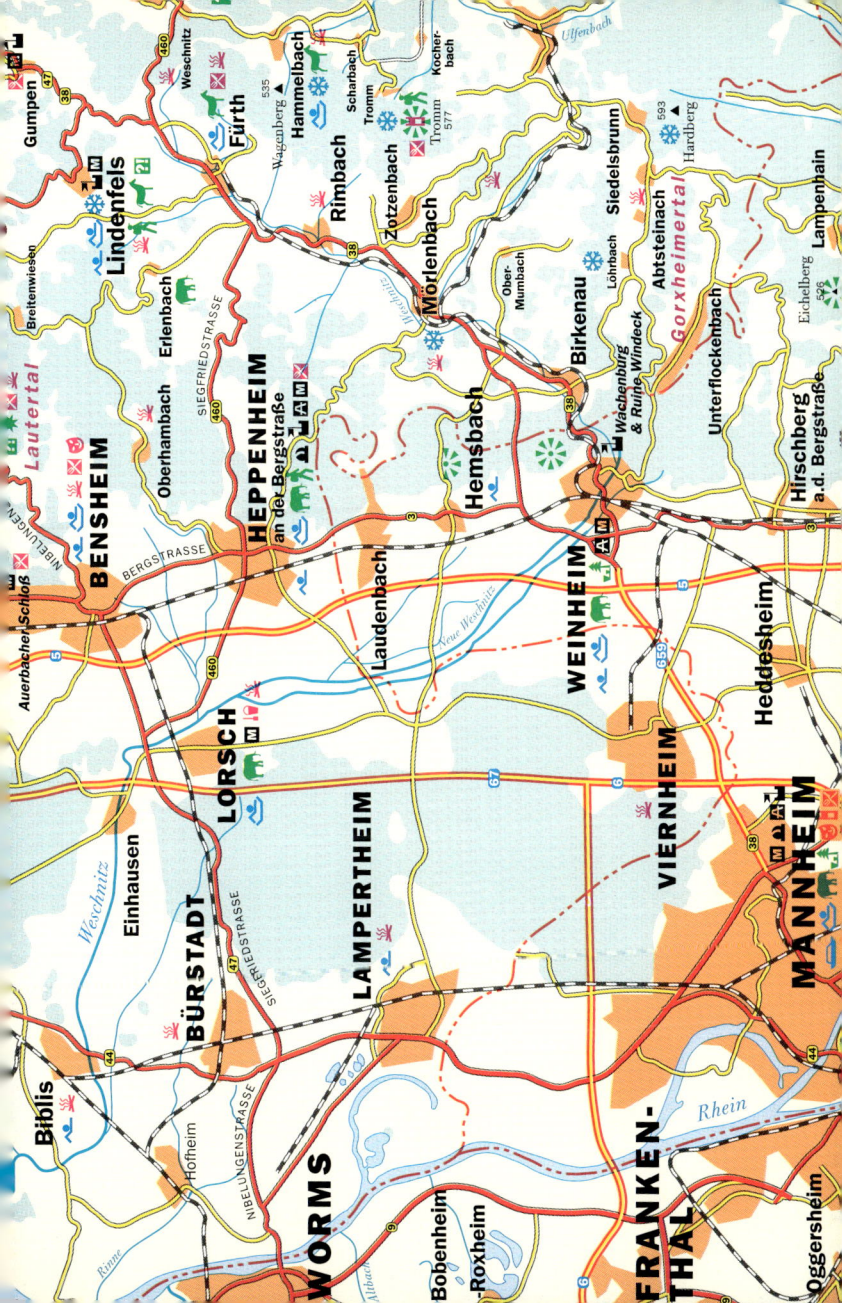

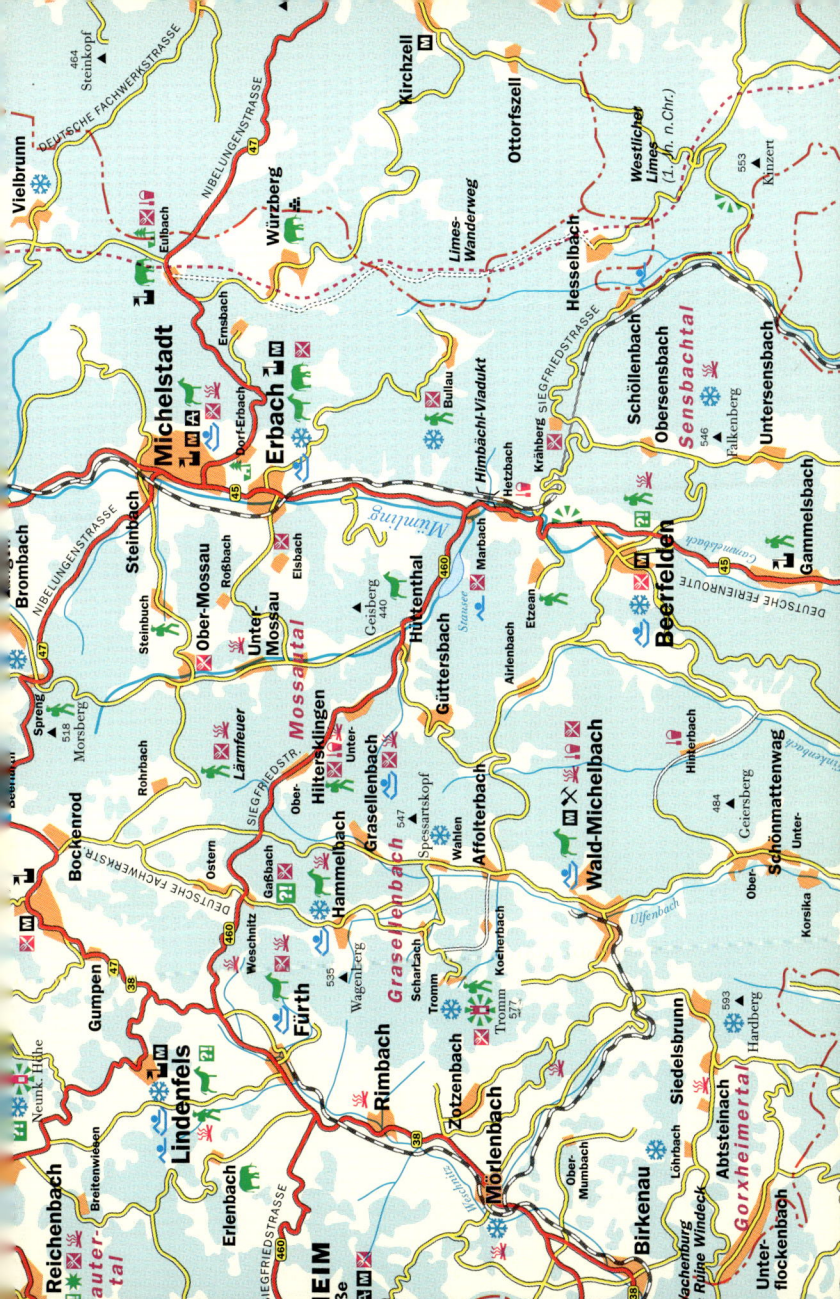

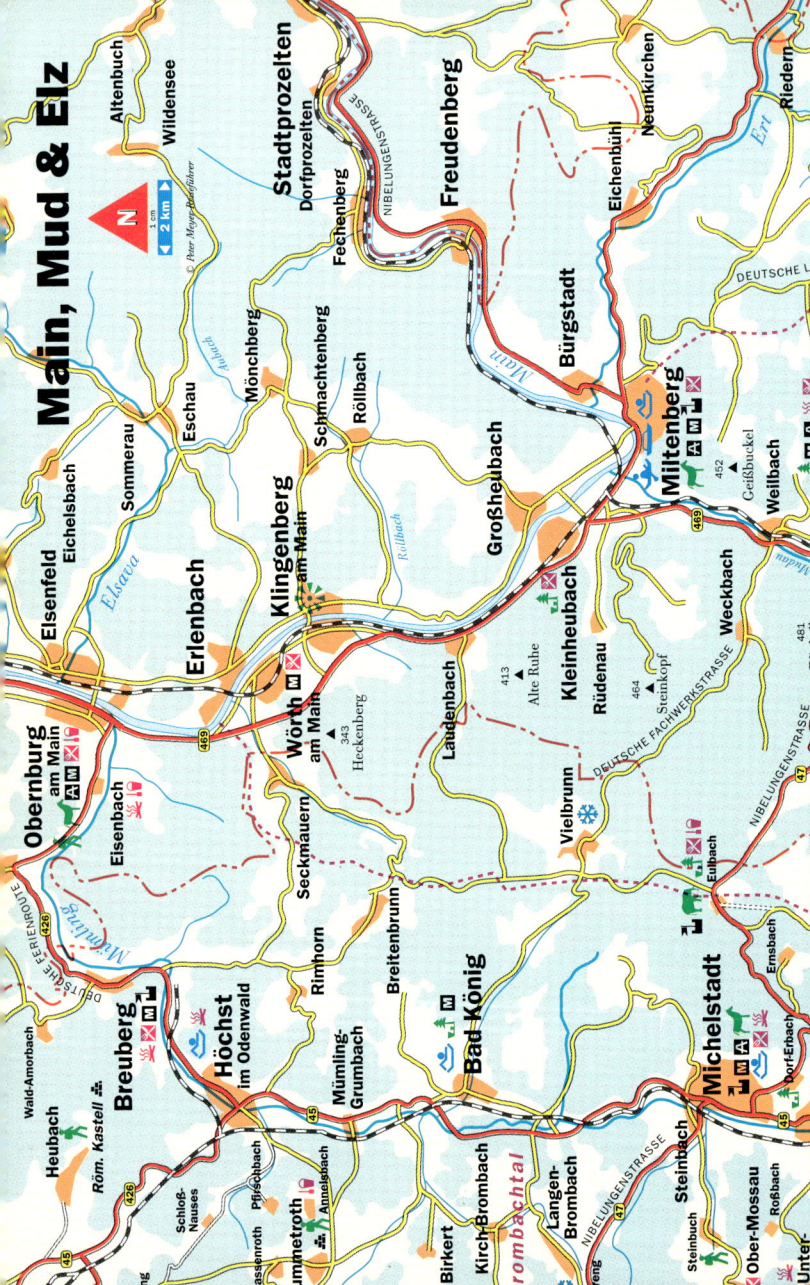

# Main, Mud & Elz

N
1 cm
2 km
© Peter Meyer-Reiseführer

Altenbuch
Wildensee
Stadtprozelten
Dorfprozelten
Fechenberg
Freudenberg
Neunkirchen
Eichenbühl
Erf
Riedern
DEUTSCHE LIMES
NIBELUNGENSTRASSE
Mönchberg
Schmachtenberg
Röllbach
Bürgstadt
Miltenberg
452
Geißbuckel
Wellbach
Amorbach
Eschau
Klingenberg am Main
Großheubach
Sommerau
Eichelsbach
Elsenfeld
Erlenbach
Rollbach
Kleinheubach
Weckbach
Winkelberg
481
Main
413
Alte Ruhe
Rüdenau
464
Steinkopf
DEUTSCHE FACHWERKSTRASSE
Obernburg am Main
Wörth am Main
Laudenbach
Eisenbach
343
Heckenberg
Seckmauern
Vielbrunn
NIBELUNGENSTRASSE
Würzberg
Eutbach
Ernsbach
Manting
DEUTSCHE FERIENROUTE
Rimhorn
Breitenbrunn
Bad König
Michelstadt
Ober-Erbach
Erbach
Wald-Amorbach
Breuberg
Höchst im Odenwald
Mümling-Grumbach
Steinbach
Heubach
Röm. Kastell
Hassenroth
Lützelbach
Pfirschbach
Annelsbach
Birkert
Kirch-Brombach
Langen-Brombach
Brombachtal
Steinbuch
Ober-Mossau
Roßbach
Unter-Mossau
Schloß-Nauses
ring
426
45
45
47
469
449
47
NIBELUNGENSTRASSE
Elsava
Aubach
Mud

WEINHEIM

Birkenau

Löhrbach   Siedelsbru

*Wachenburg
& Ruine Windeck*

Abtsteinach

*Gorxheimertal*   Hardt

Unterflockenbach

VIERNHEIM

659

Heddesheim

Hirschberg
a.d. Bergstraße

Eichelberg
596   Lampenhain

455
▲
Hohe Waid

Heiligkreuz-
Steinach

MANNHEIM

Ladenburg

M

BERGSTRASSE

SCHRIESHEIM

Wilhelmsfeld

Ilvesheim

-Neckarhausen

*Schauenburg*

Schwaben-
heimer Hof

550

Weißer Stein

Pfingstberg

*Neckar*

Dossenheim

36

443   Heiligenberg

Altrip

656

Schlierbach

473
▲
Lammerskop

Rheinau

37

Eppelheim
Plankstadt

*Schloß*
M

566   Königstuhl
▲

BURGSTRASSE

37

Rhein

Brühl

SCHWETZINGEN

HEIDELBERG

Neckargemünd

Ketsch

Ofters-
heim

5

3

Gaiberg

Wiesenbac

Bammental

45

*Leimbach*

36

291

Sand-
hausen

LEIMEN

Gauangelloch

Mauer
M

61

*Hardtgraben*

Hirschberg
▲ 319

Meckeshei

HOCKENHEIM

Nußloch

39

WALLDORF

WIESLOCH

Reilingen

39

Dielheim   Horrenber

Neulußheim

*Kreichbach*

5

36

*Leimbach*

39

# Mannheim, Neckar, Kleiner Odenwald

1 cm

**2 km**

N

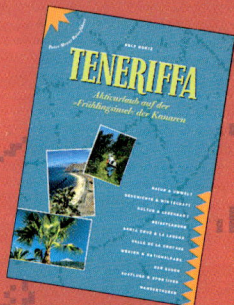
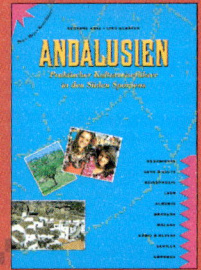
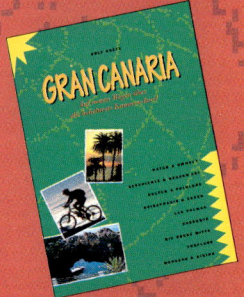
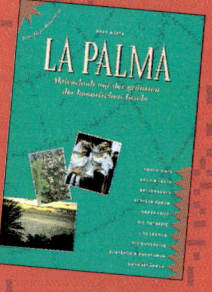
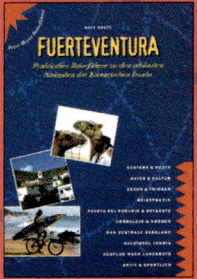
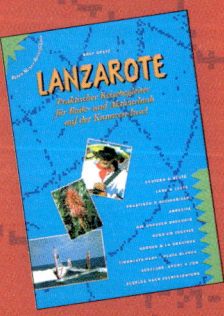
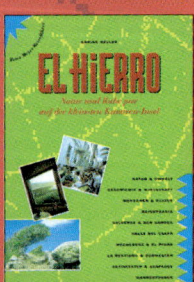
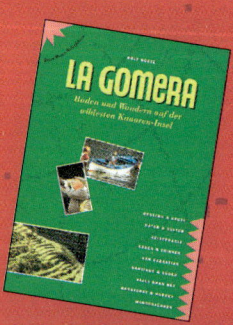

**Peter Meyer Reiseführer**

*Peter Meyer Reiseführer*

# Peter Meyer Reiseführer

**REISEPRAKTISCHE NATUR-, WANDER- & KULTURFÜHRER**

**... sind einfach Spitze:**
Bei allen Tests der letzten
Jahre landeten sie auf
einem der vordersten Plätze.
Laufende Vor-Ort-Recherchen
unserer Autoren sorgen für
immer wieder aktualisierte
Informationen. Begeisterte
Leserbriefe regen uns von
Auflage zu Auflage zu weiteren Verbesserungen an.
**... ist ein unabhängiger Verlag,**
der sich persönlich für Ihre
gelungene Reise engagiert!

**SYMPATHISCH**

**ZUVERLÄSSIG**

**FUNDIERT**

**ÜBERSICHTLICH**

**HANDLICH**

**GENAUE KARTEN**

**PRAXISNAH**

**UMWELTBEWUSST**

**BEWÄHRT**

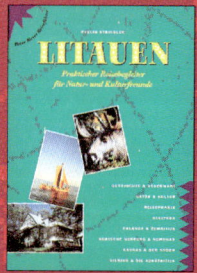
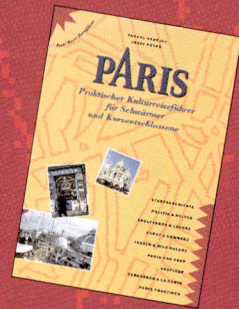
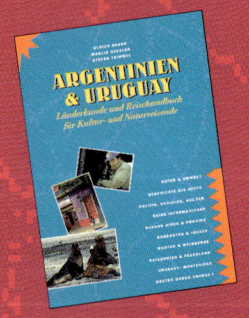

*Peter Meyer Reiseführer*

**... gibt es zu:**

Fadengebundene Klappen-

broschur mit Farbkarten.

Zuverlässige, vor Ort

recherchierte Texte und

detailgenaue Karten.

Gedruckt auf Recyclingpapier:

Für umweltbewußten

Urlaub von Anfang an.

Peter Meyer Reiseführer

# EXQUISIT!

urteilt die

## DIE ZEIT

Fadengebundene Broschur.

Zuverlässig recherchierte

Informationen

zur Reisevorbereitung.

Gedruckt auf

100 % Recyclingpapier:

Für umweltbewußten

Urlaub von Anfang an.

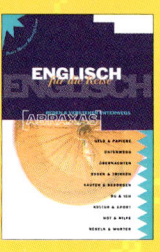